Walter Pippke / Ida Pallhuber

# Südtirol

Begegnungen
nördlicher und südlicher Kunsttradition
in der Landschaft
zwischen Brenner und Salurner Klause

DuMont Buchverlag Köln

*Umschlagvorderseite:* St. Johann in Ranui, im Hintergrund die Geislerspitzen
*Umschlagrückseite:* Kloster Säben, Gesamtansicht
*Vordere Umschlaginnenklappe:* Detail aus dem Klocker-Altar im Franziskanerkloster, Bozen

© 1981 DuMont Buchverlag, Köln
4. Aufl. 1984
Alle Rechte vorbehalten
Druck: Rasch, Bramsche
Buchbinderische Verarbeitung: Boss-Druck, Kleve

Printed in Germany    ISBN 3-7701-1188-5

# Kunst-Reiseführer in der Reihe DuMont Dokumente

## Zur schnellen Orientierung – die wichtigsten Kunststätten Südtirols auf einen Blick

(Auszug aus dem ausführlichen Ortsregister S. 340 ff.)

| | | | |
|---|---|---|---|
| Barbian | | Neumarkt | 214 f. |
| – Bad Dreikirchen | 81 f. | Neustift | 43 ff. |
| – Saubach | 82 f. | Oberbozen | 182 f. |
| Bozen | 136 ff. | Pinzon | 215 f. |
| – Runkelstein | 182 ff. | Ridnaun | 33 |
| Brixen | 35 ff. | Riffian | 254 f. |
| Bruneck | 102 ff. | Rodeneck | 92 f. |
| Burgeis | 314 ff. | Säben, Kloster | 72 ff. |
| Castelfeder | 216 f. | Sand i. Taufers | 107 ff. |
| Deutschnofen | 190 ff. | Sarnthein | 182 f. |
| Eppan | 204 f. | Schenna | 250 ff. |
| Feldthurns | 47 f. | Schlanders | 293 f. |
| Glurns | 307 | Schluderns | 299 ff. |
| Göflan | 295 f. | Sterzing | 23 f. |
| Gossensaß | 22 f. | St. Katharina in Breien | 83 f. |
| Grissian | 261 f. | St. Lorenzen | 99 f. |
| Hocheppan | 200 ff. | St. Sigmund | 95 f. |
| Innichen | 131 ff. | St. Vigil in Enneberg | 101 |
| Kaltern | 205 f. | Taisten | 112 |
| Karthaus | 221 | Taufers | 307 ff. |
| Klausen | 68 ff. | Terlan | 194 f. |
| Klerant | 65 f. | Terenten (Hofern) | 94 f. |
| Laatsch | 311 ff. | Tirol | 244 f. |
| Lana | 257 ff. | Toblach | 130 |
| Latsch | 289 f. | Tramin | 208 ff. |
| Meran | 219 ff. | Villnöß | 57 f. |
| Morter | 291 ff. | Völs | 85 f. |
| Naturns | 266 ff. | Welsberg | 112 |

Vordere Umschlagklappe: Karte von Südtirol

Hintere Umschlagklappe: Zeittafel zur Geschichte Südtirols

*Schloß Tirol, Stammsitz der Grafen von Tirol.*
*Stahlstich von W. Lang nach einer Zeichnung von F. Würthle*

# Inhalt

Einführung in die Geschichte und Kunst Südtirols . . . . . . . . . . . . . . 7

Das Eisacktal . . . . . . . . . . . . . . . . . . . . . . . . . . . . . . . . 20
Gossensaß 22 – Sterzing: Multscher-Museum 24, Spitalkirche 27, Pfarr-
kirche 28 – Burg Reifenstein 30 – Ridnaun 31 – Trens 32 – Brixen:
Dom 35, Kreuzgang 38, Domschatz 41, Bischöfliche Hofburg 42 – Kloster
Neustift 43 – Vahrn 47 – Velthurns 48 – Klerant 65 – Villnöß-Tal 66 –
Gufidaun 68 – Klausen 68 – Kloster Säben 72 – Albions 74 – Trost-
burg 75 – Grödner Tal 78 – Barbian: Saubach 81, Bad Dreikirchen 82 –
Breien 83 – Prösels 84 – Völs 85 – Seis / Seiser Alm 87 – Tierser Tal 89

Das Pustertal . . . . . . . . . . . . . . . . . . . . . . . . . . . . . . . . 90
Mühlbach 92 – Burg Rodenegg 92 – Margen 94 – Hofern 94 – Pfalzen 95 –
St. Sigmund 95 – Ehrenburg 96 – Kloster Sonnenburg 96 – St. Lorenzen 99 –
Gadertal 101 – Bruneck 102 – Gais 106 – Sand in Taufers 107 –
Ahrntal 110 – Antholz 111 – Welsberg 112 – Taisten 112 – Toblach 130 –
Höhlensteintal 131 – Innichen 131

Bozen und Umgebung . . . . . . . . . . . . . . . . . . . . . . . . . . . 136
Bozen: Pfarrkirche 141 – Dominikanerkloster 144 – Franziskanerkloster 178 –
Gries: Kloster Muri 180, Alte Pfarrkirche 181 – Burg Runkelstein 183 – Das
Sarntal 187 – Der Ritten 188 – Deutschnofen: St. Helena 190, Pfarr-
kirche 192 – Terlan 194

Unterland und Überetsch . . . . . . . . . . . . . . . . . . . . . . . . . 196
Burg Sigmundskron 198 – Ruine Boymont 200 – Burg Hocheppan 200 –
Eppan: St. Pauls 204 und St. Michael 204 – Kaltern 205 – Altenburg 206 –
Tramin 208 – Margreid 212 – Salurn 212 – Neumarkt 214 – Pinzon 215 –
Castelfeder 216

Das Burggrafenamt: Meran und Umgebung . . . . . . . . . . . . . . . . . 219
Meran: Pfarrkirche 221 – Spitalkirche 223 – Landesfürstliche Burg 224 –
Maria-Trost-Kirche 241 – Schloß Tirol 244 – St. Peter ob Gratsch 248 –
Schenna 250 – Riffian 254 – Passeier Tal 255 – Lana 257 – Grissian 261

**Der Vinschgau** . . . . . . . . . . . . . . . . . . . . . . . . . . . . 263
Partschins 265 – Naturns 266 – Schnalstal 270 – Latsch 272 – Tarsch 290 –
Morter 291 – Schlanders 293 – Kortsch 295 – Göflan 295 – Laas 297 –
Schluderns 299 – Die Churburg 300 – Das Matscher Tal 304 – Mals 304 –
Glurns 307 – Taufers im Münstertal 308 – Laatsch 311 – Burgeis 314 –
Kloster Marienberg 315 – Rojen 318

**Praktische Reisehinweise** . . . . . . . . . . . . . . . . . . . . . . . 321

Zur Geologie Südtirols . . . . . . . . . . . . . . . . . . . . . . . . . 321
Flora und Fauna . . . . . . . . . . . . . . . . . . . . . . . . . . . . 324
Der Wein . . . . . . . . . . . . . . . . . . . . . . . . . . . . . . . . 327
Wissenswertes von A bis Z . . . . . . . . . . . . . . . . . . . . . . . 330

Literaturhinweise . . . . . . . . . . . . . . . . . . . . . . . . . . . . 337
Bildnachweis . . . . . . . . . . . . . . . . . . . . . . . . . . . . . . 339

Register . . . . . . . . . . . . . . . . . . . . . . . . . . . . . . . . . 340

# Einführung in die Geschichte und Kunst Südtirols

In den Obstwiesen vor dem Dorf Naturns im Vinschgau steht die kleine Kirche St. Prokulus (Abb. 88). Bei der Abnahme einer gotischen Freskenschicht kamen an ihren Innenwänden die ältesten bisher bekannten Wandmalereien des deutschsprachigen Raumes zum Vorschein, die vor dem Ende des 8. Jahrhunderts entstanden sind (Farbabb. 33). Nach langem Rätselraten erkannte man irische Buchmalereien als Vorlage der Bilder; die Fresken sind teils von perspektivischen Mäanderbändern, die der an der römischen Antike orientierten Kunst des Südens entstammen, teils von nordisch tradierter Flechtbandornamentik begrenzt. – Irische Kalligraphie zwischen römisch-antiken Mäandern und keltischen Flechtbändern in einer Südtiroler Kirche? Dieser frühmittelalterliche Auftakt der (erhaltenen) Kunstproduktion des Landes markiert in extremer Form die Situation der Südtiroler Kunst durch alle folgenden Jahrhunderte: Als politisch und ökonomisch mit dem deutsch- und italienischsprachigen Raum verknüpftes Gebiet begegneten hier über tausend Jahre lang alle relevanten Kunstströmungen nord- und mitteleuropäischer Tradition unmittelbar dem Schaffen byzantinischer und italienischer Kunstzentren: eine Begegnung, der die Südtiroler meist ihren unverwechselbaren lokalen Akzent beigaben und aufgrund derer sie zu gänzlich eigenständigen Synthesen beider Richtungen gelangten. So sind in dem kleinen Gebirgsland neben der ganz vom Geist importierter Traditionen bestimmten Kunst stets vorzügliche Werke von ausgeprägt lokalem Charakter entstanden; desgleichen hat Südtirol bedeutende Künstlerpersönlichkeiten hervorgebracht, der Pustertaler Michael Pacher war einer der größten Maler des ausgehenden Mittelalters und die barocke Kunst des Paul Troger wurde ebenso in Österreich, Italien und Deutschland geschätzt.

Grundlage dieser hier kurz umrissenen künstlerischen Situation sind die besonderen Bedingungen, die Geschichte und Politik des Landes kennzeichnen.

Geringe Kenntnisse besitzen wir über die Urbevölkerung Tirols, ein Völkergemisch, dessen Zusammensetzung bis heute ungeklärt ist (Illyrer haben wohl eine dominierende Rolle gespielt); von ihr zeugen außer zahlreichen Wallburganlagen und einzelnen Funden von Gebrauchsgegenständen der Jungsteinzeit, der Bronze- und Eisenzeit jene sieben bisher entdeckten Figurenmenhire, unter denen besonders die vier aus Algund und der aus Tramin mit ihren Waffen- und Figurenreliefs die deutliche Absicht einer schmückenden Ausgestaltung erkennen lassen.

Gesichertere Nachrichten bezüglich dieser Gebirgsregion datieren allerdings erst aus der Zeit ihrer Eroberung durch die Römer. Nachdem das Imperium im Jahre 36 v. Chr. bereits Tridentum (Trient) gegründet hatte, machten sich um 15/14 v. Chr. die beiden Stiefsöhne des Augustus, Drusus und Tiberius, daran, das restliche Alpengebiet zu unterwerfen. Sie teilten ihre Armeen bei Bozen, zogen über den Brenner und den Reschen nach Süddeutschland und ordneten die eroberten Alpengebiete den neugegründeten Provinzen Rätien und Noricum zu; an letztere kam das Pustertal, der Rest Tirols wurde ein Teil Rätiens mit seiner Hauptstadt Augusta Vindelicorum (Augsburg). Da es im rauhen Gebirge wenig zu holen gab, beschränkte sich die römische Herrschaft auf den Ausbau von Militärstraßen und der Errichtung kleiner Rast- und Wachstationen wie Vipitenum bei Sterzing, Pons Drusi bei Bozen, Maia (vermutlich Mais bei Meran). Immerhin vermischte sich infolge der Zugehörigkeit zum Römischen Reich langsam die Sprache der Urbevölkerung mit der lateinischen. Daraus entstand das rätoromanische Idiom, das einst im ganzen Alpengebiet verbreitet war und noch heute in Graubünden, Ladinien und im Friaul gesprochen wird. Entsprechend dem beschränkten Interesse der Römer an Tirol als einem Durchzugsland entstanden hier keine römischen Kunstwerke von Rang, auch der in Mauls gefundene, in Sterzing aufgestellte Mithras-Stein (Abb. 11), offenbar ein Altar für den persischen Lichtgott Mithras mit dem Relief eines Stieropfers, ist eher ein interessanter Hinweis auf die Kulte der römischen Besatzungssoldaten als ein Meisterwerk der Bildhauerkunst.

Einem anderen Kult, der mit den Römern ins Land drang, war größere Verbreitung beschieden. Die Christianisierung Rätiens dürfte gegen 450 abgeschlossen gewesen sein, Südtirol gehörte in Teilen zu den Bistümern Chur (Vinschgau), Aguntum (Pustertal), Trient (Bozner Raum), der Rest zu Augsburg. Als das römische Reich in den Stürmen der Völkerwanderung zusammenbrach, wurde der nördlich der Alpen gelegene Teil der Provinz Rätien größtenteils von Alemannen besetzt, vor denen der Augsburger Bischof gegen 570 die Flucht ergriff. Er begab sich in den südlichen Teil seiner Diözese und gründete auf dem steilen Felsen von Säben oberhalb Klausen (Umschlagrückseite, Abb. 20) das neue Bistum Sabiona, aus dem kurz vor der Jahrtausendwende das Bistum Brixen wurde. Aus dieser frühchristlichen Zeit stammen außer den (1929 wieder verschütteten) Grundmauern des Doms auf dem Säbener Felsen mehrere Kirchenbauten Südtirols: so die Ruine einer dreischiffigen Basilika in Altenburg über dem Kalterer See (Abb. 58), in St. Peter ob Gratsch bei Tirol (Abb. 71), St. Valentin bei Meran (Abb. 87), selbst in den Fundamenten der Bozener Pfarrkirche stecken die Grundmauern uralter Vorgängerbauten.

Die gegen Ende des 6. Jahrhunderts über den Brenner vordringenden heidnischen Bajuwaren betraten also ein christianisiertes Land, um dessen Besitz sie sich sogleich in erbitterten Kämpfen mit den ins Pustertal vorrückenden slawischen Volksstämmen und dem sich von Trient ins Bozener Becken ausbreitenden Langobardenreich schlagen mußten. Während dieser Kämpfe zog sich ein Großteil der rätoromanischen Bevölkerung in schwer zugängliche Gebirgstäler zurück, wo ihre Sprache im Gadertal und Grödner Tal noch heute gesprochen wird, nur im Vinschgau blieb das ›Romauntsch‹ noch bis ins späte Mittelalter gängige Umgangssprache.

Ausgehend von Chur und Salzburg erfolgte nun eine zweite Missionierung Südtirols, die bei den heidnischen Bajuwaren bald Erfolge zeitigte: Außer dem vom Bajuwarenherzog Tassilo III. selbst gegründeten Kloster in Innichen wurde Säben erneuert, entstanden Kirchen in St. Lorenzen, um Meran und besonders gegen Ende des 8. Jahrhunderts eine Reihe kleiner, einschiffiger Saalkirchen im Vinschgau. Zu diesen gehört auch die eingangs erwähnte Kirche St. Prokulus bei Naturns; die historischen Umstände erklären ihren einzigartigen Freskenschatz: Die Missionszentren in St. Gallen und Salzburg standen zu dieser Zeit unter dem Einfluß irischer Mönche, die die Kunst ihrer Buchmalerei mitgebracht hatten (siehe das Cutbrecht-Evangeliar aus Salzburg, um 770). Dieser Stil war aber bereits der antiken Tradition des benachbarten Südens begegnet und hatte von ihr den Mäander und den – hier allerdings mißlungenen – Versuch einer perspektivisch-plastischen Modellierung von Raum und Figuren übernommen. Das unvermittelte Nebeneinander der beiden Traditionen erfuhr erst einige Jahrzehnte später in der ›Karolingischen Renaissance‹ eine erste Verschmelzung, nachdem Karl der Große seinem Frankenreich sowohl Bayern und die langobardischen Gebiete einverleibt als auch die Neubildung eines christlich-römischen Reiches vollendet hatte. In der unscheinbaren Kirche von St. Benedikt (Abb. 108) am Rande der Malser Haide im oberen Vinschgau haben sich äußerst seltene Reste der großartigen karolingischen Reichskunst erhalten. Sie greift in Malerei und Plastik bewußt auf die Traditionen des spätrömischen Reiches, dessen Wiederherstellung angestrebt war, zurück und nimmt mit realistischen, plastisch gestalteten Figuren und perspektivischer Hintergrundarchitektur die antike Tendenz zur illusionistischen Darstellung wieder auf, wobei in St. Benedikt die Flechtbandornamentik der nördlichen Tradition als plastischer Stuckdekor die drei Apsiden und ihre Fresken umrahmt. Die kleine Kirche in Mals enthält mit den beiden Stifterfiguren die markantesten Portraitdarstellungen, die sich aus der karolingischen Kunst erhalten haben.

Mit dem Niedergang des Karolingerreiches erlischt die politische Bedeutung und die Kunstproduktion Tirols, erst mit dem Aufstieg der ottonischen Könige und ihrer Proklamierung des Heiligen Römischen Reiches unter einem deutschen Kaiser (962) rückte Tirol wieder schlagartig ins Rampenlicht der imperialen Interessen: Der Anspruch auf Italien als Teil des Reiches teilte den gangbaren Alpenübergängen, von denen der Brenner bekanntlich der niedrigste ist, größte strategische Bedeutung zu. Die ottonische Politik, die Macht der durch das Lehenswesen erstarkten Dynastengeschlechter im Zaum zu halten und deshalb freiwerdende Lehen an bischöfliche Reichsfürsten (die aufgrund des Zölibats keine erbberechtigten Nachkommen in die Welt setzen konnten) zu verleihen, führte 1004 zur Belehnung des Trienter Bischofs mit der Grafschaft Trient und zur wohlwollenden Förderung der gerade von Säben nach Brixen umgezogenen Brixner Bischöfe. Diese Politik setzte der erste Nachfolger der sächsischen Kaiser, Konrad II., fort, indem er 1027 mit weiteren Schenkungen an die Trienter und Brixner Bistümer die günstigsten Alpenübergänge zur Sicherung der ›Krönungsstraße‹ nach Rom in die Hände ergebener geistlicher Reichsfürsten brachte. Von der Kunst der ottonischen Zeit hat sich in Südtirol so gut wie nichts erhalten; die gewaltige, noch vor der Jahrtausendwende begonnene Brixner Münsteranlage mußte fast zur Gänze späteren Neubauten weichen, einzig die erst kürzlich entdeckte, um 1020 entstandene Krypta des Klosters Sonnenburg (Abb. 26) mit den Resten von Malereien, die aus der Kunst Aquileias stammen, und das an spätottonische Vorlagen gemahnende Außenfresko der Kirche St. Peter ob Gratsch (Abb. 72) bei Dorf Tirol vermitteln noch einen Eindruck dieser frühesten Romanik. Erst mit der Festigung der den Bischöfen von Trient und Brixen durch die Tiroler Grafen abgerungenen Macht tritt die Romanik in Südtirol mit einem außerordentlichen Reichtum an Kunstwerken hervor; speziell was die erhaltene romanische Wandmalerei angeht, teilt sich Südtirol mit Katalonien und dem Poitou die führende Stellung in Europa. Von der Architektur der Epoche zeugt wegen späterer, besonders barocker Umbauten und Veränderungen außer der Stiftskirche Innichen heute nur mehr wenig Eindrucksvolles.

In diese Zeit der Romanik, die in Südtirol vom 11. bis zum Ende des 13. Jahrhunderts dauerte, fällt die politische Einigung des Landes in der selbständigen Grafschaft Tirol. Die eigentlichen Landesherren, die Bischöfe von Brixen und Trient, ließen ihre Herrschaft durch Vögte ausüben, zu denen sie Mitglieder edelfreier Geschlechter ernannten. Während die Bischöfe mit den Wirren des Investiturstreits beschäftigt waren, trafen die Ministerialen immer eigenmächtigere Entscheidungen und bald steigerte sich ihre Rivalität untereinander zum blutigen Kampf um die Vorherrschaft in den Lehensbereichen Brixen und Trient. Nach jahrzehntelangem Streit blieben die Eppaner und Tiroler Grafen übrig; von den Siegern wiederum behielten zuletzt die Grafen von Tirol die Oberhand. Kaum war die Konkurrenz beseitigt, griffen die Tiroler nach der Macht ihrer Lehnsherren und entrissen den Bischöfen von Trient und Brixen mittels politischer Schachzüge und militärischer Gewalt Stück für Stück ihre Rechte, Ansprüche und Territorien. Die herausragenden Gestalten dieses Aufstiegs von Ministerialien zu gefürsteten Grafen waren Albert III. (1190–1253) und Meinhard II. (1258–95); letzterer erhielt für seine Unterstützung des deutschen Königs Rudolf von Habsburg gegen den Böhmenkönig Ottokar II. (1282) außerdem das Herzogtum Kärnten.

Die anfangs noch erstarkende Macht der Bischöfe und ab etwa 1150 die der adeligen Ministerialengeschlechter ließ eine große Anzahl Neugründungen und Umgestaltungen im romanischen Stil entstehen, so die Klöster Marienberg im Vinschgau und Neustift bei Brixen. Der Brixner Dom (inzwischen eine barocke Umgestaltung, Farbt. 9) und die Stiftskirche in Innichen (Abb. 30) waren die größten Bauwerke der Romanik in Tirol. Neben den zahlreichen neuerbauten Dorfkirchen, die meist dem Typ einer flachgedeckten, einschiffigen Saalkirche mit halbrunder Apsis folgten (Sonderformen sind die sogenannten ›Bozner Chorturmkirchen‹, in denen das Untergeschoß des Turmes das Presbyterium bildete, die Kirchen mit kreuzförmigem Grundriß wie das Johanniterhospiz in Taufers im Münstertal und die Zentralbauten wie die ›Engelsburg‹ in Neustift oder St. Sebastian in Klausen), entstanden nun auch in den Burgen künstlerisch hochwertig ausgestattete Kapellen und Säle.

Die Baukunst der Romanik wurde in Südtirol fast völlig vom Stil lombardischer Bauhütten beherrscht, der, ausgehend von seinem Zentrum am Comer See, jahrhundertelang Architektur und Bauplastik in Oberitalien, dem Alpenraum und Süddeutschland bestimmte. Die Meister vom Comer See (ihnen gewährte man um 644 das älteste bekannte Privileg einer eigenen Handwerksordnung, worin die zu beherrschende Technik kodifiziert und Entlohnung für Maurer, Steinmetzen und Stukkateure geregelt war) hatten die Errungenschaften der spätrömischen Architektur, besonders des Gewölbebaus, über die Stürme der Völkerwanderung gerettet und gelangten nun, da sich die Romanik dieser Bauformen wieder bediente, zu stilprägender Bedeutung. Von jenen Meistern stammen die phantastischen Bestiarien- und Figurenreliefs an den Portalen von Schloß Tirol (Abb. 68, nach Vorbildern in Pavia) ebenso wie die eleganten Triforienfenster mit den reichverzierten Kapitellen im romanischen Palas von Burg Boymont bei Missian und die Apsis der Laaser Pfarrkirche, eine lombardische Bauhütte begann auch den Neubau der Bozner Pfarrkirche. Die Portale von Marienberg und Innichen weisen dagegen eher Einflüsse der deutschen Romanik auf, was aus der Zugehörigkeit der Klöster zu deutschen Orden, die eigene Bautraditionen pflegten, erklärbar ist.

Der größte Kunstschatz der Romanik in Südtirol aber besteht zweifellos in der großen Anzahl erhaltener Wandmalereien dieser Epoche. Die Reihe der bedeutenden Freskenzyklen beginnt etwa um 1160 mit der Ausmalung der Krypta des Klosters Marienberg (Farbabb. 36) und setzt sich mit der vollständigen Ausstattung der Burgkapelle von Hocheppan (Farbabb. 12) und den Bildern in Grissian (Abb. 81, 82) fort. Danach entstehen vielerorts in Südtirol romanische Malereien, von denen im Laufe der Zeit manche zerstört wurden oder hinter gotischen Freskoschichten verschwanden; unter den erhaltenen befinden sich hervorragende Bilderzyklen wie die ältesten bekannten profanen romanischen Fresken in Burg Rodenegg und die in der Wandmalerei dieser Zeit einzigartigen Bestiarien in St. Jakob in Kastellaz bei Tramin (Farbabb. 45). Mit den spätromanischen Bildern in St. Johann in Taufers im Münstertal und in der Vierungskuppel der Stiftskirche zu Innichen klingt die bedeutende romanische Freskokunst Südtirols aus.

Die stilistischen Vorlagen der romanischen Malerei, die in ganz Europa ohne Einschränkung Gültigkeit hatten, kamen aus dem oströmischen Byzanz. Seine überlegene Kunst wurde in den weiter westlich gelegenen Ländern durch die Kreuzzüge bekannt und von ihnen übernommen. Die bildlichen Darstellungen dieser Tradition waren allem Konkreten abhold, ihr Ziel war die abstrakt-zusammenfassende Darstellung der Allgewalt Gottes durch die als Bildprogramm vorgeschriebene Majestas Domini in der Mandorla inmitten des himmlischen Hofstaates aus Engeln und Aposteln, umgeben von allegorischen Szenen aus dem Alten und Neuen Testament und symbolischen Begegnungen von Gut und Böse, Himmel und Erde, Jerusalem und Babylon. Nach Südtirol war die byzantinische Kunst auf zwei Wegen gelangt: einmal aus Deutschland, wohin sie entlang der großen Verkehrsstraße, die der Donau folgte, gefunden hatte, zum anderen aus Venedig, das durch seinen Seehandel engste Kontakte zu Byzanz unterhielt. So lassen sich in den romanischen Wandmalereien Südtirols auch zwei verschiedene Gestaltungsweisen feststellen: Deutliches Beispiel für die nördliche Provenienz ist Marienberg (Farbabb. 36), dessen Mönche aus dem schwäbischen Ottobeuren kamen und ihren Maler mitbrachten. Im Gegensatz dazu steht z. B. die

Altarwand der Burgkapelle in Hocheppan (Farbabb. 12), deren ikonenhafte Madonna wesentlich mehr der Strenge byzantinischer Monumentalmalerei entspricht. Auch die so sehr an die Mosaiken im Dom von Venedig erinnernden Kirchenväter in St. Johann in Taufers und die starren Gesichter auf den Bildern in der Maria-Trost-Kirche in Untermais (Meran) lassen auf einen im Osten oder zumindest in Venedig ausgebildeten Maler schließen. Doch haben sich als unverkennbar lokale Hinzufügungen einige Tirolensien in die Strenge der byzantinischen Bildkomposition gemischt; sie lassen auf eine Beteiligung einheimischer Maler und deren eigenwillige Umdeutung der östlichen Kunst schließen. Solches Engagement schlägt sich hier als frappierender Realismus nieder: In Grissian ziehen Abraham und Jakob vor einer wildgezackten, schneebedeckten Dolomiten-Landschaft einher (Abb. 81), und in Hocheppan ist in einer unteren Bildecke eine Frau zu sehen, die aus einem großen Topf unverkennbar Tiroler Knödel verspeist. Ebenfalls einer einheimischen Kunstproduktion entstammt wohl ein Großteil der erhaltenen romanischen Holzskulpturen Südtirols, von denen die monumentale Kreuzigungsgruppe in Innichen, die Kruzifixe in der alten Pfarrkirche in Gries (Bozen) und in der Spitalkirche von Sonnenburg im Pustertal, sowie mehrere thronende Madonnen (Bozner und Brixner Museum; Churburg, Abb. 106) die besten Stücke sind. Sie zeichnen sich durch die für die romanische Skulptur typische Blockhaftigkeit und starre Frontalität aus.

Mit fast hundert Jahren Verspätung begann um 1300 auch in Südtirol die Stilepoche der Gotik. Ihr verdankt das Land den ungeheuren Reichtum an Kunstwerken, dessen heutige Reste Südtirol immer noch zu der Gegend Europas mit der dichtest gestreuten erhaltenen gotischen Freskomalerei machen, auch finden sich nirgendwo sonst so viele Flügelaltäre so nah beisammen – noch etwa 70 aus einer unübersehbaren Anzahl einst existierender. Während in den letzten Jahrzehnten hinter der weißen Tünche, die zur Zeit der Pest aufgetragen wurde, immer mehr Freskenzyklen an den Kirchenwänden zum Vorschein kommen, sehen sich die überlieferten Werke gotischer Schnitzkunst zur gleichen Zeit der schlimmsten Bedrohung ihrer Existenz ausgesetzt: Was der Zahn der Zeit verschont hatte und der exzessiven Barockisierung, die die gotischen Ausstattungen der Kirchen zerschlug oder in alten Schuppen verrotten ließ, entkommen war, ist seit Jahren Ziel eines beispiellosen Kunstraubs. Zahlreiche Flügelaltäre wurden durch den Diebstahl der Schreinfiguren zerstört, von den ungezählten spurlos verschwundenen Einzelskulpturen ganz zu schweigen.

Verantwortlich für diesen Reichtum gotischer Kunst war wie überall das aufsteigende und prosperierende Bürgertum in den Städten; diese neue und stets liquide Schicht trieb als Auftraggeber die Kunstproduktion voran. Unter der gefestigten Herrschaft des Tiroler Landesfürsten blühten Handel und Bergbau und gaben eine solide Basis für den Wohlstand der aufstrebenden Städte ab. Einer der Söhne Meinhards II., der König Heinrich (aufgrund einer Heirat war ihm der Titel eines Königs von Böhmen zugefallen, doch wurde er von den Luxemburgern vertrieben), regierte Tirol friedlich von 1310 bis 1335. Die unsicheren Zeiten unter der Regierung seiner Tochter, der Margarethe Maultasch, und ihrer zwei Ehemänner, gingen 1363 zu Ende, als Margarethe nach dem Tode ihres Sohnes die ganze Herrschaft Tirol an das Haus Habsburg übergab, bei dem Tirol fast 600 Jahre bleiben sollte und für das Land sofort als Aufmarschgebiet im Krieg gegen die Eidgenossen von größter Wichtigkeit wurde. Die Schweizer Bauernhaufen hatten mit der Vernichtung mehrerer österreichischer Ritterheere klargestellt, wie sehr die traditionelle Bedeutung des Kleinadels als wichtigster Pfeiler der mittelalterlichen Kriegsführung zu einem Anachronismus geworden war. Auch der 1406 das Herzogtum Tirol übernehmende Friedrich IV. aus dem Hause Habsburg zog die Konsequenz, daß mit einem arbeitsamen Bauernvolk und einem finanzkräftigen Bürgertum mehr Staat zu machen sei als mit dem eigenwilligen Lokaladel; seine Förderung der beiden erstgenannten zog ihm die erbitterte Feindschaft der letzteren zu, die mittels zweier großangelegter Zusammenschlüsse, des ›Elephanten-‹ und des ›Falkenbunds‹, den Landesfürsten mit Verschwörung und Gewalt zu stürzen versuchten. Obwohl Herzog Friedrich die beiden Adelsrevolten erst nach langwierigen Kämpfen niederschlagen konnte, wurde dadurch der vom Dritten Stand getragene wirtschaftliche Aufschwung nicht beeinträchtigt. Das gilt auch für die Kriege seines Nachfolgers, des Herzogs Sigmund (wegen seiner Verschwendungssucht ›der Münzreiche‹ genannt, im Gegensatz zu seinem Vater, der den Beinamen ›mit der leeren Tasche‹ erhielt), mit Venedig und dem Brixner Bischof Nikolaus Cusanus; das ökonomische Bewußtsein seiner Untertanen war derart geschärft, daß der Landtag von Meran 1487 den Landesfürsten wegen seiner schludrigen Finanzwirtschaft unter Kuratel stellte und ihm die Ausübung seiner geschäftsschädigenden Regierungsgewalt einfach verbot. 1496 starb mit Sigmund diese Linie des Hauses Habsburg aus, König Maximilian, der ›Letzte Ritter‹, übernahm Tirol und verwickelte es sogleich in den Engadiner Krieg, der mit der verlorenen Schlacht an der Calva die größte militärische Katastrophe des Landes herbeiführte. Die Opfer und Lasten des ebenfalls von Maximilian wiederaufgenommenen Krieges gegen Venedig waren dann selbst den Habsburg stets treu ergebenen Südtirolern zu hoch: Der Bauernaufstand des Jahres 1525 stürzte das Land in ein Chaos, das die mittelalterliche Ordnung endgültig auflöste und damit auch die wirtschaftliche und geistige Basis der gotischen Kunst sehr schnell zersetzte.

Den Beginn der Gotik kennzeichnet in Südtirol die langsame Ablösung der – während der Romanik führenden – lombardischen Bauhütten durch deutsche, die als erstes die Bozner Pfarrkirche als dreischiffige Hallenkirche vollendeten und in den Bauvorhaben der Bettelorden (Franziskaner- und Dominikanerkirche in Bozen) neue Betätigung fanden. Die meist aus dem schwäbischen Süddeutschland stammenden Baumeister errichteten in Südtirol qualitätvolle Werke – mitunter kleinere Ausgaben großer, bereits in ihrer Heimat gebauter Kirchen (Spitalkirche Meran, Abb. 60) –, die aber insgesamt nie an die großartigen Kathedralenbauten der deutschen oder französischen Gotik heranreichten. Gleiches läßt sich von den Werken einheimischer Meister zur Zeit der Spätgotik sagen, deren im Auftrag reicher Gemeinden (Tramin, Pinzon, St. Pauls in Eppan, Sterzing) aufgeführten Kirchen trotz allen provinziellen Zuschnitts immer handwerkliche Gediegenheit auszeichnet. So sind allein Turmhelm (Abb. 40) und Kanzel (Abb. 42) der Bozner Pfarrkirche von Hans Lutz von Schussenried hervorragende Werke gotischer Steinmetzkunst im Lande.

Die große Zeit der gotischen Malerei Südtirols beginnt ebenfalls mit einem Import aus dem Norden: Besonders in Brixen und Neustift (Farbabb. 50) faßte der in Deutschland entwickelte Linear- oder Konturenstil Fuß. Bei dieser zeichnerischen, wahrscheinlich auf französische Vorlagen zurückgehenden Malweise füllt die Farbe nur Flächen und wird nicht für die plastische Modellierung der Figuren eingesetzt. Sie steht mit ihren bewegten Bildern und realistischen Details in völligem Gegensatz zur hieratischen Strenge der Romanik. Die radikale Veränderung, die sich auch in der frühgotischen Plastik als »linearer Formenkanon« (Müller) bemerkbar macht und die blockhafte Schwere der romanischen Skulptur verdrängt, dürfte eine Folge der formenreichen Bewegtheit der neuen Architektur sein. Ihre steingewordene Dynamik wollte die massige Wucht romanischer Architektur in die Schwerelosigkeit hochstrebender Linien auflösen; dieses Gestaltungsprinzip charakterisiert auch den Raum, in dem das Einzelkunstwerk stand und zu dem es sich in Beziehung zu setzen hatte, wie dies die hohen, durchbrochenen Gesprenge noch der spätesten Flügelaltäre taten.

Die italienische Kunst hatte durch den großen Giotto die Romanik gänzlich anders bewältigt: Seine bahnbrechenden Fresken in der Arenakapelle zu Padua zeichnet die plastische Modellierung der Figuren durch Abtönung der Farben in Licht und Schatten aus, die wieder vermenschlichten Individuen seiner Bilder sind vor perspektivisch streng aufgebaute, realistische Landschafts- und Architekturhintergründe gestellt. Als die ersten italienischen Maler der Giotto-Schule gegen 1340 von in Bozen ansässigen italienischen Bankiersfamilien in die Stadt gerufen werden, hat der Linearstil bald ausgedient: Die technisch überlegene Malerei der Italiener beherrscht für die nächsten Jahrzehnte die Südtiroler Kunst. Neben zahlreichen verstreuten Einzelbildern findet sich eine vollständige Ausmalung eines Kirchenraumes in diesem Stil in der Johanneskapelle des Dominikaner-Klosters (Farbabb. 37) in Bozen. Gegen 1360 erreichte Südtirol mit der Kunst Altichieros eine bereits weiterentwickelte Variante der giottesken Errungenschaften; am glanzvollen Hofe Veronas war den strengen Bildern die spielerische Farbigkeit rauschender Gewänder, galanter Abenteuer und idealisierten höfischen Lebens hinzugefügt worden. Die einheimische Kunst zog aus dieser Anwesenheit italienischer Meister größten Gewinn, denn sie ermöglichte die erste lokale Verarbeitung der Vorbilder: die Bozner Schule. Diese übernahm den strengen, perspektivisch geordneten Bildaufbau Giottos und kombinierte ihn mit der Personendarstellung nördlicher Tradition, indem sie vor den Hintergrundarchitekturen nicht die stark individualisierten Einzelgestalten, sondern bewegte Figurengruppen erscheinen ließ. Die Werke der Bozner Schule sind sehr zahlreich erhalten, zu den (zugänglichen) Hauptwerken gehören die Fresken in St. Cyprian in Sarnthein, der Pfarrkirche in Terlan, St. Katharina in Breien (Farbabb. 48), Pfarrkirche und St. Valentin in Tramin und St. Helena bei Deutschnofen, wo an den großen, mit eigenen Architekturen versehenen Thronen der Evangelisten der veronesische Einfluß besonders deutlich zu erkennen ist.

Um 1400 gelangt von Norden ein neuer prägender Einfluß nach Südtirol: Die inzwischen erfolgte Eingliederung Tirols in den Besitzstand der Habsburger vermittelt über Wien auch die zu dieser Zeit führende Kunst des Prager Hofes ins Gebirge, die als ›Weicher‹ oder ›Höfischer‹ Stil in die Kunstgeschichte eingegangen ist. Bedeutendster Vertreter dieses Stils war in Südtirol der Meister Wenzeslaus in Meran, der mit der (erhaltenen) Ausmalung der Friedhofskapelle zu Riffian ein typisches Werk hinterlassen und die Malerei der Meraner Gegend (besonders St. Georg in Schenna, Abb. 76) nachhaltig beeinflußt hat. Diese Begegnung böhmischer und veronesischer Hofkunst in Südtirol sollte für die einheimische Kunst große Bedeutung erlangen: »Es bestand kein innerer Gegensatz zwischen dem Schönheitskult dieser böhmischen Hofkunst mit ihren anmutsvoll in weichen Faltenfluß gehüllten Gestalten, Erscheinungen aus einer Märchen- und Traumwelt, in der selbst die Tragik durch elegischen Stimmungszauber verklärt wird, und dem vom Veneto her sich durchsetzenden Ideal der in getragenem erzählerischem Rhythmus bewegten, atmosphärisch durchleuchteten plastischen Form.« (Rasmo) Der so integrierte ›Höfische Stil‹ in Südtirol prägte zahlreiche Werke und beeinflußte auch die Spätphase der Bozner Schule; in diesem Sinne stellen die weltberühmten Fresken der Burg Runkelstein bei Bozen das höfische Leben des untergehenden Rittertums mit Eleganz und schier unerschöpflichem Farben- und Formenreichtum dar (Farbabb. 13). Für die Entwicklung der Südtiroler Kunst bedeutsamer war das Auftreten des Meisters Hans von Bruneck. Er fand seine eigene Synthese dieser in der Aussage ähnlichen, bezüglich ihrer technischen Fortgeschrittenheit jedoch unterschiedlichen Hofkunst aus Süden und Norden: Bei ihm vereinigt sich die perspektivische Konstruktion des Raumes, der italienische Bildaufbau mit dem ausgeprägt höfischen Glanz der Prager Kunst. Seine Werke in der Spitalkirche von Sterzing, den vierten Arkaden des Brixner und des Neustifter Kreuzganges und der Nikolauskirche in Stegen bei Bruneck begründen die Pustertaler Schule, die sich ständig mit der oberitalienischen Malerei auseinandersetzte und deren Vertreter Michael Pacher den Höhepunkt der gotischen Kunst Tirols bezeichnet.

Gegen 1420 fand ein für die Südtiroler Kunst umwälzendes Ereignis statt: Hans von Judenburg errichtete seinen großen Flügelaltar in der Pfarrkirche von Bozen (Reste heute im Altar von Deutschnofen). Diese großformatige plastische Umsetzung des ›Weichen Stils‹ hat die einheimischen Künstler und ihre Auftraggeber zutiefst beeindruckt und die lokale Produktion von Flügelaltären in Gang gebracht. Der bald darauf entstandene Altar von St. Sigmund im Pustertal und die Reliefs in der Ursulinenkirche in Bruneck sind frühe Zeugnisse dieser Kunstgattung. Sie stehen noch stark unter dem Einfluß des Judenburgers, dessen Können selbst in Venedig so geschätzt wurde, daß die Venezianer ihm höchstwahrscheinlich den Auftrag für die Ausführung des Holzkruzifixes in San Giorgio Maggiore erteilen.

Während südlich des Brenner der ›Weiche Stil‹ seine letzten Triumphe feiert, bereitet sich nördlich desselben bereits die einem bürgerlichen Realismus verpflichtete Spätgotik vor. Sie erreicht mit dem Maler Jakob von Seckau und dem bahnbrechenden Flügelaltar des Ulmer Meisters Hans Multscher (Farbabb. 20), den die Sterzinger Bürger bestellt hatten, um die Mitte des 15. Jahrhunderts auch Südtirol. Den neuen Stil kennzeichnen in der Skulptur harte, die Körperlichkeit der Figuren betonende Faltenbrüche der Gewänder, in der Malerei expressive Gestik und Mimik wie die minutiöse Darstellung realistisch aufgefaßter Details, all dies in völligem Gegensatz zur verklärt-idealistischen Weltsicht des ›Höfischen Stils‹.

Meister Leonard, der Nachfolger des in Brixen tätigen Jakob von Seckau (3. Kreuzgangarkade) und Begründer der Brixner Schule, nahm mit lokalem Eigensinn die bewegte Dramatik Seckaus in biederer Weise zurück und ignorierte die durch Multscher angeregten und von Michael Pacher vollendeten Entwicklungen. Seine weitverbreitete Kunst (Brixner Kreuzgang, St. Nikolaus in Klerant, Abb. 15) wurde von seinen talentierten Nachfolgern überwunden, Hans Klocker (Altäre in Pinzon, Farbt. 3, und Bozen, Abb. 38, 39, vordere Umschlaginnenklappe) führte die Brixner Schule zu – wenn auch konservativen – Meisterwerken spätgotischer Schnitzkunst. Nach dem Niedergang der Bozner Schule in der ersten Hälfte des 15. Jahrhunderts belieferte die Brixner Werkstatt zeitweise ganz Südtirol mit ihren Produkten.

Im Pustertal war derweil Michael Pacher den alten Verbindungen der lokalen Kunst gefolgt und hatte seine Lehrjahre in Padua verbracht, dem bedeutendsten oberitalienischen Kunstzentrum seiner Zeit, wo gerade eine junge Künstlergeneration begeistert die umwälzenden Neuerungen eines Masaccio und Filippo Lippi aus der Toskana feierte. Michael Pacher begegnete den Werken Donatellos und Pizzolos und lernte vor allem die atmosphärische und perspektivische Konstruktion der Raumtiefe aus den Werken Lippis, Bellinis und Uccellos. Diese Beherrschung der Perspektive zeichnet sowohl seine Malerei aus, die die Personen stets in weitläufige Kirchen- oder mittelalterliche Stadtarchitekturen stellte, als auch seine Flügelaltäre, deren Schreinaufbauten als tiefe, bühnenähnliche Architekturgehäuse konzipiert sind, hier geben die Figuren ihr statuarisches Nebeneinander auf und treten zueinander in szenische Beziehung. Wegen seines außerordentlichen Könnens war Michael Pacher ein auch außerhalb Tirols gefragter Künstler, sein wichtigstes Werk in Südtirol ist der Flügelaltar der alten Pfarrkirche von Gries in Bozen, außerdem besitzt die Galerie des Klosters Neustift eine Kopie seines berühmten Kirchenväter-Altars. Aus dem Schulkreis Pachers stammen die vorzüglichen Maler Marx Reichlich, der unbekannte ›Meister von Uttenheim‹ und der allerdings nicht unumstrittene Friedrich Pacher.

In der Zeit der spätesten Gotik zu Beginn des 16. Jahrhunderts werden in Südtirol noch eine Reihe großer Flügelaltäre aufgestellt (Lana, Farbt. 34, Latsch, Farbt. 33, Göflan), die von schwäbischen Meistern (Lederer, Strigel, Schäuffelin, Schnatterpeck) und ihren Werkstätten geschnitzt und gemalt wurden und die in Bild- und Figurenkomposition bereits deutliche Übergänge zur Renaissance zeigen.

Die vielzitierte Feststellung Weingartners, daß es in Südtirol keine eigentliche Renaissance gäbe und sich Spätgotik und Barock die Hände reichten, muß mittlerweile – besonders nach der Restaurierung der Brixner Hofburg und der Trostburg – relativiert werden. Tatsächlich kam mit dem Ende der Gotik die einheimische Kunst praktisch zum Erliegen, und nahezu alle Werke der Renaissance in Südtirol wurden von Italienern entworfen und mit Hilfe lokaler Handwerker durchgeführt. Dabei sind jedoch Werke zustandegekommen, die unverwechselbar den Stempel ihrer Südtiroler Auftraggeber tragen: In den prachtvollen Täfelungen der zahlreichen während dieser Zeit ausgestatteten Ansitze (besonders in der bischöflichen Sommerresidenz in Feldthurns) erscheint die Kunst der Epoche auf örtliche

Bedürfnisse und Traditionen zugeschnitten und ist in dieser Qualität ohne die seit Jahrhunderten tradierten Erfahrungen der Südtiroler Schnitzkunst nicht denkbar. Mehrere Burgen wurden mit schönen Loggienhöfen (Churburg) ausgestattet und im Überetsch brachte die Renaissance mit der Ausschmückung zahlreicher Ansitze in den typischen Architekturformen der Zeit den charakteristischen ›Überetscher Stil‹ (Abb. 44, 45, 48) hervor. Prunkstück der Südtiroler Renaissance ist die jüngst restaurierte Hofburg in Brixen mit mehrstöckigem Loggienhof (Abb. 9) und den Statuen des Schwaben Hans Reichle. Noch wenig erforscht ist die beachtliche Wandmalerei der Zeit, die sich größtenteils in Edelsitzen und reichen Bürgerhäusern findet; Bartlmä Dill Riemenschneider bemalte den Chor der St. Nikolaus-Kirche in Kaltern.

Obwohl Südtirol im Dreißigjährigen Krieg von militärischen Aktionen verschont blieb, zog der Zusammenbruch des Handels mit dem vom Krieg verwüsteten Deutschen Reich eine schwere Krise nach sich. Lechthaler berichtet, daß bereits 1622 für Bargeld weder Getreide noch Fleisch, weder Wein noch Schmalz zu erhalten war. Die Verarmung des Landes brachte auch die Kunstproduktion zum Erliegen, die fürchterliche Pest des Jahres 1637 verödete ganze Landstriche und ließ von dem geordneten, durch Handel und Bergbau wohlhabenden spätmittelalterlichen Tirol wenig übrig. 1665 starb mit Sigmund Franz die tirolische Linie des Hauses Habsburg aus, und das Land wurde von nun an vom Wiener Hof regiert. Tirol erholte sich wirtschaftlich nur langsam, und so konnte erst im 18. Jahrhundert der Barock hier voll in die Breite wirken. Neben den barocken Umbauten des Brixner Doms (Farbt. 9) und der Stiftskirche von Neustift (Farbabb. 4) entstanden vor allem unter der Baumeisterfamilie Delai sowie unter dem Trientiner Architekten Sartori, Franz Singer aus Götzens und Franz de Paula Penz zahlreiche Neubauten (Stiftskirche in Gries, Abb. 37, Pfarrkirchen in Gossensaß, Toblach, Taisten, St. Vigil in Enneberg etc.); viele gotische Kirchen wurden – nicht immer zu ihrem Vorteil – teilweise barockisiert, ein Verfahren, das der Wiener Hof- und Theatermaler Joseph Adam Mölk fast bis zur Serienproduktionsreife vervollkommnete. Für die Innenausstattungen der Kirchen sorgten Stukkateure, Altarbauer, Tafelbildmaler und Freskanten, worunter sich neben einheimischen zahlreiche Künstler italienischer und österreichischer Provenienz finden (Benedetti, Sartori, Günther, Molling etc.). Ihre Höhepunkte erreichte die Barockkunst in Südtirol auf dem Gebiet der Malerei, hier behauptete Paul Troger aus Welsberg im Pustertal die führende Stellung. Er war zusammen mit Michelangelo Unterberger, dem späteren Direktor der Akademie für Bildende Künste in Wien, ein Schüler des Fleimstalers Giuseppe Alberti, der wesentlich italienische Stilkomponenten des Barock vermittelte. Matthäus Günther aus Augsburg sowie die Nordtiroler Josef Zoller, Franz Anton Zeiller und Martin Knoller hinterließen ebenfalls sehr qualitätvolle Werke im süddeutschen Barockgeschmack.

Mit der französischen Revolution und dem folgenden Eroberungszug Napoleons durch Europa, in dessen Verlauf die Tiroler Freiheitskämpfer 1809 die Rückkehr Tirols zum angestammten Herrscherhaus Habsburg durchzusetzen versuchten, kam das Ende der

*Flugblatt aus dem Jahre 1703, das den Sieg der Tiroler Bauern über die kurfürstlich-bayrischen Truppen bekanntgibt*

Barockzeit. Die Kunst der folgenden Jahrhunderte war von keinem einheitlichen Stil mehr geprägt, es herrschten die ›historisierenden‹ oder ›reproduzierenden‹ Tendenzen vor. doch brachten Neoklassik, Neoromanik und Neogotik hier wenig Sehenswertes zustande.

Nach dem Ende des Ersten Weltkrieges wurde 1919 im Friedensvertrag von Saint-Germain das deutschsprachige Südtirol zwischen Salurn und Brenner dem italienischen Staat als Gegenleistung für seinen Eintritt in den Krieg gegen Deutschland und Österreich zugeschlagen. Die Südtiroler blieben zunächst unbehelligt, aber mit der Machtergreifung der Faschisten (1922) begann eine radikale Italienisierung des Landes mit unerträglichen Zwangsmaßnahmen gegen die eingesessene Bevölkerung. 1939 schien dann das Schicksal der Südtiroler besiegelt: Hitler und Mussolini schlossen das ›Umsiedlungsabkommen‹, das die Aussiedlung der deutschsprachigen Südtiroler ins Deutsche Reich vorsah, die Erhaltung ihrer Waffenbrüderschaft war den beiden Staatsmännern das Opfer einiger Hunderttausend wert, wo sie ein noch größeres im Auge hatten. Da die vertragschließenden Parteien in den nächsten Jahren mit der Führung ihres Krieges beschäftigt waren, kam das ›Abkommen‹ aber nur teilweise zum Tragen. Nach dem Krieg schlossen Österreich und Italien 1946 das sogenannte ›Pariser Abkommen‹. Es gewährte den Südtirolern eine gewisse Autonomie, über deren Auslegung man sich jahrelang stritt, bis 1961 eine Serie von Sprengstoffanschlägen und die entsprechende Reaktion des italienischen Staates die Lage dramatisch verschärfte. Neu aufgenommene Verhandlungen führten zur Bildung einer gemischten Kommission aus Italienern und Südtirolern; sie erarbeitete das berühmte ›Paket‹, das für Südtirol (es verblieb als Provinz Bozen in der Region Trentino-Südtirol) Zugeständnisse bezüglich der autonomen Handhabung kultureller, sprachlicher und regionalpolitischer Fragen vorschlug. Im Dezember 1969 wurde das ›Südtirol-Paket‹ von den Regierungen in Wien und Rom ratifiziert.

# Das Eisacktal

»Goethe auf seiner ›Italiänischen Reise‹ hatte das Gefühl, auf dem Brenner Italien zu betreten. Strenge Südtiroler verzeihen ihm das nicht; sie hätten lieber, Goethe hätte das Gefühl erst an der Salurner Klause gehabt.« (Herbert Rosendorfer)

Nun hat es zwar dem Ansehen des prominenten Geistes keinen Abbruch getan, daß seine Gefühle den politischen Weitblick vermissen ließen, wie Goethe aber ausgerechnet auf dem zugigen Brenner zu italienischen Impressionen kam, bleibt unverständlich. Die vermittelt auch heute höchstens die italienische Grenzpolizei. Überhaupt ist das ganze Eisacktal hinunter von Italien nicht viel zu spüren, und erst an seinem Ende, in Bozen, zeigt sich eindrücklich die unmittelbare Nachbarschaft des Südens. Als jahrtausendealter Verkehrs- weg über die Alpen unterhalten Brenner und Eisacktal freilich schon lange zu Italien lebhafte Beziehungen: Die Römer zogen hinauf, um Germanien zu erobern, die germanischen Völker hinunter, um Rom zu erobern, die deutschen Könige mit ihrem Heer hinüber, um beim Papst unsanft auf der Kaiserkrone zu insistieren, die päpstlichen Gesandten herüber, um den Kaiser zur Räson zu bringen, zum Glück aber passierten hauptsächlich Händler, Handwerker, Künstler und Reisende, die friedlicheren Geschäften nachgingen als denen der Großmachtpolitik. Doch hat diese Politik das historische Gesicht des Tales geprägt: Weil er die ›Krönungsstraße‹ nach Rom in sicheren Händen wissen wollte, verlieh im Jahre 1027 Kaiser Konrad II. dem Brixner Bischof Hartwig die Grafschaft an Eisack und Inn als Reichslehen; ihm wurde 1091 noch das Pustertal angegliedert. Da im gleichen Jahr die schon 1004 erfolgte Belehnung des Trienter Bischofs mit der Grafschaft Trient, zu der die Grafschaften Bozen und Vinschgau hinzukamen, bestätigt wurde, lagen nun mit der Kontrolle über Brenner und Reschen die politisch und ökonomisch wichtigen Alpenüber- gänge von und nach Italien in den Händen zweier geistlicher Reichsfürsten. Als die Tiroler Grafen bei ihrem Aufstieg von bischöflichen Ministerialien zur eigenen Feudalherrschaft beiden Bischöfen ihre weltliche Macht entrissen hatten, blieb Brixen Bischofssitz und entwickelte sich mit dem benachbarten Kloster Neustift zu einem in Tirol unübertroffenen Kunstzentrum, dessen Werkstätten das ganze Eisacktal (und weit darüber hinaus) mit Flügelaltären belieferten und deren Maler in zahlreichen Kirchen Freskenzyklen hinterlie- ßen; der berühmte Brixner Kreuzgang (Farbabb. 47, Abb. 2) zeigt in seinen Arkaden ein einzigartiges Ensemble gotischer Freskokunst. Die verkehrsmäßige Lage ermöglichte auch

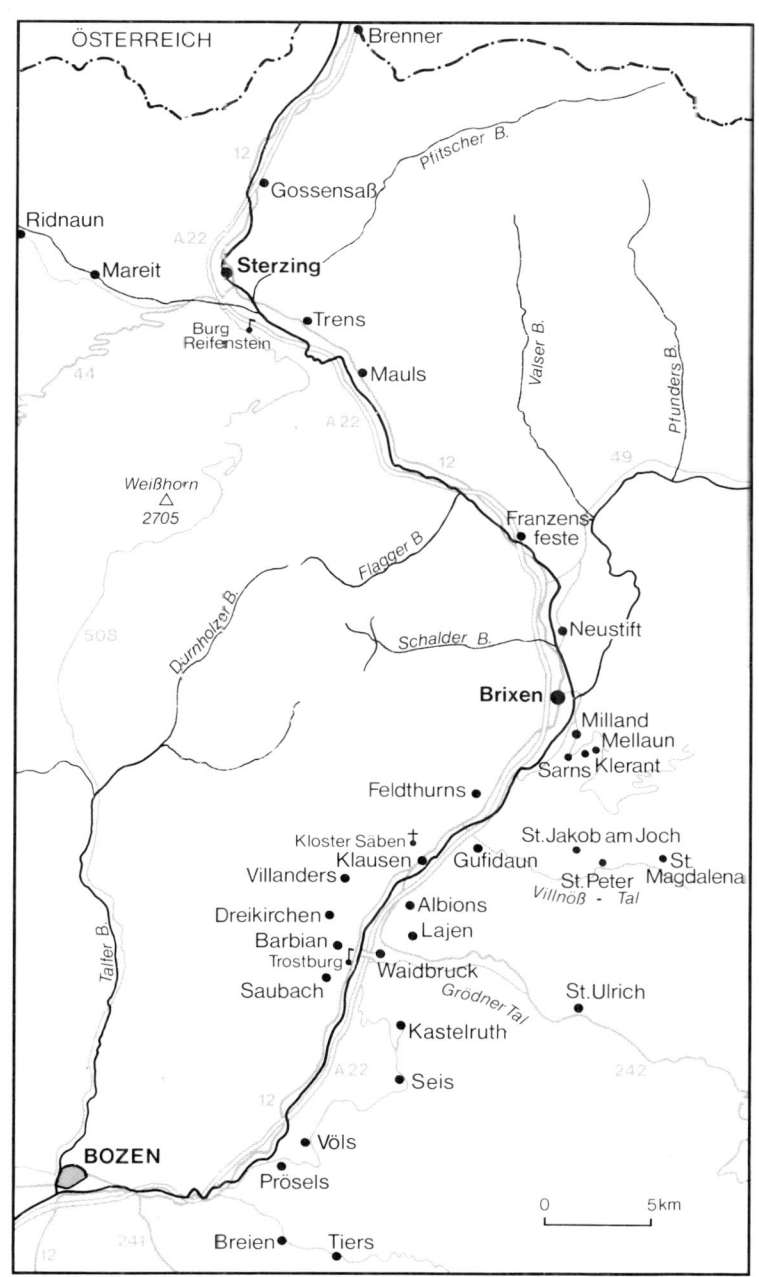

*Die Kunststätten*
*des Eisacktals*

einen regen Kontakt zur Kunst Süddeutschlands und des Pustertales, in dem der große Michael Pacher seine Werkstatt betrieb und den bahnbrechenden Kirchenväteraltar für das Kloster Neustift anfertigte; der ›Sterzinger Altar‹ des Ulmer Meisters Hans Multscher (Farbabb. 20) hat seinen festen Platz in der europäischen Kunstgeschichte – wobei man hinzufügen muß, daß im Eisacktal die vom überaus erfolgreich betriebenen Bergbau prall gefüllten Gemeindesäckel für die Kunstschaffenden stets ein beruhigendes Auftragspolster abgaben.

Der vielfältige Reiz der Landschaft des Eisacktales ist den wenigsten bekannt; wer einen der auf dem Talgrund trassierten Verkehrswege nach Süden nutzt, wird bestenfalls eine Ahnung vom sonnigen Brixner Becken mitnehmen oder einen kurzen Blick auf den gewaltigen Felsen des Burgklosters Säben bei Klausen (Abb. 20, Umschlagrückseite) werfen können und sich ansonsten über die kostensenkende Verschandelung der aufgerissenen Talflanken unter den Autobahnviadukten ärgern – wenn man technische Leistungen wie diesen Autobahnbau zustandebringt, ist man auch in der Lage, hinterher die Baustelle wieder anständig herzurichten. Wer unten entlangfährt, sieht nichts von der landschaftlichen Schönheit der ab Brixen an beiden Talseiten entlangziehenden Mittelgebirgsstufen, auf denen sich alte Dörfer mit kostbaren Fresko- und Schnitzwerken in den Kirchen finden; schon die Brixner Bischöfe haben diese luftige Mittelgebirgslandschaft so geschätzt, daß sie sich dort in Feldthurns ihren prächtigen Renaissance-Sommersitz errichteten. Nur von diesen Höhen kann man bemerken, wie südlich von Brixen die wildgezackten Dolomiten fast bis an den Talrand heranreichen – Seitentäler wie Villnöß, Grödner und das Tierser Tal führen tief hinein in die Montes pálies der Rätoromanen, in die Welt der bleichen Berge. Die Langkofelgruppe am Rande der Seiser Alm, Geislerspitzen, Schlern und Rosengarten bilden die monumentale Kulisse des südlichen Eisacktales.

Jahrtausendelang konnte man den Brenner überqueren, als ginge man von einem Wirtshaus zum nächsten; eine Staatsgrenze, an der man Papiere vorzeigen und sein Auto durchsuchen lassen muß, existiert hier – wie schon angemerkt – erst seit 1919, damals überließen die internationalen Neuordner Europas nach dem ersten Weltkrieg aus der Konkursmasse der geschlagenen k. u. k.-Monarchie das deutschsprachige Südtirol dem italienischen Staat, der auf der nach damaligen Begriffen strategisch günstigen Brennergrenze bestanden hatte. Anlagen und Gebäude zur Verwaltung und Kontrolle dieses niedrigsten Alpenübergangs haben den Brennersattel mittlerweile in einen gigantischen Bahnhof verwandelt, den man möglichst schnell hinter sich lassen sollte – es sei denn, nach monatelangem Darben bei deutschem Kaffee ist das Bedürfnis nach einem echten Cappuccino so groß, daß man es nicht länger erwarten kann. Halten sollten Sie erst wieder in **Gossensaß**, einst die letzte Raststätte vor dem steilsten Stück der Brenneraufahrt und im 15./16. Jahrhundert ein bedeutender Bergbauort, in dem über 1000 Knappen arbeiteten. Im vorigen Jahrhundert war Gossensaß wegen seiner schönen Umgebung und der guten Luft seiner ausgedehnten Wälder ein beliebter Kurort; neben anderer Prominenz weilte hier der norwegische Dramatiker Henrik Ibsen mit Vorliebe; seine Leidenschaft, stundenlang den tobenden Wildwassern von Pflerscher Bach und Eisack zuzusehen, trug ihm unter den Einheimischen den Namen ›das

Bachmandl‹ ein (Rampold, Südtiroler Landeskunde, Band 5). In der von Bergknappen gestifteten gotischen *Barbarakapelle* – sie liegt auf einem Felsen über der Pfarrkirche – können Sie ein einstmals bekanntes Kunstwerk in neuzeitlichem Zustand besichtigen: einen Flügelaltar, dessen Skulpturen vor dem grassierenden Kunstraub in Sicherheit gebracht werden mußten. Der in der Kapelle verbliebene Schrein mit seinem reich vergoldeten Rankenwerk stellt die gute Qualität dieses Werkes eines unbekannten Meisters um 1520 unter Beweis. Die äußerlich unscheinbare *Pfarrkirche* besitzt im Inneren einen großangelegten Freskenzyklus (entstanden 1751) des Augsburger Rokoko-Malers Matthäus Günther, dessen Schaffen Sie im Laufe einer Südtirol-Reise noch öfters begegnen werden. Die meisterhaft ausgeführten Gewölbegemälde mit ihrer perfekten Beherrschung der verkürzten Perspektive und der illusionistischen Tiefe vermeiden in ihrer Eleganz die überschwere Fülle des Spätbarock. Günthers typische Manier besonders deutlich macht seine Darstellung des Drachens, der, vom hl. Georg erstochen, mit gräßlicher Gebärde aus dem Bild auf den Betrachter zu stürzen scheint, während Blut aus seinem Rachen über die gemalten Stukkaturen läuft. – Wer sich länger in der Gegend aufhält, versäume nicht einen Ausflug ins schöne Pflerschtal mit dem imposanten Talschluß des vergletscherten Pflerscher Tribulauns (3096 m).

Die Straße senkt sich nun hinunter nach **Sterzing**, der ersten Südtiroler Stadt, wo Sie mit dem vielgerühmten Stadtbild, den Fresken der Spitalkirche und den Fragmenten des großen Flügelaltars von Hans Multscher bereits typischen Vertretern dieser für Südtirol charakteristischen Kunstsujets begegnen. Eigentlich besteht Sterzing aus einer einzigen langen Straße (Farbabb. 19), die in einmaliger Weise ein Ensemble aller reizvollen Details mittelalterlicher Tiroler Städtebauarchitektur darstellt. Die Lage des Ortes, an dem vor dem Brenneraufstieg zahlreiche alte Wege zusammenliefen – was schon die Römer zur Errichtung einer befestigten Straßenstation, Vipitenum, veranlaßt hatte –, war eine ständige Quelle des Reichtums; besonders der über Sterzing abgewickelte Handel zwischen Venedig und Süddeutschland trug dazu seinen Teil bei. Nachdem sich die Stadt noch ein Weinhandelsmonopol sichern und 1363 den Landesfürsten zu einer Verordnung bewegen konnte, die auf einem Höhenweg an der Stadt vorbeizuziehen verbot (man also den gesamten Brennerverkehr an sich gebracht hatte), erhielt dieser reife Geschäftssinn der Sterzinger Bürger durch den seit 1400 aufblühenden Silberbergbau in den benachbarten Tälern ein stets größeren Gewinn abwerfendes Betätigungsfeld. (Rampold zitiert, daß an die 10 000 Bergknappen in den Minen arbeiteten, während Sterzing selbst weniger als 2000 Einwohner hatte). Dieser in die Stadt strömende Reichtum ermöglichte es, nach einem großen Brand um die Mitte des 15. Jahrhunderts jene oben erwähnte Straße in einmaliger architektonischer Einheitlichkeit wieder aufzubauen, jedenfalls die südliche Hälfte bis zum Zwölferturm (noch heute die ›Neustadt‹ genannt); der nördliche Teil (›Altstadt‹) ist weniger prächtig, dafür gemütlicher. Näher in Augenschein nehmen sollten Sie das *Rathaus;* sein zinnengekrönter Erker, mehrere Stockwerke hoch und mit Maßwerkfeldern wie Wappenreliefs verziert, markiert den Beginn der Sterzinger Lauben. Das schöne Gebäude mit dem großen Lichthof

*Sterzing. Stahlstich von G. Heisinger nach einer Zeichnung von F. Würthle*

beherbergt alte Einrichtungsstücke und ein Stadtmuseum. Bevor Sie aber der Sterzinger Kunst nähertreten, empfiehlt sich eine Einkehr in einem der zahlreichen alten Gasthäuser. Sie weisen zum Teil noch schöne Täfelungen, Balkendecken und Gewölbe auf und lassen – als Indiz für den Reichtum des mittelalterlichen Sterzing – verstehen, warum sich diese Stadt bei der Ausführung ihrer Kunstwerke der besten für sie erreichbaren Kräfte bedienen konnte.

Der erste Gang sollte Sie dann in das kleine *Multscher-Museum* führen, in dem die Reste des großen Flügelaltars aus der Pfarrkirche untergebracht sind, im wesentlichen die Schreinwächter und die Altarflügel mit ihren berühmten Gemälden (Farbabb. 20). Der Eingang zum Museum befindet sich links neben dem römischen Mithras-Stein (Abb. 11) am Stadtplatz schräg gegenüber dem Zwölferturm, der Ausstellungsraum liegt im ersten Stock. Die bezeichnende Geschichte dieses Altars sei im folgenden kurz wiedergegeben.

Am 9. Januar 1456 traf Thomas Lienzer, Beauftragter der Stadt Sterzing, in Innsbruck den Ulmer Meister Hans Multscher, um mit ihm über einen großen Flügelaltar für die im Bau befindliche neue Sterzinger Pfarrkirche zu verhandeln. Der Ulmer Meister war damals schon beinahe 60 Jahre alt und einer der führenden und modernsten Bildschnitzer der süddeutschen Gotik. Er hatte wesentlich zum Durchbruch des spätgotischen realistischen Stils beigetragen, Lienzer wandte sich mithin an einen der gefragtesten Künstler der Zeit; die

Produkte der Werkstatt des nahegelegenen Brixen waren den reichen Sterzingern nicht gut genug. Als der Altar, dessen wesentliche Teile in Ulm angefertigt worden waren, zur Jahreswende 1458/59 in der Pfarrkirche aufgestellt wurde – ein riesiges Stück von über 12 m Höhe –, hatten die Sterzinger ein für die Südtiroler Kunst revolutionäres Werk ins Land geholt. Es beeinflußte die einheimische Schnitz- und Malkunst aufs Nachhaltigste und verhalf der Spätgotik zur raschen Verbreitung; noch Jahrzehnte später verband Michael Pacher in seinen bahnbrechenden Altarkompositionen die künstlerischen Erfahrungen, die sich in diesem Werk vergegenständlichten, mit dem während seiner Ausbildung in den oberitalienischen Kunstzentren angeeigneten Wissen um die perspektivische Strukturierung des Raumes. Daß der Altar heute nur unvollständig und in Einzelteilen bewundert werden kann, ist nicht dem organisierten Kunstraub anzulasten, hier haben die Bürger selbst Hand angelegt: 1779 wurde das prachtvolle Stück aus der Kirche entfernt, weil es einem (inzwischen ebenfalls verschwundenen) goldstrotzenden Monstrum im Barockgeschmack Platz machen mußte. Während der Regotisierung kurz vor der letzten Jahrhundertwende wurden die fünf Schreinfiguren wieder in einen barocken Aufbau gestellt und die großen, beidseitig bemalten Altarflügel im Rathaus aufgehängt. Doch auch dort waren sie nicht sicher: 1940 kam Mussolini auf die Idee, die kostbaren Tafeln seinem Gesinnungsfreund Hermann Göring zu schenken und zwang die Stadt Sterzing zum Verkauf; ihr Preis wurde mit einem Haufen wertloser Staatspapiere abgegolten – Kunstraub auf höherer Ebene. Erst 1959 kehrten die Altarflügel zum Glück unbeschädigt zurück.

Nach dem Abbau des gotischen Retabels in der Pfarrkirche berichten die Chronisten, daß die Sterzinger selbst über den neuen Barockaltar entsetzt gewesen sein sollen – kein Wunder, wenn man das überaus kunstvolle Werk Multschers noch vor Augen hatte. Selbst die im Museum gezeigten Reste lassen die außerordentliche Qualität dieser Arbeit sofort sichtbar werden, und obwohl nur wenige Stücke ausgestellt sind, könnte man sich in ihre Betrachtung stundenlang vertiefen. Neben den vier vorhanghaltenden Engeln des Schrein-hintergrundes (ein noch Jahrzehnte später von Pacher und Klocker verwendetes Motiv) und zwei Prophetenbüsten bestechen die lebensgroßen Skulpturen der Schreinwächter Georg und Florian, sowie die acht Bilder der großen, beidseitig bemalten Altarflügel. Von äußerstem Realismus ist die Ausführung der vollplastisch gestalteten heiligen Ritter Georg und Florian in ihren minutiös wiedergegebenen zeitgenössischen Rüstungen – Skulpturen, wie man sie bis dahin in Tirol noch nicht gesehen hatte. Hier wurden in völliger Abkehr von der idealistisch-pathetischen Manier der Nachfolge des Judenburgschen ›Weichen Stils‹ die Heiligen als Menschen dargestellt; die realistische Welt des aufstrebenden Bürgertums hatte die idealisierte Welt der höfischen Kunst verdrängt. Noch deutlicher wird dieser neue Realismus an den Skulpturen der fünf weiblichen Heiligen, die in der Pfarrkirche verblieben sind, besonders an der Maria mit dem Kind: Sie gleicht einer »Bürgersfrau, wie sie damals mit gerafftem, schleppendem Gewand zur Kirche gingen« (Egg). Die schönen, von wallendem Haar umgebenen, elegischen Gesichter dieser bürgerlichen Heiligen zeigen eine schwer zu übertreffende Qualität der technischen Ausführung – wenn sich die Tür der Pfarrkirche öffnet und ein leichter Wind hereinweht, ist man verwundert, weil der Luftzug

*Sterzing. Hans Multscher, hl. Florian (heute im Multscher-Museum) und Madonna (in der Pfarrkirche)*

die so leicht wirkenden Gewänder der Figuren nicht bewegt; die Vorstellung, daß dagegen die Konsistenz ihres Materials spricht, ist geradezu befremdlich.

Die acht Gemälde der Altarflügel sind aufgrund ihrer vielgerühmten Schönheit die bekanntesten Stücke des kleinen Museums und vom gleichen Geist geprägt wie die Skulpturen des Altars – wenngleich noch keine endgültige Einigkeit darüber besteht, ob diese Bilder von Multscher selbst oder von einem kongenialen Meister seiner Werkstatt (was wahrscheinlicher ist) ausgeführt wurden. Die Bilder zeigen in einer deutlich an niederländische Vorbilder angelehnten Komposition einen unerschöpflichen Reichtum präzise wiedergegebener Details – die Bewaffnung der Häscher, die sich Christus auf dem Ölberg über einen Zaun kletternd nähern, Kleidung und Gesichter der schlafenden Jünger, die auf dem Boden verstreuten Lilien der Verkündigungsszene, ein Joseph, der sich bei der Geburt Christi die Füße mit einem Tuch trocknet, nachdem er Stock und Rucksack sorgfältig in eine Ecke gestellt hat, ein Soldat, der der trauernden Maria bei der Kreuztragung eine Grimasse schneidet; selbst die Heiligenscheine sind durchsichtig und kaum wahrnehmbar gemalt, um den Realismus der Darstellungen nicht zu beeinträchtigen. Die Ereignisse spielen in sorgfältig ausgestatteten Innenräumen oder weiten Landschaftsszenarien, in denen verstreut man Burgen und Städte wahrnimmt; auch diese Bildkomposition einer wirklichkeitsnahen Einheit zwischen den handelnden Personen und dem Raum, in dem sie handeln, war eine richtungweisende Neuheit in der Tiroler Kunst. Die Altarflügel zeigen innen das Marienleben (Verkündigung, Geburt Christi, Anbetung der Könige, Tod Mariens), außen Passionsszenen (Christus am Ölberg, Geißelung, Dornenkrönung, Kreuztragung). Das Museum ist geöffnet werktags von 8.30 bis 11.30 Uhr und von 15 bis 17.30 Uhr.

Keine 50 m vom Multscher-Museum entfernt befindet sich der nächste Kunstschatz Sterzings. Es ist der vollständig mit Fresken ausgemalte Innenraum der *Spitalkirche,* die an der Ecke des Stadtplatzes steht, wo die Gasse der ›Altstadt‹ beginnt; das äußerlich unscheinbare Gebäude ist durch seinen Dachreiter in Form eines Glockentürmchens zu erkennen. Sie betreten die um 1380 errichtete Kirche durch ein im 17. Jahrhundert angebautes schmuckloses Seitenschiff, von dem aus sich durch zwei große Bögen der zweischiffige Hauptraum der Kirche öffnet. Den ganzen Innenraum umläuft eine hohe , als gemalter Stoffbehang ausgeführte Sockelzone, darüber breitet sich in drei übereinanderliegenden Bildstreifen ein umfangreiches Freskenprogramm aus. Die Gewölbe bedecken Medaillons mit Propheten, Kirchenlehrern und Evangelisten nebst ihren Symbolen. Besonders auffällig ist die gekonnte Integration der architektonischen Gliederung des Raumes in die Malerei: Die schweren Rippen der Gewölbe, ihre Konsolen sowie Tür- und Fensterlaibungen haben eine prächtige Ausstattung mit Bordüren, geometrischen Ornamenten und an den Rippen entlanglaufenden Schmuckbändern erhalten, die Bildstreifen und Medaillons sind ebenfalls durch reiche Ornamentbordüren begrenzt. Diese kunstvolle Freskierung läßt keinen Quadratzentimeter unbemalter Fläche übrig und verleiht dem Innenraum den Eindruck eines einzigen, vielfältig gegliederten Riesengemäldes. Es muß zu den Zeiten, als seine Farben noch hell und leuchtend waren, einen überwältigenden Anblick geboten haben. Heute ist in der düsteren Kirche, in deren Dunkelheit man zuerst gar nichts erkennt, nur noch eine schwache Reminiszenz dieses Glanzes zu spüren; zwar sind die Freskenzyklen einzig an der Südwand beschädigt, doch hat ihnen eine (inzwischen beseitigte) Übertünchung ihre Leuchtkraft genommen. Wenn Sie Ihre Augen aber eine Weile an die schlechten Lichtverhältnisse gewöhnt haben, ist die Spitalkirche noch immer ein höchst eindrucksvolles

Erlebnis. Die Bilder zeigen an der Altarwand oben eine Verkündigung (ein sehr gutes Bild), darunter Heimsuchung, Kreuztragung, Auferstehung, an der Westwand ein großangelegtes Jüngstes Gericht mit auffallend vielen Klerikern unter den Verdammten, die von den Teufeln zum Höllenrachen geschleppt werden, an der Nordwand sechs Passionsszenen sowie in zwei weitläufigen Kompositionen den Bethlehemitischen Kindermord und den Zug der Heiligen Drei Könige (das beste Bild der Kirche). Die gegen 1415 entstandenen Bilder stammen von Hans von Bruneck, mit dessen Wahl die Sterzinger abermals ihren guten Geschmack unter Beweis stellten. Dieser Maler – ihm werden auch die Fresken in der 4. Arkade des Brixner Kreuzgangs zugeschrieben – hatte als erster in Tirol die Einflüsse der veronesisch-paduanischen Malerei aus Oberitalien mit dem aus Burgund und Böhmen kommenden ›Höfischen Stil‹ verbunden und damit den strengen, durch gemalte perspektivische Architekturen gegliederten Bildaufbau aus dem Erbe Giottos mit dem erzählerisch-bewegten, anmutigen und farbigen Formenreichtum der Kunst aus Prag bereichert. Meister Hans von Bruneck ist damit der Begründer der ›Pustertaler Schule‹ (s. S. 38), die aus ihrer intensiven Auseinandersetzung mit der italienischen Malerei eine bis dahin in Südtirol unbekannte Formensprache entwickelte und bald die führende Rolle in der gotischen Kunst des Landes übernahm – 50 Jahre später ging aus ihr Michael Pacher hervor, das größte Genie der Tiroler Kunst. (Die Spitalkirche ist stets geöffnet.)

Das nächste besuchenswerte Bauwerk in Sterzing ist die für Südtiroler Verhältnisse ungewöhnlich große *Pfarrkirche*. Sie liegt abseits in den Wiesen am südlichen Ortsrand an der Straße ins Ridnauntal und ist am besten mit dem Wagen zu erreichen. Diese für eine Pfarrkirche merkwürdige Lage erklärt sich wohl daraus, daß die in den Seitentälern arbeitenden Bergknappen, die den großangelegten Bau nicht unerheblich mitfinanzierten, durch die Lage der Kirche demonstrieren wollten, sie gehöre nicht der Stadt Sterzing allein. Allerdings ist der Besuch dieser allgemein vielgerühmten Kirche ein wenig enttäuschend, da durch die Zerstörung der gotischen Innenausstattung die Harmonie zwischen Architektur und Einzelkunstwerk verlorenging. Der Chor wurde von etwa 1420–55 von den einheimischen Baumeistern Hans und Friedrich Feur errichtet, das Langhaus, eine monumentale dreischiffige Halle, erbauten von 1497–1525 Benedikt Weibhauser und Hans Lutz von Schussenried, dem auch die kunstvolle Ausführung des Turms der Bozner Pfarrkirche zu verdanken ist. Nach der Aufstellung des großen Flügelaltars von Hans Multscher, einem Meisterwerk gotischer Schnitzkunst, und einer weiteren Ausstattung durch reiche Stiftungen muß die Kirche lange Zeit einen prachtvollen Anblick geboten haben, bis dann um die Mitte des 18. Jahrhunderts auch der gute Geschmack der Sterzinger der grassierenden Barockmanie erlag; 1753 erschien der Wiener Hof- und Theatermaler Joseph Adam Mölk und legte Hand an die Kirche. Die gotische Ausstattung wurde größtenteils hinausgeworfen, die Gewölberippen mit den Schlußsteinen abgeschlagen, um Platz für Deckenfresken zu schaffen, die gewaltigen acht Marmorsäulen des Langhauses erhielten nervöse Gipskapitelle, und die Gewölbe aller drei Schiffe prangen seitdem im Glanze grellfarbiger, wildbewegter Fresken, die auch in ihrer Ausführung nicht zu den Sternstunden barocker Malerei gezählt werden können. Dabei war Joseph A. Mölk durchaus zu geschmackvolleren Werken in der

Lage, wie er zum Beispiel mit der Ausmalung der Pfarrkirche in Schlanders (s. S. 294) bewies, doch war er bei seinem Sterzinger Unternehmen keineswegs auf der Höhe seines Könnens. 1781 wurde dann noch der (schon besprochene) Multscher-Altar entfernt, und auch spätere zaghafte Regotisierungsversuche konnten die Kirche endgültig nur in jenem Stilgemisch präsentieren, dessen Betrachtung heute noch einen zwiespältigen Eindruck hervorruft.

Als bemerkenswerteste Einzelstücke müssen zuerst die fünf großen Schreinfiguren des Multscher-Altars genannt werden. Sie haben im neugotischen Hochaltar Aufstellung gefunden, und diese Umgebung beeinträchtigt die erlesene Schönheit der Skulpturen ebenso wie die stilfremde Übermalung, die sie über sich ergehen lassen mußten. Weiter sind zu nennen: die Kreuztragungsgruppe an der Nordwand (Herkunft ungewiß, wahrscheinlich Multscher-Werkstatt), die Kreuzigungsgruppe auf dem Seitenaltar (gegen 1460, die Zuordnung zum Sterzinger Meister Mattheis Stöberl wird angezweifelt), die die Säulen umlaufenden Wappen der Stifterfamilien und die bronzierte Holzplastik des hl. Georg am südöstlichen Chorpfeiler, gestiftet vom Landsknechtsführer Georg von Frundsberg. Man versäume nicht einen Gang um die Kirche herum, dort sind neben dem reichverzierten Südportal (entworfen von Mattheis Stöberl) in die Außenwände eingemauert zahlreiche Marmorgrabsteine aus mehreren Jahrhunderten zu sehen, die gute Reliefarbeiten darstellen. Dazwischen ist an der Südwand der römische Grabstein eines Claudius Raeticianus und der Postumia Victorina eingelassen; laut einer darunter angebrachten Inschriftentafel war er 1497 bei den Ausschachtungsarbeiten für das Langhaus »zu untrist im grunt« entdeckt worden.

Sterzing ist übrigens nicht nur die Heimatstadt des – nomen est omen – Reichspfennigmeisters Zacharias Geizkofler und der einst in Tirol berühmten Krippenschnitzer-Familie Probst, von der unter anderem im Brixner Krippenmuseum Werke mit Legionen von Einzelfiguren zu besichtigen sind. In Sterzing geboren ist auch Michael Gaismayr, Führer der Bauern im Tiroler Bauernaufstand 1525. Dieser Mann, noch heute als ›Lutherischer‹ von den katholischen Tirolern schräg angesehen, forderte im Prinzip nichts anderes wie das Ende der Bereicherung von Adel und Geistlichkeit an der Arbeit anderer Leute; Grund genug für die derart Bedrohten, jeden hinrichten zu lassen, der sich der Forderung anschloß. Als daher im frommen Brixen innerhalb von drei Wochen 47 Menschen dem Scharfrichter übergeben wurden, brach der Aufstand los. Am 10. Mai 1525, dem Tag, da der bekannte Bauernführer aus dem Antholzer Tal, Peter Paßler, hingerichtet werden sollte, stürmten etwa 5000 aufgebrachte Bauern Brixen, dessen Bürger größtenteils mit den Bauern sympathisierten, befreiten Paßler und ließen ihren Zorn an Adel und Klerus aus. Die Bewegung hatte derartigen Zulauf, daß der Landesfürst Ferdinand I. auf dem Landtag im Juni 1525 wesentliche ökonomische Zugeständnisse an sie machen mußte. Das hielt ihn nicht davon ab, eine Armee zur Niederwerfung des Aufstandes auszurüsten, die noch im Herbst des gleichen Jahres ihre Operation erfolgreich abschloß. Das nun über die Bauern hereinbrechende Strafgericht – nach Lechthaler »Verstümmelung von Nasen, Ohren, Händen und Füßen, Vierteilen, Köpfen, Hängen« – entsprach indes nur dem üblichen Verkehr mit

Untertanen, sofern sie sich den gottgegebenen Rechten von Kirche und Aristokratie nicht botmäßig zeigten. Gaismayr floh in die Schweiz, wo er neue Truppen sammelte und zog sich kämpfend an Sterzing vorbei durch Tirol und Kärnten ins Venezianische zurück, dort wurde er 1532 von drei Männern ermordet, die es auf die vom Tiroler Landesfürsten ausgesetzte Kopfprämie von 1500 Gulden abgesehen hatten. Daß ihnen dieses Geld für ihr patriotisches Handeln nicht einmal ausgezahlt wurde, paßt ebenso ins Bild wie die im gleichen Jahr erlassene neue Landesordnung. In ihr war von den den Bauern zugestandenen Verbesserungen ihrer Lage mit keinem Wort mehr die Rede.

Etwas romantischere Assoziationen an die Vergangenheit erweckt dagegen **Burg Reifenstein** (Abb. 12), die größte Sehenswürdigkeit der Sterzinger Umgebung. Wer seinen kindlichen Wunsch, einmal eine richtige Ritterburg zu betreten, noch nicht ganz vergessen hat, der ist in Reifenstein am rechten Platze. Hinter Vorwerken, Toranlagen und Zugbrükken, zwischen Zinnen, Wehrgängen und Türmen, um Brunnen, Zisterne und Innenhöfe breiten sich bis in romanische Zeit zurückreichende Wohngebäude mit Portalen, Galerien, Treppen, Gängen, Gewölben, Küchen, Kemenaten und Sälen aus, wie sie der findigste Bühnendekorateur für eine Ritter-Romanze nicht hätte ersinnen können – und alles ist echt, alt, knarrend und verstaubt. Zum Interieur gesellt sich die Lage: Wenig südlich von Sterzing erhebt sich die einsame Burg auf einem landschaftlich sehr reizvollen, isolierten Felshügel, der aus der Talebene aufragt. Jahrtausendelang war er eine Insel im sagenumwobenen ›Sterzinger Moos‹; dies war ein großer, versumpfter See, der den ganzen Talkessel südlich der Stadt bedeckte. Die ältesten Teile der Burg wurden von Brixner Ministerialen schon vor 1100 errichtet, ihr heutiges Gesicht erhielt sie nach 1470, als der in chronischer Geldverlegenheit steckende Landesfürst Sigismund der Münzreiche die Festung dem Deutschen Orden übergab, um damit seine Schulden zu tilgen. Den nun darin residierenden Komturen verdanken wir die Reste der höchst geschmackvollen spätgotischen Innenausstattung, besondere Aufmerksamkeit verdienen das *Kapitelzimmer,* vor allem seine kostbare originale Zirbelholztäfelung wie die prächtigen gotischen Möbel mit geschnitztem Maßwerk und intarsierten Wandkästchen; das berühmteste Stück ist aber der ›Grüne Saal‹ im zweiten Stockwerk, dessen Wände und Decke sowie ein großer schrankartiger Einbau 1498 vollständig mit grünem Rankenwerk ausgemalt wurden. Dieses Rankenwerk ruft in seiner kunstvollen Ausführung mit gemalten Schattierungen den illusionistischen Effekt einer plastischen Reliefarbeit hervor, erst bei genauem Hinsehen erkennt man, daß es sich um Fresken handelt. Es ist dabei höchst amüsant, in den verschlungenen Ranken und Blättern herumkletternde Jünglinge zu entdecken, die flatternden Vögeln nachsteigen. Ein Erker des Raumes wird als Kapelle durch ein prachtvolles durchbrochenes Maßwerkgitter abgetrennt. Es wurde 1660 von einem gotischen Prunkbett abmontiert und neu zusammengestellt: »Seiner Feinheit wegen wurde es auf der Pariser Weltausstellung 1878 als Muster einer gotischen Schnitzerei dieser Art gezeigt.« (Rampold, Südtiroler Landeskunde, Band 5)

Sie gelangen nach Reifenstein, indem Sie von Sterzing auf der Staatsstraße ein Stück (etwa 2 km) in Richtung Brixen fahren; wenn die Burg rechts ins Blickfeld rückt, zweigt eine schmale Straße über die Autobahn zum Weiler Elzenbaum ab (übrigens ein sehr hübscher Ort mit alten Ansitzen), diese Straße führt zum Fuß des Burghügels. In der Burg wohnt in einem Nebengebäude eine Familie, die sich um Instandhaltung und um interessiertes Publikum kümmert; Besichtigung: Mai bis Oktober, Führungen um 10, 11, 14 und 15 Uhr, auch sonntags; freitags geschlossen. Man beachte die gegenüber am Berg liegende *Burg Sprechenstein*, sie ist nicht minder interessant als Reifenstein, jedoch nicht zu besichtigen.

In den Sterzinger Talkessel münden vier Seitentäler, das Jaufental und das Ratschingser Tal sowie das Ridnaun- und Pfitschtal, besuchenswert sind alle vier, besonders aber die letzten beiden. Das langgestreckte Pfitschtal wird wegen seiner eindrucksvollen Hochgebirgskulisse ebenso geschätzt wie wegen seines Mineralienreichtums und seiner hochalpinen Wandermöglichkeiten. Höchst eindrucksvoll ist der von Dreitausendern gebildete amphitheatralische Talschluß, beherrscht vom Hochfeiler (3510 m), dem höchsten Gipfel der Zillertaler Alpen. Vor 150 Jahren stand sinnend Beda Weber vor diesem Anblick und notierte: »Der Landschaftsmaler ist hier in seinem eigentlichen Elemente ...«

Das Ridnauntal, durch den jahrhundertelang betriebenen Bergbau wesentliche Quelle des Reichtums im mittelalterlichen Sterzing, besitzt gleich an seinem Anfang beim Ort Stange eine sehr empfehlenswerte naturkundliche Sehenswürdigkeit. Hier bricht die urweltliche Gilfenklamm durch den Ratschingser Marmor; der Weg hindurch führt auf künstlich angelegten Stegen über dem tobenden Wildwasser, das sich kilometerlang tief in die Wände aus reinem weißen Marmor eingegraben hat. Einige Straßenwindungen weiter ins Ridnauntal hinein werden Sie den verblüffenden Anblick des großen *Schlosses Wolfsthurn* erleben: rosafarbener Barock zwischen dunklen Wäldern und schneebedeckten Gipfeln. Leider kann man die prachtvolle Innerausstattung nicht besichtigen. Einen Rundgang wert ist das altertümliche Dorf **Mareit** zu Füßen des Schloßhügels mit einer barocken Kirche und einem spätgotischen *Bildstock* (aus weißem Marmor) vor dem Dorf, der 1537 von den Bergknappen gestiftet wurde. Wer weiter in das Tal hineinfährt, nähert sich seinem größten Kunstschatz: Einsam an der gegenüberliegenden Talseite gelegen hebt sich die weißgetünchte Knappenkirche *St. Magdalena* (Abb. 14) vom bewaldeten Berghang ab. Die Kirche enthält neben anderen gotischen Schnitzereien (Chorgestühl, Seitenaltar) einen hervorragenden Flügelaltar (1509) des Sterzinger Meisters Mattheis Stöberl, in dessen Schrein sich die Bergknappen, in einem geschnitzten Stollen zu Füßen der hl. Magdalena arbeitend, verewigen ließen. Diese Kirche, von der Fahrstraße aus zu Fuß bequem in einer Viertelstunde erreichbar, müßte eigentlich mit ihrer erhaltenen kostbaren gotischen Innereinrichtung zu den bedeutenden Kunststätten Südtirols zählen – doch ist der Bau verriegelt wie eine Festung, da die einsame Lage geradezu eine Einladung an den grassierenden Kunstdiebstahl darstellt. Besonders Interessierte müssen sich daher mit dem Pfarrer in Mareit in Verbindung setzen, mit etwas Verhandlungsglück wird sich eine Besichtigung ermöglichen lassen. Es ist auf längere Sicht geplant, den zur Zeit aufgelassenen Mesnerhof unterhalb der Kirche wieder zu besiedeln, von dem aus der Besuch des Stöberl-Altares dann ohne große Umstände arrangiert werden kann. Ein Spaziergang zur Kirche lohnt sich aber auf jeden Fall, da man von dort einen großartigen Blick auf den vergletscherten Schluß des Ridnauntales hat.

*Schloß Wolfsthurn, um 1750*

Wenn Sie von Sterzing nach Süden in Richtung Bozen fahren, liegt bald links oberhalb der Staatsstraße der kleine Wallfahrtsort **Maria Trens.** Die kurze Straße hinauf zweigt bei der schlichten ›Reiterkapelle‹ ab, die daran erinnert, daß hier während der Napoleonischen Kriege 1797 gegnerische Truppen von Tiroler Schützen zurückgeschlagen wurden; unter einem entsprechenden Bild steht die sinnige Inschrift: »Bis hierher und nicht weiter kamen die feindlichen Reiter.«

Die spätgotische *Wallfahrtskirche* ist ein Bau aus dem Jahre 1498 mit dem Marmorrelief einer Madonna mit Kind (1510) über dem Hauptportal, das Innere hat Joseph Adam Mölk mit einem ausgedehnten marianischen Freskenprogramm in angenehmerer Weise als in Sterzing hell und luftig barockisiert; es finden sich auch noch sehenswerte gotische Architekturdetails (gedrehte Dienste im Chor). Die Wallfahrt gilt der ebenfalls spätgotischen Madonnenfigur in den barocken Prunkgewändern, um die seit dem 18. Jahrhundert zahlreiche verzierte Votivtafeln zum Dank für erwiesene Hilfe angebracht wurden. An der Langhauswand gegenüber befindet sich ein riesiges Gemälde; es stellt die Überführung des Gnadenbildes von Maria Trens am Ostermontag 1728 dar und zeigt eine endlose Prozession mit viel Volk, Fahnen, Geistlichkeit und Schützenkompanien (Abb. 13). Man beachte auch den Barockaltar aus farbigem Marmor von Cristoforo Benedetti in der Gnadenkapelle. Die Kirche ist stets geöffnet.

Vorbei an der im Stil der Burgenromantik des ausgehenden 19. Jahrhunderts neu errichteten *Burg Welfenstein* (ältester Bau von 1271) führt die Straße nach **Mauls,** neben anderen antiken Stücken Fundort des in Sterzing am Stadtplatz stehenden römischen Mithras-Steins (Abb. 11). Der alte Gasthof Staffler (Ursprung wahrscheinlich im 13. Jahrhundert) gehört mit seinen alten Möbeln, Täfelungen und Gewölben zu den typischsten mittelalterlichen Gasthäusern des Landes. Wenig bekannt sind die zahlreichen Wandermöglichekeiten um Mauls, besonders empfehlenswert ist die zum entlegenen Wilden See (2538 m) unterhalb der Wilden Kreuzspitze, der manchmal bis in den Sommer vereist ist.

In der letzten Talenge vor dem Brixner Becken führt die Straße durch die riesige Anlage der *Franzensfeste,* erbaut 1833–39 und benannt nach Kaiser Franz I. von Österreich; die polygonale Kanonenfestung hat nie ein Kampfgeschehen miterlebt und dient heute als Kaserne. Danach senkt sich die Straße langsam in einen großen Talkessel, landschaftlich geprägt von den ersten Rebenhängen, Obstkulturen und Kastanienhainen, dazwischen mit Zedern und Zypressen einzelne Vorboten südlicher Vegetation, in der Mitte die vieltürmige, kunst- und geschichtsträchtige Bischofsstadt Brixen.

Am besten Sie kommen nach **Brixen** als Elefant. Traditionsbewußte Bürger würden bei Ihrem Anblick nur einen kurzen Moment stutzen und Sie dann mit einem erkennenden Lächeln zum ersten Haus am Platze führen, das gar Ihren Namen trägt (Abb. 8), und wo Sie sich in der Eingangshalle als Mittelpunkt eines großen Freskos bewundern könnten: Sie, durch die Straßen trottend, von aufgeregtem Volk umgeben. Was hat Brixen mit Elefanten zu tun? – Man zählte das Jahr 1551, als in der Stadt alles, was Beine hatte, zusammenlief, um der größten Sensation seit Menschengedenken beizuwohnen: Maximilian von Österreich näherte sich mit großem Gefolge der Stadt. Das lebhafte Interesse galt jedoch weniger dem Erzherzog als einer bis dahin in Tirol noch nie wahrgenommenen Erscheinung. Im Troß bewegte sich ein riesiges, dunkelgraues Tier mit großen Ohren und einem Rüssel dort, wo alles einheimische Viehzeug eine Nase hatte; der leibhaftige Elefant, Geschenk des Königs von Portugal, bezog außerhalb der Stadtmauern im Gasthaus ›Am hohen Felde‹ Quartier, das seinen Namen bald in der der tierischen Prominenz änderte und noch heute mit seiner ›Elephantenplatte‹ Kapital aus der Geschichte schlägt. Der Durchzug dieses wirklichen Dickhäuters hätte einige Jahrzehnte früher ein schwerwiegendes künstlerisches Problem gelöst: Die in der Freskokunst der Brixner Schule beliebte Darstellung des Todes des Eleazar unter einem Elefanten krankte stets an der mangelnden Anschauung eines solchen Tieres; in der 3. Arkade des Brixner Kreuzgangs, an der Nordwand der Kirche von Klerant und in Buchillustrationen im Kloster Neustift ist der biblische Elefant stets als Pferd mit Rüssel nachempfunden worden – in Klerant dazu in einer Rüstung, die auch dieses Organ schützte.

Solche aufsehenerregenden Ereignisse um ideale und reale Elefanten sind natürlich nicht die einzigen historischen Daten der Stadt. Es begann im Jahre 901, als der deutsche König Ludwig das Kind dem Bistum Säben – damals hatte es noch seinen Sitz auf dem kargen Felsen über Klausen – den reich ausgestatteten Meierhof ›Prichsna‹ schenkte. Um 990 wurde es dem Bischof Albuin da oben endgültig zu ungemütlich, auch schienen die Zeiten für das Wagnis

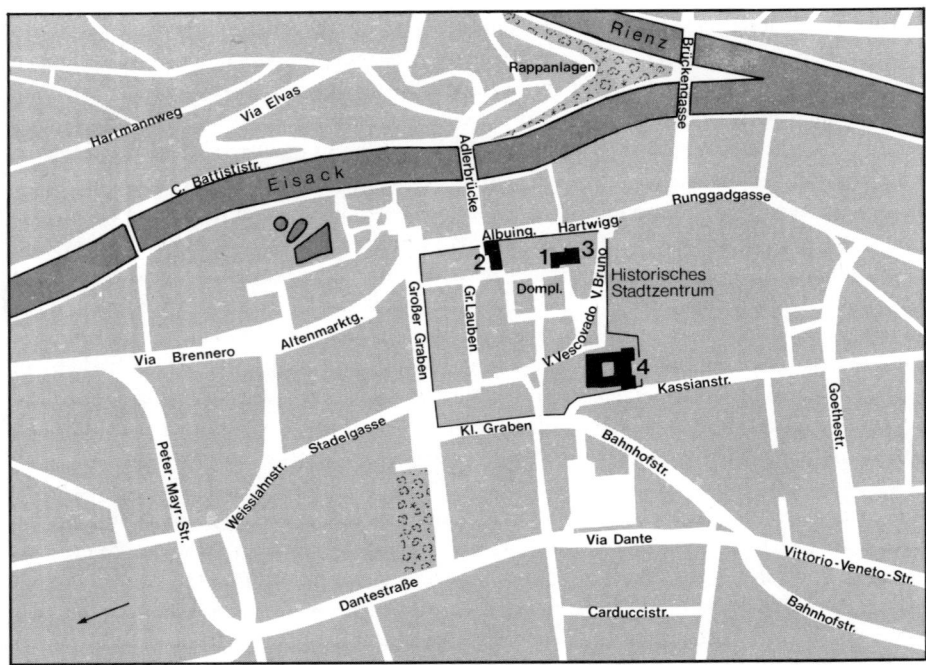

*Brixen, Stadtplan   1 Dom – 2 Pfarrkirche – 3 Kreuzgang und Johanneskirche – 4 Bischöfliche Burg und Diözesanmuseum*

eines dauerhaften Aufenthalts ohne Inanspruchnahme des schützenden Burgfelsens sicher genug, und so verlegte er den Bischofssitz in seinen Hof Prichsna, wo die Dombauten bereits im Gange waren. 30 Jahre später begann Bischof Hartwig die neugegründete Residenzstadt Brixen systematisch um das Münster anzulegen und mit Mauern und Türmen zu befestigen. Im Jahre 1027 kam die große Stunde des Bistums: Während des ersten Romzuges Kaiser Konrads II. brach daheim eine gegen ihn gerichtete Fürstenverschwörung aus, die sogar seinen Rückweg über den Brenner unsicher machte. Weil er dieser Gefahr bei einem eventuellen Wiederholungsfall vorbeugen wollte, schenkte der Kaiser den Bischöfen von Trient und Brixen mehrere Grafschaften, um den Alpenübergang durch ihm ergebene Reichsfürsten gesichert zu wissen. Von da an spielte Brixen in der Kirchengeschichte eine nicht unwichtige Rolle: 1048 besteigt der Brixner Bischof Poppo als Damasus II. den päpstlichen Stuhl; während des Investiturstreits wird ein illegales Konzil in Brixen abgehalten, das 1080 unter Vorsitz von Erzbischof Whibert von Ravenna Gregor VII. absetzt, einen Gegenpapst wählt und damit das Schisma einleitet. Nachdem Nikolaus Krebs, Sohn eines Winzers an der Mosel, unter dem Namen Nikolaus von Cues, genannt Cusanus (1401–1464) – als Mathematiker, Philosoph, Historiker und Astronom einer der berühmtesten Männer seiner Zeit – Brixner Bischof geworden ist, erregt die Stadt abermals größtes Aufsehen. Das neue Kirchenoberhaupt legt sich sofort mit dem Landesfürsten Sigmund dem Münzreichen wegen der von diesem beanspruchten Vogteirechte über das Pustertaler Kloster Sonnenburg an (s. S. 97f.). Der hochbrisante Konflikt, bei dem mit der prinzipiellen Frage der Vogtei über die reichen Klöster für beide Seiten weittragende Konsequenzen auf dem Spiel stehen und der daher sogleich Kaiser und Papst auf den Plan ruft, kann vom Landesfürsten nur durch massiven militärischen Einsatz gegen das Bistum Brixen für sich entschieden werden. 1525 wird die Stadt nach einer Hinrichtungswelle gegen aufständische Bauern von 5000 ihrer empörten Gesinnungsgenossen gestürmt, deren Anführer, Michael Gaismayr aus Sterzing (s. S. 29f.), macht Brixen für 2 Monate zum Hauptquartier der Bewegung; nach der Niederwerfung des Aufstandes werden fünf Bauernführer auf dem Domplatz geköpft.

Das Bild der Stadt Brixen ist noch immer im wesentlichen durch die städtebauliche Entwicklung im 13. Jahrhundert geprägt: Wenn auch in gotische und barocke Formen verwandelt, ist das betriebsame Bürgerviertel vom klerikalen Teil des Städtchens mit Domplatz und Hofburg (der ehemaligen Bischofsresidenz) deutlich zu unterscheiden. Beide Teile zusammen ergeben eine der schönsten und besterhaltenen Tiroler Altstädte, die mit zwei Laubengassen (Abb. 7), Bürger- und Kanonikerhäusern, Pfarrkirche und Dom, Hofburg und Stadttoren, alten Gassen und Plätzen an jeder Ecke neue malerische Winkel eröffnet. Außerdem gibt es hier eine höchst eindrucksvolle Gastronomie zu begutachten, worüber man allerdings die Kunst nicht vergessen sollte: Sie gehört zum Besten, was Tirol zu bieten hat; neben dem Dom, der Hofburg und dem berühmten Kreuzgang dürfen Sie die drei kleinen, aber mit kostbaren Stücken ausgestatteten Museen nicht versäumen.

Obwohl alles eng beieinander liegt, sollte man sich für Brixen viel Zeit nehmen, die Qualität der Einzelkunstwerke gewinnt ungemein durch ihr intaktes Milieu: Dom, Kreuzgang und Domschatz, dann in den Lauben gut speisen, danach die Hofburg mit ihren Museen und abends in den Finsterwirt…

Die Brixner Kunst ist fast geschlossen um den Domplatz versammelt, der von reichgegliederten Fassaden geprägt ist. Seine augenfälligste Attraktion, den *Dom* selbst, betreten Sie durch die von Jakob Pirchstaller 1785–90 errichtete klassizistische Vorhalle. Die ursprünglich ottonische Anlage des Baus brannte 1174 ab, und der romanisch-gotische Nachfolgerbau mußte 1745–55 einem großangelegten barocken Neubau weichen. So sehr man den Verlust des romanischen Münsters bedauern muß, so sehr verdient die Neuschöpfung Bewunderung. Hier hat gewissermaßen die Créme des Tiroler Barock ein gemeinsames Meisterwerk hinterlassen: Delai als Architekt, Benedetti als Stukkateur und Altarbauer, Troger als Freskant (Abb. 6), Joseph Schöpf als Maler der Altarblätter, Dominikus Molling und Franz Faber als Gestalter der Altarstatuen haben den Brixner Dom zu einem in Südtirol einmaligen Ensemble barocker Kunst ausgestattet. Der an deutschen Barockgeschmack gewöhnte Betrachter wird beim Betreten des Inneren befremdet sein, denn die reiche Verwendung von vergoldeten Stukkaturen und dunklem Marmor verleiht dem Dom eine Atmosphäre düsterer Feierlichkeit, die vom schweren italienischen Barock geprägt ist und

Brixen um 1645. Kupferstich des Matthäus
Merian in der Sammlung „Topographia
Provinciarum Austriacarum etc."

*Brixen um 1645, Stich von Matthäus Merian*

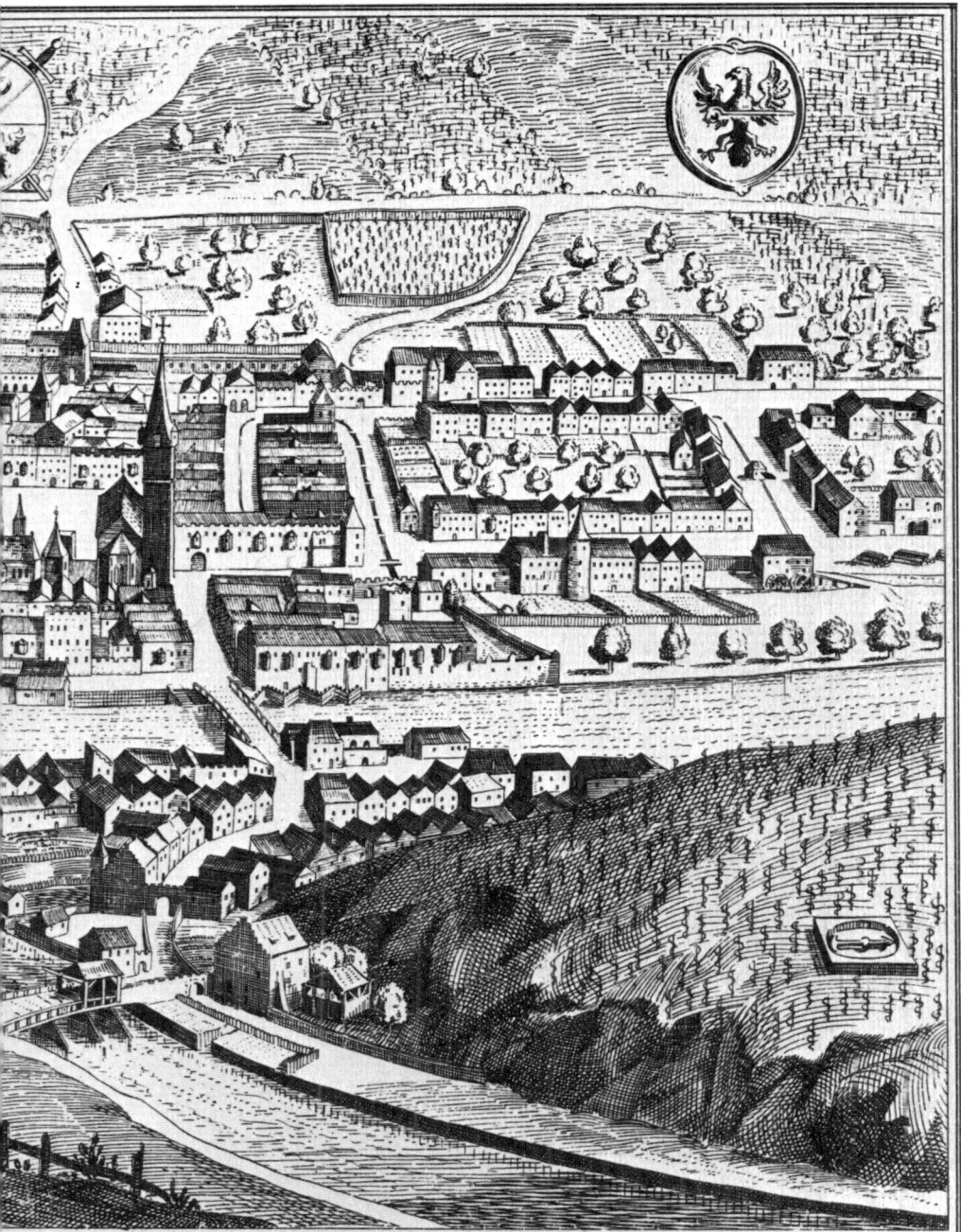

kaum etwas mit der puttenstrotzenden Herrlichkeit süddeutscher Barockkirchen gemein hat. Der monumentale, einschiffige Innenraum mit seitlichen Altarkapellen, halbrundem Chor und kurzen Querschiffen wird beherrscht von den Deckenfresen des genialen Paul Troger (1698–1762, aus Welsberg im Pustertal, s. S. 112). Er bannte im Chor (Himmelfahrt Mariens), in den Kreuzarmen (St. Kassian), über der Orgel (Engelskonzert) und im Langhaus mit dem über 250 m² großen Fresko der ›Anbetung des Lammes‹ unübertroffene Meisterwerke barocker Malerei auf den Verputz; seine gemalte Scheinkuppel in der Vierung wurde 1895 sehr zum Schaden der Gesamtwirkung vom Maler Albrecht von Felsburg durch eine neobarocke ›Göttliche Weisheit‹ ersetzt.

Innerhalb der klassizistischen Vorhalle, rechts vom Domportal, führt hinter einer Tür ein dunkler Gang, der gesäumt ist von mittelalterlichen Grabplatten Brixner Bischöfe, in das von vielfarbigem Licht erfüllte Geviert des *Kreuzganges* (Abb. 1). Dieser Ort ist eine einzigartige Kunststätte, ein Wunder von einem Kreuzgang, wie es ihn kein zweites Mal gibt: 15 seiner 20 Arkaden sind an Wänden und Gewölben vollständig mit Fresken bedeckt; sie umgeben den Betrachter mit einer unerschöpflichen Vielfalt von Bildern, Figuren und Farben. Es gibt Besucher, die geradezu süchtig werden nach der Atmosphäre dieses Kreuzgangs, und da er zugleich der öffentliche Durchgang zwischen dem Domplatz und der Hartwiggasse ist, können sie ihrer Leidenschaft zu jeder Tageszeit nachgeben und mit den sich ändernden Lichtverhältnissen die wechselnden Stimmungen dieses faszinierenden Ortes erleben. Der Brixner Kreuzgang wurde um 1200 als Teil der romanischen Münsteranlage erbaut, im Nordflügel befindet sich noch das große romanische Portal des alten Doms, auch die sich zum Innenhof öffnenden Rundbögen auf Doppelsäulen mit Knospenkapitellen stammen aus der Erbauungszeit. Um 1370 wurde der Kreuzgang eingewölbt, wobei die vorhandene romanische und frühgotische Freskenausstattung zerstört bzw. übertüncht wurde. Nach der Einwölbung begann die zweite Ausmalung, sie zog sich ohne einheitliches Programm von etwa 1390–1509 hin und beruhte auf Stiftungen reicher Domherren, die sich zu verschiedenen Zeiten Maler verschiedener gotischer Stilphasen kommen ließen und ihnen die Ausführung einzelner Bilder oder die Ausstattung ganzer Arkaden übertrugen, weshalb sich an den Wänden die vollständige Entwicklung der gotischen Malerei in Tirol ablesen läßt. Die ältesten Bilder stammen von den Meistern Hans, Erasmus und Christoph von Bruneck aus der Pustertaler Schule (siehe dazu die Ausführungen über die Spitalkirche in Sterzing, S. 28), um die Mitte des 15. Jahrhunderts entsteht eine ansässige Werkstatt, die nun den größten Teil der Ausschmückung des Kreuzgangs übernimmt und als sogenannte Brixner Schule in die Tiroler Kunstgeschichte eingegangen ist. Diese Schule vertrat von Anfang an eine lokale Variante des spätgotischen Realismus. Er entstand um 1420–30 vorwiegend in Deutschland und löste den ›Höfischen Stil‹ der ›Internationalen Gotik‹ (s. S. 254) mit seiner idealisierenden Darstellungsweise ab. Seine Adepten brachten mit ihrem Bemühen um wirklichkeitsgetreue Wiedergabe aller Details und ihrer Vorliebe für dramatische Szenen, überspitzte Physiognomien und übersteigerten Ausdruck eine völlig neue Komponente in die Malerei der Gotik; die neugewonnene Dramatik im bildhaften Vortrag gewann der Strömung rasch viele Anhänger. 1446 erschien mit Jakob von Seckau der erste

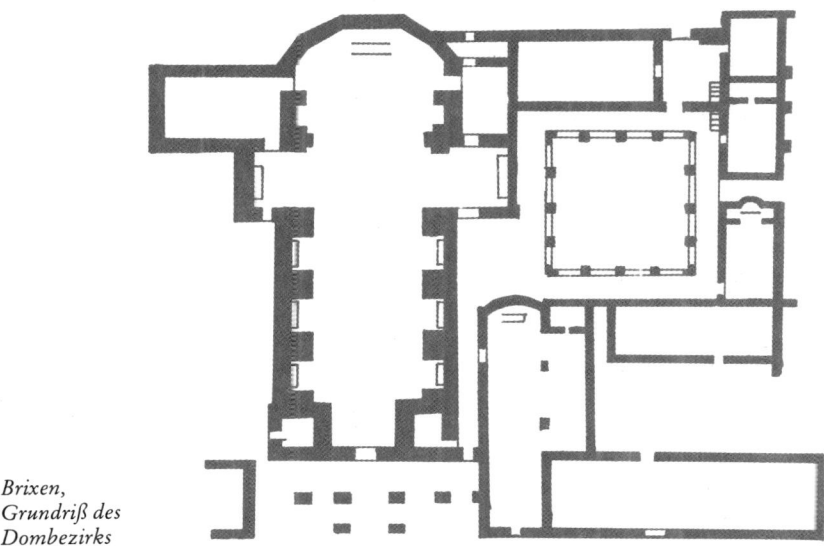

*Brixen,*
*Grundriß des*
*Dombezirks*

Vertreter dieses neuen Stils in Brixen, und seine Werkstatt beeinflußte die lokale Malerei auf Jahrzehnte. Seckau wurde abgelöst von Meister Leonhard, der laut Rechnungen des Bischöflichen Hofes von 1454–73 tätig war und in Brixen und Umgebung zahlreiche Werke hinterlassen hat. Ein überragender Maler ist er allerdings nicht gewesen, er verflachte die Dramatik Seckaus, seine Figuren sind wenig plastisch und von der perspektivischen Konstruktion eines Bildes hat er fast nichts verstanden; dennoch erfreute sich seine farbige, volkstümlich-erzählende Darstellungsweise größter Beliebtheit, allein die Menge der erhaltenen Werke (Fresken, Altäre, Tafelbilder) zeigen, daß seine Werkstatt um Aufträge sicher nie verlegen war. Dabei ignorierte Meister Leonhard alle Entwicklungen in Malerei und Plastik, die um ihn herum vorgingen, die Neuerungen Multschers haben ebenso wie die bahnbrechenden Fortschritte des Pustertalers Michael Pacher in der Beherrschung der Perspektive seine Kunst völlig unberührt gelassen. Dieser konservative Grundzug ist der Brixner Schule immer eigen geblieben, auch als erheblich talentiertere Meister wie Ruprecht Potsch und der vorzügliche Bildschnitzer Hans Klocker (s. S. 178 f.) die Produktion der Werkstatt prägten. Sie hielten noch an einer stilreinen Gotik fest, während schon allerorts die ersten Renaissanceelemente in die spätgotischen Werke einflossen. Erst nach 1500, als »Maister Filippen Maler« (Philipp Diemer) Hofmaler wurde, kam als neues Element die Maltradition der Donauschule hinzu.

Die Zählung der Arkaden des Kreuzgangs beginnt traditionell im Südtrakt, nach den drei unbemalten Arkaden. Es finden sich folgende Bildprogramme:

1. Arkade: an der Südwand die Vision des hl. Johannes auf Patmos, im Gewölbe vier Szenen aus dem Leben des hl. Paulus, gemalt von Ruprecht Potsch, 1490;

2. Arkade: im Gewölbe Szenen aus dem Alten Testament, an der Südwand König Darius und Apeme (sie entreißt ihm die Krone), an der Nordwand St. Michael mit der Seelenwaage, Maria und die hl. Katharina. Von Meister Leonhard von Brixen, 1462;

3. Arkade: im Gewölbe Passionsszenen nach alttestamentlichen Vorlagen; hier sieht man auch den ersten der berühmten Pferd mit Rüssel-Elefanten. Von Meister Leonhard von Brixen (um 1470); die Westwand zeigt die Kreuzigung Christi, wahrscheinlich von Jakob von Seckau um 1450, die Südwand Christus vor Pilatus, wahrscheinlich ebenfalls Seckau;

4. Arkade: sie zeigt das einzige sichtbare Bild der ersten Ausmalung vor der Einwölbung. Hinter einem abgenommenen Fresko kam an der Westwand das Bild des Martyriums der hl. Christina zum Vorschein, gemalt im einst weitverbreiteten frühgotischen Linearstil (s. S. 45). Im Gewölbe Dreipaß-, Vierpaß- und Rundmedaillons mit Propheten, Kirchenlehrern und Engeln, an der Ostwand Kreuzfahrer, Kampf des hl. Georg mit dem Drachen und weibliche Heilige. Außer der Westwand ist die Bemalung der Arkade ein vorzügliches Werk des Hans von Bruneck um 1420, er begründete die Pustertaler Schule (s. S. 28), indem er die Gestaltungsweise des ›Höfischen Stils‹ mit der der zeitgenössischen italienischen Malerei verband;

5. Arkade: im Gewölbe und an der Ostwand Darstellungen aus dem Alten Testament (unter anderen Samson kämpft mit dem Löwen, David enthauptet Goliath, Farbabb. 47), an der Westwand Auferstehung Christi; alle Bilder von Meister Leonhard von Brixen, 1472;

6. Arkade: im Gewölbe und an den Wänden Darstellungen aus der Jugendgeschichte Marias. Man beachte die gut beherrschte Perspektive bei dem Architektur- und Landschaftshintergrund mit Burgen und Städten in den Gewölbefeldern; die ganze Arkade ist entweder ein Frühwerk des Ruprecht Potsch oder von einem Maler aus der Pacher-Schule um 1482;

7. Arkade: im Gewölbe und an der Ostwand ein Zyklus von Bildern, der ein ›Defensorium beatae Mariae Virginis‹ darstellt, also eine Verteidigung der jungfräulichen Mutterschaft durch Analogien aus der Natur (unter anderem eine Löwin, die ihren Nachwuchs durch Brüllen zum Leben erweckt); der Maler dieser Bilder ist unbekannt, man vermutet einen frühen Potsch oder Leonhard. An der Westwand eine schöne Pietà sowie eine Geburt Christi, letztere aus der Pacher-Schule;

8. Arkade: am Gewölbe ein Lasterkatalog über Adam und Eva, eine der originellsten Bildfolgen, mit sechs grausigen Teufelsgesichtern, die etwas einfältig über die die Laster benennenden Spruchbänder blicken; ein Meisterwerk ist der gewappnete Ritter mit einer Lanze, an der eine Fahne mit dem Christuskopf weht. Der Maler (um 1477) ist unbekannt, Weingartner konstatiert pacherischen Einfluß, Wolfsgruber vermutet Hans Harder. An der Westwand Christus am Ölberg mit Stifterfigur und Heiligen, unbekannter Maler um 1400.

9. Arkade: im Gewölbe in Rundmedaillons Szenen aus der Jugendgeschichte Christi mit alttestamentlichen Vorbildern an der Südwand das Martyrium des hl. Achatius, vorzügliche Zeugnisse des ›Höfischen Stils‹ um 1400. Maler unbekannt, an der Dommauer eine schöne Pietà in weiter Landschaft; das stark zerstörte Bild ist das jüngste Gemälde des Kreuzgangs aus dem Jahre 1509; Maler unbekannt;

10. Arkade: am Gewölbe Tugenden und Laster, an der Südwand das Martyrium der hll. Sebastian und Philippus mit Engeln und dem Lamm Gottes, an der Nordwand eine Pietà (Maler unbekannt); ebenfalls an der Nordwand das hervorragende Fresko einer Verkündigung um 1400, entweder von einem Maler der Bozener Schule (s. S. 144f.) oder von einem oberitalienischen Meister;

11. Arkade: im Gewölbe die sieben Werke der Barmherzigkeit, an der Südwand die heidnischen Lehrer Cicero und Boethius, an der Nordwand Bischof mit Spruchband Kaiser Augustus und Sibylle (alle Bilder von demselben unbekannten Maler der 10. Arkade, nach Egg unter böhmischem Einfluß um 1410, nach Wolfsgruber um 1390, möglicherweise Christoph oder Erasmus von Bruneck, Abb. 2);

12. Arkade: an Gewölbe und Südwand Heilige, an der Nordwand Christus in der Kelter mit Heiligen und Stifterfigur, alle Bilder um 1400 vom Meister der 10. und 11. Arkade (Abb. 2);

13. Arkade: Gewölbefresken weitgehend zerstört; an der Ostwand eine Anbetung der Könige (1410) mit thronendem Bischof und einem Totenschild des Konrad Schaller (1413), rechts eine Kopie desselben; an der Nordwand Verkündigung, Geburt Christi (Anfang 15. Jahrhundert), alle Maler unbekannt;

14. Arkade: an Gewölbe und Wänden die sieben Freuden Marias, typisches Werk Meister Leonhards von Brixen und seiner Werkstatt, um 1463;

15. Arkade: am oberen Teil der Ostwand eine thronende Maria (um 1400), darunter Heilige; am Gewölbe Fragmente einer Flucht nach Ägypten und zwei Engel, wahrscheinlich von Leonhard von Brixen, Mitte 15. Jahrhundert;
(Die 16. bis 20. Arkade erhielten nie eine Freskenausstattung, da es hier Händlern erlaubt war, im Kreuzgang ihre Waren feilzubieten.)

An den Südflügel angebaut befindet sich die sogenannte ›Taufkirche‹ oder *Johanneskirche,* ein quadratischer romanischer Bau mit einem als Kreuzkuppelkonstruktion ausgeführten Chor, der außen die Gestalt eines Turms hat. Die Kirche enthält mit großangelegten spätromanischen Monumentalkompositionen und Zyklen im selten erhaltenen frühgotischen Linearstil Werke, die zu den wertvollsten Zeugnissen hochmittelalterlicher Freskokunst im ganzen Alpenraum zählen, doch ist das Innere zur Zeit nicht zugänglich.

Auf keinen Fall versäumen dürfen Sie auch einen Besuch des berühmten *Brixner Domschatzes,* der im sogenannten Kornkasten des alten Domkapitels am Ostausgang des Kreuzgangs untergebracht ist. Unter den ausgestellten 69 Einzelstücken (von ihnen sind viele noch in liturgischem Gebrauch) befinden sich kostbarste sakrale Gewänder wie die legendäre Adlerkasel des Bischofs Albuin aus dem 10. Jahrhundert, angefertigt aus byzantinischer Purpurseide (Nr. 54), die Meßkleidung des Bischofs Hartmann (12. Jahrhundert) aus orientalischer Seide (Nr. 55–57) und die kunstvollen Pontifikalhandschuhe mit Perlenstickerei und Medaillons aus dem 12. Jahrhundert (Nr. 64). Nicht weniger berühmt sind die edelsteinverzierten silbernen Reliquienbüsten, von denen die der heiligen Agnes (Nr. 3, Abb. 3) alle anderen an Schönheit übertrifft. Von Hans Klocker entworfen und von Valentin Schauer um 1490 ausgeführt, ist sie ein Meisterwerk gotischer Goldschmiedekunst. Man beachte ferner Nr. 11 und 12, zwei prachtvolle gotische Monstranzen, Nr. 23, einen Zedernholzschrein mit Goldverzierungen aus Venedig (12. Jahrhundert) sowie die Nr. 65, den Hut des Kardinals Nikolaus Cusanus aus Seidensamt.

Links vom Domportal führt von der Vorhalle ein Durchgang auf den alten Friedhof. An dessen östlicher Umfassungsmauer ist der Gedenkstein des Minnesängers Oswald von Wolkenstein (Abb. 5) eingemauert, den er selbst zu Lebzeiten gestiftet hat.

Keine 100 m vom Domplatz entfernt liegt die *Bischöfliche Hofburg*, deren eisenbeschlagenes Tor noch heute die Spuren ihrer Eroberung durch die Bauern während des Sturms auf Brixen 1525 zeigt. Die regelmäßige Anlage mit ihren Ecktürmen geht auf einen Bau von 1270 zurück, der von Albrecht Lucchese 1591–1600 im Stile eines Renaissance-Palastes neu errichtet wurde. Besonderes Glanzstück des prächtigen Innenhofes mit dreigeschossigen Loggiengalerien (Abb. 9) und der barockisierten Westfassade sind die 24 bronzierten Terrakottastatuen in den Nischen des ersten Stockwerkes (Spätrenaissance, vom Schongauer Hans Reichle um 1600). Die Hofburg ist seit kurzem wieder vollständig zugänglich, sie enthält neben zahlreichen prachtvollen historischen Räumlichkeiten mit schönen Kassettendecken, Portalen, Stukkaturen, Täfelungen, Kachelöfen und der barocken Kapelle mit Fresken und reichen Stukkaturen (Altar von Benedetti) das Diözesanmuseum und die Krippensammlung. Diese in Gewölben im Erdgeschoß untergebrachte Sammlung zeigt 91 Krippen, die größtenteils aus dem 18. Jahrhundert stammen und vor gebastelten Barockarchitekturen mit unzähligen Details aus dem Leben der Zeit die Heilsgeschichte und andere biblische Ereignisse mittels einer kaum übersehbaren Anzahl kleiner Einzelfiguren darstellen. Besonders eindrucksvoll ist die von den Gebrüdern Probst für Bischof Karl Franz Graf Lodron angefertigte Serie (Nr. 31–76), sie enthält über 5000 aus Zirbelholz geschnitzte Figuren. Man beachte auch die überaus schaurige ›Höllenfahrt des Herodes‹ im zweiten Ausstellungsraum.

Im angeschlossenen *Diözesanmuseum* befinden sich mehrere Räume und Säle mit sakralen Kunstwerken aus mehreren Jahrhunderten, vornehmlich Malerei und Plastik der Gotik, neben dem Bozner Museum die bedeutendste Sammlung dieser Art im Lande. Naturgemäß befinden sich zahlreiche Stücke der Brixner und Pustertaler Schule darunter; der speziell Interessierte kann hier sehr eindrucksvoll den Unterschied dieser beiden so nah beieinander arbeitenden Künstlergruppen studieren. Während die Brixner unbeirrt an einer konservativen Gotik festhielten, wurden sie von den Pustertalern, die sich beständig mit den technischen Fortschritten der oberitalienischen und später auch der niederländischen Malerei auseinandersetzten, künstlerisch buchstäblich überholt. Man vergleiche die ›Dornenkrönung‹ des Meisters Leonhard von Brixen aus dem Jahre 1470 und schräg gegenüber die Gestaltung des gleichen Themas, die im selben Jahr der ›Meister von Uttenheim‹ aus dem Pustertal unternahm: starre, vereinzelte Figuren mit schematischem Gesichtsausdruck, schlechte Behandlung der Perspektive bei Leonhard, bewegter Ausdruck und handelnde Personen in einem perspektivisch durchgestalteten Raum, das Bild als Gesamtkomposition beim Uttenheimer Meister.

Öffnungszeiten der Hofburg und der Museen: Juni–Oktober wochentags 10–12 und 14–18 Uhr, Oktober–Mai wochentags 10–12 und 14–17 Uhr, zusätzlich im Dezember und Januar sonntags 14–17 Uhr; geschlossen: Februar und November, an allen Sonntagen März–Oktober, sowie an den beiden Weihnachtsfeiertagen.

Wenn Sie nun von der Hofburg zurück auf den Domplatz kommen, sehen Sie auf der klassizistischen Vorhalle drei große Steinstatuen, würdige Bischöfe, die sich gestikulierend einander zuwenden. Was geht da oben vor? Der Volksmund weiß es: »Sankt Ingenuin preßt die Hand ans Herz, ›heiß ist es heute, gottlos heiß‹ stöhnt er und Sankt Albuin auf der anderen Seite reckt fragend die Hand zu St. Kassian in der Mitte, ›was soll man denn gegen diese Hitze und Trockenheit tun?‹. Er aber, der Hauptpatron, weiß um die einzige Lösung; mit weit ausgestreckter Hand weist er entschieden auf die gegenüberliegende Seite des Platzes, wo sich die schmale Domgasse öffnet und ein Humpen als Wirtshausschild baumelt: ›Zum Finsterwirt gehen wir, ein Viertel trinken …‹« (Rampold, Südtiroler Landeskunde, Band 5). Wenn Sie der Empfehlung der drei Heiligen folgen, werden Sie sich bald in den schönen alten Stuben eines traditionsreichen Südtiroler Gasthauses wiederfinden. Der Name ist übrigens keine Anspielung auf den Charakter seines Inhabers, sondern rührt daher, daß hier früher die Zehentweine des Domkapitels ausgeschenkt wurden, die aber den gottesfürchtigen Lebenswandel des Publikums nicht gefährden sollten: Mit Einbruch der Dunkelheit mußte der Ausschank beendet sein und kein Licht durfte angezündet werden, weshalb beim Finsterwirt so manche Bewirtung im Finsteren stattgefunden haben dürfte.

Gemessen an Reichtum und Bedeutung seiner Kunstwerke ist das zweieinhalb Kilometer nördlich gelegene **Kloster Neustift** (Abb. 10) noch einmal ein Brixen im kleinen. Mit großer Stiftskirche, freskiertem Kreuzgang, prachtvollem Bibliothekssaal, Gemäldegalerie, der Viktorskapelle und ihren seltenen frühgotischen Wandmalereien im Linearstil ist auch Neustift nicht nur für den Kunstreisenden einer der bemerkenswertesten Orte im Lande – die berühmte Weinkellerei des Klosters ist in der Tat nicht zu verachten.

1142 von Bischof Hartmann gegründet, brannte das Kloster bereits 1190 ab und wurde von Probst Konrad von Rodank mit einer dreischiffigen Basilika und einer Spitalkirche in Form eines großen Zentralbaus neu errichtet. Ab 1370 wurden Kreuzgang und Kirche gotisiert, ersterer erhielt nach der Einwölbung eine neue Freskendecke, letztere einen gotischen Hochchor und bis 1465 acht Altäre, die im Stile der Zeit sicher Flügelaltäre vorstellten. Dann widerfuhr der ganzen Klosteranlage etwas Seltsames: Als 1476 die Nachricht von der drohenden Türkengefahr ganz Europa in Schrecken versetzte, wandten die Neustifter ihre gesamten ökonomischen Mittel an eine Befestigung des Klosters mit Ringmauern, Türmen, Gräben und Schießscharten. Dieser Wehranlage haftet insofern etwas Skurriles an, als jedem Baumeister, der über ein Minimum an Kenntnissen über die Fortifikations- und Belagerungstechnik seiner Zeit verfügte, die Unsinnigkeit des Versuchs, das Kloster zu verteidigen, hätte klar sein müssen. Ein türkischer Belagerungsingenieur hätte eine einzige Kanone den Berghang über Neustift hinaufziehen lassen und von dort in Ruhe seine Wasserpfeife rauchend zugesehen, wie unter ihm das Kloster langsam in Trümmer sank – abgesehen davon, daß man sich die frommen Chorherren nur schwer mit einer Muskete hinter der Schießscharte oder mit einem Degen ihren Weinkeller verteidigend vorstellen kann. Folgerichtig hielten die Befestigungen nicht einmal den Bauern stand, die 1525 Neustift überfielen und auf der Suche nach den Zinsbüchern mit der Auflistung ihrer erdrückenden Schulden zahlreiche alte Schriften vernichteten. Auch nach der weitgehenden Barockisierung des 18. Jahrhunderts ist es dieser kriegerische Eindruck, der den Besucher als erstes empfängt: Neben dem äußeren Tor erhebt sich ein in Südtirol einmaliger Bau, die große Rotunde der romanischen *Michaelskapelle* mit umlaufenden Biforienfenstern, wegen ihres doppelten Zinnenkranzes, ihres Wehrturms und ihrer Schießscharten als ›Engelsburg‹ bezeichnet, da sie in der Tat wie eine Miniaturausgabe des römischen Originals wirkt. Während dieser interessante Bau innen leider nicht zu besichtigen ist, sind der Stiftshof mit dem ›Wunderbrunnen‹ und der Kreuzgang stets zugänglich; Kirche, Gemäldegalerie und Bibliothek werden auf einer kurzen Führung gezeigt, die Sie auf keinen Fall auslassen sollten, sie findet statt werktags um 11, 15 und 16 Uhr.

Im Stiftshof wurde bereits 1508 ein Ziehbrunnen angelegt, der 1669 mit einem achteckigen pagodenartigen Aufbau versehen wurde. Er zeigt im Fries des Daches Gemälde der sieben Weltwunder, neben dem Koloß von Rhodos, dem Tempel der Diana von Ephesus, dem Mausoleum von Halikarnass, der Stadtmauer von Babylon, den ägyptischen Pyramiden, dem Leuchtturm der Insel Pharos und der Zeusstatue des Phidias erscheint als achtes Kloster Neustift selbst, wie es vor dem barocken Umbau ausgesehen hatte.

Ebenso wie der Brixner Kreuzgang war auch der Neustifter vor seiner Einwölbung mit größtenteils frühgotischen Fresken im Linearstil ausgemalt. Sie wurden im 15. Jahrhundert von einer neuen Freskoschicht überdeckt, welche ebenfalls 1636 unter weißer Tünche verschwand. Der Bilderreichtum des *Neustifter Kreuzgangs* ist erst teilweise aufgedeckt, wobei in einzelnen Arkaden Fragmente oder Zyklen aus beiden Schichten zu sehen sind. Reste der frühgotischen Wandmalerei finden sich in der 1. Arkade (Glücksrad), in der 2. Arkade (Heilige), in der 6., sowie der 17.–19. Arkade (Apostel). Die Arkadenzählung beginnt beim Eingang in der Südwestecke und führt nicht geradeaus, sondern links den Westflügel entlang. Dort befindet sich in der 3. Arkade die Parabel vom reichen Prasser (Farbabb. 49), 1490 von Friedrich Pacher gemalt. Diese wildbewegte Bildkomposition mit ihren ins Groteske übersteigerten Figuren gehört zum Besten, was dieser Maler hinterlassen hat. Man verwechsle Friedrich nicht mit seinem berühmten Namensvetter Michael Pacher, in dessen Werkstatt er tätig war und an dessen Qualität er nie herangereicht hat. (Über das Verhältnis der beiden Pacher zueinander s. S. 46) Die 4. Arkade (Ölberg, Heilige) wurde gegen 1410 vom schon mehrfach erwähnten Hans von Bruneck ausgemalt, dem auch die vollständige Ausschmückung der Spitalkirche in Sterzing zugeschrieben wird. Während in der 5. Arkade ebenfalls um 1410 ein einheimischer Meister tätig war, stammt die vorzügliche ›Verkündigung‹ in der 9. Arkade von einem italienischen Meister um 1430. In der 10. Arkade ist das Leben der hl. Dorothea dargestellt, in der 11. findet sich ein Zyklus mit der Legende der hl. Barbara, beide um 1410. Man beachte unter den zahlreichen Grabplatten besonders die des Oswald von Säben (1464) im Nordflügel; irgendwo in diesem Kreuzgang liegt der Minnesänger Oswald von Wolkenstein begraben, die genaue Stelle ist unbekannt.

Vom Kreuzgang aus zu erreichen, hat Neustift außerdem speziellen Liebhabern gotischer Kunst noch eine kleine, allerdings nicht in die Führung aufgenommene Sensation zu bieten. Es handelt sich dabei um die seltenen Fresken der *Viktorskapelle* im linearen Übergangsstil der Frühgotik (Farbabb. 50), die erst 1979 in dieser ältesten Kapelle des Klosters restauriert wurden und auf die die Bilder gleichen Stils im Kreuzgang nur ein Vorgeschmack sind. In der romanischen Viktorskapelle, einem quadratischen Bau, dem 1532 ein vielgliedriges Netzrippengewölbe eingesetzt wurde, zieht die ganze Westwand ein breiter Bildstreifen entlang; auf ihm ist ein einziges Monumentalgemälde des Zuges der hl. drei Könige und ihrer Ankunft bei Herodes zu sehen. Der Linearstil ist die früheste Form gotischer Malerei nordischer Prägung, er entstand um 1300 in Deutschland und war nur wenige Jahrzehnte verbreitet. Die feierliche Strenge der Romanik löste er durch lebhaft bewegte Gestalten ab, deren Konturen mehr gezeichnet als gemalt in gelöster Linienführung die Bilder beleben. Die Farbe füllt dabei nur die zwischen den Linien stehenden Flächen und besitzt, ohne Schattierung aquarellartig aufgetragen, keine modellierende Wirkung; Plastizität und Perspektive werden ersetzt durch Reichtum an Details und Bewegung. Diese Bilder stehen in so schroffem Gegensatz zu der ausgewogenen, würdevoll-majestätischen Formgebung der an klassisch-antiken Idealen orientierten italienischen Malerei, wie er sich tiefgreifender kaum denken läßt; kein Wunder, daß sich die italienische Kunst mit Grausen von diesen nordisch geprägten Machwerken wandte und fortan gotisch gleich barbarisch setzte. Wenn der Linearstil trotz der technischen Überlegenheit italienischer Kunstzentren (s. S. 177) dem heutigen Betrachter wenigstens ebenso anziehend erscheint, liegt das an der bewegten, packenden Dramatik dieses Bildvortrags.

Der Besuch der Viktors-Kapelle ist an die Anwesenheit von Frau Fischnaller gebunden, da der Eingang durch ihren Treppenflur führt (übrigens eines der ältesten Klostergebäude). Im Stift beschäftigt, ist sie nur mittags kurz vor 12 oder nachmittags zu Hause. Gehen Sie im Ostflügel des Kreuzgangs rechts durch die eisenbeschlagene Tür und dahinter eine Treppe hinauf in einen höher gelegenen Hof. Direkt gegenüber befindet sich eine Haustür, wo Sie bei ›Fischnaller‹ läuten. Die freundliche alte Dame wird Sie in die Kapelle begleiten.

Die offizielle Führung zeigt zuerst die *Stiftskirche* (Farbabb. 4), die unter Beibehaltung des romanischen Mauerwerks von Josef Delai zwischen 1734 und 1738 barockisiert wurde. Die prächtige spätbarocke Ausstattung erhielt ihre Vollendung durch den Innsbrucker Stukkateur Anton Gigl aus der Wessobrunner Schule; die Fresken von Matthäus Günther sind nicht schlecht, erreichen aber noch nicht die Qualität seines Spätwerks (etwa in der Pfarrkirche von St. Vigil in Enneberg, s. S. 101). Mit dem Hochaltar aus der Hand des in Tirol vielbeschäftigten Teodoro Benedetti, sieben Seitenaltären, zum Teil vom Trientiner

Giuseppe Sartori, Altarblättern von Mildorfer, Unterberger, Grasmair und Mitterwurzer und der 1695 von Johann Delai angebauten Marienkapelle mit Waldmann-Fresken ist die Neustifter Kirche einer der glanzvollsten Barockbauten im Lande. Man achte auf das frühe Rocaillewerk und die zahlreichen musizierenden Balustraden- und sonstigen Stuckengel von Anton Gigl.

Die *Gemäldesammlung* zeigt die bedeutenden Reste der gotischen Ausstattung der Stiftskirche, die der Barockisierung weichen mußten. Sie enthält komplette Flügelaltäre, die Fragmente von mehreren zerstörten und einzelne Tafelbilder. Der größte Teil der beweglichen Kunstwerke des Klosters wurde allerdings während der von Napoleons Gnaden installierten bayerischen Herrschaft 1809 »beschlagnahmt« und nach München gebracht, doch lassen die verbliebenen Reste die außerordentliche Pracht der gotischen Kirche ahnen. Vollständig erhalten sind die (gemalten) Flügelaltäre der hl. Katharina und der hl. Barbara, die im typisch übersteigerten Realismus der Spätgotik des Friedrich Pacher mit seinem detailliert-lustvollen Verweilen bei körperlichen Torturen Leben und Martyrium der Heiligen darstellen. Neben früheren Werken (um 1400) noch im ›Höfischen Stil‹ und solchen des Brixner Meisters Leonhard ist die Pustertaler Schule vielfältig vertreten. Mit mehreren Tafeln des ›Meisters von Uttenheim‹, der Pacher-Nachfolger Marx Reichlich und Andre Haller bestückt, gibt es in Südtirol keine zweite Kollektion, in der sich die höchst qualitätvolle Kunstproduktion der Pustertaler so eindrucksvoll studieren ließe. Im letzten Raum der Galerie wird der gebildete Kunstfreund seinen Augen nicht trauen: Dort steht der berühmte Kirchenväter-Altar, dieses in der Beherrschung der Perspektive bahnbrechende Werk des genialen Michael Pacher (s. S. 181). Von ihm weiß jeder, daß es zu den kostbarsten Stücken der Alten Pinakothek in München gehört. Sollten die Bayern das 1809 dorthin »überführte« Stück wieder zurückgegeben haben? Keineswegs, doch haben sie sich immerhin zu einer Geste aufgerafft: Vor wenigen Jahren ließen sie eine perfekte photografische Kopie anfertigen, die, auf die Originalgröße des Altars gebracht, den Neustiftern geschenkt und in der Gemäldegalerie aufgestellt wurde, womit der bedeutendste Altar des Klosters an Ort und Stelle wenigstens wieder zu sehen ist. Dieses Werk des Michael Pacher in unmittelbarer Nachbarschaft zweier vollständiger Altäre des Friedrich Pacher legt eindeutig klar, wer von beiden der Meister und wer der (schlechte) Schüler war: Gegen die vollendete zentralperspektivische Raumkonstruktion des Bildaufbaus bei Michael fällt der flache Raum, den Friedrich mit verkürzter Perspektive als schwache Reminiszenz an die Kunst Mantegnas malt – mit ihr war er auf einer Italienreise in Berührung gekommen –, arg ab. Das Verhältnis der beiden Meister scheint ohnehin nicht ungetrübt gewesen zu sein. Friedrich war Mitarbeiter in Michaels Werkstatt (die häufig behauptete Verwandtschaft zwischen ihnen ist bis heute nicht erwiesen); während der Arbeit am Altar von St. Wolfgang am Abersee, dem erhaltenen Hauptwerk Michael Pachers, haben sie sich anscheinend überworfen und getrennt, wonach das Spätwerk Friedrichs, wie Rasmo eindrucksvoll ausführt, alles bei Michael Gelernte vergißt und auf eine äußerst mäßige Qualität herabsinkt.

Die letzte Berühmtheit von Neustift ist der *Bibliothekssaal* (Farbabb. 5), 1770–1778 vom Trientiner Giuseppe Sartori geschaffen. Es ist der prachtvollste Rokokosaal des Landes, in dem Tausende kostbarer mittelalterlicher Inkunabeln, Handschriften und Frühdrucke aufbewahrt werden; Kostproben der qualitätvollen Buchmalerei, die in Neustift gepflegt wurde, sind in Vitrinen ausgestellt.

Nach der Klosterführung sollten Sie im traditionsreichen ›Brückenwirt‹ oder im Neustifter Weinkeller selbst das Kunsterlebnis stilgerecht verarbeiten: »Seit eh und je ist es schwierig gewesen, in Neustift die Kunstkenner und die Weinbeißer auseinanderzuhalten, und im Klosterkeller verwischen sich diese Grenzen oft in erstaunlichem Maße...« (Rampold).

Das durch die Zentren Brixen und Neustift angeregte Kunstschaffen hat bis in die kleinsten Dörfer und entferntesten Winkel der Umgebung ausgestrahlt. Wohin Sie auch fahren oder wandern, überall werden Sie Ansitze, Dorfkirchen, einsame Kapellen entdecken, in denen einzelne Außen- oder Innenfresken, Flügelaltäre oder deren Reste und Einzelskulpturen aus Gotik oder Barock zu finden sind. Ausführlicher beschrieben werden hier nur die Kunststätten, die durch Umfang und Qualität eigens eine Anfahrt lohnen, wobei auf naheliegende kleinere Sehenswürdigkeiten verwiesen wird. So ist von Neustift aus eine Fahrt über die weite Hochfläche von Natz-Schabs mit den Orten Elvas, Natz, Viums und Schabs anzuraten, alle vier mit schönen Kirchen in teils gotischer, teils barocker Ausstattung. Das große Hochplateau eignet sich vorzüglich zum Wandern, die Wege führen bei Viums bis an den Steilabfall des Plateaus in die Rienzschlucht, die hier, aus dem Pustertal kommend, in einer Schleife um den Burgfelsen von Rodenegg herumläuft. Anzuraten ist auch ein Besuch des nahegelegenen **Vahrn** mit seinem schönen Edelkastanienhain vor der Burgruine Salern; in dieser ehemaligen Sommerfrische der Neustifter Chorherrn haben sich mehrere alte Ansitze erhalten, darunter der *Ansitz Garten* mit seiner von Zinnengiebeln und Erkern gegliederten Fassade, »das Musterstück eines Eisacktaler Edelsitzes« (Rampold). Einen Blick wert ist auch die *Pfarrkirche* von Vahrn mit dem originellen Außenfresko einer figurenreichen ›Krönung Mariens‹, auf dem ein ganzes Engelorchester mit zahlreichen Instrumenten der Zeit zu sehen ist (von Meister Leonhard von Brixen, 1474). Auf einem angenehmen Spaziergang gelangt man von Vahrn über das alte, gleichnamige Bad zum Vahrner See. Sehr empfehlenswert ist ebenfalls von Brixen aus eine Fahrt in das einsame Lüsental mit seinen schönen Almen, Wäldern und Bergbauernhöfen.

Der Weg zur Kunst der Brixner Umgebung aber führt zuerst nach **Feldthurns**, der bedeutendsten Kunststätte der Renaissance im ganzen Lande. Die Straße dorthin zweigt in Brixen von der Brenner-Staatsstraße ab (auch von Klausen führt eine Straße hinauf) und berührt unterwegs die eigenartige Landschaft der Tschötscher Heide, eine klassische ›Vorgeschichts–Landschaft‹; hier laufen uralte Wege zwischen verstreuten Felsblöcken mit ungedeuteten Einritzungen hin, überragt von alten Kastanien. Den umstrittenen Menhir mit den eingemeißelten Dolchen, vom Wirt des Gasthofes ›Fink‹ in den Brixner Lauben dortselbst aufgestellt, hat er persönlich hier in der Heide entdeckt. Eine Wanderung durch diesen Teil der Mittelgebirgsstufe über dem Eisacktal zu den Dörfern Tils, Pinzagen und Tötschling mit ihren schönen Kirchen, alten Dorfbildern und ihrem Dolomitenblick gehört zu den landschaftlich reizvollsten in der Brixner Umgebung.

Gleich am Dorfeingang von Feldthurns liegt links der Straße der massige, außen schmucklose Bau des *Schlosses Velthurns* mit einer den Hof umlaufenden Zinnenmauer. Im Herbst 1577 gab der Fürstbischof von Brixen und Trient, Kardinal Christoph von Madruz, den Auftrag zur Errichtung einer neuen Sommerresidenz, für die bis dahin die Burg in Bruneck vorgesehen war. Bereits 1587 wurde das Werk unter dessen Nachfolger vollendet, wodurch die überaus kunstvolle Innenausstattung in einer für Südtirol einmalig geschlossenen Weise den Stil der Hochrenaissance zeigt – wie so oft hierzulande eine gelungene italienisch-deutsche Co-Produktion. Sie wurde diesmal notwendig, weil mit dem Ausklingen der Gotik die Südtiroler Kunst praktisch zum Erliegen gekommen war; erst im Barock machen sich wieder einheimische Talente bemerkbar. So mußten also Künstler aus der Heimat des ›Rinascimento‹ bestellt werden: Unter der Leitung des Baumeisters Mattia Parlati verwandelten die Maler Horazio Michele und Pietro Maria Bagnadore aus Brescia zusammen mit Schreinermeistern aus Brixen, Klausen und Bruneck jede einzelne Wand in ein reichgestaltetes Kunstwerk, dessen sich jedes Loire-Schloß gerühmt hätte. Die Gemälde sind Bestandteil der mit Prunkportalen, Kassettendecken und Wandgetäfel geschlossen konzipierten Raumgliederungen, die besonders durch die äußerst kunstvollen Intarsienarbeiten im Holz der Täfelungen ihre subtile Schönheit entfalten. Die Temperagemälde, zumal die im zweiten Stockwerk, sind von vorzüglicher Qualität und zeigen entsprechend dem Geschmack der Zeit die in der Renaissance so beliebten Allegorien auf Gott und die Welt. So finden sich Freskenzyklen mit allegorischen Darstellungen der Kardinaltugenden, der Laster, der vier Jahreszeiten, der vier Erdteile, der fünf Sinne etc., wobei man auf die Wahl der einzelnen Symbole achten möge: Tugenden werden grundsätzlich durch Frauengestalten verkörpert, im Totentanz stellt Apoll den Tod dar, schwarze und weiße Pferde (Tag und Nacht) ziehen seinen Wagen, die Allegorie des ›Sehens‹ ist ein vorgehaltener Spiegel.

Viel gibt es noch zu sehen in Velthurns, doch ist das Schloß in seinem heutigen Zustand nur ein Schatten dessen, was es war: Verschwunden ist das gesamte bewegliche Inventar ebenso wie die großen, einst vielgerühmten Tiergehege im Schloßhof. Nach der Säkularisation 1803 wurde der ehemalige bischöfliche Sommersitz versteigert und kam arg herunter, schließlich wurde darin ein Wirtshaus eingerichtet. Von einem kunstliebenden Fürsten des Freistaates Liechtenstein durch Kauf vor dem endgültigen Ruin gerettet, wurde es der Stadt Bozen zum Geschenk gemacht, die damit ebenso verfuhr wie mit Runkelstein und seinen berühmten Fresken: Sie nahm das Geschenk und ließ es verkommen. Noch vor wenigen Jahren war das Schloß die prunkvolle Kulisse des Gemeindekindergartens. Kürzlich wurde der vorhandene Bestand vom Landesdenkmalamt gesichert und dem Publikum wieder zugänglich gemacht. Versäumen sollten Sie dieses einzigartige Renaissance-Schloß im Lande auf keinen Fall, besonders Liebhabern von Verfallsatmosphäre wird diese verblichene Pracht ein besonderes Erlebnis sein.

Die gegenüberliegende Talseite bildet der lang abfallende Westhang des Brixner Hausberges Plose mit seiner ausgedehnten Mittelgebirgsstufe. Obwohl auch hier Straße (27 km von Brixen bis zur Plose-Hütte) und Seilbahn auf die als Skigebiet sehr geschätzte weitläufige

1  BRIXEN  Domkreuzgang, Nordflügel mit den romanischen Rundbögen und gotischen Kreuzgratgewölben

2 BRIXEN Domkreuzgang, Gewölbefresken der 11. und 12. Arkade (ausgemalt etwa 1390–1410)
4 BRIXEN St. Christophorus am Michaelstor

3 BRIXEN Domschatz, Büste der hl. Agnes (1490)
5 BRIXEN Dombezirk, Gedenkstein des Oswald von Wolkenstein (1408)

6  BRIXEN   Dom, Inneres mit den Fresken von Paul Troger

7 BRIXEN Laubengasse          8 BRIXEN Wirtshausschild ›Zum Elephanten‹

9 BRIXEN Bischöfliche Hofburg, dreistöckige Loggien im Stil der Renaissance

10 BRIXEN-NEUSTIFT Kloster, Gesamtansicht des Baukomplexes

11 STERZING Der in Mauls gefundene Mithrasstein

12 FREIENFELD  Burg Reifenstein, mit dem romanischen Wohnturm

13 MARIA TRENS  Das große Votivbild in der Wallfahrtskirche

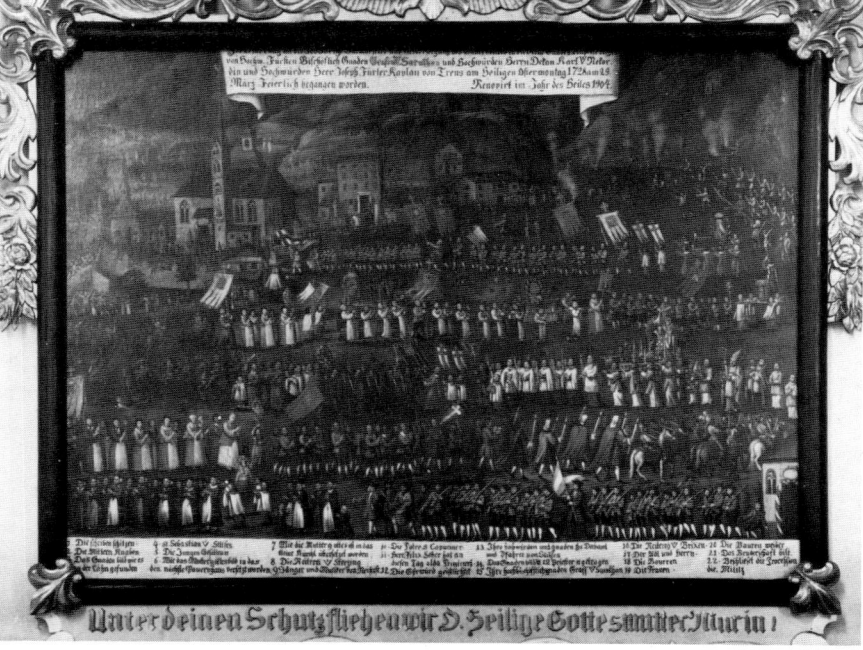

14　RIDNAUN　St. Magdalena

15　KLERANT　St. Nikolaus, Flügelaltar (1484) mit ausgemaltem Chor (15. Jh.)

16   KLERANT   St. Nikolaus. Ausschnitt aus den Langhausfresken

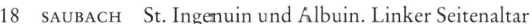

17 SAUBACH St. Ingenuin und Albuin. Die drei Flügelaltäre

18 SAUBACH St. Ingenuin und Albuin. Linker Seitenaltar

20 KLOSTER SÄBEN bei Klausen
◁ 19 KLAUSEN Stadtbild
21 DREIKIRCHEN über Barbian im Eisacktal

23 MARGEN (PFUNDERS) St Margareth. Flügelaltar (um 1500)

◁ 22 DOLOMITEN Die Sellatürme am Sellajoch

24 ANTHOLZ Fresken im ›Wegerkeller‹

25  ST. LORENZEN   Die Anlage des ehemaligen Klosters Sonnenburg

26  ST. LORENZEN   Krypta im ehemaligen Kloster Sonnenburg (frühes 11. Jh.)

27   ST. LORENZEN   Die romanische Kapelle St. Johann im Spital in Sonnenburg

28   BURG UTTENHEIM   Mit der Kapelle St. Valentin

29   INNICHEN   Hl.-Grab-Kirche

30/31  INNICHEN  Stiftskirche, Ansicht der bedeutendsten romanischen Kirche Südtirols und Südportal mit den Fresken Michael Pachers

32  ENNEBERG  St. Vigil, Steinigung des hl. Vigil. Fresko von Matthäus Günther (1782)

Bergkuppe hinaufführen, können die zahlreichen Wanderungen auf alten Wegen zwischen alten Dörfern und durch reizvolle Wiesenlandschaften mit schönen Fernblicken nur empfohlen werden. Wer die Straße benutzt, gelangt zuerst nach **Milland** mit seiner über dem Dorf gelegenen, weithin sichtbaren *Pfarrkirche*. Der gotische Bau wurde innen 1766 barockisiert und erhielt gute Gewölbefresken von Franz Anton Zeiller; im barocken Hochaltar erhielt sich eine Madonnenskulptur (Brixner Schule, um 1465), eine weitere steht an der Nordwand (möglicherweise von Hans Klocker, Ende 15. Jahrhundert). Diese zweite Madonna ist von zahlreichen Votivbildern umgeben; man beachte jene vier des weitgereisten Bauernführers Jakob Steiner, in denen er sehr bildhaft der Maria für einen Bergrutsch dankt, der seine Feinde an der Verfolgung hindert. Der brennende Palast in Konstantinopel kann ihm dank dieser Hilfe ebensowenig gefährlich werden wie die Seenot auf dem dritten Bild und der Sturz vom Pferd auf dem vierten. In Milland gabelt sich die Straße und führt weiter südlich nach Sarns, vorbei an der Burg Pallaus, überaus romantisch in einem großen, verwilderten Park gelegen und dem Verfall nahe (Privatbesitz); von Albeins aus ist eine Wanderung in das einsame Tal von Afers sehr zu empfehlen.

Die Plose-Straße führt von Milland weiter bergauf in Richtung St. Andrä, nach einigen Serpentinen zweigt eine Straße scharf rechts nach **Klerant** ab, dessen kleine Kirche *St. Nikolaus* einige der wichtigsten Fresken aus der Brixner Schule (Abb. 16) sowie einen Flügelaltar (Abb. 15) enthält. Dieser Altar ist eine einfache, aber qualitätvolle Arbeit eines unbekannten Bildschnitzers, der offenbar mehr der Pustertaler Schule nahestand. Dafür sprechen die gute Ausführung der drei Skulpturen im Schrein mit ihren individuellen Gesichtern vor den vorhanghaltenden Engeln, besonders aber die vorzüglichen Gemälde der Flügelaußenseiten, die eine Verkündigung darstellen. Man beachte die sehr an pacherische Vorbilder erinnernde Hintergrundarchitektur, die durch geöffnete Fenster den Blick in eine weite Landschaft freigibt; die perspektivisch gelungen gemalten Architekturgehäuse der beiden Predella-Bilder mit den grausigen Kindermord-Szenen sprechen die gleiche Sprache. Der Flügelaltar ist überwölbt vom vielfarbigen Freskenschmuck in den Kappen und Schildbogenfeldern des Chorgewölbes, die größtenteils Szenen aus dem Leben des hl. Nikolaus und die von ihm vollbrachten Wohltaten zeigen (Abb. 15). Gemalte Spruchbänder erläutern das Geschehen oder geben kurze Dialoge zwischen den dargestellten Personen wieder, die die ganze Volkstümlichkeit der Brixner Kunst unter Meister Leonhard widerspiegeln: Da ist ein Schiff in Seenot zu sehen, dessen Besatzung betet: »... auf dem mer da kam ein groß ungebitter da rufen sie allen o nicolas bit got für uns ...« und der Angesprochene erledigt die Sache, indem er auf seinem Spruchband befiehlt: »Mer ich gebiet dir daß du still stest ...« Die Hoffnung auf allgegenwärtige Hilfe eines Heiligen da, wo die eigenen Kräfte gegen Natur oder ökonomisches Ungemach nicht ausreichten, zeigt auch die Szene, in der der hl. Nikolaus einen meineidigen Schuldenpreller bestraft (der inzwischen verblichene Text der Spruchbänder ist bei Weingartner nachzulesen): »... ich schwer bey dem namen sand nicolas ein ayd ich han dich schon pezalt ...«, behauptet der Betrüger vor seinem hilflosen Gläubiger, der seinerseits den »sand nicolas« um Hilfe anruft. Der Heilige läßt daraufhin den Meineidigen zu Boden stürzen und ihm das Geld aus der Tasche fallen.

Das eindrucksvollste Werk der Kirche ist der große Freskenzyklus an der Nordwand; er zeigt Passionsszenen mit alttestamentarischen Vorbildern, d. h. jeder wiedergegebenen Station aus dem Leidensweg Christi ist ein in der Bedeutung ähnliches Ereignis aus dem Alten Testament gegenübergestellt. Diese farbenprächtigen, bewegten und figurenreichen Bilder zeigen die Kunst der Brixner Schule um 1475, wie man sie typischer nicht finden kann: unmittelbar ansprechende Bilder, die sich um technische Vollkommenheit wenig scherten und ohne perspektivische Konstruktion vordergründig-dramatische Ereignisse mit Ritter, Tod und Teufel an die Wand bannten. Nur auf dem Hintergrund dieser volkstümlich-erzählenden Kunst konnte an der Nordwand die köstliche Darstellung des gepanzerten Elefanten auf dem Bild des Todes des Eleazar entstehen (Abb. 16). Als hätte ein Innsbrucker Hofplattner dem biblischen Tier eine Ritterrüstung angepaßt, bietet sich das Unikum dem Betrachter dar. Der naive Realismus geht so weit, den hölzernen Gefechtsturm auf dem Rücken des Elefanten mit zwei Riemen um den Bauch des Tieres befestigt darzustellen, in die sorgsam zwei verstellbare Schnallen eingearbeitet sind. (Die Kirche ist in der Regel geöffnet.)

Zurück auf der Hauptstraße zur Plose zweigt kurz hinter Klerant ein zweites Mal eine schmale Straße in spitzem Winkel rechts ab; sie führt nach **Mellaun,** dort befindet sich mit *St. Johann* eine weitere kleine Kirche, die ebenfalls mit ausgedehntem Freskenschmuck und einem Flügelaltar das charakteristische Bild einer Südtiroler Dorfkirche der Brixner Gegend bewahrt hat. Der Altar ist wie in Klerant in Plastik und Flügelgemälden ein qualitätvolles Stück (um 1482), auch die Fresken sind ein bedeutendes Werk der Brixner Schule, wahrscheinlich von Meister Leonhard persönlich – und doch ist der Eindruck der beiden Kirchen ein grundverschiedener. Die Fresken in Mellaun – Jüngstes Gericht, Johanneslegende, Abendmahl, Einzug in Jerusalem – sind 1873 übermalt worden, was den Charakter der Bilder völlig veränderte. Die Absicht dieser Tat war Restaurierung, das Ergebnis geriet hart an die Grenze historisierenden Kitsches. Wer aber seinen Blick in Klerant für die originale Brixner Schule geschärft hat, wird die mittelalterliche Vorlage in ihrer neuzeitlichen Fassung noch gut erkennen können, besonders die Darstellung des Jüngsten Gerichts verdient Aufmerksamkeit. Den Schlüssel erhalten Sie im Haus mit dem kleinen Außenfresko direkt der Kirche gegenüber.

Von dem hübschen Kirchhügel von St. Johann hat man einen schönen Blick hinüber auf St. Andrä mit der großen gotischen Kirche und dem achteckigen Kuppelbau, beides barockisiert.

Die Straße zur Plose hinauf wird in ihrem weiteren Verlauf landschaftlich immer reizvoller, zwischen einsamen Dörfern eröffnen sich bald Ausblicke auf grandiose Dolomitenpanoramen, besonders auf die tief gezackten Geislerspitzen des benachbarten Villnöß-Tales, dem Sie auf jeden Fall einen Besuch widmen sollten.

Villnöß gehört zu den weniger bekannten Tälern in Südtirol, was seine Touristisierung bis jetzt gottlob verhindert hat. Sie finden in diesem Tal eine noch weitgehend intakte Bergbauernkultur und eine der landschaftlich schönsten und eindrucksvollsten Szenerien, die Südtirol zu bieten hat, in den Kirchen der kleinen Dörfer stehen zwei Flügelaltäre, und die Speckknödel in den alten Gasthäusern suchen ihresgleichen. Dieses Tal bildet eine einzigartige Synthese zwischen freundlichen Wiesen, sanft gewellten, bewaldeten Hängen und den ungeheuren Wänden, Scharten und Türmen der Dolomiten. Sie erscheinen hier nicht mehr als ferner Horizont: Man tritt aus dem Wald an den Fuß eines Felsens und steht mitten unter ihnen; gewaltige, fahle Gesteinsmassen, Hunderte von Metern senkrecht aufsteigend verlieren sich in einer zerrissenen, wildgezackten Gipfellinie. Keine Panoramastraße führt an die Berge heran, wer sein Auto am Ende der Schotterwege beim Ranui-Hof abstellt, gelangt in kurzen Wanderungen durch einsamen Gebirgswald an die unmittelbar hinter dem Talgrund aufragenden Felswände der Geislerspitzen.

Das Bild des verstreuten Hauptortes **St. Peter** ist geprägt von der großen, klassizistischen *Pfarrkirche* mit Kuppelfresken von Joseph Schöpf, es läßt sich aber nicht verschweigen, daß sich ein Besuch der beiden alten Gasthäuser ›Zellenwirt‹ (unten an der Straße) und des ›Kabis‹ (bei der Kirche) wesentlich ereignisreicher gestaltet. Vom kleinen Platz vor dem ›Kabis‹ führt eine schmale Straße geradeaus den Hang entlang nach **St. Valentin in Pradell** wo die Straße an einem schönen Bauernhof mit der kleinen Kirche *St. Valentin* endet. Nachdem Sie den Schlüssel im Haus mit dem Außenfresko über der Treppe geholt haben, können Sie im Innern der Kirche den ersten Flügelaltar des Tales betrachten. Im Schrein sind drei Skulpturen (Maria mit Kind zwischen dem hl. Valentin und dem hl. Wolfgang), an den Flügelinnenseiten Heiligenreliefs zu sehen; die Tafelgemälde der Außenseiten zeigen vier gute Bilder aus dem Leben des Kirchenpatrons. Der Altar stammt aus der Brixner Werkstatt des Hans Klocker (um 1500), also aus einer Zeit, in der sich die Brixner Schule von der biederen Kunst Meister Leonhards emanzipiert hatte; die Gemälde weisen Einflüsse der Pacher-Schule auf.

Von St. Valentin sollten Sie unbedingt den direkt hinter der Kirche den Berghang aufsteigenden Weg nehmen, der zum Teil auf einer alten Pflasterstraße in 20 Minuten nach **St. Jakob am Joch** führt, wo der zweite, bedeutendere Flügelaltar des Tales steht. Es geht dorthin zwar auch eine Straße von St. Peter aus, doch führt der empfohlene Weg durch schönste Eisacktal-Landschaft: Vor einem bewaldeten Kamm eröffnen sich eindrucksvolle Blicke nach rechts ins Villnöß- und links ins Eisacktal. Der große Altar in *St. Jakob* ist ein prunkvolles Werk der letzten Blüte der Brixner gotischen Kunst um 1517, im Schrein Maria mit Kind zwischen Jakob und Michael, umrankt von reichgeschnitzter Ornamentik mit Statuetten an den Schreinpfeilern. Die Gemälde der Flügelaußenseiten stellen in der Südtiroler Kunst eine Rarität dar. Es handelt sich um vier Bilder im Stil der Donauschule, die die agierenden Personen in eine den ganzen Bildaufbau beherrschende, tiefe Landschaft stellte und damit Übergänge zur Formensprache der Renaissance andeutet. Wahrscheinlich stammen die Flügelgemälde von Philipp Diemer, einem der letzten Meister der Brixner Schule. Den Schlüssel zur Kirche erhalten Sie im großen, 200 m links ein wenig höher gelegenen Holzhaus; falls Sie der Bauer selbst begleitet, lassen Sie sich von ihm die Altarflügel schließen, die Bilder sind so sehr viel günstiger zu betrachten. Vorbei an **St. Magdalena**, dem letzten Dorf mit seinem aussichtsreichen Kirchhügel, führt die immer schmaler werdende Straße zum landschaftlichen Höhepunkt von Villnöß, dem ungemein dramatischen Talschluß mit den riesigen Wänden und Türmen der Geislerspitzen. Den alten, schon 1370 erwähnten Hof Ranui hat Michael von Jenner 1744 zu seinem Jagdsitz ausbauen lassen und in den Wiesen daneben die ausgesprochen niedliche *Kapelle St. Johann* gestiftet, die mit ihrer verspielten, dekorativen Außenbemalung in reizvoll farbigem Kontrast zum dunklen Grün der Wälder und dem fahlen Grau der alles überragenden Dolomiten steht (Umschlagvorderseite). Die Altarbilder stammen von Franz Unterberger aus Cavalese.

Von Ranui aus ergeben sich zahlreiche Wanderungen: Sie gehören zu den schönsten in Südtirol, empfehlenswert sind die Wege zur Gampen-Alm (2063 m), zur Gschnagenhart-Alm (1982 m) und besonders von dort entlang der Nordwände der Geisler-Gruppe zur Brogles-Alm (2045 m), auch der Aufstieg zur Schlüter-Hütte (2300 m) nahe dem Kreuzkofel muß angeraten werden.

Auf der Rückfahrt aus dem Villnöß-Tal sollten Sie noch **Gufidaun** einen Besuch abstatten (Auffahrt im schluchtartigen Eingang des Tales). Der schöngelegene Ort bietet schon bei der Anfahrt einen sehr einladenden Anblick und hat mit Burg, Kirche und mehreren alten Höfen und Gasthäusern sein mittelalterliches Dorfbild erhalten, an dem sich um 1880 auch der zechende Literatenkreis um den Tiroler Germanisten Ignaz Vinzenz von Zingerle erfreute. Der wurde nicht müde, die Entdeckung des angeblichen Geburtsortes von Walther von der Vogelweide im nahegelegenen Lajener Ried zu feiern und hat – will man den zahlreichen Anekdoten glauben – neben Gufidaun auch Klausen jahrelang auf humorvolle Weise verunsichert. Zingerle ist die umfangreichste Sammlung der ›Sagen aus Tirol‹ zu danken, in der sich auch die faszinierenden Geschichten der Laurin- und Rosengartensage finden. In der Sakristei der gotischen, innen allerdings barockisierten *Pfarrkirche* (Fassadenfresken) befindet sich ein erst in kleinen Teilen aufgedeckter, großer Freskenzyklus, von dem wegen der Sakristeischränke leider nicht viel zu sehen ist; die Bilder stammen von einem Maler der Pustertaler Schule in der Nachfolge des Hans von Bruneck, wahrscheinlich von Ambrosius Gander. Nach einem Rundgang durch das geschichtsträchtige Dorf sollten Sie einen Blick in das sehenswerte kleine *Dorfmuseum* werfen, in dem originale Bauernstuben mit altem Gerät, Möbeln und Täfelungen ausgestellt sind. Die vielgerühmte, prachtvolle Ansicht dieses hoch über Eisack- und Villnößtal gelegenen Ortes genießen Sie am besten auf einem Spaziergang durch die höchst reizvolle Mittelgebirgslandschaft zum alten, einsamen *Ansitz Fonteklaus,* der bereits 1317 erwähnt wird und in dem nach langer Verlassenheit seit kurzem wieder eine Gastwirtschaft untergebracht ist. Vorbei an diesem Edelsitz – seine Lage gehört zu den schönsten aller Eisacktaler Ansitze – führen Wege nach Albions und Lajen; beide Dörfer sind auch von Klausen auf einer Straße zu erreichen (s. S. 74 f.).

Fährt man von Brixen auf der Staatsstraße weiter nach Süden, so eröffnet sich wenige Kilometer nach der Abzweigung ins Villnößtal der spektakuläre Anblick der Stadt **Klausen** unter dem Felsen der Klosterburg. Er ließ schon Albrecht Dürer verweilen und die Szene verewigen: neben dem Eisack das gedrängte Städtchen, überragt vom Turm der *Burg Branzoll;* beides jedoch wie Spielzeug im ungeheuren Schatten der Wand des düsteren

Säbener Burgfelsens, dessen Türme und Mauern wie in einer anderen Welt hoch über dem Tal stehen. Die Staatsstraße umfährt Klausen durch einen Tunnel, in dem Sie naturgemäß von der Stadt nichts zu sehen bekommen; sowohl nördlich wie südlich zweigen weit vor dieser Unterführung Straßen in die kleine Altstadt ab. Parken Sie Ihren Wagen auf jeden Fall, wenn die Straße schmaler wird; ein Durchfahren der engen Altstadtgasse kostet meist Nerven und die bösen Blicke der von Ihrem Auto an die Wand gedrückten Passanten. Diese einzige verwinkelte Gasse, aus der das alte Klausen besteht (Abb. 20), vom Wagen aus zu besichtigen, ist ohnehin ein Sakrileg: Es handelt sich um eine der charaktervollsten, heute noch existenten Straßen des alten Tirol, ohne Prunk und Pracht, schmal, gewunden, gesäumt von altersgrauen Häuserzeilen mit Erkerfenstern und Butzenscheiben sowie vielen Gasthäusern hinter den Portalen, die davon lebten, daß jahrhundertelang der gesamte Brennerverkehr diese Gasse durchzog. Vorbei an den malerischen Winkeln um die Pfarrkirche und der über den Dächern aufragenden Burg Branzoll führen die winzigen Seitengäßchen, welche bald in alte, überwucherte Treppen den Säbener Felsen hinauf übergehen. Zwischen den zusammenrückenden Dachfirsten zeichnen sich scharf gegen den Himmel die Kirchen und Türme des Burgklosters ab.

Die neben der Eisackbrücke gelegene – 1498 vollendete – *Pfarrkirche* ist ein spätgotischer Neubau des Brixner Meisters Benedikt Weibhauser, das Südportal mit dem Tympanonrelief des hl. Andreas aus dem Jahre 1469 stammt von einer früheren Kirche. Das Innere prägen ein reichverzweigtes Netzrippengewölbe auf schmalen Diensten und eine zierliche Westempore mit Maßwerkbrüstung, in die Gewölbeschlußsteine sind Heiligenfiguren gemalt. Diese Kirche bewahrt in ihrem Innern eine Anzahl bedeutender Skulpturen auf; sie wurden zum Teil aus anderen einbruchgefährdeten Kirchen hierher gebracht. Die besten Stücke sind eine Grablegung, eine große Reliefarbeit aus der Zeit kurz nach 1600, die bereits frühbarocke Züge trägt (wahrscheinlich von Hans Reichle, dem Schöpfer auch der Terrakottafiguren in den Loggien der Brixner Hofburg); ein Pfingstwunder, eine Skulpturengruppe der zwölf Apostel mit Maria in der Mitte (Brixner Schule um 1500); eine Verkündigung und eine Marienkrönungsgruppe, Reste eines Flügelaltars aus der Hand Meister Leonhards (um 1470). Weiter sind zu sehen: ein spätgotisches Kruzifix mit sichtbaren Einflüssen der Frührenaissance in der realistischen Körpermodellierung, auf dem Sockel eine Matedolorosa (um 1700). Die thronende Madonna mit Zepter und Kind stammt aus dem zerstörten gotischen Altar der Pfarrkirche, den der Brixner Meister Ruprecht Potsch um 1509 angefertigt hatte.

Der Reichtum der Klausner Kirchen stammt größtenteils aus der Zeit, als der Bergbau im hier mündenden Thinnetal die Stadt zu großem Wohlstand brachte, nachdem sie schon jahrhundertelang als einträgliche Zollstätte der Brixner Bischöfe kein schlechtes Auskommen hatte. Im Jahre 1701 erhielt Klausen dazu einen Schatz als Geschenk: Der dortselbst 1653 geborene Kapuzinerpater Gabriel Pontifeser war seit 1692 königlicher Hofkaplan in Madrid König Karls II. von Spanien, des letzten Habsburgers auf dem spanischen Thron. Er hatte Prinzessin Maria Anna von Pfalz-Neuburg geehelicht, deren Beichtvater Gabriel Pontifeser schon vor der Eheschließung war. Pontifeser erfreute sich am spanischen Hof

*Klausen mit Kloster Säben, Stich von Matthäus Merian*

Seben.

Eysack flu.

1. Das Vralt Schloß Seben
2. H. Creutz kirch. 3. Thúrn in welchem
   S. Cassian gefangelegen.
4. Der alte Königliche Saal hie gestanden.
5. Zich Brunne durch den berg hinúnter.
6. Vnser Lieb Frawen kirche.
7. Thúrn darin der hole weg zur Spalt.
8. Schloß Prantzol.
9. S. Andree Pfare kirch.
10. Kirch bei der Aposteln.
11. Brixner thor.
12. Botzner thor.
13. Auff der Thúrnen.

bald so großer Wertschätzung, daß man ihm die Stiftung eines Kapuzinerklosters in seiner Heimatstadt gewährte. Bereits 1701 wurden Kirche und Kloster geweiht, 1702/03 ließ Maria Anna daneben an der Stelle, an der das Geburtshaus ihres Beichtvaters stand, die Loreto-Kapelle errichten, eine Nachbildung der Santa Casa in Loreto, wo der ein Jahr vorher eingetroffene Schatz aufgestellt wurde und von der er seinen Namen erhielt. Der ›Loreto-schatz‹ besteht aus prachtvollen Kunstwerken, die die Stifterin dem Kloster oder Pater Pontifeser geschenkt hatte. Es handelt sich dabei vorwiegend um spanische Arbeiten, allein die Gemälde sind verschiedener Herkunft, unter anderem niederländischer, niederrheinischer, französischer und spanischer Provenienz, darunter qualitätvolle Werke aus der Schule des Leonardo da Vinci und der Rubens-Schule. In acht Vitrinen sind außerdem kostbare Goldschmiedearbeiten, Monstranzen, Kelche, edelsteinbesetzte Meßgarnituren (darunter eine einmalige Prunkgarnitur aus Bergkristall), prächtige Paramente mit schönster Seidenstickerei, Reliefarbeiten in Silber, Miniaturen etc. zu sehen, wobei der überaus kunstvolle Feldaltar des spanischen Königspaares (Vitrine 4) das Prunkstück der Schatzkammer darstellt. Man beachte auch die Altarblätter von Mario Pagani und Carlo Cignani in der Kapuzinerkirche.

Das Kapuzinerkloster liegt ein kurzes Stück Wegs südlich des alten Stadtkerns in Richtung Bozen, man gelangt auf der Hauptstraße zu Fuß in wenigen Minuten hin. Während der Saison ist der Loretoschatz zu besichtigen: werktags von 10 bis 11 und 16 bis 18 Uhr. Außerhalb der Saison erkundige man sich im Fremdenverkehrsbüro in Klausen.

Wer von Brixen aus auf Klausen zufährt, gewahrt links der Straße einen abseits in den Obstwiesen gelegenen Rundbau mit spitzem Dach. Dies ist *St. Sebastian*, die eigenartigste romanische Kirche des Landes, denn sie besteht aus zwölf gleichen Apsiden und einer größeren Apsis. 1208–13 erbaut, war sie als ›Erlöserkirche‹ eine freie Nachbildung der Grabeskirche in Jerusalem und diente zuerst einem heute verschwundenen Kreuzfahrerspital als Gebetshaus, später lange als Pfarrkirche von Klausen. Man sieht dem hochinteressanten Gebäude heute nicht mehr an, daß es eigentlich ein zweigeschossiger Zentralbau ist, da die ganze Unterkirche tief im Boden steckt, der von den Vermurungen aufgeschwemmt ist.

Der Reiz des verwinkelten Städtchens hatte vor der letzten Jahrhundertwende eine ganze Künstlerkolonie in Klausen entstehen lassen, die mit Malen, Dichten und Zechen ihren Tag verbrachte, wie der stets im legendären Gasthof ›Lampl‹ residierende Maler Ernst Loesch in köstlichen Geschichten überlieferte. Die Entdeckung des nahegelegenen ›Vogelweider-Hofes‹ als angeblichem Geburtsort Walthers von der Vogelweide tat ihr übriges; in Klausen versammelten sich so viele geistig tätige Größen, daß sein Ruf als ›Künstlerstädtchen‹ bis heute fortbesteht – das ›Rätische Capua der Geister‹ nannte Ludwig Steub das unschuldige Klausen, und wer will, kann in manch einem alten Gasthaus oder Café das originale Interieur dieser Zeit bewundern.

Der Säbener Burgfelsen oberhalb Klausens gehört zu den markantesten Anblicken, dessen der Südlandreisende bei seiner Überquerung der Alpen ansichtig wird. Der isolierte, 200 m über dem Talgrund aufragende Dioritfelsen war schon in prähistorischer Zeit besiedelt. Im 4. Jahrhundert entstand hier der Sitz des Bistums **Säben** mit Kirchen und Befestigungen; die ausgegrabenen Fundamente einer spätrömisch-frühchristlichen Kirche dieser Zeit sind leider wieder verschüttet worden. Nach einer wechselvollen Geschichte verlegte im Jahre 990 der Bischof Albuin die Residenz der Bischöfe nach Brixen, wodurch es auf dem Säbener Felsen alles andere denn ruhiger wurde. Als stark ausgebaute bischöfliche Burg wurde sie in den Kriegswirren des Mittelalters zu einer hart umkämpften Festung, besonders während des Investiturstreits und in den Auseinandersetzungen zwischen den Bischöfen von Brixen und den Grafen von Tirol um die Vorherrschaft im Lande spielte Säben eine wichtige Rolle. Zuletzt wurde die Burg im Kampf zwischen dem Brixner Kardinal Nikolaus Cusanus und dem Landesfürsten Sigmund dem Münzreichen von den herzoglichen Truppen 1460 belagert und besetzt. Noch Anfang des 16. Jahrhunderts gegen Türken und aufständische Bauern befestigt, wurde die Anlage 1533 vom Blitz getroffen und sank weitgehend in Schutt und Asche. Der Klausner Pfarrer Matthias Jenner gründete 1681 ein Benediktinerinnenstift in den Ruinen der Burg, die nun als Klostergebäude ein völlig neues Gesicht bekam (Abb. 20, Umschlagrückseite). Obwohl es zwischenzeitlich mehrmals geplündert und seine Bewohner vertrieben wurden, existiert das Kloster noch heute, die meisten Gebäude auf dem Felsen sind daher bewohnt und nicht zu besichtigen.

Trotz dieser Neugestaltung hat Säben in seinen ausgedehnten Befestigungen und besonders um die Heilig-Kreuz-Kirche, deren Mauern wahrscheinlich ins 6. Jahrhundert zurückreichen, sowie um den alten Kassiansturm auf der äußersten Spitze des Felsens viel von seiner geschichtsträchtigen Atmosphäre bewahrt. Um ihrer teilhaftig zu werden, nimmt man seinen Weg von Klausen aus zuerst über alte Treppen vorbei an der Burg Branzoll (Privatbesitz) durch die Weinreben des sanft abfallenden Südosthangs den Säbener Felsen hinauf, man erreicht dann nach etwa 20 Minuten die ersten zinnengekrönten doppelten Umfassungsmauern. (Die zwischen den Mauern stehende *Frauenkirche*, ein achteckiger Zentralbau von Giacomo Delai, errichtet um 1652, ist nicht zu besichtigen.) Am Rande der Thinnebachschlucht läuft der Weg die innere Ringmauer entlang und durch zwei in den Felsen gehauene Tunnel in den ersten Innenhof. Von dort gelangt der Besucher über winklige Treppen zunächst zur *Klosterkirche*, einem angenehm schlichten Barockbau (1691–1707 von Johann Delai), und weiter hinauf in den ältesten Teil der Anlage. Unter einer altertümlichen Vorhalle führen ausgetretene Stufen in die *Heilig-Kreuz-Kirche*, deren Inneres Sie mit einem in Südtirol einzigartigen, geradezu kuriosen Kunstwerk überraschen wird: 1679 wurde der ganze Innenraum, der Chor eingeschlossen, mit äußerst formen- und farbenfrohen Malereien versehen, die in ihrer »fehlerlosen Linearperspektive« (Theil) perfekteste illusionistische Effekte hervorrufen. Der Betrachter wähnte eben noch ein uraltes Gotteshaus zu betreten, und nun sieht er sich plötzlich in weitläufigen Säulenhallen (Farbabb. 15) sowie anderen phantastischen Scheinarchitekturen, in denen, gewissermaßen nebenbei, aus der Bibel bekannte Ereignisse stattfinden: Frauen eilen zum Grabe Jesu, daneben wird im Hintergrund eine fahle Kreuzigungsstätte sichtbar, gegenüber hat der Prophet Ezechiel seine Vision. »Virtuose Theatermalerei eines Italieners« lautet Weingartners vielzitierter Kommentar, und in der Tat gewinnt der Kirchenraum durch diese Ausstattung einen ausgesprochen unheiligen Charakter. Der Besucher ist hier mehr damit beschäftigt, seine Wahrnehmung zu ordnen als Andacht walten zu lassen: Die großen Fenster im Chor, hinter deren Bögen weiße Wolken auf blauem Himmel daherziehen, sind eine gemalte Täuschung, und wer in Versuchung gerät, den zerknitterten Vorhang an den Wänden um den Altar geradezuzupfen, wird sich die Finger am harten Mauerwerk stoßen. Der Gipfel aber ist die Decke: Hier spielt die Leidensgeschichte Jesu zwischen vergoldeten Säulen und großen Terrakottavasen auf prunkvollen Barockbalkonen, die aus einer im Geviert umlaufenden Balustrade hervortreten, von wildbewegtem, schwarzem Gewölk umgeben.

Die hier beschriebenen Teile der Säbener Anlage sind stets geöffnet, die Heilig-Kreuz-Kirche ist nach Ausgrabungsarbeiten wieder zugänglich.

Die nähere Umgebung Klausens ist reich an empfehlenswerten Ausflugszielen. Schon erwähnt wurde Feldthurns (s. S. 48); von dort sind Fahrten oder Wanderungen nach Verdings und Pardell, besonders aber in die an die Einsamkeit der Bergwelt grenzenden Orte Garn und Latzfons sehr zu empfehlen – alte Dörfer mit alten Kirchen und originalen Gasthäusern. Nicht versäumen darf man einen Besuch von **Villanders** mit seinem vielgerühmten malerischen Dorfkern, seiner *Pfarrkirche St. Stephan* und dem ›Steinbock‹ mit seiner alten, vollständig getäfelten Gaststube in einem ehemaligen Edelsitz. Die überaus reizvolle Landschaft dieser Mittelgebirgsstufe läßt sich auf einer Wanderung auf die aussichtsreiche Villanderer Alm bestens genießen, die Gegend war bis vor wenigen Jahrzehnten so einsam, daß hier noch um 1900 ein Bär erlegt wurde.

Wer in der Umgebung überdies ein bedeutendes Kunstwerk aufsuchen möchte, begebe sich an die gegenüberliegende Seite des Eisacktales. Neben Gufidaun, von dem schon die Rede war (s. S. 68), liegen dort die Dörfer Lajen und Albions. Ab Klausen führt ein wenig kompliziert durch die Autobahnauffahrten hindurch eine kleine Straße nach dort. **Albions,** das mit seinem Flügelaltar eines der ungewöhnlichsten Exemplare dieser Art im Lande besitzt, findet man sicher auf dem sehr empfehlenswerten Wanderweg Nr. 5 von Klausen aus, etwas schwieriger wird es, wenn man der Straße folgt; die Zufahrt zweigt scharf links den Berghang hinauf ab, nachdem die Straße Klausen-Lajen die unmittelbare Nähe der Autobahn verlassen hat. Albions ist ein Ort, wo alle modernen Straßen zu Ende sind, er hat seinen alten Südtiroler Dorfcharakter wie kaum ein zweiter im Lande bewahrt. Zwischen den Häusern und Bauernhöfen führen nur heckengesäumte Wege, ein Bach rauscht durchs Dorf, und die Kirche St. *Nikolaus* erreicht man über eine schmale, alte Treppe. Etwa 50 m unterhalb der Kirche müssen Sie Ihren Wagen abstellen, rechts vom Bach wohnt der Mesner im Haus Nr. 4, er hat den Schlüssel zur Kirche und damit zu einem aus der spätesten Gotik datierenden Meisterwerk der Südtiroler Schnitzkunst. Der Seitenaltar an der Nordwand ist ein Flügelaltar, dessen Schrein nur eine einzige Figur zeigt – keinen leutseligen Heiligen, sondern einen in allen weltlichen Details im Stil der maximilianischen Zeit gewappneten Ritter zu Pferd. Er befindet sich in wildem Kampf mit einem Drachen: Das sterbende Ungeheuer bohrt seine Krallen in die Hinterbeine des sich aufbäumenden Pferdes, während das große Schwert des Reiters auf den Drachenkopf niedersinkt. Höchst ungewöhnlich ist der Schreinhintergrund, der, teils als Relief gearbeitet, eine Burg mit einem zuschauenden Königspaar und die Enthauptung des hl. Georg zeigt, den der drachentötende Ritter darstellt. Der als Landschaft gemalte Schreinhintergrund weist deutliche Züge der Donauschule auf, welche um Brixen Anfang des 16. Jahrhunderts Verbreitung gewann. Die Herkunft dieses ungewöhnlichen Stücks ist schwer zu klären. Die Zuschreibung zum Schwaben Ivo Strigel ist umstritten, wahrscheinlicher handelt es sich um die späte Arbeit (gegen 1525) einer Brixner Werkstatt, in der sich durch die mehr und mehr einfließenden Elemente der Renaissance-Kunst alle traditionellen Zuordnungen zu gotischen Schulkreisen aufzulösen begannen.

Bei einem weiteren Gang durch das hübsche Dorf wird Ihnen außer seiner weiten Aussicht noch das ›Spitzige Stöcklein‹ auffallen, einer der wenigen gut erhaltenen, einst im Lande zahlreich verbreiteten Bildstöcke mit spitzem Dach und gotischen Fresken (dieser hier gestiftet von Mair Paul aus Lajen, 1503). Von Albions gelangt man auch auf dem schon erwähnten Weg Nr. 5 zum sogenannten ›Dürerblick‹, dem Ort, von dem aus Albrecht Dürer allen Rekonstruktionen zufolge während seiner Italienreise 1494 die Stadt Klausen mit dem Säbener Felsen zeichnete und – allerdings seitenverkehrt – als Hintergrund seines Kupferstichs ›Das große Glück‹ verwendete. Von Albions bergauf oder von Lajen bergab gelangen Sie durch reizvollste Eisacktal-Landschaft zu den einsamen, alten **Vogelweider-Höfen,** vor hundert Jahren, zur Zeit der romantisch-historisierenden Kunstbetrachtung, geradezu ein Wallfahrtsort unzähliger Verehrer des großen Minnesängers und Dichters. 1874 wurde ungeachtet der unsicheren Forschungsergebnisse und der Tatsache, daß noch zwanzig andere Orte sich mit dem Titel ›Geburtsstätte Walthers‹ schmückten, eine Gedenktafel mit dem unsterblichen Spruch des Hugo von Trimberg angebracht: »Her Walther von der Vogelweide/swer des vergaess, der tuet mir leide!«

Hier in der Landschaft des Lajener Rieds endet auch der uralte ›Heidenweg‹ aus dem ladinischen Grödner Tal, dort Tröi Paján genannt, der die ungangbare schluchtartige Talsohle vermied. Lajen selbst besitzt neben dem neuerbauten Viertel einen schönen, alten Dorfkern mit Wirtshaus und Pfarrkirche, besonders der Blick über den Friedhof mit seiner imposanten Kulisse der Grödner Dolomiten ist der Beachtung wert. Von Lajen führen Weg und Straße nach St. Peter mit einer großen barocken Kirche, zu Fuß etwa eine Stunde; sehr zu empfehlen ist der alte Poststeig, auf dem früher die Post zweimal wöchentlich von Klausen nach St. Ulrich gebracht wurde und der durch schönste Landschaft führt. Auch hinter St. Peter läßt er sich fast eben weiter verfolgen, wobei er sich durch die zerklüfteten Blöcke des Felssturzes von Pontives windet. Von diesem Ort berichtet die Dolomitensage, hier sei das Revier eines Riesen gewesen, der ängstliche Wanderer dadurch erschreckte, daß er ihnen Felsbrocken nachwarf.

Doch zurück zur Kunst. Einige Kilometer südlich von Klausen liegt am linken Eisackufer **Waidbruck,** überragt von der mächtigen Anlage der *Trostburg* (Farbabb. 29). In Waidbruck selbst gibt es nichts zu sehen, doch ist es ein wichtiger Verkehrsknotenpunkt, von hier führen Straßen nach Lajen und hinauf nach Kastelruth und Seis am Schlern, vor allem aber

*Trostburg, Stahlstich von W. Lang nach einer Zeichnung von F. Würthle, um 1855*

mündet hier das Grödner Tal. Einst nur durch einen einsamen Tròi Pajàn mit dem Eisacktal verbunden, schieben sich heute Wagenkolonnen über die ›Starzer Brücke‹ auf die Straße in dieses Touristenzentrum.

Wenn Sie die Straße gleich rechts hinter Brücke und Bahnübergang ein Stück weit verfolgen und von dort auf den alten gepflasterten Weg abzweigen, haben Sie den Straßenrummel hinter sich: Die eindrucksvolle Kulisse der Trostburg rückt näher. Mit deren vielgerühmter Großartigkeit hat es allerdings eine besondere Bewandtnis. Auf dem bereits 1173 befestigten Platz bauten die Herren von Velthurns um 1243 eine neue Burg, die um 1382 in den Besitz der Wolkensteiner kam. Sie bauten die Anlage mehrfach aus und hielten sie alten Inventarlisten zufolge stets stark bewaffnet. Dabei war die Burg aber im wesentlichen auf ihren mittelalterlichen Kern beschränkt geblieben – bis sie 1595 im Zuge einer Erbteilung an Engelhard Dietrich von Wolkenstein fiel. Er begann sofort, die Burg zu einer befestigten Renaissance-Residenz zu erweitern. »Dabei zählte der Schein mehr als die Substanz, und eine auf Fernwirkung berechnete Fassadenkosmetik verbarg im Inneren den vielfach unberührten oder mit sparsamsten Mitteln adaptierten älteren Baubestand, ja ließ schon aus der Nähe die illusionistische Absicht unverhüllt erkennen wie am Bergfried, dessen Außenwände nur in der weithin sichtbar die Dächer überragenden obersten Partie verputzt wurden«, schreibt Adelheid von Zallinger, die überhaupt dem ganzen Bau nicht traut: »1620 war die fortifikatorische Ummantelung des alten Berings abgeschlossen, die allerdings im Wall von Sturmpfählen an der Nord- und Ostfront mehr Sinn für martialische Gebärde als militärische Wirksamkeit verrät ... Die unruhige Stimmung nach Ausbruch des 30jährigen Krieges bot objektiven Grund zur Rüstungspanik und erlaubte es wahrscheinlich dem baulustigen Freiherrn von Wolkenstein, sich selbst mit Anstand hinters Licht zu führen ... Mit der von Trichterschlünden starrenden Fassade des Torhauses und der ehemals farbenprächtigen, durch den Verfall der letzten Jahrzehnte so gut wie zerstörten Ornamentmalerei ... erscheint der ganze Komplex von vorneherein auf mehr exotisch-dekorative als kriegerische Wirkung berechnet.«

Schießscharten mit eleganter Freskoumrahmung? Hölzerne Sturmpfähle gegen Kanonen? Die ganze riesige Anlage mit Geschützrondellen, Sperrmauern, Batterietürmen und Zwingern ein dekorativer Bluff? Einerseits ja. Die mittelalterliche Kernburg befand sich auf ihrem vorspringenden Felsen für die Kriegführung ihrer Zeit in hervorragend geschützter Lage, doch mit der Verbreitung der weitreichenden Feuerwaffen änderte sich die Situation grundlegend. Man mußte nun die Verteidigungslinien so weit wie möglich vor den Kernbereich legen, was bei dem begrenzten Terrain eines steil abfallenden Felsens so gut wie unmöglich war. Der entwickelten Artillerie des beginnenden 17. Jahrhunderts gar wären die Befestigungen der Trostburg nie gewachsen gewesen – abgesehen davon, daß schon die Hanglage der Burg ihren Ausbau zur Festung unsinnig erscheinen ließ, denn sie konnte ja von dem in ihrem Rücken steil ansteigenden Terrain eingesehen und beherrscht werden. Andererseits hat der Bauherr an den Wert der Anlage offenbar selbst geglaubt. Dafür spricht nicht nur die bizarre Persönlichkeit des Engelhard Dietrich von Wolkenstein mit seiner Fischzucht- und Reliquienmanie, der beim Bau seines zweiten Schlosses, der Fischburg (!) im Grödner Tal, sich selbst und dem Innsbrucker Hof glauben machen wollte, der Bau sei notwendig wegen einer sich auf der Wolkensteiner Alm sammelnden venezianischen Armee, welche Tirol zu überfallen beabsichtige und von der nie auch nur ein Helmbusch gesichtet wurde. Dafür spricht auch die Hinzuziehung eines Festungsbaumeisters und die äußerste Akribie, mit der Engelhard Dietrich Planung und Fortgang der Arbeiten persönlich überwachte und Unmengen von Bauberichten anfertigte. In diesen findet sich der von Adelheid von Zallinger zitierte seltene Fall der schriftlich festgehaltenen Empörung eines aristokratischen Arbeitgebers über die Lohnforderungen seines Arbeitsvolks: »... jetzt wöllen sy 20 kr haben ... hat sy nit geschamt den Tag 10 kr zubegern ...« Als das Werk 1633 vollbracht war, muß die Trostburg mit Geschütztürmen und Orangerie einen verspielt-furchterregenden Anblick geboten haben, dem man den Anachronismus seiner kriegerischen Drohgebärde nicht ohne weiteres ansah: »An Pathos der Inszenierung übertrumpft der Trostburger Festungsapparat alle zeitgenössischen Tiroler Beispiele, und daß das Kriterium der praktischen Nutzbarkeit in der Planung entscheidend mitspielte, muß gegen seine Schlagkraft nichts beweisen. Mit der Möglichkeit einer Bewährungsprobe hat man um 1620, als das spielerische Paradieren mit Militärbauformen in plötzliches Rüstungsfieber umschlug, offenbar gerechnet. Der Reiz der baukünstlerischen Fiktion wirkte zuletzt auch hier stärker als der Anlaß.« – Mit einem Blick auf Technik und Strategie des Dreißigjährigen Krieges muß man sich Adelheid von Zallingers Urteil anschließen.

Diese seltsame Vorliebe der ansonsten so aufgeklärten Renaissance für eine halb kokettierende, halb ernsthafte historisierende Selbsttäuschung zeigt sich auch in ihrem mit Akribie betriebenen Ahnenkult. Damals legte sich jede Familie, die etwas auf sich hielt, einen Vorfahren aus dem Dunkel längst vergangener Zeiten zu, und der genealogische Ehrgeiz der Herrschaften ließ in vielfältiger künstlerischer Umsetzung ganze architektonische Programme zustande kommen. Ein solches Beispiel ist der prachtvolle ›Große Saal‹ im Dachgeschoß der mittelalterlichen Burg, der ungewöhnlichste profane Renaissancesaal in Südtirol. Unter der äußerst kunstvoll gearbeiteten Kassettendecke, deren Oktogone polychromierte Wappenreliefs der Wolkensteiner und ihrer angeheirateten Verwandtschaft zeigen, schmücken die Wände kühle Stukkaturen mit Säulen, Pilastern, Giebeln, Figuren und einem Triumphportal an der Eingangswand. In stuckgerahmten Nischen können Sie in acht fast lebensgroßen Statuen vom Ahnherrn bis zu Engelhard Dietrich selbst die aus seiner Sicht wichtigsten Persönlichkeiten der beiden wolkensteinischen Linien Trostburg und Rodenegg betrachten – der ganze Raum ein saalgewordener dynastischer Repräsentationswille.

Außer diesem vielgerühmten Saal gibt es in der Trostburg noch unzählige festungsbautechnische, architektonische und künstlerische Details aus allen Bauphasen der Burg von der Romanik bis zum Barock zu sehen: Neben gewölbten Räumen, verzierten Decken, Reliefsteinen, Fresken, Portalen und Treppenanlagen ist besonders der verwinkelte Innenhof hervorzuheben, dessen auf Repräsentation angelegte zweigeschossige Arkadenfront in eigentümlichem Gegensatz zur Enge des Raums steht; auch hier demonstriert ein ausgreifendes Wappengemälde, in welch graue Vorzeit die Ahnenreihe zurückreicht. Man beachte weiter die eindrucksvolle, noch aus romanischer Zeit stammende innere Toranlage, eine gotische Stube mit einem verzierten dreipaßförmigen hölzernen Tonnengewölbe und die Kapelle mit Wand- und Deckenmalereien.

Im letzten Weltkrieg wurde die Trostburg durch Einquartierung und Beschießung beschädigt und verkam beinahe zur Ruine. Das verfallende Bauwerk kaufte 1967 der Südtiroler Burgenverein, eine Trostburg GmbH wurde gegründet und eine großzügige Restaurierung begonnen, die inzwischen weite Teile der Außenbefestigung und zahlreiche Innenräume vor dem endgültigen Ruin gerettet hat. Seit kurzem ist die Burg für das Publikum wieder geöffnet, die Vorwerke sind stets zugänglich, die Innenräume werden in einer Führung gezeigt. Sie findet in den Sommermonaten (Juli bis Oktober) mehrmals täglich statt.

Unterhalb der Trostburg führt die Straße durch eine enge Schlucht in das Grödner Tal. Die Unzugänglichkeit des Tales hat es bewirkt, daß sich hier wie im Gader- und Fassatal, in Buchenstein und im Ampezzo die alte rätoromanische Sprache der Bevölkerung erhalten hat. Dieses Idiom bildete sich in den fünf Jahrhunderten der Römerherrschaft aus, welche der Eroberung der Alpen in den Kriegszügen des Drusus und Tiberius (15 und 16 v. Chr.)

folgten, und basiert auf einer Vermischung der Sprache beider beteiligter Völkerschaften.
Während der Völkerwanderung wurde durch Vorstöße und Landnahme von Bajuwaren,
Alemannen, Langobarden und Franken die rätische Urbevölkerung in entlegene, schwer
zugängliche Seitentäler abgedrängt, wodurch das einst im größten Teil der Alpen gesprochene Rätoromanisch auf drei Sprachinseln zurückgedrängt wurde: das Rätoromanische in
Graubünden, das Ladinische in den Dolomiten und das Friaulische in den Karnischen
Alpen. Während der Italienisierung Südtirols hat es nicht an Versuchen von interessierter
Seite gefehlt, das von der Wissenschaft längst als eigene Sprache erkannte Ladinische zu
einem italienischen Dialekt und die Ladiner damit zu Italienern zu erklären, die man
erfolgreich vom österreichischen Joch befreit habe.

Heute ist das Grödner Tal wie gesagt ein weltberühmtes Touristenziel und es sieht auch so
aus. Seine drei Hauptorte – St. Ulrich, St. Christina und Wolkenstein – sind zu allen
Saisonzeiten überfüllte, im wesentlichen aus Pensionsneubauten bestehende Großdörfer,
die sich immer mehr in die Landschaft fressen und die Hänge zersiedeln. Für den
Kunstreisenden gibt es wenig Sensationelles zu sehen: Empfehlenswert ist die schöngelegene
*Jakobskirche* hoch über **St. Ulrich;** sie besitzt im Chor einen Freskenzyklus mit Szenen aus
dem Leben des hl. Jakob sowie Gemälde von Kirchenvätern, Evangelistensymbolen, der

*Fischburg, Bleistiftskizze von Johanna von Isser, 1837*

79

zwölf Apostel und weiblicher Heiliger (um 1460, von einem mittelmäßigen Meister der Brixner Schule). Die Skulpturen des barocken Hauptaltars und der Kanzel (von Kassian Vinazer, erste Hälfte des 18. Jahrhunderts) mußten im Heimatmuseum (siehe unten) sichergestellt werden, doch sieht man an ihrer Stelle gute Kopien. Desgleichen befinden sich an der südlichen Außenwand Fresken, darunter ein riesiger Christophorus (um 1460, Brixner Meister). Auch der Besuch des *Heimatmuseums* in St. Ulrich lohnt sich, es enthält neben zahlreichen Möbeln und Hausrat eine naturkundliche und eine prähistorische Abteilung (in letzterer einen Bronzedolch, der am Tròi Pajàn, dem vorgeschichtlichen Höhenweg ins Eisacktal, gefunden wurde), die oben erwähnten Holzskulpturen, eine barocke Weihnachtskrippe und als eines der letzten Stücke seiner Art ein großes ›Fastentuch‹, um 1600 mit 24 Passionsszenen bemalt. Außerdem sind umfangreiche Sammlungen der traditionsreichen lokalen Holzschnitzkunst zu sehen. Erwähnenswert ist ferner die zwischen St. Christina und Wolkenstein auf der rechten Talseite gelegene *Fischburg*, eine türmereiche, freskengeschmückte Anlage, die mit ihren vor Schießscharten starrenden Mauern eine verglichen mit der Trostburg noch extremere Variante der militärisch-verspielten Schloßbauten des Engelhard Dietrich von Wolkenstein darstellt. Einstmals kostbar eingerichtet, kam das Schloß seit seiner Verwendung als Armenhaus 1841 total herunter und wurde kurz vor dem endgültigen Verfall 1926 von Baron Carlo Franchetti

*Ruine Wolkenstein und das Langental, Zeichnung von 1837*

erworben; er läßt es seitdem restaurieren und hat einige alte Räumlichkeiten wieder eingerichtet. Man beachte die beiden schönen Innenhöfe mit Arkadengängen.

Am Eingang des Langentals fällt wegen ihrer spektakulären Lage zu Füßen der riesenhaften Steviawand die halb in die Felsen hineingebaute *Ruine Wolkenstein* ins Auge. 1417 versteckte sich der stets aufsässige Minnesänger Oswald von Wolkenstein mit Frau und Kindern einen ganzen Winter hier, um sich vor den Verfolgungen seines Erzfeindes, des Herzogs Friedrich mit der leeren Tasche, in Sicherheit zu bringen. 1522 wurde die Burg durch einen von der überhängenden Steviawand herunterstürzenden Felsblock zerstört.

Die Berühmtheit des Tales beruht außer auf seinem Ruf als Wintersportzentrum auf seiner Dolomitenlandschaft, die geprägt wird vom hochaufragenden Langkofel (Farbt. 24) und dem monumentalen Block der Sella-Gruppe (Farbabb. 28, Abb. 22). Überall im Tal führen zahlreiche Lifte, Seilbahnen und Straßen auf aussichtsreiche Almen und Berggipfel und in beste Wandergebiete für Hochgebirgstouren. Vor allem aber ist das Tal an seinem Ende nicht zu Ende: Über Grödner Joch und Sellajoch führen die Straßen weiter in das faszinierende Zentrum der Dolomitenlandschaft, wo man sich rings von Wänden, Scharten, Türmen wie den absonderlichsten und eindrucksvollsten Felsformationen umgeben sieht. Besonders zu empfehlen ist neben der ›Sella Ronda‹, der Runde um die Sella-Gruppe, eine Fahrt zwischen Langkofel und Sella nach Canazei und von dort zur gletscherbedeckten Marmolada oder weiter über das Pordoijoch nach Arabba, Buchenstein und – vorbei an der bizarren Burgruine Andraz – über den Passo di Falzarego hinunter nach Cortina d'Ampezzo. Das letztgenannte Stück gehört zu den schönsten Dolomitenstraßen. Es führt zwischen der höchst eindrucksvollen Tofane-Gruppe und der urweltlichen Ruinenlandschaft der Cinque Torri entlang, die Tolkien als reale Vorlage für die phantastischen Landschaften seines ›Herrn der Ringe‹ benutzt haben könnte. Wer es schon bis nach Cortina geschafft hat und dem nervenden Verkehr dort entkommen ist, lasse sich die Weiterfahrt über den Tre-Croci-Paß nach Misurina und den legendären Drei Zinnen nicht entgehen. Sie können auch schon vom Falzarego-Paß über den Passo di Valparola mit seiner zerstörten Grenzfestung ins Kassiantal und durch das Abteital zurück zum Grödner Joch fahren. Das Gader- und Fassatal sowie Misurina, der Monte Cristallo und die Drei Zinnen sind noch besser vom Pustertal zu erreichen (s. S. 102 und 135).

Wieder zurück auf der Straße durchs Eisacktal, führt wenige Meter nach der Abzweigung über die Starzer Brücke nach Waidbruck scharf rechts eine kleine Straße den Berghang hinauf nach Barbian, von wo aus Sie zwei wenig bekannte landschaftlich und künstlerisch erlesene Plätze aufsuchen können: Saubach und Dreikirchen mit ihren Flügelaltären. In **Barbian** wenden Sie sich an der Kirche mit dem gefährlich schiefen Turm (der Neigungswinkel entspricht fast dem in Pisa; im Inneren Holzskulpturen um 1500 in einem neogotischen Hochaltar) links durch das Dorf in Richtung Saubach. Die Fahrt (empfehlenswerter ist natürlich der Fußweg, etwa 45 Minuten) führt am Hang des Eisacktals durch schöne Mittelgebirgslandschaft, immer mit der St. Verena-Kirche auf dem Ritten und ihrer vielgerühmten Lage im Blickfeld. **Saubach** besteht nur aus der links der Straße gelegenen

Kirche *St. Ingenuin und Albuin* (um 1500) und wenigen verstreuten Bauernhöfen. In der Kirche befinden sich gleich drei freistehende spätgotische Flügelaltäre (Abb. 17), die ein einzigartiges Ensemble sakraler Kunst bilden. Diesen Eindruck des Zusammenklangs von gotischer Architektur aus Stein und Holz müssen zahlreiche Kirchen Tirols geboten haben, bevor die Welle der Barockisierung die alten Ausstattungen weitgehend zerstörte oder beeinträchtigte. Der prachtvolle Hauptaltar zeigt im Schrein zwischen rankenumwundenen Säulen und unter Tabernakeln wie Wimpergen eine Marienkrönung zwischen den Skulpturen der Heiligen Ingenuin und Albuin. In der Predella befinden sich Halbfiguren, an den Flügelaußenseiten Gemälde mit der Ölbergszene, Geißelung, Kreuztragung und Grablegung. Das reichausgestattete Retabel dürfte um 1500 entstanden sein und weist den Einfluß der Pacher-Schule auf, nur Th. Müller schreibt es der Brixner Werkstatt unter Hans Klocker zu. Der linke Seitenaltar (Abb. 18) besitzt keine Skulpturen und besteht nur aus Gemälden, gerahmt von geschnitztem Rankenwerk – ein seltenes Stück. Das Schreingemälde zeigt die ungewöhnliche Kombination einer Kreuzigung und einer Verkündigung, an den Flügeln außen die Heimsuchung, innen die Heiligen St. Anna und Joachim, an der Predella die Grablegung. Der Altar entstand kurz vor 1500, der Meister ist unbekannt. Der rechte Seitenaltar ist eine etwas derbe Arbeit um 1514 mit Flügelreliefs, Außengemälden und im Schrein Maria mit dem Kind zwischen weiblichen Heiligen von einem ebenfalls unbekannten Meister. Den Schlüssel zur Kirche erhalten Sie im ›Gasserhof‹ direkt unterhalb der Kirche (keine Angst vor dem gutmütigen Bernhardiner!).

Die Lage des Dorfes vor der großartigen Kulisse von Schlern und Rosengarten sollte Ihnen die Weiterfahrt oder sehr empfehlenswerte Wanderungen nach St. Verena (Farbabb. 31) und auf den Ritten (Farbt. 41) nahelegen; vorher müssen Sie aber dem alten **Bad Dreikirchen** (Abb. 21) einen Besuch abstatten. Diese Sommerfrischen-Idylle können Sie nur zu Fuß erreichen und haben deshalb hier eine der letzten Gelegenheiten, die Synthese zwischen Landschaft, Architektur und Kunst ohne davor geparkte Autos zu erleben. Wenn Sie aus dem Eisacktal kommen, müssen Sie in Barbian rechts um die Kirche herumfahren, es geht ein Stück bergauf, dann stellen Sie den Wagen beim Hof Palwitt ab; dort führt über eine mit alten Steinen gemauerte Böschung ein Weg nach links den bewaldeten Berghang hinauf in einer guten halben Stunde nach Dreikirchen. Schon beim Aufstieg wird Ihnen die Anmut der duftenden Wiesen und stillen Wälder nicht entgehen, kein Wunder, daß die reichen Bozner sich auch hier eine Sommerfrische nach Rittner Muster (s. S. 188 f.), wenngleich im Miniaturformat, eingerichtet haben. Die Verwandtschaft ist unübersehbar: auch hier in aussichtsreicher, luftiger Lage die behäbigen alten Sommerfrischenhäuser zwischen Wiesen und Wald, alten Wegen und Bäumen – so muß der Ritten vor hundert Jahren ausgesehen haben, als noch keine Fahrstraßen hinaufführten. Mittelpunkt des kleinen Ortes sind seine drei fast ineinander verbauten Kirchen und das Badgasthaus, dessen Grundmauern teilweise schon aus dem Jahr 1315 datieren. Christian Morgenstern lernte hier 1908 seine Frau kennen, die er kurz darauf in Meran heiratete.

Dem ungeklärten Geheimnis gleich dreier Kirchen an so entlegenem Orte ist die Forschung mit mehreren Hypothesen über vorgeschichtliche Kultstätten und Wasserheiligtümer zu Leibe gerückt, ohne indessen eine befriedigende Erklärung vorlegen zu können. Die Kirchen *St. Nikolaus, St. Gertraud* und *St. Magdalena* zeigen ein einheitliches gotisches Erscheinungsbild, obgleich St. Gertraud bereits 1237 erwähnt und wohl noch romanisches Mauerwerk in den Langhausmauern aufweist. Die Kirchen enthalten zwei vorzügliche Flügelaltäre der späten Brixner Schule, sowie zahlreiche gotische Baudetails, darüberhinaus weist St. Gertraud einen Freskenschmuck vom Anfang des 15. Jahrhunderts auf. Die Schlüssel erhalten Sie 50 m hinter den Kirchen im Haus mit der Aufschrift ›Messner-Haus‹.

Auf der gegenüberliegenden Seite des Eisacktales breitet sich unter dem Schlern-Massiv die große Mittelgebirgsstufe von Seis, Kastelruth und Völs aus. Sie besitzt mit mehreren Kirchen und natürlich der von hier erreichbaren berühmten Seiser Alm landschaftliche und künstlerische Anziehungspunkte ersten Ranges. Zwar führt auch von Waidbruck eine Straße hinauf, doch werden die meisten die gut ausgebaute Straße von Blumau aus benutzen. Von Waidbruck bis dorthin bildet das Eisacktal eine tief in die Quarzporphyrdecke eingegrabene Schlucht, die jahrtausendelang auf einem Höhenweg über den Ritten umgangen werden mußte. Der Streit, ob schon die Römer eine Straße auf der Talsohle bauten, ist bis heute nicht entschieden, fest steht, daß der Bozner Bürger Heinrich Kunter 1314 die Erlaubnis erhielt, die Schlucht gangbar zu machen und dafür auf seinem ›Kuntersweg‹ einen Zoll erheben durfte. Seitdem verlief die Hauptverkehrsverbindung auf der Talsohle, doch behielten bis zum modernen Straßenbau die alten Höhenwege ihre Bedeutung, da die Fluten des unberechenbaren Eisack die Schlucht oft genug unpassierbar machten.

Wenn man nun in Blumau die Straße hinauf nach Seis nimmt, zweigt etwa auf halber Strecke nach Völs eine neuerbaute Straße gegen **Völser Aicha** ab, wo die Straße vorerst endet. Von hier können Sie die erste bedeutende Kunststätte der Gegend aufsuchen: die Kirche *St. Katharina in Breien.* Diese Lokalisierung ist jedoch irreführend, da Breien ein Dorf tief unten im Tierser Tal ist und die genannte Kirche zwar zur Gemeinde gehört, aber von Breien selbst nur auf steiler Waldstraße zu erreichen ist. Völser Aicha und St. Katharina mit seiner Höfegruppe hoch oben am Hang des Tierser Tals sind mit Völs verkehrsmäßig wesentlich besser verbunden als mit dem Tal selbst, weshalb ein Besuch der abgelegenen Kirche von hier empfohlen werden kann. Aber auch in Völser Aicha sollten Sie Ihr Auto stehenlassen, jedenfalls solange die im Bau befindliche Straße noch nicht fertig ist, ganz abgesehen von der äußerst reizvollen Landschaft, die Sie auf dem halbstündigen Spaziergang nach St. Katharina genießen können. Bis dahin ist der Karrenweg hinüber zwar im Prinzip befahrbar, doch sollte man auch als Besitzer einer PS-starken Großraumlimousine nicht unbedingt nachzuahmen versuchen, was die Einheimischen mit ihren kleinen Fiats zuwege bringen.

Ein Besuch der St. Katharina-Kirche bedeutet fast eine Reise in die Vergangenheit. Aus dem Grün der umliegenden Wiesen und Wälder sticht zwischen den alten Bauernhöfen die Farbenpracht ihrer vollständig freskierten Südwand hervor – eine über Jahrhunderte gewachsene Einheit von Kunstwerk und Umgebung, die noch durch keinen modernen Zugriff beeinträchtigt ist: ein klassisches Beispiel der einst vielgerühmten ›Kunstlandschaft

Südtirol‹ – und leider eines seiner letzten, Orte wie diesen werden Sie in Südtirol nicht mehr viele finden. Die Fresken illustrieren in zehn Bildern die Legende der hl. Katharina, die erste Szene zeigt sie bei der Zerstörung eines Götzenbildes, die zweite vor Kaiser Maximin. Im dritten Bild kommt sie ins Gefängnis, wo ihre berühmte Disputation mit den Philosophen stattfindet (viertes Bild), die sie überzeugt, woraufhin die Philosophen verbrannt werden (fünftes Bild). Als es der Heiligen dem sechsten Bild zufolge gelingt, auch noch die Kaiserin zu bekehren und diese im siebten Bild enthauptet wird, beginnt auch das Martyrium Katharinas mit einer Räderung (achtes Bild), worauf ihre Enthauptung und ihre Grablegung folgt (neuntes und zehntes Bild). Außerdem sind eine Kreuzigung und ein Gemälde des Erzengels Michael zu sehen, der mit zornigem Blick die Seelenwaage hält und sein Schwert gegen die Teufel schwingt (Farbabb. 48), welche eine Waagschale zugunsten des Bösen herunterzuziehen versuchen. Diese vorzüglichen und bestens erhaltenen Fresken sind im Eisacktal die erste Begegnung mit der Kunst der Bozner Schule und ihrer fast hundert Jahre lang gepflegten speziellen Synthese zwischen italienischer und deutscher Freskotradition (s. S. 177). Die Fresken an der Südwand von St. Katharina sind um 1420 entstanden, also in der Spätphase der Bozner Schule, die wesentlich von Hans Stocinger (s. S. 195) beherrscht wurde. Die Bilder stammen aber wahrscheinlich nicht von ihm selbst, sondern von einem Gesellen, der von vielen für begabter als der Meister selbst angesehen wird und der dem Stocinger auch bei der Pfarrkirche in Terlan zur Hand gegangen ist; diesem unbekannten Maler werden auch die bedeutenden Fresken in St. Helena in Deutschnofen (s. S. 191 f.) zugeschrieben.

Auf dem Rückweg von Völser Aicha zur Hauptstraße Blumau-Völs passiert man abermals in Sichtweite die ausgedehnte Anlage der *Burg Prösels;* sie erreicht man auf einer unasphaltierten, aber gut ausgebauten Straße in wenigen Minuten. Obwohl fast unbekannt, ist Burg Prösels eine der eindrucksvollsten ihrer Art im ganzen Land. Ihre heutige Form erhielt sie im wesentlichen zu Beginn des 16. Jahrhunderts, als Leonhard von Völs d. Ä. auf dem Höhepunkt von Macht und Ansehen seines Geschlechts einen großangelegten Umbau ausführen ließ, der von den für die maximilianische Zeit charakteristischen weitläufigen Zwingeranlagen umgürtet war – eines der reinsten Beispiele dieses Befestigungstypus in ganz Tirol. Im vorigen Jahrhundert kam die Burg völlig herunter und ihr kostbares Inventar wurde verschleudert – 1828 fand man zahlreiche wertvolle alte Pergamenturkunden des Burgarchivs bei einem Schuster, der sie zerschnitten als Schuheinlagen verwenden wollte (Trapp) – doch wurde die Anlage nach 1952 wieder instandgesetzt und mit alten Einrichtungen versehen. Besonders der Pröseler Burghof mit seiner freskierten spätgotischen Loggienfassade sucht seinesgleichen und die Täfelungen und Decken der Säle des Palas sind überaus eindrucksvoll. Nachdem die Burg lange wegen Erbstreitigkeiten geschlossen war, gehört sie jetzt einem Kuratorium, das die Burg instandhält und sie mit Führungen und Veranstaltungen dem Publikum wieder zugänglich gemacht hat. Versäumen sollten Sie auch nicht einen Blick in die im Ort gelegene romanische Kirche *St. Nikolaus* mit ihrem großen Wandgemälde in der Apsiswölbung (Marienkrönung vor einer phantastischen Hintergrundarchitektur, um 1430, Schlüssel im großen Haus oberhalb der Kirche) und auf die Ruine des

*Prösels, Zeichnung von Johanna von Isser, 1837*

mittelalterlichen ›Pulverturms‹, der jederfalls von seiner Lage her das kleine Dorf mit seiner großen Burg beherrscht.

**Völs** selbst war bis zum Bau der Autostraße von Blumau herauf ein abgeschiedener, entlegener Ort; er hat erst seit wenigen Jahren einen Aufschwung als Touristenzentrum genommen. Im Mittelalter war Völs der Mittelpunkt einer großen Pfarre und wurde besonders seitens der auf Prösels hausenden Herren von Völs gefördert. Deren bedeutendster Vertreter, Leonhard d. Ä., ein durch Landbesitz und Ämter einflußreicher Mann (er war 32 Jahre lang Landeshauptmann und Burggraf von Tirol) sowie ein typischer Vertreter der aufstrebenden kleinen Dynastengeschlechter, welchen die eigene Repräsentation über alles ging, stiftete nach dem prachtvollen Umbau seiner Burg in Völs eine große neue Pfarrkirche. Außerdem ließ er sich den Titel ›Freyherr‹ verleihen und legte sich aufgrund eines Filiationsbriefes den Zunamen ›Colonna‹ zu, woraufhin der frischgebackene Herr von Völs-Colonna fest seine tatsächliche Abstammung von diesem alten römischen Geschlecht behauptete. Womöglich ist es diesem Repräsentationsstreben zuzuschreiben, daß dieser Mann einen großen Teil seiner Tatkraft an die Eröffnung der ersten Hexenprozesse Tirols in Völs wandte, offenbar mit Erfolg; die Geständnisse der angeklagten neun Frauen, »mit und ohne Marter« erreicht, sind noch heute in originalen Akten im Innsbrucker Archiv des Ferdinandeums nachzulesen und beinhalten die absurdesten Selbstbezichtigungen der Unglücklichen. Der Gedanke an diesen mörderischen Zeitgenossen kann einem fast den Besuch der von ihm gestifteten großen *Pfarrkirche* verleiden. 1515 begonnen, wurde ihre

Fertigstellung zunächst durch den Bauernaufstand 1525 verhindert und erst 1555 wieder in Angriff genommen. Da aber war die Zeit der Gotik so gut wie vorüber und italienische Baumeister der frühen Renaissance vollendeten das Werk als dreischiffige Halle mit klassischen Säulenformen und klar gegliederten Gewölben. Die Beschädigung der Kirche durch einen Brand im Jahre 1703 war der Anlaß für den Beginn einer teilweisen Barockisierung; von ihr ist das rocailleverzierte Orgelgehäuse und die prachtvolle Rokokokanzel (Farbabb. 38) am nordöstlichen Pfeiler mit Posaunenengel und dem illusionistisch-bewegten Stuckvorhang übriggeblieben. Das Innere der Kirche wird beherrscht von dem mächtigen Flügelaltar, der 1703 entfernt und im Zuge einer Regotisierung gegen Ende des vorigen Jahrhunderts wieder aufgestellt wurde. Dabei widerfuhr dem Altar ein eigentümliches Schicksal: Der riesige Schrein wurde von oben bis unten durchgesägt und in der Mitte ein großes Tabernakelgehäuse eingebaut, das als würdiger Aufstellungsort einer kostbaren Monstranz (gotisierender Aufbau, um 1600) dienen sollte. (Aus Sicherheitsgründen wird die Monstranz nur noch an Feiertagen hineingestellt.)Sie müssen sich daher den doppelgeschossigen, durch den vertikalen Einbau in vier Felder unterteilten Schrein als zwei mittels vergoldeten Maßwerks getrennte Ebenen vorstellen, auf deren unterer eine figurenreiche Anbetung szenisch dargestellt ist, während oben eine Verkündigung und eine Darbringung im Tempel auch ursprünglich als zwei selbständige Szenen konzipiert waren. Die großen Schreinflügel zeigen innen Reliefs der Evangelisten und ihrer Symbole vor geschnitzter Hintergrundarchitektur, außen vier Gemälde mit Passionsszenen; Predella, Gespreng und Schreinwächter sind moderne, aber gelungene Ergänzungen. Der eindrucksvolle Altar stammt laut einer Inschrift auf der Schreinrückseite von »nartzis pildschnitzer ze potzen« und ist 1488 fertiggestellt worden.

Dieser Meister Nartzis von Bozen hat der Forschung bisher viel Kopfzerbrechen bereitet, da eine eigene Bozner Bildhauertradition oder auch nur ortsansässige Werkstätten unbekannt sind und die Bozner nicht zufällig ihre Flügelaltäre von auswärtigen Kräften wie Hans von Judenburg, Hans Klocker und Michael Pacher anfertigen ließen. Da aber auch der erhaltene Altar der Pfarrkirche von Fiera di Primiero dem Nartzis zugerechnet wird und schon die kolossale Größe des Völser Retabels eine umfangreiche Werkstatt voraussetzt, stellt sich die Frage nach der Herkunft des Meisters, den die fehlende lokale Tradition nicht hervorgebracht haben kann. Scheffler und Müller vermuten, Nartzis sei aus der Brixner Kunst hervorgegangen und sprechen seinem Stil den »individuellen Ausdruck« ab. Man muß aber zugeben, daß sich für die bewegte szenische Reliefgruppe der Anbetung in der unteren Hälfte des Völser Altarschreins nur schwer eine Brixner Parallele entdecken läßt.

Neben der Pfarrkirche steht die romanische *Kapelle St. Michael* am Friedhof mit der seltenen Konstruktion einer auf Kragsteinen ruhenden Apsis. Der Bau wurde innen um 1500 gotisiert und enthält heute ein sehr sehenswertes kleines Pfarrmuseum, in das aus den um Völs liegenden einbruchgefährdeten Kirchen alle beweglichen Kunstobjekte verbracht wurden. Man beachte die Skulpturen aus dem Flügelaltar in Obervöls und die große, figurenreiche Krippe von Alois Probst aus der berühmten Sterzinger Krippenschnitzer-Familie.

Auf der Weiterfahrt nach Seis passieren Sie die Abzweigung zum Völser Weiher, jetzt während der Saison eine überlaufene Badegelegenheit, einst ein einsamer, seerosenbedeckter, verträumter Waldsee. In seinem altem Weihergasthaus mit den Jugendstilbildern der Laurinsage von Ignaz Stolz (im Speisesaal) fanden sich zahlreiche ruhesuchende Gemüter aus Malerei und Literatur ein, solange es hier noch ruhig war; besonders Arthur Schnitzler hat den Ort sehr geschätzt und verfaßte hier Teile seines Stücks ›Das weite Land‹.

Vorbei an der hübschen Kirche St. Konstantin mit dem Zwiebelhelm (von Photographen als beliebtester Vordergrund für ein Schlern-Photo geschätzt) gelangen Sie nach **Seis,** mittlerweile ein bedeutender Fremdenverkehrsort. Kunstkenner werden sich zuerst zu der auf dem Wiesenhang über Seis gelegenen Kirche *St. Valentin* begeben, deren berühmte Lage vor den riesigen Wänden des Schlern und der Santnerspitze die Innen- und Außenfresken der südlichen Langhausmauer zu unrecht in den Schatten stellt. Es handelt sich um Wandmalereien eines Meisters der Bozner Schule unter veronesischem Einfluß, Ende 14. Jahrhundert; auffallend für diese Zeit ist der Versuch des Malers, die Personen vor einen weitläufigen Landschaftshintergrund zu stellen. Verehrer des Dichters und Minnesängers Oswald von Wolkenstein werden sich von Seis auf einsamen Waldwegen zur abgelegenen Burgruine Hauenstein begeben. Sie liegt auf einem Felsblock im dunklen Wald unmittelbar zu Füßen der Santnerspitze und die Romantik dieses Ortes läßt sich schwer übertreffen. Sabine Jäger lebte hier um 1400 und Oswalds Liebe zu ihr ist ebenso bekannt wie deren schnöde Ränke, den Wolkensteiner auf eine Kreuzfahrt ins Heilige Land zu schicken und während seiner Abwesenheit einen reichen Kaufmann zu heiraten. Die unseligen Gefühle für Sabine verlassen den Minnesänger sein ganzes Leben nicht, noch über zwanzig Jahre später werden sie ihm fast zum Verhängnis, als Sabine ihn buchstäblich in die Folterkammer seines Erzfeindes, des Tiroler Herzogs Friedrich mit der leeren Tasche lockt. Bei so viel Anlaß zum Dichten nimmt das umfangreiche Œuvre des Wolkensteiners nicht wunder, doch hat er auch in der Landespolitik Tirols wildbewegte Zeiten erlebt, denn Oswald war als typischer Vertreter des freien Ritterstandes stets in den vordersten Reihen des Widerstandes zu finden, den der Kleinadel mit Feuer und Schwert gegen die Zentralgewalt des Landesfürsten leistete und der erst nach langen Kämpfen, Intrigen und Verschwörungen erlosch. Als der Wolkensteiner mit diesen bewegten Jahren seines Lebens abgeschlossen hatte, zog er nebst seiner Frau Margarethe von Schwangau und seinen Kindern hierher in diese einsame Burg und führte noch lange einen kleiner dimensionierten Streit um die zugehörigen Güter, welche immer noch teilweise der Sabine zu eigen waren. Da saß er nun, der weitgereiste Dichter und Haudegen, Ritter des aragonesischen Kannenordens und Inhaber des Drachenordens aus dem Kampf gegen die Ungläubigen, Vertrauter König Sigismunds und bekannt an zahlreichen Höfen Europas, starrte in dunkle Wälder um seine Burg, hörte auf die »voglin, gros und klain in meinem bald umb hauenstein ...« und ärgerte sich über seine Kinder, die durch das Schloß tobten: »...aines tuet mir pangen, das mir der kleinen kindlein schal mein oren dick bedrangen ...« Als Oswald von Wolkenstein am 2. August 1445 starb und im Neustifter Kreuzgang beigesetzt wurde, hinterließ er eines der eindrucksvollsten

*Das Portrait Oswalds von
Wolkenstein in der Innsbrucker
Liederhandschrift*

Zeugnisse deutschsprachiger Dichtung dieser Zeit, das außerdem Lebensweise und Vorstellungswelt des untergehenden Rittertums einzigartig dokumentiert.

Von den zahlreichen Wandermöglichkeiten um Seis sei besonders der landschaftlich höchst reizvolle Weg nach St. Oswald empfohlen, vorbei an der romantischen kleinen Burgruine Aichach, die mit ihren Schwalbenschwanzzinnen den steil in den Graben des Schwarzgriesbaches abstürzenden Felsen überragt. Im abgeschiedenen St. Oswald sind in der Kirche Fresken der Brixner Schule zu sehen.

Die Straße führt von Seis weiter nach **Kastelruth** mit seinem schönen alten Dorfbild. Interessanter als die klassizistische Pfarrkirche sind die zwei *Kofelkapellen*, die in den Bergfried der 1264 genannten, im 16. Jahrhundert verfallenen Burg Kastelruth eingebaut sind und auf dem flachen Hügel hinter dem Dorf liegen; ein Kreuzweg führt hinauf. Empfehlenswert auch ein Spaziergang nach Südwesten zum Laranzer Wald; auf der gegen das Eisacktal abfallenden aussichtsreichen Waldkuppe finden sich Reste einer terrassenförmig angelegten Urzeitsiedlung.

Zwischen Seis und Kastelruth führt eine Straße hinauf auf die Seiser Alm. Ihren Ruhm rechtfertigt ihre einzigartige Schönheit vollständig. 60 km² sanft gewellter Almwiesen mit einer alpinen Flora, wie sie sich reichhaltiger nirgendwo finden läßt, nach Osten abgeschlossen von den ungeheuren Zacken und Wänden der Langkofelgruppe (Farbt. 24), im Süden begrenzt vom riesigen Block des Schlern, der vorn mit der markant freistehenden Santnerspitze abbricht. Für das fast ebene Felsplateau des Schlern sind die aufliegenden sogenannten ›Raibler Schichten‹ verantwortlich, ein wasserundurchlässiges, fossilreiches Gestein; es schützt den darunterliegenden Schlerndolomit vor der Erosion und hebt so das Erscheinungsbild des Schlern deutlich von den zerrissenen Formationen anderer Dolomitengruppen ab. Von der Seiser Alm aus sind großartige Hochgebirgswanderungen aller Schwierigkeitsgrade möglich, wenigstens einmal sollten Sie sich in die Scharten des Langkofel begeben oder über die Schlernhäuser in die zerklüftete Welt von Kesselkogel, Roßzähnen, Vajolet-Türmen und Rosengarten wandern, um zu wissen, daß der äußere Anblick der Dolomiten nur einen schwachen Eindruck ihres phantastischen, mondlandschaftähnlichen Innenlebens vermitteln kann.

Tief hinein in eindrucksvolle Dolomitenlandschaft führt auch das letzte Ziel dieser Eisacktalfahrt: das ebenfalls in Blumau mündende Tierser Tal. Seine anfänglich enge Straße mit ihren starken Steigungen sollte Sie nicht abschrecken. Nach den etwas mühsamen ersten Kilometern ist sie gut ausgebaut und führt direkt bis unter die zerrissenen Wände des Rosengartens, an denen das Tal endet. Die kleine Kirche *St. Cyprian* (Farbabb. 32) neben der Straße liegt vor einem großartigen Dolomitenpanorama; sie enthält Reste eines 1964 ausgeraubten Flügelaltars. Hier zweigt – vorbei an dem Weißlahnbad mit seiner radioaktiven Quelle – der Weg ins wildromantische Tschamintal ab, mit seiner kaum gangbaren Klamm eine höchst eindrucksvolle naturkundliche Attraktion. Die Straße endet nicht an den Rosengartenwänden, sondern führt an diesen entlang über den Niger-Sattel und findet Anschluß an die ›Große Dolomitenstraße‹, die von Bozen durch das Eggental über den Karer See (Farbabb. 25) heraufzieht. Sie gelangen über den Karerpaß ins ladinische Fassatal und nach Canazei mit Möglichkeiten der Weiterfahrt zur Marmolada, über das Sellajoch ins Grödner Tal oder zurück in Richtung Bozen in die Landschaft des ›Regglberges‹.

# Das Pustertal

Wer auf der großen Talstraße von Mühlbach nach Innichen fährt, wird sich an den sanften Wiesen- und Waldhängen mit den alten Dörfern erfreuen, doch scheint dem Pustertal die Dramatik steiler Felswände und schneebedeckter Gipfel völlig zu fehlen. Daß man vom Talboden aus von der vielgerühmten Landschaftskulisse der Gegend so gut wie nichts sieht, hat seinen geologischen Grund: Das Pustertal zieht sich wie ein breiter Graben zwischen den Formationen der Zentralalpen im Norden und der Dolomiten im Süden hin. Sein Talboden und seine Hänge sind gebildet vom Urgestein der Zone alter Gneise, die sich zwischen die Massive schieben, sowie des Brixner Quarzphyllits und des Brixner Granits. Sie bilden, überlagert von Moränenhügeln, die vielgestaltige, doch stets abgerundete, von Wald und Wiesen bedeckte Landschaft des Tales, während seine imposanten Begrenzungen nur von den Mittelgebirgsstufen und in den Seitentälern sichtbar werden. Im Norden stößt das Ahrntal an die geschlossene monumentale Kette des vergletscherten Zentralalpenkamms der Zillertaler Alpen, im Süden verlieren sich die Seitentäler zwischen den wild zerklüfteten Gruppen der Dolomitengipfel, die in den legendären Drei Zinnen der Sextener Dolomiten ihren eindrucksvollen Höhepunkt finden.

Das wichtigste historische Datum des Tales ist das Vordringen der Bajuwaren zum Ende des 6. Jahrhunderts; sie setzten sich auf dem Toblacher Feld gegen die slawischen Volksstämme durch, besiedelten das Pustertal eng und gründeten, nachdem sie selbst bekehrt waren, die Klöster Innichen und später Sonnenburg, diese gehören noch heute zu den bedeutendsten Kunststätten des Tales. Die Bischöfe von Brixen, deren Diözese auch das Pustertal angehörte, versuchten noch 1251 durch Gründung von Stadt und Burg Bruneck ihre sinkende Macht zu festigen, doch gelang es ihnen hier genausowenig wie im Rest ihres Lehnsgebietes, sich gegen die Grafen von Tirol zu behaupten. 1271 gelangte das Pustertal durch eine Erbteilung zur Grafschaft Görz, von der es erst um 1500 in den Tiroler Herrschaftsbereich zurückkehrte. Diese lange Zugehörigkeit zu einer Grafschaft, die ihren politischen Schwerpunkt im italienischen Friaul und in Istrien hatte, ist für die Kunstentwicklung der Talschaft von ebenso großer Bedeutung gewesen wie seine im Gebirge verlaufenden Grenzen zum Venezianischen. Das Pustertal hatte Anteil an der Strada d'Alemagna, dem großen Handelsweg von Venedig ins Reich, Toblach war ein wichtiger

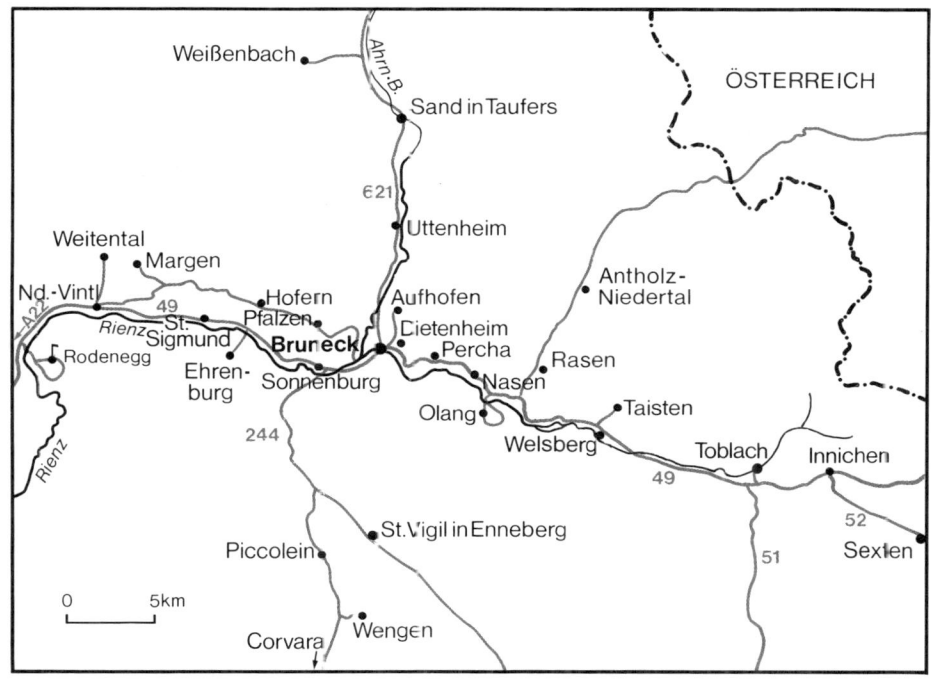

*Die Kunststätten des Pustertals*

Umschlagplatz. Es unterliegt daher keinem Zufall, daß sich die von Hans von Bruneck Ende des 14. Jahrhunderts begründete Pustertaler Schule auch ohne Anwesenheit italienischer Meister intensiv mit der Kunst Oberitaliens auseinandersetzte und die Pustertaler Meister ihre Lehrjahre meist in dieser Region verbrachten, Michael Pacher (s. S. 46) hat seine entscheidenden künstlerischen Impulse von dort erhalten. Dennoch ist die Kunst der Pustertaler Schule alles andere als ein Plagiat der italienischen. Die bedeutende Kunst dieses Schul- und Werkstattkreises besteht in einer stark individuell geprägten Verknüpfung der italienischen und böhmischen Einflüsse, die von Prag über Wien und Kärnten in das verkehrsmäßig nach Osten offene Tal strömten; mit dem Flügelaltar von St. Sigmund (Farbt. 2) und den Reliefs in der Ursulinenkirche in Bruneck besitzt das Pustertal auch die zwei bedeutendsten Zeugnisse der Plastik des böhmischen ›Weichen Stils‹. Dagegen ist sicher der Verbindung zur Brixner Romanik die Entstehung der ältesten bekannten romanischen Profangemälde in ganz Europa zuzuschreiben, die kurz nach 1200 vermutlich vom Hofmaler Hugo des Brixner Bischofs Konrad von Rodank in der Burg Rodenegg (Farbabb. 10) gemalt wurden und zu den sensationellsten Freskenfunden der letzten Jahrzehnte in Südtirol zählen. Besondere Prunkstücke des Pustertales sind seine glanzvollen Rokoko-

Kirchen: Mit den glutvollen Farben und illusionistischen Tiefen der vorzüglichen Fresken von Matthäus Günther (St. Leonhard und St. Vigil im Gadertal, Abb. 32) und Franz Anton Zeiller (Taisten, Farbt. 46, und Toblach) sind sie die schönsten Gotteshäuser dieser Epoche im ganzen Lande.

Der erste Ort, auf den Sie auf der Talstraße zufahren, ist der alte Markt **Mühlbach.** Hinter seiner abweisenden Fassade verbirgt sich mit dem von alten Gebäuden gesäumten Kirchplatz ein angenehmes Ortsbild. An der Südwand der *Pfarrkirche St. Helena* befinden sich außen teilweise aufgedeckte Fresken (Anfang 15. Jahrhundert, nach Rasmo vom Pustertaler Ambrosius Gander, Schüler des Hans von Bruneck), innen sind vor einigen Jahren Wandgemälde von Friedrich Pacher (um 1500, Kreuzauffindung, St. Helena) freigelegt worden. Auch an der Außenwand der doppelgeschossigen *Friedhofskapelle St. Florian* sind stark verblichene Fresken zu sehen, darunter ein Mann auf einem Sterbelager, um dessen Seele ein Engel und ein Teufel in Streit geraten sind (Ende 15. Jahrhundert). Vor der Friedhofskapelle steht ein großer Stein; er ist mit dem Wappen des Herzog Sigmund und der Jahreszahl 1477 verziert. Von der Mühlbacher Klause hierher gebracht, diente er dort als Zahlstein für den erhobenen Zoll. Empfehlenswerte Ausflüge von Mühlbach aus gehen nach Meransen und ins Valser Tal. Letzteres bildet einen günstigen Ausgangspunkt für zahlreiche Bergwanderungen, insbesondere in die einsamen Pfunderer Berge, in denen sich auf 2580 m Höhe der düstere Wilde See in einem zerklüfteten Felsenmeer zu Füßen der Wilden Kreuzspitze (3134 m) findet.

Vor allem aber zweigt in Mühlbach die Straße nach **Rodeneck** ab, wo in der großen *Burg Rodenegg* (Farbabb. 10) der älteste bisher bekannte profane Freskenzyklus romanischer Wandmalerei zu sehen ist. Die langgestreckte, im späten Mittelalter festungsartig ausgebaute Anlage steht auf einem schmalen Felsrücken, der an drei Seiten spektakulär in die tiefe Rienzschlucht abbricht. Die 1142 von einem Brixner Ministerialen gegründete Burg befindet sich bereits 1269 im Besitz der Grafen von Görz-Tirol, 1491 wird sie von Kaiser Maximilian, der die Regierung Tirols nach der erzwungenen Abdankung Sigmunds des Münzreichen selbst übernommen hat, dem Rodenegger Zweig der Wolkensteiner verliehen. Diese bauen die Burg im Stile der Renaissance prächtig aus, der Hof erhält eine Loggienfront, im Inneren werden Antiken- und Gemäldesammlungen, sowie eine kostbare Bibliothek angelegt. Nach einer katastrophalen Feuersbrunst im Jahre 1694 wird die Burg aus dem Erlös der verkauften Sammlungen zwar wiederaufgebaut, doch ist ihr Niedergang nicht mehr aufzuhalten. 1797 und 1805 von französischen Truppen geplündert, seit 1849 praktisch verlassen, verhindert die 1897 einsetzende Restaurierung im letzten Moment ihren endgültigen Zerfall. Da Rodenegg noch heute von seinen adeligen Besitzern bewohnt wird, können nur Teile der großen Anlage besichtigt werden, nämlich die Befestigungsanlagen der Vorburg, die Vorwerke der Hauptburg, der romantische Innenhof, eine interessante Ziehbrunnenanlage, eine Waffenkammer, die innen und außen reich mit Freskomalerei verzierte Burgkapelle (1582) und die erst 1972/73 aufgedeckten, inzwischen zur Berühmtheit gelangten frühesten bekannten Fresken ritterlich-höfischer Malerei. Es handelt sich um einen Bilderzyklus, der kurz nach 1200 entstand und zwölf Szenen des ersten Abenteuerzyklus aus dem Versepos ›Iwein‹ Hartmanns von Aue darstellt. In diesem ersten Teil des Werkes läßt sich Iwein von einem Riesen den Weg zum Zauberquell des Königs Askalon weisen und tötet den Herrscher im Zweikampf. Iwein gelangt in die Burg des Zauberkönigs, wo er unentdeckt dessen Totenfeier beiwohnt und sich dabei in die schöne Laudine, nunmehr die Witwe seines getöteten Gegners, verliebt. Dank eines unsichtbar machenden Ringes entkommt er der Verfolgungsjagd, die innerhalb der Burg nach ihm einsetzt; schließlich erringt er Hand und Liebe der Laudine und das Königreich Askalons.

Dieser Freskenzyklus überträgt keineswegs die vergeistigende Darstellungsweise der sakralen Malerei in die profane: Es ist höchst beeindruckend, zu welch dramatischer Bewegtheit und Ausdruckskraft die romanische Freskokunst in der Lage war, sobald sie nicht dem Zwang vorgeschriebener ikonographischer Inhalte bezüglich der Verherrlichung der Majestas Domini unterlag. Die Leistung des Freskanten ist um so höher einzuschätzen, als ihm in der nahezu ausschließlich sakralen Kunst der Zeit so gut wie keine Vorlagen für die expressiven Gesichter seiner Gestalten und die Darstellung von ritterlichen Zweikämpfen und Szenen höfischen Lebens zur Verfügung standen. Als Maler vermutet man jenen Hugo, der für den Brixner Bischof Konrad von Rodank Freskenzyklen in der Johannes- und der Frauenkirche am Brixner Kreuzgang erstellte (seine Bilder in beiden Kirchen sind erhalten, doch nicht zugänglich). Da der Bischof zu dieser Zeit auch Besitzer der Burg Rodenegg war, ist eine Identität des dort tätigen Meisters mit dem Hofmaler Hugo sehr wahrscheinlich, welcher zweifellos eine nördliche Variante des romanischen Stils vertrat.

Einige Kilometer hinter Mühlbach führt die Straße durch die Ruinen einer stark befestigten mittelalterlichen Straßensperre, der *Mühlbacher Klause,* die bis 1500 die Grenze zwischen Tirol und dem zur Grafschaft Görz gehörenden Pustertal markierte. Die Klause wurde 1472 von Herzog Sigmund mit Türmen und Rondellen befestigt und gelangte im Jahre 1809 zu trauriger Berühmtheit, als nach dem Frieden von Schönbrunn, in dem das geschlagene Österreich Tirol endgültig an Bayern und Franzosen abtreten mußte, sich hier einige hundert Bauern verschanzten und den Franzosen tagelang ein mörderisches und sinnloses Gefecht lieferten; seitdem liegt die Klause in Trümmern. Einige Meter davor steht auf der linken Straßenseite ein Bildstock mit (übermalten) Fresken aus dem 15. Jahrhundert.

Bei Ober- und **Niedervintl** gelangt man in eines der vorgeschichtlichen Siedlungszentren des Pustertals mit zwei ehemaligen Wallburganlagen über den Orten. Heute gibt es hier einige alte Ansitze mit schönen Fassaden und mehrere Kirchen, von denen die neue *Pfarrkirche* in Niedervintl sehenswert ist, ein Barockbau der Zeit um 1760, der innen schöne Stukkaturen und gute Fresken von Josef Anton Zoller aufweist. Bei Vintl mündet das Pfunderer Tal, das weit in die einsamste Bergwelt hineinreicht und schönste Wanderungen ermöglicht. Man beachte im Ort **Weitental** das große *Christophorus-Fresko* an der Kirchenfassade, eine originelle Arbeit des beginnenden 16. Jahrhunderts, mit zahlreichen Fabelwesen im Wasser zu Füßen des Heiligen.

In Vintl zweigt eine Straße ab hinauf nach Terenten, auf die langgezogene Mittelgebirgsstufe. Sie erstreckt sich, das ganze Unterpustertal begleitend, bis Bruneck und besitzt wie fast alle Mittelgebirgsstufen Südtirols eine äußerst reizvolle Landschaft. Man durchfährt sanft gewellte Wiesen und Wälder in endlosem Wechsel, kleine Dörfer und alte Bauernhöfe liegen so verstreut wie die großen, vom Tauferer Gletscher als Findlinge hinterlassenen Granitblöcke, von den Hügelkuppen mit ihren einsamen Kirchen hat man die großartigsten Fernblicke. Natürlich erschließt sich die ganze Schönheit dieser Gegend nur dem, der sein Auto irgendwo abstellt, seine Wanderkarte zückt und sich zu Fuß aufmacht, sei es zu einem Spaziergang über die Hügel und Wiesen oder zu längeren Ausflügen in die Berge, in die die Mittelgebirgsstufe langsam übergeht. Nach einer Wanderung durch einsame Landschaft die entlegenen Kirchen von Margen oder Hofern zu betreten und kostbaren Flügelaltären gegenüberzustehen, ist ein Erlebnis, wie es selbst Südtirol nur noch selten zu bieten hat. Die beiden genannten Kirchen und St. Valentin bei Pfalzen mit dem großen Freskenzyklus sind eine kleine Kunstreise für sich, auf der Sie drei in selten unberührter Weise mit ihrer ursprünglichen Landschaft verbundene Kunststätten aufsuchen können. Wenn Sie von Vintl nach Terenten fahren, zweigt kurz vor den ersten Häusern eine kleine Straße nach **Margen** ab. In der auf einem Wiesenhang gelegenen Kirche *St. Margareth* befindet sich unter den bemalten Schlußsteinen der gotischen Gewölberippen ein schöner Flügelaltar (um 1500, Abb. 23) mit den Skulpturen der drei Heiligen Margaretha, Magdalena, Katharina im typisch spätgotischen scharfbrüchigen Faltenwurf der Gewänder zwischen reich gestaltetem Rankenwerk, das durch die obere Schreinbegrenzung wächst und in Fialen mündend den Aufsatz bildet. Wie bei allen geöffneten Flügelaltären sollten Sie um den Altar herumgehen (sofern dies die Konstruktion der inzwischen überall installierten Alarmanlagen erlaubt) und die Gemälde der Flügelaußenseiten betrachten: hier zwei vorzügliche Bilder der Heiligen Bartholomäus und Christoph. Man beachte auch den ungewöhnlichen Seitenaltar, einen bemalten Flügelschrein mit Rankenwerk (Anfang 16. Jahrhundert). Den Schlüssel zur Kirche erhalten Sie im Mesnerhaus gleich unterhalb des Kirchhügels.

Durch Terenten führt die Straße zum kleinen Weiler **Hofern,** wo mit einem weiteren Flügelaltar ein ausgesprochen bemerkenswertes Stück seiner Gattung zu sehen ist. Die kleine Kirche *St. Martin* ist nicht leicht zu finden, sie liegt auf einer langgestreckten Anhöhe über der Straße im dichten Wald versteckt, nur wenn man von Terenten kommt, kann man rechts von weitem ihren Turm über den Baumwipfeln sehen. Man biegt zunächst in den schmalen, nicht asphaltierten Weg gegenüber der Pension ›Lärchhof‹ ein; dort kann man entweder den Wagen stehenlassen oder rechts auf etwas abenteuerlichem Fahrweg durch mehrere Bauernhöfe die Anhöhe hinauf und bis zum letzten Hof unterhalb des Kirchhügels fahren. Hier gibt es den Schlüssel. (Die zahlreichen kleinen Hunde dort sind ausnahmslos friedlich und an Besucher gewöhnt.) Nachdem Sie die entlegene, von dichtem Wald umgebene Kirche betreten haben, stehen Sie einem ungemein prächtigen und kunstvollen gotischen Retabel gegenüber, dessen Figuren und Rankenwerk weitgehend vergoldet sind. Es handelt sich um ein vorzügliches Werk der späten Pacher-Nachfolge gegen 1520 mit Maria und dem Kind in der Schreinmitte zwischen den Heiligen Markus und Silvester sowie schönen Gemälden an den Predellaflügeln und einem zierlichen Gespreng. Besondere Attraktion sind die beiden Schreinwächter, die bei den meisten anderen Flügelaltären verschwunden sind. Es handelt sich wie üblich um die Heiligen Georg und Florian, hier zwei ausgezeichnet gearbeitete Skulpturen mit Rüstung und Lanzen: St. Florian gießt aus seinem Holzkübel Wasser über eine subtil geschnitzte kleine Burg, St. Georg steht siegreich auf einem grünen Drachen. Seltsamerweise besitzt der Altar keine Schreinflügel, und es ist unbekannt, wann sie abhanden kamen.

Weiter führt die Straße an der wiedererrichteten Burg Schöneck (Privatbesitz) vorbei, dem wahrscheinlichen Geburtsort des Minnesängers und Dichters Oswald von Wolkenstein, und erreicht das schöngelegene Issing, das mit seinem gleichnamigen Weiher eine etwas kühle, aber landschaftlich reizvolle Badegelegenheit besitzt. In **Pfalzen** gibt es außer den Fassaden einiger Ansitze nichts zu sehen, die große Pfarrkirche ist ein Neubau (1851) mit einem älteren Altarblatt von Karl Henrici. Dafür ist die landschaftliche Lage der *St. Valentins-Kirche* östlich des Ortes eine Berühmtheit: Vor der Hochgebirgskulisse der Rieserferner hebt sich aus einem Meer von Wiesen die spätgotische Gestalt der Kirche neben einem kleinen Bauernhof ab, die Ockertöne der Außenfresken (1434) kontrastieren mit dem alles umgebenden Grün. Innen an den Wänden ist unter dem schönen Gewölbe mit den bemalten Schlußsteinen ein umfangreicher Freskenzyklus aus der Pacher-Schule entdeckt worden, an dessen Restaurierung kürzlich noch gearbeitet wurde. Den Schlüssel zur Kirche erhalten Sie im Bauernhaus daneben. Von Pfalzen führt die Straße hinunter nach Stegen bei Bruneck, was bedeutet, daß man diese Mittelgebirgsstufe des unteren Pustertales auch in umgekehrter Richtung, als Ausflug von Bruneck, befahren kann.

Von Vintl aus, wo die Abzweigung hinauf nach Terenten ging, führt die Talstraße weiter nach **St. Sigmund** mit seinem berühmten Flügelaltar in der *gleichnamigen Kirche* (Farbt. 2). Bevor Sie das Gotteshaus durch das große dreipaßförmige Westportal betreten, sollten Sie einen Blick auf die erlesenen Außenfresken werfen. Neben dem Portal befindet sich zwischen gemalten Säulen eine Pietà vor einem großartigen Landschaftshintergrund mit bewegtem Wolkenhimmel, die Südwand beherrscht ein riesiger Christophorus unter einem perspektivisch gemalten Rundbogen, der von prächtigen, mit Putten, Widderköpfen und Ornamenten reichverzierten Pilastern getragen wird. Auch hier öffnet sich hinter dem Heiligen eine tiefe Landschaft mit Kapelle, Burg, Tiroler Bauernhaus, Einsiedler, Bach und Felsen, während sich im Wasser, welches der Christophorus mit gerafftem Schmuckgewand durchschreitet, die absonderlichsten Fabelwesen ein Stelldichein geben, darunter ein ».. . Meerweibchen mit dem Dudelsack, ein anderes mit einer Handorgel, zu der ein männliches Wesen den Blasbalg besorgt« (Weingartner). Besonders an der Pilasterrahmung des Christophorus-Bildes sind die Renaissance-Elemente dieser Malerei unübersehbar. Daß der Meister aber nicht von der italienischen, sondern von der aus Deutschland zurück nach Süden wirkenden Renaissance beeinflußt war, beweist der in beiden Bildern dominierende weite Landschaftshintergrund; seine stilistische Vorlage sind die Werke der von Albrecht Altdorfer führend vertretenen Donauschule.

Der große Flügelaltar der Kirche ist der älteste an seinem ursprünglichen Aufstellungsort befindliche gotische Altar Tirols, er entstand in der für diese Kunstgattung frühen Zeit gegen 1430. Etwa zehn Jahre vorher hatte Hans von Judenburg als ersten nachweisbaren großen

Flügelaltar Südtirols sein epochemachendes Werk in der Bozner Pfarrkirche aufgestellt, in dem der in Böhmen entfaltete ›Weiche Stil‹ einen letzten, grandiosen Höhepunkt fand. Die Anklänge an das Werk des Judenburgers sind im Altar von St. Sigmund unübersehbar: Die fließenden Gewänder der Schreinskulpturen weisen ebenso wie die Haltung der Predellafiguren (Anbetung der Könige) auf die Vorlage des Bozner Altars, dessen Reste in der Pfarrkirche von Deutschnofen (s. S. 192) zu sehen sind. Doch die deutliche Charakterisierung von Haltung und Gesichtern der drei Figuren im Schrein zeigen – abgesehen von der darin sichtbaren kärntnerisch-steirischen Herkunft des Meisters – eine Hinwendung zur individualisierend-realistischen Spätgotik an, wie sie dem Hans von Judenburg noch fremd war. Besonders die breitbeinige Haltung und das vierschrötige Gesicht des prächtig gerüsteten Kirchenpatrons (rechts von der Gottesmutter) zeigt Anklänge an den aufkommenden Realismus (wobei die Verehrung des Sigmund als Heiligen ein wenig merkwürdig ist: Bekanntlich wurde er mit Weib und Kind vom Frankenkönig Chlodomir in einem Brunnen ertränkt als Strafe dafür, daß er auf Betreiben seiner Gattin seinen Sohn aus erster Ehe hatte ermorden lassen). Über den drei Schreinfiguren (Maria mit Kind zwischen dem Apostel Jakobus und dem hl. Sigmund) erhebt sich ein strenger, fialengeschmückter Aufbau mit einer Kreuzigungsgruppe. An diesem Aufbau wie an den reinen gotischen Zierformen von Postamenten und Baldachinen der Schreinfiguren fällt das völlige Fehlen des sonst reichverzweigten Rankenwerks auf; ein deutlicher Hinweis auf die frühe Entstehungszeit des Altars, in der sich Verzierungen und Ornamente noch dem klaren architektonischen Aufbau eines Retabels unterzuordnen hatten. Die farbenprächtigen Gemälde der Flügel zeigen innen vier Szenen aus dem Marienleben, außen Heilige und einen Christophorus. Man vermutet, daß der Altar in einer Brunecker Werkstatt hergestellt wurde, der ein Meister aus Kärnten oder der Steiermark vorstand. (Nehmen Sie das kleine Warnschild ernst, welches ein Betreten des Presbyteriums verbietet; Zuwiderhandelnde lösen die Alarmanlage aus.) Die Kirche ist in der Regel geöffnet.

Einige Kilometer hinter St. Sigmund liegt Kiens. Von dort führt eine weitere Straße hinauf auf die Mittelgebirgsstufe zum Issinger Weiher und nach Hofern. Eine andere Straße zweigt in Kiens ab, überquert die Rienz und führt nach **Ehrenburg,** wo zwischen alten Burgmauern ein prächtiges *Barockschloß* aus dem Wald ragt, dessen kostbare Innenausstattung und der schöne Arkadenhof einen Besuch wert sind (Führungen täglich 11, 14 und 15 Uhr, So geschlossen). Hinter der Burg steht auf einer Anhöhe die *Pfarrkirche,* ein vollständiger barocker Umbau einer gotischen Vorgängerin mit einer Gruftkapelle seitlich unter dem Presbyterium. Der von kräftigen Pilastern gegliederte Innenraum bildet mit seinen eleganten Rocaillestukkaturen, dem Säulenaufbau eines Marmorhochaltars und den umfangreichen Fresken – durchweg bessere Arbeiten des Adam Mölk aus Wien – ein überaus gelungenes Ensemble barocker Kunst, in dem sich neben dem ältesten Totenschild Tirols (1411 für Stephan Künigl) noch einzelne Stücke der gotischen Ausstattung finden. Zwischen Schloß und Kirche steht ein schöner Bildstock mit Fresken aus dem 16. Jahrhundert.

Nicht weit hinter Kiens schiebt sich ein Felsen weit in die Talmitte hinein, den die Straße in großem Bogen umrundet: Er gibt dem Weiler **Sonnenburg** Raum, der mit der malerischen Gebäudegruppe des Ansitzes Glurnhör, der romanischen Spitalkirche und den Ruinen des bald tausend Jahre alten *Klosters* zwischen behäbigen Bauernhöfen hingebettet auf blumigen Wiesen unter alten Bäumen liegt. Die bedeutenden prähistorischen Funde dieses Ortes lassen vermuten, daß der freundliche Hügel hinter seinem Felsabsturz zum Talgrund schon immer als Siedlungsgebiet sehr einladend gewirkt hat; seine strategische Nutzbarkeit als Talsperre hat auf seinem äußersten Punkt bereits vor der Jahrtausendwende eine Befestigung entstehen lassen, die als ›Suanapurc‹ im Besitz der alten Pustertaler Grafen genannt wird. Aus diesem Geschlecht erbte ein Volkhold den Sonnenburger Hügel zusammen mit ausgedehnten Ländereien. Er verwandelte gegen 1020 seine Suanapurc in ein Benediktinerinnen-Stift, schenkte diesem seine gesamten Besitzungen und zog sich als Einsiedler zurück. Die reiche Ausstattung des Klosters mit Grundbesitz und Privilegien garantierte den Nonnen eine weitgehende Eigenständigkeit in der Verwaltung ihrer Güter und der Gestaltung ihres klösterlichen Lebens, woraufhin ihnen bald der Vorwurf allzu großer Weltzugewandtheit nicht erspart blieb. Solche Verhältnisse waren dem 1450 zum Brixner Bischof berufenen Kardinal Nikolaus Cusanus ein besonderer Dorn im Auge, weil es ihm auf die Wiederherstellung der Zentralgewalt der Bischöfe ankam. Aufgrund ihrer gewohnten Selbständigkeit dachten die Sonnenburger Nonnen unter ihrer Äbtissin Verena von Stuben aber nicht daran, sich vom Kardinal eine strengere Klausur vorschreiben zu lassen, und wandten sich an den Herzog Sigmund von Tirol um Hilfe, die dieser ihnen gegen den verhaßten Cusanus nur zu gern zusagte. Als sich das Kloster am 21. Juni 1452 auch noch formal der Schirmvogtei des Landesfürsten unterstellte, war aus dem Streit schlagartig ein prinzipieller Konflikt zwischen kirchlicher und weltlicher Gewalt geworden, da Cusanus als Brixner Bischof die Tiroler Herzöge nur als Lehnsmänner des Bistums betrachten wollte, wie dies im 11. und 12. Jahrhundert faktisch der Fall gewesen war und de jure immer noch galt. Da sich solche Rechtsauffassung gegen die landesfürstliche Gewalt richtete, nahm die Auseinandersetzung immer schärfere Formen an: Äbtissin und Nonnen, die sich an Herzog Sigmund gewandt hatten, traf der Bannfluch des Kardinals, auch setzte Cusanus in Bruneck eine Verweserin ein; an sie sollten von nun an die Klostereinkünfte abgeliefert werden. Gegen diese Aushungerungstaktik warben die Sonnenburger eine kleine Söldnertruppe an, vor allem um den Transport des von den Bauern eingetriebenen Zinses zum Kloster sicherzustellen. Daraufhin kam es zur berühmt-berüchtigten ›Enneberger Schlacht‹, in der die Söldner des Klosters und die zinswilligen Bauern vom bischöflichen Hauptmann Gabriel Prack zu Asch überfallen und bis auf einen niedergemacht wurden – heißer als die Schlacht tobt noch heute unter Tiroler Theologen und Historikern der Streit um den haarfeinen Unterschied, ob der Kardinal die Schlächterei befohlen oder nur nachträglich gebilligt habe. Verena von Stuben verließ fluchtartig Sonnenburg, doch kehrte sie bald darauf zurück, als Truppen des Herzog Sigmund das Kloster besetzten. Nun war die Angelegenheit endgültig ein schwerwiegendes Politikum, und 1459 versuchte Papst Pius II. auf dem Kongreß von Mantua eine Schlichtung herbeizuführen. Herzog Sigmund hatte inzwischen die streitbare Äbtissin Verena zur Abdankung überredet und trat als friedliebender Landesvater dem Cusanus gegenüber, welchem der Ruch des Enneberger Gemetzels anhaftete. Als der

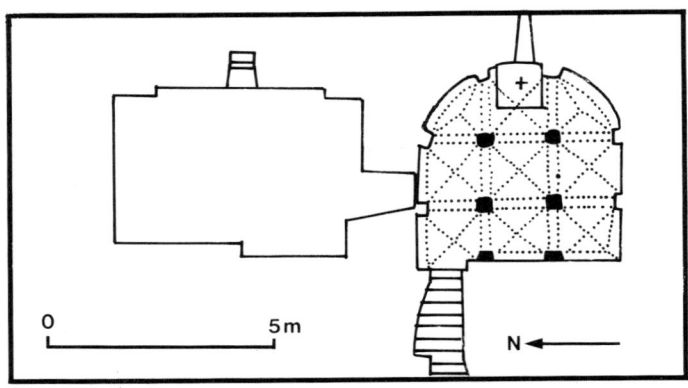

*Kloster Sonnenburg.
Krypta, Grundriß*

Kardinal seinen Standpunkt mit dem Argument verteidigte, eigentlich der Lehnsherr des Herzogs zu sein und mit der Vergabe Tirols an einen Wittelsbacher drohte, vergaß der Landesfürst alle Friedfertigkeit. Der Kardinal hatte übersehen, daß bei Machtfragen die Gewalt entscheidet, und die besaß nicht er: Am 16. April 1460 stand Herzog Sigmund mit einer kleinen Armee vor Bruneck, überrannte die Stadt und zwang die bischöfliche Burg durch starkes Geschützfeuer zur Übergabe; der gefangene Kardinal mußte alle Forderungen des Herzogs unterschreiben. Nun allerdings trafen den Tiroler Bannstrahl und Fluch aus Rom und erst vier Jahre später, nach dem Tod des Kardinals, gelang es dem Kaiser in Wien, die unruhigen Zeiten in seinem wichtigen Gebirgsland endgültig durch seine Vermittlung zu beenden.

Von dem stattlichen Kloster, wie es noch auf dem Bild von Renzler um 1800 mit Ringmauern, Wirtschaftsgebäuden und großer Stiftskirche erscheint, ist heute nur mehr wenig übrig (Abb. 25), da die Baulichkeiten nach dem Säkularisationsedikt des Kaisers Joseph II. (1785) rasch verfielen. Allein der ehemalige Wohntrakt der Äbtissin wurde kurz vor dem endgültigen Ruin durch eine gekonnte Umwandlung in ein Schloßhotel gerettet. Die historischen Räumlichkeiten – das schöne Refektorium mit dem zarten Netzgratgewölbe, Räume mit geschnitzten Kassettendecken, gewölbte Gänge, ein hölzernes Brunnenhaus – werden auf einer Führung ebenso gezeigt wie die größte Sehenswürdigkeit des Klosters: Als man 1975 bei Ausgrabungen in den Ruinen der uralten Stiftskirche unter dem Schutt auf Stufen stieß, die abwärts in einen bis dahin unbekannten Raum führten, deutete sich eine archäologische Sensation an; tatsächlich fand man unter der großen Hauptapside eine verschüttete Krypta (Abb. 26). Sie gehört zu den ältesten Tirols und muß kurz nach der Klostergründung um 1020 entstanden sein. Ein Durchgang führt von der Krypta in einen weiteren unterirdischen Raum, dessen Funktion unbekannt ist und in dem eine kleine Ausstellung wichtiger Grabungsfunde untergebracht wurde.

Bei den Restaurierungsarbeiten in der dreischiffigen Krypta mit ihren Gratgewölben auf vier Granitsäulen entdeckte man eine fast tausend Jahre alte Majuskelinschrift an der

Westwand; sie steht offenbar in Zusammenhang mit einer als Aufbewahrungsort für Reliquien dienenden Mauernische. Weitere Freskofragmente (imitierte Vorhänge an den Sockelzonen, Ornamente in den Fensterlaibungen und eine Maria lactans) weisen auf eine Ausmalung der Krypta um 1200, die in der romanisch-byzantinischen Manier der Maler von Aquileia ausgeführt wurde, jedenfalls zeigen die Fresken in der Krypta des Domes von Aquileia überzeugende Parallelen zu den Bilderresten in Sonnenburg. An der Ostwand des Wohntraktes hat sich von der gotischen Ausstattung der Kirche das Fresko eines Marientodes erhalten, das dem Meister Hans von Bruneck (um 1410) zugeschrieben wird. Die Führungen finden täglich um 11 und 16 Uhr statt.

Unterhalb der Ringmauer des Klosters liegt zwischen den Bauernhäusern die auf einen Felsen gebaute Kirche *St. Johann im Spital*. Mit ihrer großen Rundapsis und der Freitreppe an der Südwand ein markanter Bau (Abb. 27), dürfte sie im Zuge zahlreicher Spitalsgründungen für Kreuzfahrer und Pilger bereits im 12. Jahrhundert entstanden sein. Wenig später ist das monumentale Kruzifix zu datieren, das den flachgedeckten Innenraum der kleinen Kirche beherrscht. Die über zwei Meter hohe Figur war früher Mittelpunkt einer Kreuzigungsgruppe in der Sonnenburger Stiftskirche und wurde nach deren Säkularisierung in die Spitalkirche gebracht; die beiden hervorragenden Assistenzfiguren stehen heute im Schnütgen-Museum in Köln. Hätte es nicht eine barocke ›Überarbeitung‹ des Kruzifixes gegeben, müßte es zu den bedeutendsten romanischen Holzskulpturen Tirols gerechnet werden. Zur Besichtigung läute man an der Tür links neben der Freitreppe.

Nicht weit hinter dem Sonnenburger Felsen überquert eine abzweigende Straße die Rienz; diese Straße führt ins ladinische Gadertal und weiter in die wildeste Dolomitenlandschaft. Bevor man ihr folgt, nehme man gleich hinter der Rienzbrücke die Abzweigung nach **St. Lorenzen** mit seinen schönen alten Häusern (16.–18. Jahrhundert) und der großräumigen Pfarrkirche. Der Ort entstand in der Nachfolge der römischen Straßenstation Sebatum (Grundmauern neben der Talstraße am anderen Rienzufer) und spielte als frühes Missionszentrum in der Christianisierung des Pustertales eine wichtige Rolle. Der von schönen Fassaden gesäumte Hauptplatz wird geprägt von der massigen Front der doppeltürmigen *Pfarrkirche,* deren älteste Teile (Nordturm und westliches Mittelschiff) an das Ende des 13. Jahrhunderts zurückreichen, der Rest entstand in verschiedenen Bauphasen bis 1500. Die Berühmtheit der Kirche ist die am Hochaltar aufgestellte ›Traubenmadonna‹, eine thronende Maria mit Kind, das auf ihrem Schoß sitzend große blaue Weintrauben in den Händen hält. Die elegische Schönheit dieser Skulptur, die den spätgotischen scharfbrüchigen Faltenwurf des Gewandes mit großer Anmut der Haltung und des Gesichts in Einklang bringt, trägt unverkennbar die Handschrift des unübertroffenen Michael Pacher (s. S. 46 und S. 181). Leider ist die Madonna nur der letzte am Ort verbliebene Rest eines großen, vom Brunecker Meister 1462 für die Kirche angefertigten Flügelaltars. Dieser Altar ist somit eines der frühesten Werke Pachers, der mehr noch als an der Madonna an den großartigen Flügelgemälden seine Meisterschaft bewies; sechs der acht Gemälde haben den Abriß des Altars zur Barockzeit überstanden und befinden sich nun in Wien und München. Neben mehreren Altarblättern im Barockstil und einem großen Taufstein beachte man im

Mittelschiff der Kirche ein spätgotisches Kruzifix mit einer Mater Dolorosa sowie eine prächtige Kanzel (1692). Keinesfalls versäumen dürfen Sie einen Blick in die nördlich angebaute *Egerer-Kapelle*. Sie befindet sich mit der Kirche unter einem Dach und man betritt sie durch die Türe links vom Hauptportal. Der kleine Raum enthält zahlreiche lebensgroße Skulpturen, die in mehreren Gruppen verschiedene Szenen aus der Passion Christi darstellen. Entsetzt sieht sich der kunstliebende Betrachter geschundenen Körpern und prügelnden Kriegsknechten gegenüber, die in ihrem grausigen Naturalismus 1714 von Jörg Stieger geschaffen wurden. Der gleichen Zeit (und dem gleichen Geist) entstammt der Altar mit der Allegorie des Todes; vor dem Gerippe mit Sense und Sanduhr winden sich vier verdammte Seelen im Fegefeuer aus geschnitzten Flammen. Die Gewölbemalereien der Egerer-Kapelle sind mittelmäßige Werke der Zeit um 1715, bedeutender, wenngleich arg verblaßt, sind die Fresken an der Ostwand (Kreuzigung, Gregoriusmesse) mit allen Merkmalen der späten Pacher-Schule, die stilistisch wohl auf Friedrich Pacher weisen (s. S. 46). Man beachte an der Außenwand der Kirche den Grabstein des Jörg Aichhorn (1452), dessen Wappentier dort sorgsam in Stein gehauen zu sehen ist. Kirche und Egerer-Kapelle sind stets geöffnet.

In der Nähe von St. Lorenzen sollten Sie noch der Michelsburg und der Kirche *St. Martin* einen Besuch abstatten, in letzterer findet sich ebenfalls eine der seltenen Darstellungen der Gregoriusmesse. Dazu verlassen Sie St. Lorenzen auf der schmalen Straße gegenüber dem Hauptplatz, überqueren eine Bahnlinie und sehen bald einige Meter rechts neben der Straße den schmucklosen Bau der kleinen St. Martins-Kirche. Der fast völlig verwahrloste Innenraum besitzt außer den bemalten, als Gesichter gestalteten Konsolsteinen der Gewölberippen mit dem großen Fresko der Gregoriusmesse ein vorzügliches Kunstwerk. Das Bild stellt die Legende dar, in der Christus mit seinen Wunden als Gekreuzigter dem Papst Gregor während einer Messe zur Feier der Eucharistie erscheint. Ort des Geschehens ist demnach das Innere einer Kirche, wie es die Pacher-Schule mit ihrer Beherrschung der perspektivischen Architekturhintergründe meisterhaft zu gestalten wuße: Auch hier ist das Ereignis in den Rahmen eines großen Kirchenraumes mit zahlreichen architektonischen Details gestellt. Das Fresko (1493) ist wahrscheinlich eine Arbeit des Friedrich Pacher, und zwar eine seiner besten, wie man auch an den plastisch gut durchgearbeiteten Gesichtern der Personen erkennen kann. Daneben ist eine ältere Darstellung des hl. Martin mit geistlichem Stifter zu sehen, wahrscheinlich von Hans von Bruneck um 1399. Die barocken Malereien (Schöpfungsgeschichte, 1726) sind kaum noch erkennbar. Den Schlüssel zur Kirche erhalten Sie im alten Ansitz hinter dem Chor.

Ein wenig weiter rückt die markante Silhouette der *Michelsburg* ins Blickfeld. Die hochaufragende massive Kernanlage wurde im 16. Jahrhundert mit einer den ganzen Hügel umfassenden Vorburg nebst Toren und Geschützrondellen umgeben. Vor einigen Jahren wurde begonnen, die Ruine zu einem Schloßhotel auszubauen, doch sind die Arbeiten nach kurzer Zeit zum Erliegen gekommen. Ein Besuch der Michelsburg ist wegen ihrer eindrucksvollen Anlage ebenso empfehlenswert wie wegen der vielgerühmten Aussicht;

man beachte zu Füßen des Burghügels die schönen alten Bauernhäuser des Weilers Moos, durch den der Weg hinaufführt. Die Burg ist in der Regel zugänglich.

Wenige Gegenden Südtirols können es mit dem Reiz der vielfältigen Landschaft des Gadertales aufnehmen: Nach einer acht Kilometer langen Mündungsschlucht öffnet sich das freundliche Enneberg, wildromantische Seitentäler und Straßen auf luftige Almen zweigen ab, bevor sich das Tal bei Pedratsches zu einem großen Becken weitet, dessen sanfte Wiesenhänge von bizarren Dolomitenwänden überragt werden. Mit zwei der schönsten Rokokokirchen Südtirols und einem Flügelaltar sind auch dem Kunstreisenden einige Stationen zu empfehlen, deren erste sich kurz nach einer Straßengabelung bei Zwischenwasser in **St. Vigil in Enneberg** findet. Die *Pfarrkirche* mit ihrer bemalten Fassade und den schwungvollen Giebeln entstand 1782 als einheitliches Werk des Rokoko; die Mauern des ladinischen Baumeisters Giuseppe da Costa – er hatte auch die Pfarrkirche von Cortina d'Ampezzo errichtet – überzog der vielbeschäftigte Franz Singer aus Götzens mit formenreichen Stukkaturen. Sie fanden ihre Krönung in den phantastischen Fresken der Flachkuppeln, die Matthäus Günther mit allen Finessen seines reifen Stils ausführte (Abb. 32). In Farbgebung und Komposition erreichen die Bilder so perfekte illusionistische Effekte, daß der Betrachter sich mitten im Geschehen wähnt. Richtet er den Blick nach oben, scheinen ihm die Steine zu gelten, mit denen der hl. Vigilius erschlagen wird, über eine Schlange stürzt ein Engel schreiende Menschen, Satyrn und Riesenkatzen aus dem Bild in den Kirchenraum, wobei sich ein Fallender am gemalten Kuppelrand festhält; im Hintergrund der Szene weitet sich die illusionistische Tiefe der Scheinarchitekturen in ungeheure Räume. Man beachte an den Kirchenwänden die 14 gemalten Kreuzwegstationen von Karl Henrici (1783).

Von St. Vigil führt die Straße weiter durch das Rautal auf die von Dolomitengipfeln umgebene, sagenumwobene Almenhochfläche der Fanes-Alpe. Zurück auf der Hauptstraße durch das Gadertal erreicht man bald den kleinen Ort **Piccolein,** bei dem das Tal von Campill mündet. Dort liegt auf einem Wiesenhang oberhalb der Straße die guterhaltene *Burg Thurn,* die den seltenen Anblick von Türmen und Rondellen vor einer Hochgebirgskulisse bietet (Privatbesitz). Im zugehörigen Ort St. Martin gabelt sich die schmale Seitenstraße und führt nach Campill und Untermoi, beides unberührte Orte ladinischer Bergbauern in einsamer, eindrucksvoller Landschaft.

Einige Kilometer weiter zweigt in Pederoa eine Straße ab hinauf nach **Wengen.** Das hoch gelegene kleine Dorf ist uralt und sein Erscheinungsbild ist geprägt von großen mittelalterlichen Ansitzen, die in seltsamem Kontrast zur wilden Bergkulisse des Ortes stehen. Die oberhalb des Dorfes gelegene alte Pfarrkirche hat man dem Verfall überlassen; daneben liegt die kleine *Barbara-Kapelle,* an deren Nordwand außen ein vorzügliches Kreuzigungsfresko aus der Pacher-Schule zu sehen ist (Ende des 15. Jahrhunderts). Die neue Pfarrkirche im Ortskern ist ein neoromanischer Bau der Jahre 1868–74, in dem sich leider ein Maler der nazarenischen Richtung umgetan hat.

In Pedratsches führt eine Brücke über den Gaderbach hinüber zu den verstreuten Höfen von **St. Leonhard,** zwischen denen die *gleichnamige Kirche* steht. Sie ist fast eine

Zweitausgabe von St. Vigil in Enneberg, einige Jahre früher entstanden und ebenfalls von Franz Singer aus Götzens mit prächtigen Stukkaturen und von Matthäus Günther aus Augsburg mit eleganten Fresken geschmückt. Der weiträumige Kirchenraum wird beherrscht von der pathetisch aufgebauten Bildszenerie der Flachkuppel; dort öffnen sich im Gemälde der ›Glorie des hl. Jakobus‹ die schwindelerregenden Scheinarchitekturen in großem Rund zum Himmel, wo ein von Engeln umschwebter Reiter mit wehender Fahne zwischen den Wolken erscheint. Auch diese Kirche besitzt 14 Kreuzwegbilder von Karl Henrici.

Hoch über St. Leonhard erhebt sich auf den letzten Wiesen unter den senkrechten Wänden des Heiligkreuzkofels in landschaftlich einzigartiger Lage die alte *Wallfahrtskirche zum Hl. Kreuz*, von der man einen weiten Dolomitenblick bis zur Marmolada genießen kann. Wem der Fußweg hinauf (2043 m) zu beschwerlich ist, benutze den Gondellift.

In Stern (ladinisch: La Villa) gabelt sich das Tal und heißt in seinem rechten Zweig nunmehr Abteital, so genannt wegen der dortigen Besitzungen des Klosters Sonnenburg bei St. Lorenzen. Den linken Arm bildet das einsame Kassian- oder Armentarola-Tal, durch das die Straße über den Passo di Valparola zum Passo di Falzarego führt, wo sie auf die Straße nach Cortina d'Ampezzo stößt – eine der eindrucksvollsten Dolomitenfahrten. Der Talschluß des Abteitales wird beherrscht von der massigen Sella-Gruppe (Abb. 22) und dem hochaufragenden Sass Songher, doch hat die Landschaft unter der stillosen Ausdehnung der beiden prosperierenden Wintersportorte Colfuschg und Corvara arg gelitten. In der kleinen alten *St. Katharina-Kapelle* in **Corvara** (an der neuen Pfarrkirche vorbei die Straße ein Stück bergauf) steht der einzige Flügelaltar des Tales. Er ist ein Werk der spätesten Gotik von Ruprecht Potsch und Michael Parth um 1530, an dem das Gemälde der Flügelaußenseiten erheblich sehenswerter ist als die vertrockneten Figuren im Schrein: Beide Flügelhälften zusammen ergeben ein großes Bild der Enthauptung der hl. Katharina vor einer typischen, weiträumigen Landschaft der Donauschule mit phantastischen Felsformationen, Städten und Gebirgen. Man beachte über dem Haupt der hl. Katharina die dramatische Szene des ›Feuerregens‹. In ihr zerstört ein aus den Wolken brechender Feuerstrahl die Marterwerkzeuge und wirft Richter und Henkersknechte zu Boden.

Von Corvara führen über das Grödner Joch und den Passo di Compolungo zwei klassische Panoramastraßen weiter in die Dolomiten.

Im Pustertal ist es von St. Lorenzen nur noch ein kurzes Stück bis zu den Stadttoren von **Bruneck.** Die Stadt wurde 1251 vom Brixner Bischof Bruno im Zeichen der schwindenden Macht des Bistums unter strategischen Gesichtspunkten gegründet und bestand aus einer zwischen Burgberg und Rienzufer eingezwängten Häuserzeile, die, von starken Mauern und Türmen umgeben, zusammen mit der Burg ein geschlossenes Befestigungssystem bildete. Diese Anlage der Altstadt ist bis heute nahezu unverändert, wenn sie auch ein spätmittelalterliches Erscheinungsbild trägt. So zieht noch immer die alte Stadtgasse von Tor zu Tor, reichen die (zum Teil verbauten) Mauern den Burgberg hinauf. Vor dem östlichen Tor hatte sich schon im Mittelalter um die Pfarrkirche der kleine Stadtteil Oberragen

*Bruneck, Kolorierter Stahlstich von W. Knocke, nach einer Vorlage von F. Würthle, um 1855*

gebildet, der sich mit wenigen Gassen zur Rienz hinunterzieht und jenseits der Spitalbrücke
Außerragen heißt. Damit ist das alte Bruneck auch schon erfaßt, ein kleines gemütliches
Städtchen, das sich bei allem Tourismus sein mittelalterliches Bild in charakteristischer
Weise bewahrt hat. Diese angenehme Atmosphäre der Stadt ist auch ihre hauptsächliche
Attraktion, denn obwohl bedeutende Künstler wie Michael Pacher ihre Werkstätten
innerhalb der Stadtmauern betrieben und die zugehörige Burg jahrhundertelang Sommersitz
der Brixner Bischöfe war, finden sich in Bruneck in künstlerischer Hinsicht zwar mehrere
interessante Stücke, aber kein bedeutendes Werk – mit Ausnahme der Flügelreliefs in der
Ursulinenkirche.

Einen Rundgang durch die Stadt beginnt man am besten am zentral gelegenen Florianitor
in der Mitte der zur Durchgangsstraße weisenden Stadtmauerfront. Unmittelbar nach
Durchschreiten des Tors kreuzt man die an der Mauerinnenseite hinlaufende verwinkelte
Hintergasse und erreicht nach wenigen Schritten die beidseitig von mittelalterlichen
Häusern gesäumte Stadtgasse. Wendet man sich nach rechts, gelangt man bald zum
(westlichen) *Ursulinentor,* das an seiner Außenseite Fresken des Hans von Bruneck trägt
(Kreuzigungsgruppe, Christophorus, Wappen). Außerhalb des Tores führt eine Treppe
zum gotischen Spitzbogenportal der *Ursulinenkirche,* in der sich mit den großen Reliefs vom
ehemaligen Flügelaltar der Kirche vier vorzügliche Werke der frühesten Altarschnitzkunst
des Landes erhalten haben, die noch starke Anklänge an den von Kärnten und der Steiermark

hierher ausstrahlenden ›Weichen Stil‹ der böhmischen Hofkunst zeigen. Das Hauptwerk dieses die lokale Kunst nachhaltig beeinflußenden Stils war der (inzwischen zerstörte) große Flügelaltar des Hans von Judenburg in der Bozner Pfarrkirche, der (erhaltene) Altar im nahegelegenen St. Sigmund (s. S. 95 f.) steht noch in der unmittelbaren Nachfolge dieser Stilrichtung. Aus der Werkstatt des ›Meisters von St. Sigmund‹ stammen offenbar die wenig später (um 1430–40) entstandenen Reliefs der Ursulinenkirche (Heimsuchung, Opferung, Anbetung der Könige, Tod Mariens); sie wurden nach dem Abbau des gotischen Flügelaltars auf mehrere andere Altäre verteilt, sind jetzt aber an der Nordwand angebracht. Dort kann man sie auch von weitem gut sehen, da die Kirche zwar stets geöffnet, doch der Innenraum mit einem Gitter verschlossen ist.

Zurück in der Stadtgasse mit ihren Erkern, Wappensteinen, Portalen und Zinnengiebeln, vorbei am Wohnhaus des Michael Pacher (Nr. 29 mit Inschrift) zum (östlichen) *Oberragener Tor* mit einem 1389 entstandenen Außenfresko einer Kreuzigungsgruppe, gelangt man in den **Ortsteil Oberragen.** Auch hier schöne alte Häuserzeilen, dann eine Mariensäule von 1716, der Ansitz Sternbach und – die *Pfarrkirche,* die man nicht unkommentiert lassen kann. Nach mehreren Umbauten präsentiert sie sich heute im Gewande der Neoromanik; 1860–66 versuchte Josef Mader, den Geist der Zeit zu treffen, und ließ dem Innenraum eine großangelegte Ausmalung angedeihen. Es entstand eine üppige Zusammenschau aller architektonischen und ornamentalen Ausschmückungen, welche entfernte Assoziationen an die Kunst der Romanik – oder was man im 19. Jahrhundert dafür halten wollte – erwecken; gekrönt wird das Ganze durch die Deckenfresken. Sie zeigen einen Marienzyklus und stellen – im trockenen Stil der nazarenischen Richtung gemalt – einen unüberbrückbaren Gegensatz zum wildwuchernden ornamentalen Dekor dar. In seltener Einmütigkeit machen es sich die Südtiroler Kunsthistoriker schwer, ein Urteil über dieses Werk zu fällen: Der in Geschmacksfragen so strenge Weingartner nennt die Ausstattung der Kirche »ein würdigernstes Hauptwerk der tirolischen Romantik«, womit er nichts über die künstlerische Qualität der Sache gesagt haben will; Frei enthält sich der eigenen Stimme und zitiert Weingartner, während Karl Gruber eine besondere Leistung kunsthistorischer Analyse vollbringt, indem er die Bewunderung der Kirche als qualitätvolles Kunstwerk in die Zukunft verlegt: »So wird die aus einem Guß gestaltete Dekoration der Brunecker Pfarrkirche ... einmal als glänzendes Beispiel dieses zu Unrecht oft geschmähten vergangenen Jahrhunderts gelten« – wobei man hinzufügen muß, daß das vergangene Jahrhundert gottlob noch andere Kunstrichtungen hervorgebracht hat als jene, denen man die verdächtige Vorsilbe ›neo‹ zuerkannte. Man beachte in der Pfarrkirche eine Pietà aus Steinguß (um 1400) und einen großen Kruzifixus, der in der realistischen Modellierung des Körpers ein meisterhaftes Schnitzwerk aus der Pacher-Schule darstellt (um 1500).

Die Mühlgasse führt vom Kirchplatz zur Rienz hinunter. An ihrem Ende befindet sich das *Müller-Haus* mit großem Fassadenfresko, das eine allegorische Kreuzigung vor einem typischen Landschaftshintergrund im Stil der Donauschule zeigt (um 1530). Von hier ist es über die Spitalbrücke nicht weit zum **Ortsteil Außerragen,** wo die *Spitalkirche* steht, ein

1750 barockisierter Bau mit schlichten Stukkaturen um mittelmäßige Fresken. Auf dem Rückweg zur Altstadt versäume man keinesfalls einen Blick in den alten Gasthof ›Lamm‹. Gehen Sie in die getäfelte alte Gaststube im 1. Stock, bestellen Sie ein Glas Wein und fragen Sie nach den Bildern von Franz Defregger und Albin Egger-Lienz. Man wird Ihnen eine kleine, mit Eisenbeschlägen verzierte Tür weisen, hinter der sich ein Juwel Südtiroler Wirtshauskultur dem Auge öffnet: Ein kleiner Raum mit Butzenscheiben und von schöner Schnitzerei verziertem dunklem Getäfel, die Wände bedeckt mit Original-Gemälden, Bleistiftzeichnungen und Radierungen des Historienmalers Defregger und seines Zeitgenossen Egger-Lienz. Natürlich ist die Gaststube noch in Betrieb, und Sie können Ihren Wein auch dort trinken. Bleibt als letzter Weg in Bruneck der hinauf zur *Burg*. Er beginnt außen am Oberragener Tor und führt den bewaldeten Schloßberg hinauf, vorbei an der Rainkirche, deren Zwiebelhaube die Dächer der Stadt überragt. Die Innenräume der Burg sind nicht zu besichtigen, doch lohnen die guterhaltenen mittelalterlichen Befestigungsanlagen und der von schönen dekorativen Fresken geschmückte Innenhof den Weg hinauf.

Bevor man in Bruneck den direkten Weg in das Tauferer Tal und das Ahrntal antritt, sollte man den kleinen Umweg über Dietenheim und Aufhofen wählen.

**Dietenheim,** eine frühe bajuwarische Gründung, bietet den seltenen Anblick eines Dorfes, das fast nur aus alten Edelsitzen mit spätmittelalterlichen Fassaden besteht (Getreuenstein, Mair am Hof, Morberg, Sonnegg). Die gotische *Pfarrkirche* besitzt ein schönes Portal unter einer Vorhalle; in der Seitenkapelle über der Altarmensa ist das Fresko einer Gregoriusmesse (s. S. 100) und einer Befreiung des Kaisers Trajan aus der Hölle zu sehen (1506), beides überzeugende Werke des Simon von Taisten, eines späten Nachzüglers der Pacher-Schule, vermutlich ein Mitarbeiter des Friedrich Pacher. Erst kürzlich wurde im Chor ein Fresko mit der Anbetung der Könige aufgedeckt, ein vorzügliches Bild, in dem die Könige von einem großen Heer begleitet werden. Wahrscheinlich stammt es von dem bedeutenden Meister Hans von Bruneck (s. S. 28); ihm wird auch das verblichene Ölberg-Fresko an der nördlichen Außenwand zugeschrieben. Beim Ansitz »Mair am Hof« befindet sich das Südtiroler *Landesmuseum für Volkskunde,* ein Freilichtmuseum, das in originalen Wohn- und Wirtschaftsgebäuden die traditionelle Lebensweise der Südtiroler Bergbauern dokumentiert. (Öffnungszeiten: Ostern – 31. Oktober Di–Sa 9.30–17 Uhr, So 13–18 Uhr, Mo geschlossen; 1. November – Ostern geschlossen.) Ein empfehlenswerter Spaziergang von Dietenheim führt auf 1250 m hinauf zum Berggasthof von Ameten (etwa anderthalb Stunden) in aussichtsreicher Lage.

Nur wenige Minuten sind es nach **Aufhofen,** das ebenso wie Dietenheim mehrere, an den Wiesenhang gebaute Ansitze aufweist. Sehenswert ist der ummauerte *Kirchhof* am Waldrand mit den prachtvollen alten Grabsteinen und dem riesigen Marmorepitaph über dem Kirchenportal. Unter fast lebensgroßen Reliefs und Freiskulpturen, von Säulen getragenen gotischen Bögen und musizierenden Engeln hat sich auch der Künstler selbst verewigt: »Silvester Huber hat durch Gots Hilf dise Dafel gemat.« Man beachte die Fresken an der südlichen Außenwand: Die Maria zwischen den zwei Heiligen datiert aus dem 15. Jahrhundert.

In **St. Georgen** erreicht man die große Straße ins Tauferer Tal; auch hier ist die *Pfarrkirche* einen Blick wert: Außen sind neben einem verblichenen Christophorus eine Kreuzigungsgruppe mit den Heiligen Georg und Katharina zu sehen, die ebenfalls dem Hans von Bruneck zugeschrieben werden (um 1420). Innen an der linken Langhauswand über dem Kanzelgang und im Chor befinden sich Freskenfragmente aus der Mitte des 15. Jahrhunderts.

Die Straße nach Sand in Taufers führt nun weiter nach Gais, wo man nach Verlassen des großen Brunecker Talkessels den Eindruck gewinnt, sich in einem weiträumigen Tal zu befinden. Das Tauferer Tal behält diesen Charakter bis zu der Felsenbarriere, auf der die berühmte Burg über Sand in Taufers liegt, dahinter beginnt das Ahrntal. Es erstreckt sich viele Kilometer lang parallel zum vergletscherten Hauptkamm der Zillertaler Alpen und wird durch dieses gewaltige Massiv wie durch eine riesenhafte Wand begrenzt. Das schon prähistorisch besiedelte und bereits 985 urkundlich genannte **Gais** kam 1014 durch eine Schenkung Kaiser Heinrichs II. an das Bistum Bamberg, das hier einen großen romanischen Kirchenbau, die heutige *Pfarrkirche,* errichten ließ. Diese auffallende Kirche ist nach der Stiftskirche von Innichen das bedeutendste Bauwerk dieser Epoche im Pustertal (um 1200) und existiert in seinen Grundzügen noch heute. Das basilikale Langhaus, von weitgespannten romanischen Bögen in drei Schiffe geteilt und im Osten in drei Apsiden mündend, hat leider mehrere Verschönerungen über sich ergehen lassen müssen, so eine Ausmalung von Joseph Renzler im Jahre 1804 und eine neoromanische Restaurierung von 1906–11. Während sie wenig vom ursprünglichen Eindruck des Bauwerks übriggelassen haben, präsentiert sich dagegen die gotische *Friedhofskapelle* (um 1500) mit originellen Fresken aus der Erbauungszeit relativ stilrein. Sie zeigt unter anderem ein Jüngstes Gericht mit ausdrucksvollen Gesichtern von Erlösten und Verdammten, um die sich Engel und Teufel streiten, eine beigegebene volkstümliche Anleitung zum gottesfürchtigen Lebenswandel zwecks Vermeidung der höllischen Verdammnis lohnt die Mühe des Lesens.

Empfehlenswert ist von der Hauptstraße aus ein Spaziergang zur Burgschänke der am linken Talhang etwas weiter nördlich gelegenen Burg Neuhaus. Nicht weit danach erreicht die Straße **Uttenheim.** Der schon mit der bajuwarischen Einwanderung besiedelte Ort (970 urkundlich als ›Uotinhumi‹ genannt) besitzt auf einem schwindelerregenden Felsen, der hoch über dem Dorf aus dem Wald schaut, die Ruine einer Burg aus der Zeit um 1150; in der Apsis der *Burgkapelle St. Valentin* kamen kürzlich romanische Fresken zutage, weshalb sich der ein wenig steile Aufstieg auf jeden Fall lohnt (Abb. 28). Man beachte in Uttenheim die schöne *Pfarrkirche St. Margareth,* 1774 als Barockbau anstelle einer romanischen Vorgängerin errichtet und von Franz Anton Zeiller mit eleganten Fresken des Rokoko ausgeschmückt.

Nach Uttenheim erreicht die Straße den Ort Mühlen, wo das Mühlwalder Tal mündet. Es empfiehlt sich eine Fahrt nach Lappach (günstiger Ausgangspunkt für Wanderungen zu mehreren Berghütten) und weiter an das Talende zum Nevesstausee. Er wird von einer großartigen Hochgebirgskulisse gerahmt, aus der das markante Profil des Hohen Weißzint herausragt.

Von Mühlen führt die Straße in die große Talweitung von **Sand in Taufers,** die beherrscht wird vom gewaltigen Gipfel des Großen Moosnock, vor dessen eisglitzernder Kulisse sich die Türme und Mauern der Burg Taufers abheben: Ein eindrucksvolleres Burgenpanorama wird sich im ganzen Ostalpengebiet schwerlich finden lassen. Bevor man Sand erreicht, steht weit vor dem Ort die *Pfarrkirche Mariä Himmelfahrt* als Mittelpunkt der weitverzweigten Pfarre Taufers. Der großangelegte Bau wurde 1527 unter Valentin Winkler aus Pfalzen fertiggestellt; innerhalb der aus Granitquadern gefügten Mauern besticht ein reichverzweigtes Netzgewölbe mit Schlußsteinen. In der Innenausstattung mischen sich zahlreiche Stilelemente verschiedener Epochen, beachtenswert ist eine schöne barocke Rosenkranzmadonna mit gemalten Medaillons, eine gotische Kanzel aus Granit, die ebenfalls gotische Skulpturengruppe der drei ›Trauernden‹ und der 1908 nach Entwürfen des Wiener Dombaumeisters Josef Schmid errichtete riesige Hochaltar, der in neogotischer Manier den Aufbau eines Flügelaltars nachahmt.

Vorbei am schön gegliederten Renaissancebau des *Ansitzes Neumelans* (1582) gelangt man in das Dorf Sand, von dem kurze Fußwege hinauf zur *Burg Taufers* (Farbabb. 11) führen. Die gewaltige Befestigung, für ihre einzigartige Lage ebenso berühmt wie für ihre prachtvolle spätmittelalterliche Einrichtung (von 64 Räumen sind 24 getäfelt), steht auf einem strategisch bedeutsamen Felsen, welcher das Tauferer Tal vom Ahrntal nahezu vollständig abriegelt, allein der Ahrnbach hat sich in einer früher ungangbaren Schlucht hindurchgegraben. Die Burg wurde gegen 1250 von den Herren von Taufers gegründet, als aber deren Geschlecht schon 1340 ausstarb, diente sie im Besitz der Tiroler Grafen hauptsächlich als wichtiger Gerichtsort. Kurz vor dem Verfall erwarb sie im vorigen Jahrhundert ein Wiener Husarenrittmeister und ließ sie sorgfältig restaurieren.

Man betritt die Burg durch ein kompliziertes System von Toren und Zwingeranlagen (1485), vom Burghof mit der alten Brunnenhalle beginnt der Rundgang durch die Wohntrakte. Ihre Räume reihen sich als Fluchten von getäfelten Sälen aneinander, gefüllt

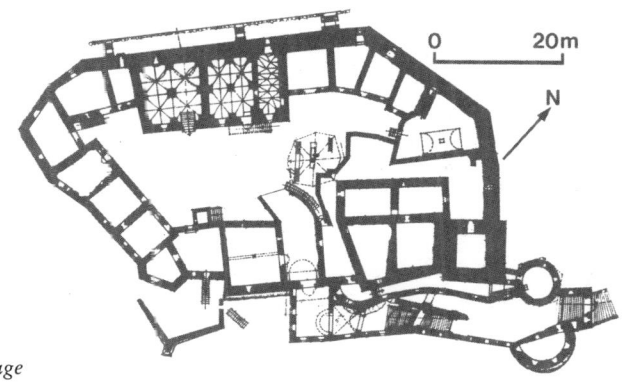

*Burg Taufers,*
*Grundriß der Anlage*

*Burg Taufers, Stich aus dem 19. Jahrhundert*

mit Gemälden, Skulpturen, alten Möbeln, Leuchtern, Waffensammlungen, alles unter prachtvollen Kassettendecken. Prunkstücke der Burg sind der Bibliothekssaal (Farbabb. 18) mit dem großen Kachelofen, der Motive aus den Türkenkriegen zeigt, der Waffensaal, der Gerichtssaal, der Rittersaal mit 26 historischen Portraits (1565) und natürlich das Geisterzimmer, in dem man nächtens die Schloßherrin um ihren am Hochzeitstag gemeuchelten Gatten klagen hört. Das künstlerisch bedeutendste Stück ist die aus dem ältesten Baubestand stammende *Kapelle* mit einem romanischen Kruzifix; Ostwand und Apsis sind mit guten Fresken (1482) bedeckt, von denen Ihnen der Führer natürlich erzählen wird, sie seien vom großen Michael Pacher persönlich. Dafür sind die Bilder nun wieder nicht gut genug, aber seiner Werkstatt dürften sie bestimmt entstammen.

Von Sand in Taufers führt eine Straße ins Reintal, ein klassisches Hochgebirgstal von rauher Schönheit, das sich einsam zwischen den wilden, gletscherbedeckten Gipfeln der Durreck- und der Rieserfernergruppe dahinzieht und noch den ganzen Reiz einer unberührten Gebirgslandschaft besitzt (Farbt. 8). Zum Tauferer Tal hin bildet der Reinbach gewaltige Wasserfälle in einer Schlucht.

Wenn man hinter Sand in Taufers die Klamm zu Füßen des Burgfelsens durchfahren hat, befindet man sich im Ahrntal und damit in einer Landschaftsszenerie, die ihresgleichen sucht: Die aus dem Urgestein der Zentralgneiszone gebildeten Zillertaler Alpen begrenzen das Tal in seiner ganzen Länge mit einer monumentalen Kette von vergletscherten Dreitausendergipfeln. Gleich zu Beginn zweigt in Luttach eine Straße hinauf nach **Weißenbach** ab, einer nahezu unberührten Bergbauernwelt vor dem weiten Rund der Weißen Wand (2717 m). Der verstreute Ort hat seinen Kern bei einem Gasthaus und der gotischen *Pfarrkirche St. Jakob,* in der sich ein schöner Flügelaltar mit drei Skulpturen im Schrein befindet (datiert 1516). Eine Besonderheit ist das Sakramentshäuschen aus weißem Marmor in Form eines gotischen Turms mit Figuren und einem fialengeschmückten Aufsatz. Die Wanderungen von Weißenbach – unter anderem zur Chemnitzer Hütte – führen in die schönsten und einsamsten Landschaften.

Im Ahrntal führt die Straße hinter Luttach weiter nach **St. Johann** mit der gleichnamigen rosafarbenen *Pfarrkirche,* innen wie außen ein angenehmes Beispiel ländlichen Barocks mit drei sehenswerten Altarblättern von Joseph Schöpf. Im Ort Steinhaus war früher der Stapelplatz der in Prettau gegrabenen Kupfererze, woran eine schöne alte Häusergruppe um die Pfarrkirche erinnert. Der heute eingestellte Bergbau war im Mittelalter sehr bedeutend, da das Ahrner Kupfer eine erstklassige Qualität aufwies. Hinter Prettau und Kasern steht nur noch die von Bergknappen gestiftete Hl.-Geist-Kirche, dann verliert sich das Tal in einer wilden und einsamen Bergwelt.

Im Pustertal führt von Bruneck die Straße weiter nach **Percha.** Dort liegt in der Häusergruppe neben der Straße beim alten Gasthaus Engelberger (in einem ehemaligen Ansitz) die Kirche *St. Kassian.* Ein Christophorus-Fresko von Simon von Taisten ziert die Außenwand, innen stehen mittelmäßige neogotische Altäre unter der edlen Architektur eines reichverzweigten Netzgewölbes mit zahlreichen bemalten Schlußsteinen. Es ist neben dem der Kirche Unsere Liebe Frau auf dem Rain in Welsberg das schönste gotische Gewölbe im Tal.

Liebhaber der zahlreichen Christophorus-Gemälde des Simon von Taisten können kurz hinter Percha im links oberhalb der Straße gelegenen **Nasen** ein besonders großes Exemplar dieser Gattung (mit Landschaftshintergrund) an der Südseite der *Jakobskirche* in Augenschein nehmen. Nicht weit danach erreicht die Straße die Talweitung von **Olang,** wo es in der originellen Barockkirche *St. Ägydius* in Mitterolang ein hervorragendes Altarbild des Pacher-Nachfolgers Marx Reichlich zu sehen gibt. An der Straße den Furkelbach entlang zum Kronplatz hinauf steht unweit Oberolang ein *Peststöckl,* mit vier Passionsszenen zwischen aufgemalten Ornamenten einer der schönsten noch erhaltenen Bildstöcke in Südtirol.

Gegenüber Olang mündet das Antholzer Tal, das weit in die Berge hinein bis zu den Hängen von Wildgall (3272 m) und Hochgall (3436 m) in der Riesenfernergruppe führt. Wenn man gleich am Talbeginn auf der größeren Straße an den Dörfern Nieder- und **Oberrasen** vorbeifährt, liegt bald neben der Straße der schöne *Ansitz Heufler* (1580), dessen prächtiges Renaissance-Getäfel im Inneren durch die kürzlich erfolgte Restaurierung gerettet wurde; dabei hat man den Ansitz in ein stilvolles Schloßhotel umgewandelt. Von dort ist auf einem angenehmen Fußweg die romantisch im Wald gelegene Burgruine Neurasen zu erreichen; ein Stück weiter (auf dem Weg Nr. 1) gelangt man in den Litschbachgraben mit einer wilden Szenerie aus bizarren Erdpyramiden. Die Straße durchquert nun die ›Rasner Möser‹, ein großes Hochmoor, Rest eines verlandeten Sees mit seltener Flora, und erreicht **Antholz-Niedertal,** wo es an der Kirche *St. Walburg* ein schönes Christophorus-Fresko aus der Pacher-Werkstatt zu sehen gibt. In Antholz-Mittertal befindet sich im ›Bruggerwirt‹ eine schöne alte Gaststube mit Kachelofen und Wandgetäfel, in das die zwölf Apostel in dunklen Farbtönen gemalt sind. Vor der barocken Pfarrkirche liegt der erneuerte Gasthof ›Weger‹, von dessen altem Vorgängerbau sich noch der ›Wegerkeller‹ erhalten hat, ein hübsches kleines Haus mit einem hölzernen Stiegenaufgang außen, in dem lokalen Überlieferungen zufolge Schnaps ausgeschenkt wurde, wenn der Transport von Wein in das entlegene Tal zu teuer war. Darauf beziehen sich wohl die köstlichen Fresken im Inneren aus dem Jahre 1696 (Abb. 24), in denen es so fromm beginnt und so böse endet: Acht Figuren sind an die Wand gemalt, die jede ihren Spruch für die Zecher bereithält. Als erster spricht der Papst: »Ich absolfiere Alle«, sodann der Fürst: »Ich Regiere Alle«, gefolgt vom Priester »Ich bett für eich Alle«. Nach den geistigen folgen die handwerklichen Berufe, mit dem Soldaten: »Ich Streit für eich Alle« und dem Bauern: »Ich ernähr Alle« ist die Rangordnung allerdings schon auf den unteren Stufen, denn nun spricht der Geldverleiher: »Ich verdörb eich Alle«, und als sicheres Anzeichen kommenden Unheils erscheint eine Frau mit einem Glas in der Hand: »Ich verführ Alle«, woraufhin der Tod als Gerippe mit Eieruhr und Sense das Schlußwort hat: »Ich nim eich hin alle«. Den Schlüssel erhalten Sie im Gasthof ›Weger‹ nebenan.

Ein Stück hinter Antholz-Obertal kommen Sie zu einer weniger bekannten landschaftlichen Attraktion ersten Ranges: dem Antholzer Wildsee vor der beeindruckenden Kulisse des Wildgall (3272 m); weiter führt die Straße hinauf zum Staller Sattel (2025 m) mit einem kleinen Grenzübergang nach Österreich.

Im Pustertal erreicht die Straße als nächsten Ort **Welsberg.** Dies ist der Geburtsort des Paul Troger (1698–1762), nach seinen Lehrjahren in Italien ein gefeierter Barockmaler im süddeutschen und österreichischen Raum. Für die *Pfarrkirche* seines Heimatortes hat er drei schöne Altarbilder gemalt, die noch an Ort und Stelle zu sehen sind; sein Hauptwerk in Südtirol sind die Fresken des Brixner Doms (s. S. 38). Doch selbst diese drei in Welsberg befindlichen (und vom Umfang eher bescheidenen) Werke zeigen die ganze Meisterschaft des Paul Troger. Man beachte am rechten Seitenaltar im Bild der Anbetung die Gestalt des knienden Königs, der dem Jesuskind die Füße küßt; das seitlich geneigte Haupt, die aufgestützte linke Hand, die plastische Farbtönung des Gewandes, die Gesamtkomposition, in der die Hauptpersonen des Bildes wie von flackerndem Licht beleuchtet erscheinen, während der Hintergrund in schemenhaftem Dunkel versinkt: eine verhaltene Dramatik, der jede Aufdringlichkeit fehlt. Die Schwere von Komposition und Farbgebung, wie sie aus dem italienischen Barock herrührt, ist technisch vollendet gestaltet – mit Paul Troger hat das Pustertal nach Michael Pacher ein zweites Mal einen der größten Künstler seiner Epoche hervorgebracht. Hinter der Kirche steht der ehemals berühmte gotische Bildstock, dessen Fresken von der Hand des Michael Pacher bei der katastrophalen Überschwemmung des Jahres 1882 leider weitgehend zerstört und nur leidlich erneuert wurden. Empfehlenswert ist ein Blick in die östlich des Dorfkerns auf einer Anhöhe neben der Straße gelegene Kirche *Unsere Liebe Frau auf dem Rain* mit vergoldeten Barockaltären unter einem sehr eleganten spätgotischen Netzrippengewölbe und ein Besuch der *Burg Welsberg* (Farbabb. 30) auf bewaldetem Felsen über der Schlucht des Pidigbaches.

Vor allem aber führt von Welsberg eine Straße nach **Taisten,** wo mit dem großangelegten Freskenprogramm der Pfarrkirche ein Höhepunkt der Südtiroler Rokokomalerei zu sehen ist. Außerdem besitzt das kleine Bauerndorf in einer zweiten Kirche einen bedeutenden Freskenschatz aus gotischer Zeit und einen der schönsten Bildstöcke im Lande – Taisten ist die Anfahrt wert. An besagtem Bildstock teilt sich die kleine Dorfstraße, blickt man nach links hinauf, steht die Pfarrkirche in leuchtendem Weiß mit bemalter Fassade über dem Dorf, schaut man geradeaus, so verschwinden die altersgrauen Mauern der ins 12. Jahrhundert oder noch weiter zurückreichenden Georgskirche zwischen den großen Bauernhäusern aus dunklem Holz; dreht man sich um, zieht im Süden eine Kette eindrucksvoller Gipfel der Sextener, Ampezzaner und Pragser Dolomiten entlang. Der *Tabernakelbildstock* zeigt unter seinem Spitzdach in vier Bogennischen Passionsszenen, Heilige und Kirchenväter, die der Brixner Schule unter Meister Leonhard (s. S. 39) zuzuschreiben sind. Von Meister Leonhard stammt auch der größte Teil der reichen Freskenausstattung der *Georgskirche,* die durch ihr Patrozinium und die doppelgeschossige Rundbogenapsis auf eine Entstehung in früher romanischer Zeit weist. 1498 erhielt der Bau ein zweijochiges spätgotisches Netzgewölbe, wodurch das obere Geschoß der Apsis heute mit einem Stichkappengewölbe abschließt, während das untere seine Koncha behielt. Außen beherrscht ein riesiger Christophorus des

33 BURG RUNKELSTEIN am Eingang zur Sarner Schlucht

34 BOZEN Obstmarkt          35 BOZEN Laubengasse

36 BOZEN Bürgerhäuser am Rathausplatz mit dem Zwölfmalgreiner Tor

37  BOZEN  Stiftskirche Muri (erbaut 1762–1771) in Bozen-Gries

38  BOZEN  Franziskanerkirche. Flügelaltar von Hans Klocker, die Gemälde in der Predella

39 BOZEN Franziskanerkirche. Flügelaltar von Hans Klocker, Schrein

40 BOZEN Pfarrkirche mit dem spätgotischen Turmhelm

41 BOZEN Pfarrkirche. Leitacher Törl, Figurenschmuck

42  BOZEN  Pfarrkirche. Kanzel, 1514 von Hans Lutz von Schussenried

43 EPPAN-ST. PAULS Dorfstraße mit alten Ansitzen

44 EPPAN-ST. PAULS Ansitz Zinnenberg    45 EPPAN-ST. MICHAEL Ansitz Wohlgemuth

46 EPPAN-ST. PAULS  Der sog. ›Paulsner     47 KALTERN  Schloß Ringberg, heute Weinmu-
Dom‹                                       seum

48 EPPAN-ST. MICHAEL  Ansitz Thalegg, eine für den Überetscher Stil besonders charakteristische
Anlage

49 EPPAN-ST. MICHAEL    Engel am Portal von St. Sebastian in Englar

50 HOCHEPPAN    Burg der Grafen von Eppan, älteste Teile 1120–30

51 HOCHEPPAN Burgkapelle. Freskenbild an der Außenwand (um 1200)

52 EPPAN-ST. MICHAEL Gleifkapelle

53 WEINHOF KREITH Zwischen Eppan und Kaltern inmitten von Weinbergen gelegen

54 KALTERN Reich'sches Schlößl

55 KALTERN Ortsbild

56 KURTATSCH Volkstümliches Motiv

57/58   ALTENBURG bei Kaltern   ›Opferstein‹ und frühchristliche Kirchenruine

59   NEUMARKT   Laubengang

60 MERAN  Spitalkirche (erbaut von 1425–1450). Inneres, in seiner stilistisch strengen Geschlossenheit die beeindruckendste gotische Raumlösung Südtirols

61  MERAN  Spitalkirche. Tympanon des Hauptportals, Gnadenstuhl und Stifterfiguren

62  MERAN  Landesfürstliche Burg (16. Jh.)

63 MERAN Laubengasse

64 MERAN Bozner Tor

65 MERAN Stadtbild, im Vordergrund die Pfarrkirche

66 MERAN Pfarrkirche. St. Christophorus (15. Jh.)

ortsansässigen Malers Simon von Taisten die Südwand; von ihm stammt wohl auch die thronende Madonna an der Nordseite der Apsis (beide Bilder 1498). Simon von Taisten war einer der letzten Epigonen der Pacher-Schule und bei weitem nicht so begabt wie ihre führenden Vertreter, vor allem fehlte ihm die souveräne Modellierung der Figuren, die er durch allzu scharfbrüchige Gewandfalten zu ersetzen suchte. Neben dem Eingang zur Kirche befindet sich, unter Glas geschützt, ein kleines Fresko mit dem Haupt Christi, wahrscheinlich von Meister Leonhard von Brixen; er hat auch innen 1459 die untere Apsis und die Triumphbogenwand bemalt. Letztere trägt eine große Verkündigung Mariens mit den Stationen der Menschwerdung Christi. An der Apsiswand befindet sich ein großer umlaufender Fries mit zahlreichen Heiligen und Bischöfen. Die beste Einzeldarstellung ist der hl. Georg in einer Kreuzritterrüstung, der mit einer Lanze den Drachen tötet. Im Gewölbe der Apsis sieht man eine seltsame Darstellung eines Gnadenstuhls mit Sonne und Mond in der Mandorla, dessen Datierung noch nicht gelungen ist, sie schwankt zwischen dem 13. und dem 15. Jahrhundert. Das Gewölbe der Kirche besitzt an den Rippenkreuzungen schöne Schlußsteine, die von einem Meister der Pacherschule (spätes 15. Jahrhundert) bemalt wurden; die dekorative Rankenmalerei in den Gewölbefeldern stammt von Simon von Taisten. Den Schlüssel zur Kirche erhalten Sie im bergwärts gelegenen Bauernhof wenige Meter hinter der Apsis.

Von St. Georg sind es nur ein paar Schritte hinüber zum eleganten Bau der *Pfarrkirche*. Sie ist eine überaus gelungene Umgestaltung einer gotischen Kirche, die 1770/71 von Franz Singer aus Götzens in so meisterhafter Weise durchgeführt wurde, daß der Eindruck eines homogenen Rokokobaus entstand, obwohl eine gotische Seitenkapelle unverändert einbezogen wurde. Im Taistener Pfarrarchiv liegt der ›Contract‹ mit Baumeister Fanz Singer aus dem Jahre 1770; das Schriftstück formuliert als Auftrag, »die ganze Kirche mit gehöriger Architektur und schenen Stuccodor auszuziehren«. In diese prächtig ausgeführten Stukkaturen malte 1771 der Brixner Hofmaler Franz Anton Zeiller, der sein Meisterwerk in Ottobeuren hinterlassen hat, seine glanzvollen Deckenfresken (Farbt. 46). Die Vorliebe dieses Meisters für illusionistische Architekturen in Form gewaltiger Säulenaufbauten mit geheimnisvoll wehenden riesigen Vorhängen zeigt sich im Langhausgewölbe und verleiht der Szene Esther vor Assuerus einen ungemein dramatischen Hintergrund. In der Querschiffkuppel ist in einer weiträumigen barocken Säulenhalle eine figurenreiche Vermählung Mariens zu sehen; das Chorgewölbe trägt eine ›Anbetung des Lamms durch die vier Erdteile‹ (Australien war noch unbekannt). Man beachte die reizvollen Statuen weiblicher Heiliger am rechten Seitenaltar und die bewegte Rokokokanzel vom Baumeister Franz Singer. Die vom Langhaus zugängliche gotische *Erasmuskapelle* (1472) diente als Begräbnisstätte der Welsberger Grafen und besitzt neben Grabsteinen und Totenschilden mit gewappneten Rittern ein schönes Marienmedaillon am Gewölbeschlußstein; das Gemälde wird meist als Werk Michael Pachers bezeichnet, was aber nicht ganz sicher ist. Nebenan steht die gotische *Kapelle St. Jakob am Friedhof*, die Simon von Taisten gegen 1500 innen und außen mit einzelnen Fresken bemalt hat. Die Pfarrkirche ist stets geöffnet, zur Besichtigung der Friedhofskapelle wende man sich an den nahegelegenen Widum.

Von Taisten ist ein Ausflug in die schöne Wiesenlandschaft des Gsieser Tales zu empfehlen; im letzten Ort St. Martin steht das alte ›Kahnwirtshaus‹ bei der Kirche.

Im Pustertal zweigt bald hinter Welsberg eine Straße zum berühmten Pragser Wildsee ab, der durch seine Lage im Wald unter den Wänden des Seekofel als schönster Dolomitensee gilt; mittlerweile aber ist er im Sommer hinter Autos und Touristen kaum noch zu sehen – jedenfalls beim Parkplatz, der Rundweg (eine Stunde) zeigt den See noch in seiner ganzen Schönheit. Kurz vor Schmieden gabelt sich die Straße und führt links zum seit 1490 bestehenden Bad Altprags mit seinen noch heute sprudelnden Heilquellen gegen Rheumatismus und Kreislaufschwäche. Von dort sind zahlreiche Spaziergänge und Wanderungen zu empfehlen, die in die einsame Landschaft der Pragser Dolomiten führen; dasselbe gilt für die weiter in den Bergen liegende Plätzwiese, eine blumenreiche Hochweitung des Tals mit Dolomitenkulisse.

Auf dem Talboden erreicht die Straße bald hinter Niederdorf (in der Kirche Altarbilder von Martin Knoller an den Seitenaltären) das geschichtsträchtige **Toblach.** Der Ort wurde bereits 828 urkundlich als ›Duplago‹ erwähnt und bestand aus Zinshöfen des Stifts Innichen. Große Bedeutung erlangte Toblach im Mittelalter, da hier die ›Strada d'Alemagna‹, der große Handelsweg zwischen Venedig und Augsburg, nach Süden abzweigte. Vom mittelalterlichen Ortsbild haben sich einige alte Ansitze, darunter die ›*Herbstenburg*‹ mit Zinnenkranz und großen Erkern erhalten. Der große Kunstschatz Toblachs aber ist seine spätbarocke *Pfarrkiche*, einige Jahre vor der Taistener von denselben Künstlern geschaffen. Zu Franz Singer als Stukkateur und F. A. Zeiller als Maler der Fresken und Altarbilder gesellten sich der vorzügliche Altarbauer Johann Perger, der hier eines seiner Meisterwerke hinterlassen hat, und der einheimische Baumeister Rudolf Schraffl. Diesem ist die erlesene Raumgliederung des Inneren zu verdanken, welche mit einer Vorhalle, drei ovalen Flachkuppeln im Langhaus und einer runden im Chor den weitgespannten, harmonischen Rahmen für die reichvergoldeten Stukkaturen und das ausladende Freskenprogramm Zeillers abgibt. Die 1769 entstandenen Bilder zeigen im Chor Zacharias im Tempel und in den Langhauskuppeln Szenen aus dem Leben des Kirchenpatrons Johannes des Täufers (Johannes vor Herodes, Predigt in der Wüste und Salome mit dem Haupt des Johannes). Beherrscht wird der Kirchenraum vom großen Tabernakelaufbau des Hochaltars; er stellt mit dem Grablegungsrelief und den schönen Engelstatuen eines der besten Werke des Johann Perger dar. Das Hochaltarblatt ist ebenfalls von Zeiller. Man beachte die reichverzierte Kanzel und den Renaissancetaufstein. Von der Pfarrkirche führt der Kalvarienbergweg mit fünf bildstockartigen Kapellen, in denen große Reliefs von Michael Parth (1519) stehen, zur *Rundkapelle St. Joseph,* worin sich dekorative Malerei im Gewölbe und eine Nachbildung des hl. Grabes befinden.

Empfehlenswerte Abstecher von Toblach führen nach **Aufkirchen** (im Inneren der *Kuratialkirche* eine große Figurengruppe der Beweinung Christi, 1475; außen der unvermeidliche Christophorus von Simon von Taisten mit seinen beliebten Fabelwesen) und das

Silvestertal, wo sich das alte Wirtshaus ›Enzianthres‹ befindet, das schon lange für seinen Ausschank verschiedener Sorten von selbstgebrannten Alpenkräuterschnäpsen berühmt ist. Wer dem Gasthaus halbwegs nüchtern entkommt (was nicht einfach ist), steige hinauf zur einsamen Bergkirche *St. Silvester* auf 1800 m Höhe; die Fresken im Inneren (Szenen aus dem Leben Christi, Heilige und Bischöfe; Brixner Schule, zweite Hälfte 15. Jahrhundert), sowie die Aussicht auf die Sextener Dolomiten lohnen die Mühe.

Ein einzigartiges Erlebnis ist die Fahrt von Toblach aus durch das Höhlensteintal nach Misurina und in die Ampezzaner Dolomiten. Nur 15 Straßenkilometer trennen hier die weiten Wiesen des Pustertals von einem der bizarrsten und gewaltigsten Teile der Dolomiten. Auf der Fahrt erlebt man in wenigen Minuten einen Wechsel im Landschaftsbild, wie er dramatischer nicht sein könnte. Vorbei am Toblacher See führt die Straße bald zwischen hohen Felsabhängen zum Dürrensee, über den hinweg sich der berühmte Blick auf den Monte Cristallo (3216 m) eröffnet, kurz vorher rücken links die Felswände auseinander und geben den Blick von Westen auf die Drei Zinnen frei. Bei diesem legendären Zinnenblick sind die gängigen Attribute von ›märchenhaft‹ bis ›unwirklich‹ wenigstens halbwegs nachfühlbar; besonders bei Sonnenuntergang, wenn das tiefe Höhlensteintal und seine steilen Felsabstürze sich verdunkeln und hoch über den düsteren Wänden die Gipfel der Zinnen erst in hellem Rot, dann in intensivem Purpur aufleuchten und nach wenigen Minuten in blasses Rosa übergehen, ist hier ein höchst eindrucksvolles Schauspiel zu sehen.

In Schluderbach gabelt sich die Straße nach Cortina d'Ampezzo und Misurina, letzteres liegt an dem gleichnamigen See, überragt von den zerklüfteten Cadini di Misurina (Farbabb. 27); kurz vor dem See zweigt eine mautpflichtige Straße ab, die mit grandiosen Panoramen tief hinein in die wildesten Felsen bis zum Fuß der Drei Zinnen führt.

Gegen Ende des Pustertales erreicht man **Innichen**, das mit seiner großen romanischen *Stiftskirche* (Abb. 30) das bedeutendste Zeugnis dieser Epoche in ganz Tirol besitzt. Die Geschichte dieses Ortes reicht weit zurück. Die Reste der großen Steinwälle am ›Burg‹-hügel ausgangs des Sextener Tales weisen auf eine vorgeschichtliche Besiedlung, auch aus der Zeit der römischen Besatzung hat man zahlreiche Funde geborgen. Der Grundstein zum heutigen Innichen wurde im Jahre 769 gelegt, als der Bajuwarenherzog Tassilo III. dem Abt Atto von Scharnitz das Gebiet zwischen Taistener und Anraser Bach zur Gründung eines Klosters schenkte. Mit dieser Schenkung war ausdrücklich die Auflage verbunden, die benachbarten heidnischen Slawen zu missionieren. Durch denselben Atto kommt das Kloster in den Besitz des Hochstiftes Freising und wird von Kaiser Otto dem Großen 965 mit weiteren Schenkungen bedacht, so daß sich die freisingische Herrschaft zu einem kleinen Paßstaat auswächst, dem es mit den Grafen von Görz als Vögten aber nicht besser ergeht als den Bistümern Brixen und Trient mit den Tirolern: Die Vögte entreißen dem Kloster die Macht über seine Territorien und respektieren nur noch dessen engsten Herrschaftsbereich, die ›Hofmark Innichen‹, also nur den alten Ortskern. Mit der Säkularisierung 1803 endet die Zugehörigkeit des Ortes zu Freising.

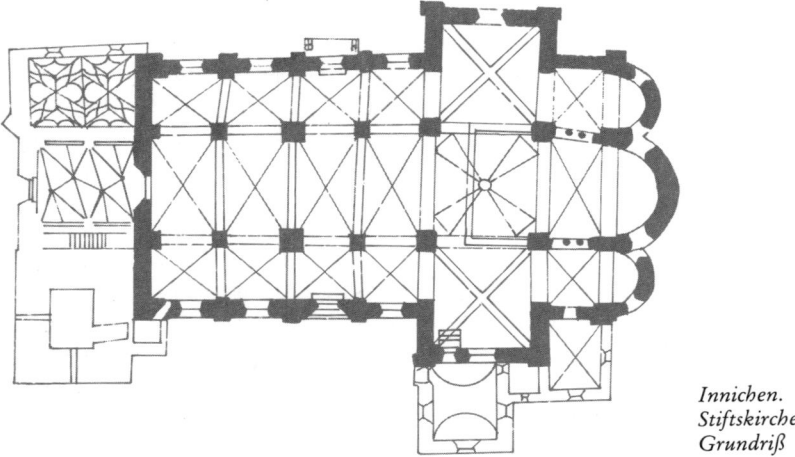

*Innichen.
Stiftskirche,
Grundriß*

Sicher war schon im 8. Jahrhundert ein Kirchenbau vorhanden, von dem aber keine eindeutig identifizierbaren Reste mehr gefunden wurden. 1143 wurde das Kloster in ein Kollegiatstift umgewandelt, woraufhin ab etwa 1150 ein großangelegter Neubau entstand, von dem die Krypta, die Hauptapsis und die Langhausmauern in einen neuerlichen Umbau um 1250 einbezogen wurden. Er verlieh nach den Einwölbungen der Schiffe und der Unterkirche, der Errichtung eines Querschiffs und einer Vierungskuppel der Stiftskirche ihre heutige architektonische Gliederung. »Daraus erklärt sich der ... innere Widerspruch zwischen der in ihrer lastenden Wucht und Starre noch der deutschen Romanik des 12. Jahrhunderts verhafteten Gesamtanlage und der bereits gotisch-bewegten Eleganz des Steinmetzwerkes, das Anregungen aus dem Antelami-Kreis in nordische Formensprache übersetzt«, schreibt Rasmo und charakterisiert damit das Erscheinungsbild der Kirche treffend. Das heutige Bild des ›Doms von Innichen‹, wie die Stiftskirche im Volksmund heißt, ist allerdings knapp zehn Jahre alt: Ab 1690 erfuhr der Bau eine schrittweise Barockisierung und – noch schlimmer – im Jahre 1846 eine radikale ›Wiederherstellung‹ im Geist der Neoromanik, wobei die Krypta zugeschüttet, der Wandverputz mit kostbaren Fresken abgeschlagen und die alten Altäre vernichtet wurden, dafür entstanden ein »... pseudobyzantinisches Apsismosaik, der 1899 erstellte neuromanische Hochaltar aus Marmor und Seitenaltäre im gleichen Geschmack, neugotische Glasfenster, neurenaissancistische Fresken ...« (Rasmo) und dergleichen Scheußlichkeiten mehr. Mit alledem hat in den Jahren 1967–69 eine umfassende Restaurierung gründlich aufgeräumt und vom romanischen Bestand gerettet, was zu retten war: Die Krypta wurde wiedererrichtet, und die bald 800 Jahre alte Kreuzigungsgruppe sowie eine Skulptur des hl. Candidus wiederaufgestellt, der Innenraum und die Portale erhielten wieder ihr romanisches Gepräge. Vor allem mit der Wiederaufdeckung der großartigen spätromanischen Kuppelfresken ist ein einzigartiges Kunstwerk zurückgewonnen worden.

Bevor Sie die Kirche betreten, ist ein Gang um sie herum empfehlenswert. Das Nordportal besitzt einen Vorbau mit von Löwen getragenen Säulen, die Ostfassade zeigt die monumentale Gliederung des Baus mit ausladendem Querschiff und drei großen halbrunden Apsiden. Ein besonderes Meisterwerk ist das Südportal: Über dem verzierten Gewände thront im Tympanon ein romanischer Christus, umgeben von den vier Evangelistensymbolen, darüber befindet sich ein großes Fresko des Michael Pacher (Ende 15. Jahrhundert, Abb. 31), das den Kaiser Otto II. zwischen den Heiligen Korbinian und Candidus zeigt, ein vorzügliches Werk, in dem Rasmo die Mitarbeit Friedrich Pachers vermutet. Durch das schmucklose Westportal betritt man die erst 1460 an Stelle eines romanischen Westbaus errichtete Vorhalle, wo das große Rundbogenportal mit gestuftem Gewände und reichgestalteten Säulenkapitellen ins Innere der Kirche führt (im Tympanon ein barockes Tafelbild). Rechts neben dem Portal befinden sich in und über der mit einem Dreieckgiebel abschließenden Nische Fresken und Vorzeichnungen aus der Zeit um 1520, oben ein Kreuz vor weitem Landschaftshintergrund zwischen den Heiligen Johannes und Dorothea, darunter stark zerstörte Stiferinschriften. Links ist die Vorhalle mit einem Gitter von der *Nothelferkapelle* getrennt, deren Gewölbe mit einem bemalten, zierlichen Rippennetz überzogen ist. In der 1524 gestifteten Kapelle sind an der Westwand Fresken der Enthauptung der Heiligen Katharina und Margarethe, an der Nordseite die Erasmusmarter freigelegt worden, an der Ostwand steht ein barocker Altar. An der rechten Seitenwand der Vorhalle führt hinter einer gotischen Holztür eine Treppe hinauf in die *Dorotheenkapelle* im oberen Geschoß, wo sich in einer Bogenfläche das gut erhaltene Fresko des Gekreuzigten zwischen mehreren Heiligen erhalten hat; es stammt von Meister Leonhard von Brixen (s. S. 39) und dürfte das beste sein, was er gemalt hat.

Im dreischiffigen Innenraum wird das Gratgewölbe im Wechsel von mächtigen Pfeilern und Säulen mit Blattkapitellen getragen, die Seitenschiffe haben kleinere Kuppelgewölbe. Der Raum wird beherrscht von der monumentalen Kreuzigungsgruppe im erhöhten Chor, einer der bedeutendsten romanischen Skulpturenschöpfungen des Landes. Der leicht bewegte Faltenwurf der Gewänder weist auf eine Entstehung im späten 13. Jahrhundert (und damit fast in frühgotische Zeit), Haltung und Frontalität der Figuren zeigen aber noch ganz die archaische Strenge romanischer Bildhauerkunst. Die Füße des gekreuzigten Christus ruhen auf dem Haupt Adams. Unter dem Chor befindet sich die große dreischiffige *Krypta*, deren Kreuzgewölbe von zehn Granitsäulen mit verschiedenartigen Kapitellen getragen werden. Im Halbdunkel steht an der Westwand die höchst eindrucksvolle säulenartige Figur des hl. Candidus (zweite Hälfte 13. Jahrhundert), dessen Gegenstück, ein hl. Korbinian, während der neoromanischen Umbauten als Brennholz zerschlagen wurde.

Das bedeutendste Kunstwerk der Kirche stellen die Kuppelfresken über der Vierung dar. Sie sind hoch oben und ein wenig verblaßt, es empfiehlt sich, zur Besichtigung ein Fernglas zu Hilfe zu nehmen. In die Kuppel ist in genialer Komposition eine Schöpfungsgeschichte gemalt, die in ihrem phantasievoll-bewegten Figuren- und Formenreichtum in der spätromanischen Malerei einzig dasteht. Der Zyklus beginnt an der Ostseite, wo der Herrgott vor dem dunklen Hintergrund der Urfinsternis das Licht von der Dunkelheit scheidet, symbolisiert durch zwei Figuren in weißem und rotem Mantel. Die Schöpfung schreitet fort mit der Trennung von Wasser und Erde, der Erschaffung von Pflanzen, Vögeln, Fischen und der Landtiere. Diese Tiergruppe ist das Meisterwerk des Zyklus, in der bewegten Komposition zieht neben einem Elefanten auch ein Einhorn daher. Zuletzt werden Adam und Eva geschaffen und von einem Engel mit gezogenem Schwert aus dem Paradies gewiesen. Die Ausmalung der Kuppel dürfte gegen 1280 erfolgt sein und sollte sicher zur Weihe des dritten Kirchenbaus im Jahre 1284 fertig sein. Die deutlichen Anklänge der Kuppelfresken an den aus dem Norden kommenden frühgotischen Linearstil sind unschwer zu erkennen und durch die späte Entstehungszeit immerhin plausibel, gleichwohl in der romanischen Malerei kein zweites Werk dieser Art bekannt ist.

Weitere sehenswerte Einzelstücke der Kirche sind drei Reliefs eines ehemaligen Flügelaltars von Michael Parth (1520) im nördlichen Querschiff, das Relief einer Pfingstfeier (17. Jahrhundert) und eine spätgotische Madonna im südlichen Querschiff sowie der romanische Löwenkopf aus Bronze an der Sakristeitür.

In der Friedhofsmauer neben dem westlichen Ausgang befindet sich eine Grabnische mit Fresken des Leonhard von Brixen (Jüngstes Gericht, Heilige), dem auch die Malereien am Bildstock nördlich vor dem Friedhof zugeschrieben werden.

Wenige Schritte von der Stiftskirche entfernt steht die *Pfarrkirche,* einst ebenfalls ein romanischer Bau, der nun aber in vollständig barocker Form erscheint; einzig der runde Turm, jetzt mit einer Zwiebelhaube, blieb von der alten Kirche erhalten. Den Neubau führte der auch in Toblach tätige Rudolf Schraffl aus, und zwar in ähnlich großzügiger Weise mit einer Langhausgliederung aus Vorhalle und drei ovalen Flachkuppeljochen sowie einer runden Flachkuppel im Chor. Hinter der reichgegliederten Fassade mit vier großen Pilastern und Volutengiebel öffnet sich ein schöner Innenraum, den der Nordtiroler Barockmaler Anton Mayr aus Schwaz mit einem vorzüglichen Freskenzyklus geschmückt hat (im Langhaus Szenen aus dem Leben des hl. Michael, im Chor ein dramatischer Engelsturz). Man beachte die Orgelempore mit geschweifter Rocaillebrüstung.

Ein wenig außerhalb des alten Ortskerns, in Richtung zum Bahnhof, liegt unterhalb der den Ort umfahrenden Staatsstraße die originelle Baugruppe der Heilig-Grab-Kirche (Abb. 29), die aus zwei ineinander verschachtelten Kapellen besteht, der *Altöttinger* und der *Heilig-Grab-Kapelle,* beide vom ortsansässigen Gastwirt Georg Paprion nach einer Reise ins Heilige Land 1653 gestiftet. Die Kapellen enthalten drei Reliefs aus dem 16. Jahrhundert und eine Nachbildung des Hl. Grabes in Jerusalem.

Während die romanische Stiftskirche stets geöffnet ist, sind Pfarr- und Heilig-Grab-Kirche meist verschlossen. Man erkundige sich beim Fremdenverkehrsamt im Dorfzentrum nach Führungen und Besichtigungszeiten.

Im sog. Archivgebäude (Attostr. 2) nahe der Stiftskirche wurde vor kurzem das sehenswerte *Stiftsmuseum* eröffnet. In den historischen Räumen (unter anderem im Kapitelsaal und im Arbeitszimmer des Bibliothekars) werden Zeugnisse aus der Geschichte des Stifts und des Ortes gezeigt, ebenso Malerei und Skulpturen aus 6 Jahrhunderten, vor allem aber eine Auswahl aus dem kostbaren Bücherbestand der Stiftsbibliothek. (Öffnungszeiten: Mi, Do 10–11 Uhr und 15–16 Uhr; Sa, So 10–11 Uhr.)

Empfehlenswerte Ausflüge von Innichen führen nach **Vierschach** mit seiner schönen gotischen *Pfarrkirche* (Fresken von Simon von Taisten, bemalte Gewölbeschlußsteine und ein Wandgemälde der hl. Ursula mit ihren Jungfrauen in frühgotischem Linearstil) und natürlich nach Sexten und weiter in die nahegelegenen Dolomiten. Zu Füßen des Haunold (2943 m) und der mächtigen Dreischusterspitze (3152 m) erstreckt sich das unberührte Innerfeldtal mit seinem fast ebenen Talgrund, die ausgedehnten Lärchenwiesen unter den Dolomitenfelsen sind ebenso reizvoll wie die reichhaltige Flora und Fauna der Gegend. Von der bequem zu erreichenden Dreischusterhütte (1617 m) lassen sich Wanderungen zu den Drei Zinnen unternehmen; nur auf diesen Wegen wird das klassische Panorama der Nordwände dieser einzigartigen Felsmassive in aller Eindrücklichkeit sichtbar. Durch **Sexten** (in der *Rundkapelle am Friedhof* der berühmte ›Totentanz‹ von Rudolf Stolz, eines der besten Werke der Südtiroler Freskokunst des 20. Jahrhunderts) und Moos gelangt man in eine der eindrucksvollsten, vom Pustertal zugänglichen Dolomitenlandschaften: in das Fischleintal, dessen ebener Talschluß von der ungeheuren Kulisse der ›Sextener Sonnenuhr‹ und den östlichen Felsabstürzen der Dreischusterspitze überragt wird. Besonders der Zwölfer- (3094 m) und die senkrechten Wände des Einserkofels (2699 m) gehören zu den markantesten Dolomitenformationen; empfehlenswerte Wanderungen führen an den Bödenseen vorbei zur Dreizinnenhütte (2438 m) und zur Zsigmondy-Hütte (2235 m) an den Hängen des Zwölferkofels.

# Bozen und Umgebung

»Ich geh zu Fuß nach Bozen«, verkündet Herbert Rosendorfer, der in München lebende, aus Bozen stammende Schriftsteller und nennt als Grund: »Gegenden nördlich des Alpenhauptkammes sind aus klimatischen Gründen für Menschen unbewohnbar. Von September an sind sie durch Wolken und Nebel von der Sonne abgeschnitten, von etwa Mitte Januar bis zum Mai bedeckt eine meist schmutzigweiße Schicht verfestigten Wassers (›Schnee‹) den Boden und erstickt alles Leben (außer dem von Eisbären, Polarfüchsen, Wölfen und was es sonst so gibt). Von Juni bis September regnet es, worauf wieder der Winter einsetzt. Außer kargen Moosen und Flechten kann nichts gedeihen. Menschen können in diesen unwirtlichen Gegenden nicht hausen. Das Aufblühen einer Zivilisation oder gar einer Kultur ist völlig ausgeschlossen ...« Dagegen Bozen: »Die Stadt ist dunkel, von der Hitze des Tages noch warm. Nur an der Talfer weht die kühle Luft aus dem Sarntal heraus. Sanft überzieht der Duft von Jenesinger Speck, Olivenöl und Parmesan die Wassermauerpromenade. Der Rosengarten färbt sich in das hinlänglich bekannte Glühen. Die Silhouette des Mendel zeichnet sich gegen den Himmel in einem unnennbaren Violett ab. Es ist ein arkadisches Licht ...«

Zieht man einmal die haltlosen Übertreibungen bezüglich der klimatischen und kulturellen Unterschiede zwischen Norden und Süden ab, muß man zugeben: **Bozen** ist ein angenehmer Ort. Denn wer je nach einer Nachtfahrt aus dem Greuel der Winterwüsten nördlich des Alpenhauptkammes gegen Morgen über den Brenner in das rebenumkränzte Bozen kam, durch die Altstadt ging und im Gedränge des sonnenbeschienenen Obstmarktes (Abb. 34) in einem Straßencafé zwischen Bergen duftender Früchte seinen Capuccino trank, wird den Ort so bald nicht vergessen – nach den dunklen Wäldern und Felsen eine Insel des Südens mitten im Gebirge. Davon merkt natürlich der nichts, der nur auf der Autobahn Bozens fürchterlich verbaute Peripherie streift und die Stadt – was unter den gegebenen Umständen einem Sakrileg gleichkommt – rechts liegen läßt. Die völlig intakte Bozner Altstadt ist einer der urbansten Plätze des ganzen Alpenraums, mäßig touristisiert, voller malerischer Winkel, erlesener Geschäfte, geschmackvoller Architektur, konservativer Gastronomie und bester Südtiroler Kunst. Zu diesen Vorzügen gesellt sich die klimatische Lage: An drei Seiten von hohen Bergen geschützt, öffnet sich der Bozner Talkessel nur durch das Etschtal nach Süden, was der Stadt ein mediterranes Klima und einen vorzüglichen Wein beschert.

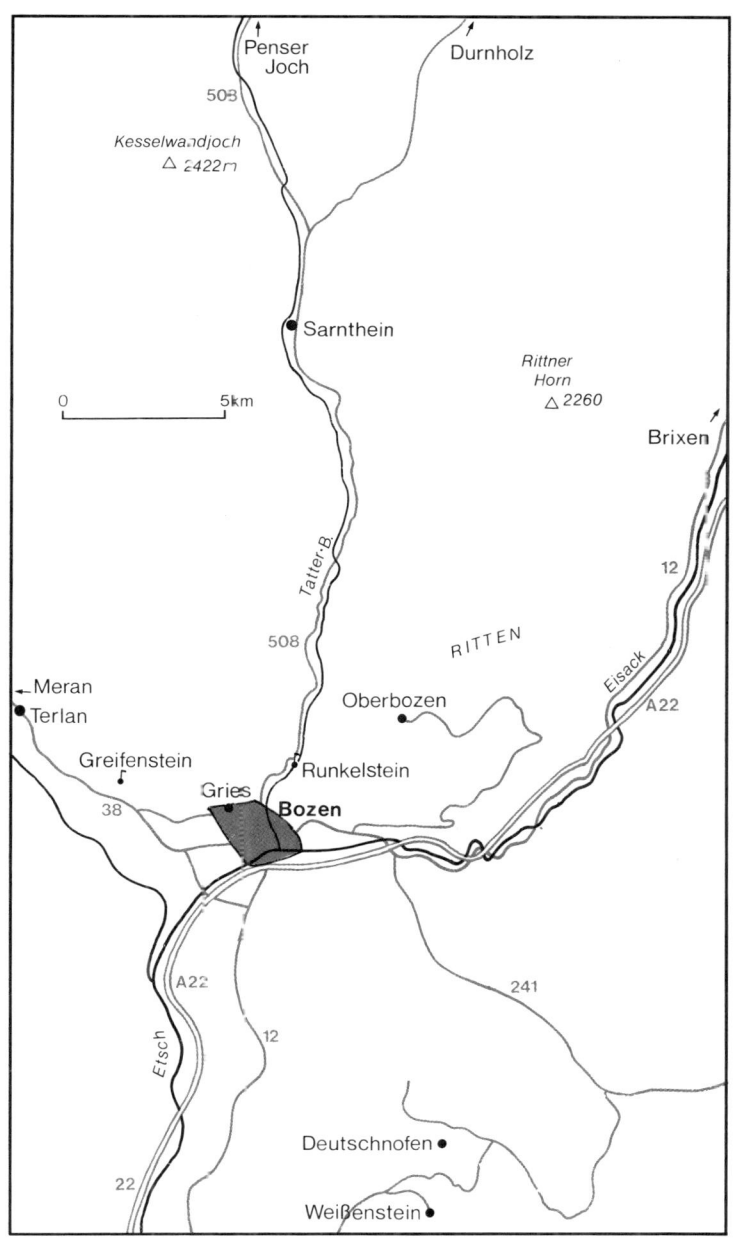

*Die Kunststätten Bozens und seiner Umgebung*

*Bozen nach Norden*

Die ungemein verkehrsgünstige Lage der Stadt – hier treffen mit dem Etsch- und Eisacktal die zwei großen Handelswege über den Reschen und den Brenner zusammen – hatte weniger friedliche Folgen: Illyrer, Kelten, Römer, Langobarden und Bajuwaren schlugen sich erbittert um das Bozner Becken, 1277 wurde die gerade aufstrebende bischofstreue Stadt vom Grafen Meinhard II. von Tirol zerstört; 1347 zog König Karl VI. vorbei, der mit einem Heer nach Meran unterwegs war, um seinen von Margarethe Maultasch verjagten Bruder zu rächen: Ein rauchender Trümmerhaufen war die Folge seines Bozen-Besuchs. Aber stets erholte sich die Stadt rasch von allen Verheerungen. Als einer der Hauptumschlagplätze des italienisch-deutschen Handels, ausgestattet mit Privilegien und Märkten, Wechselstuben und Pfandleihhäusern bot die Stadt immer eine gute ökonomische Grundlage für einen prosperierenden Kaufmannsstand. Nicht zufällig standen auf dem Siegel der Urkunde, mit der das Bozner Handels- und Finanzleben eine eigene Gerichtsbarkeit (den Merkantilmagistrat) erhielt, die Worte: Ex Merce Pulchrior – Aus Handel zu Wohlstand. Interessanterweise waren die meisten Verhandlungsprotokolle dieses Gerichts in italienischer Sprache abgefaßt, ein deutlicher Hinweis auf die starke Beteiligung der Händler aus dem Süden am Wirtschaftsleben der Stadt.

Seit dem Mittelalter haben italienische Kaufleute zu den reichsten und angesehensten Familien Bozens gehört, ihre Vorliebe für die Beschäftigung italienischer Künstler hat vorzügliche Werke der Giotto-Nachfolge in den Kirchen der Stadt entstehen lassen. Dieser direkte Berührungspunkt italienischer und deutscher Freskomalerei hat zur Entstehung eines charakteristischen Phänomens in der Südtiroler Kunst geführt: der Bozner Schule, in der sich in eigenwilliger Weise Stilelemente südlicher und nördlicher Maltradition des 14. Jahrhunderts vermischen. Das jahrhundertelange friedliche Nebeneinander von Italienern und Tirolern in Bozen endete jäh, als Österreich nach dem verlorenen Ersten Weltkrieg den südlich des Brenner gelegenen Teil Tirols abtreten mußte, und sich das auf diese Weise entstandene ›Südtirol‹ als Teil des italienischen Staates wiederfand, welcher kurz darauf in die Hände der Faschisten überging. Im Zuge der von Mussolinis Anhängern betriebenen radikalen Italienisierung bekam Bozen eine Industriezone, deren Arbeiter ausschließlich in großem Umfang angesiedelte Italiener waren. Sie wurden in ausgedehnten Neubauvierteln im Süden der Stadt untergebracht, wodurch sich das Gesicht des bis dahin beschaulichen Kaufmannsstädtchens völlig wandelte. Was seitdem dazugebaut wurde, ist freilich auch nicht attraktiver, und so lädt das äußere Bild der Stadt keineswegs zum Verweilen ein, jedoch gehört die betriebsame Altstadt, die Talfer-Promenade mit dem nahegelegenen, durch seine Fresken berühmten Schloß Runkelstein (Farbabb. 13, Abb. 33) in den ersten Felsen der Sarner Schlucht und das Dorf Gries, jetzt ein eingemeindeter Vorort, zu den städtebaulich und künstlerisch anziehendsten Plätzen des Landes. Von größtem landschaftlichen Reiz ist Bozens nähere Umgebung, die auf den ausgedehnten Plateaus der 300 bis 1400 Meter dicken Bozner Porphyrplatte (s. S. 321) die ungemein reizvolle Mittelgebirgslandschaft von Ritten, Salten und ›Regglberg‹ bildet. Sie wird durchzogen von Eisack-, Eggen- und Sarntal, deren Wildbäche sich in grandiosen Schluchten durch das harte, rötliche Gestein ins Bozner Becken gegraben haben.

An der Durchgangsstraße, die am Bahnhof vorbei in Richtung Meran führt, liegt rechts ein großer Parkplatz, von dieser beinahe einzigen Möglichkeit, in Bozen sein Auto loszuwerden, sind es nur wenige Schritte in die Altstadt. Bevor Sie irgendeinem Kunstobjekt nähertreten, sollten Sie die alten Straßen, Gassen und Plätze in Augenschein nehmen, wo man sich in vielen traditionsreichen Gasthäusern den profanen Genüssen Tiroler Küchen und Weinkeller hingeben kann; die Bozner Altstadt besitzt außerdem die besten Einkaufsmöglichkeiten in Südtirol.

Von dem genannten Parkplatz gelangt man zuerst zur Pfarrkirche und dem sich anschließenden Walther-Platz, benannt nach Walther von der Vogelweide, dem wahrscheinlich, aber nicht erwiesenermaßen aus Südtirol stammenden großen mittelalterlichen Lyriker. Als seinen Geburtsort glaubte man kurz vor der letzten Jahrhundertwende die Eisacktaler Vogelweiderhöfe (s. S. 75) entdeckt zu haben und gab ob der nahegelegenen Ehrenstätte gleich dem wichtigsten Platz Bozens seinen Namen. Vorbei an der Ostseite des Platzes (sie wird von schönen Bürgerhäusern des 17. Jahrhunderts gebildet) mit ihren schattig unter Bäumen gelegenen Cafés führt am oberen Ende ein kurzer Durchgang zum

*Merkantilpalast Bozen, Stich von 1761*

Kornplatz. Dort steht mit dem freskengeschmückten alten *Waaghaus* eines der schönsten Altstadthäuser; an Stelle der bis 1786 vorhandenen Andreaskirche ist jetzt mit Resten des alten Baus das Gasthaus ›Unterhofer‹ zu sehen, im Volksmund, wie Rampold vermerkt (Südtiroler Landeskunde, Band 7), ›Zum schlutzigen Luis‹ genannt. In den Kornplatz mündet die Silbergasse, die parallel zu den Lauben verläuft und um den barocken *Merkantilpalast* (Arkadenhof und Festsaal) ein reizvolles Ensemble schöner Hausfassaden (besonders Nr. 20 mit gotischem Maßwerk) besitzt. Durch die Gummergasse gelangt man nach wenigen Schritten auf den Rathausplatz (mit dem Zwölfmalgreiner Tor, Abb. 36), hier mündet von Norden kommend die traditionsreiche Bindergasse. Bis 1914 rollte der gesamte Brennerverkehr der Stadt durch dieses Sträßchen, das noch heute fast nur aus alten Gasthäusern besteht und in dem sich noch immer die Bauern aus dem Sarntal treffen, wenn sie nach ›draußen‹ in die Stadt fahren. Von der Bindergasse zweigt die teils noch mittelalterliche Streitergasse ab und führt zum oberen Ende des Obstmarktes.

Vor allem aber erstrecken sich zwischen Rathausplatz und Obstmarkt die Bozner Lauben, seit bald 800 Jahren betriebsames Geschäftszentrum der Stadt, in dem es fast alles zu kaufen gibt, was man sich denken kann. Die auf beiden Seiten verlaufenden Arkadengänge beherbergen zahllose Läden und beruhen auf der typischen Architektur mittelalterlicher Tiroler Geschäftshäuser. Bei diesen findet man in der Regel im vorderen Teil des Erdgeschosses eine gewölbte offene Halle auf zwei Pfeilern; sie sollte sowohl Schatten als auch Schutz vor Regen wie Schnee bieten und damit verhindern, daß die Witterung ein gutes Geschäft verdarb. Mehrere dieser Häuser nebeneinander ergeben durch die Reihung der einzelnen Vorhallen jene berühmten ›Laubengassen‹ (Abb. 35), die den alten Südtiroler Innenstädten mit ihren erkerverzierten und teilweise bemalten Fassaden ihre charakteristische Prägung verleihen. Die Bozner Lauben münden direkt in den von hohen alten Häusern umgebenen und schon von Goethe gerühmten Obstmarkt (Abb. 34), von dessen anziehender Atmosphäre eingangs die Rede war. Die Altstadt setzt sich fort in der Goethestraße und der Museumstraße; sie führt zur Talferbrücke, wo die vielgerühmte Wassermauerpromenade beginnt. Vom Talferufer aus hat man einen schönen Blick auf die von Weinreben umgebene Burg Maretsch und natürlich auf den Rosengarten. Kitsch hin oder her: Wenn in der Abenddämmerung die Stadt und die umliegenden Berge langsam in der Dunkelheit versinken und im letzten Licht des Sonnenuntergangs die phantastische Kulisse des Rosengartens in glühenden Farben aufleuchtet, ist auch der subtilste Kulturkritiker beeindruckt. Den berühmten Rosengartenblick von der *Wassermauerpromenade* (man hat ihn eigentlich vom gegenüberliegenden Talferufer, über eine Holzbrücke leicht zu erreichen, noch viel besser) sollten Sie sich auch bei einem kurzen Bozen-Aufenthalt nicht entgehen lassen.

Der Gang zur Kunst in Bozen beginnt richtig im Zentrum mit der großen *Pfarrkirche*, seit 1964 Dom der Diözese Bozen–Brixen. Die komplizierte Baugeschichte der Kirche – im Fundament stecken unter anderem die Grundmauern eines frühchristlichen Gebäudes – ist erst seit dem Ende des 13. Jahrhunderts klarer zu verfolgen. Zu dieser Zeit begann eine

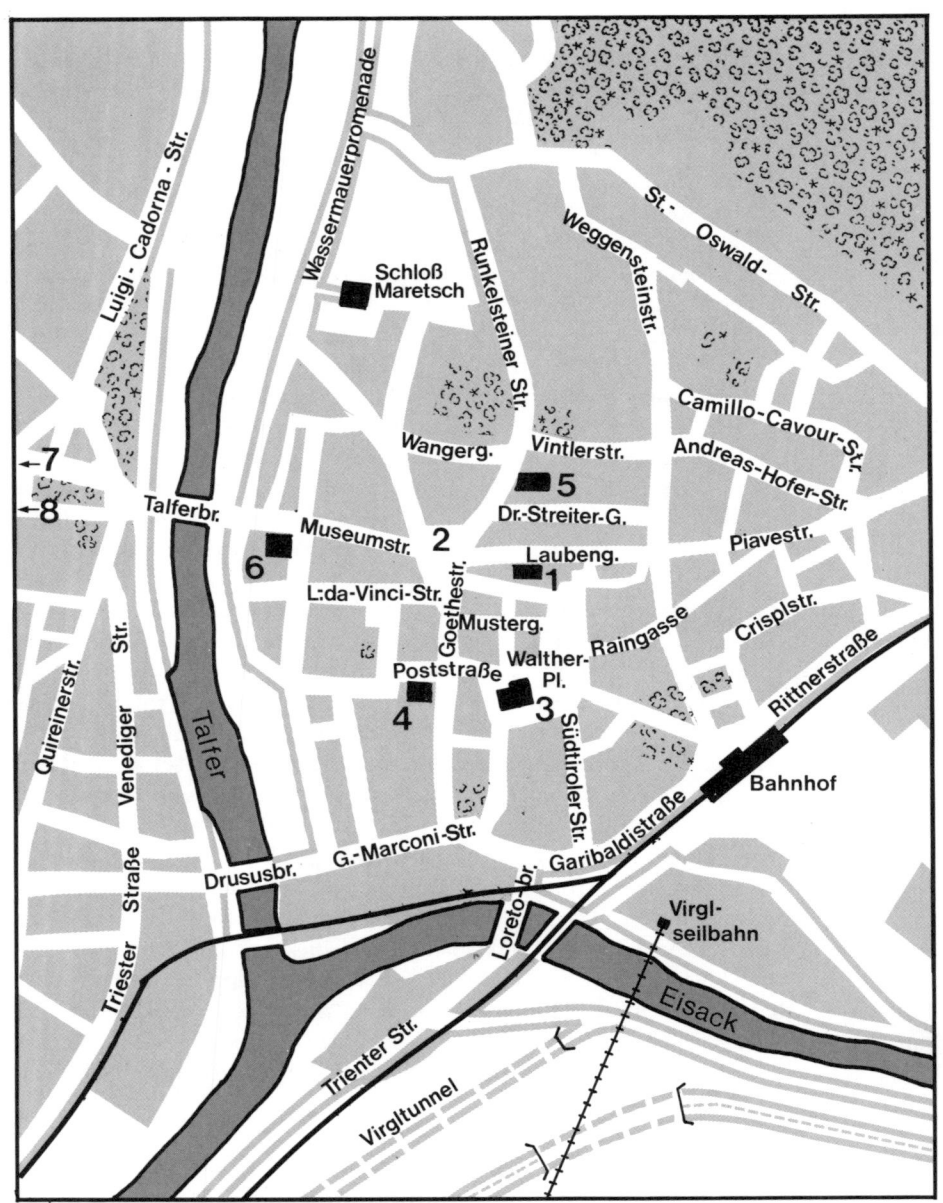

*Bozen, Stadtplan    1 Merkantilpalast – 2 Obstmarkt – 3 Pfarrkirche – 4 Dominikanerkloster –*
*5 Franziskanerkloster – 6 Museum – 7 Kloster Muri – 8 Grieser Pfarrkirche*

lombardische Bauhütte, die wohl auch am Dom von Trient tätig war, einen großangelegten Neubau mit basilikalem Grundriß, drei Apsiden und zwei Osttürmen, einer der Türme wurde allerdings nur im Ansatz aufgeführt. Um die Mitte des 14. Jahrhunderts vollendete eine deutsche Bauhütte mit dem Langhaus das Werk als dreischiffige Hallenkirche, wobei aber der spätromanische Grundriß nicht verändert und der vorhandene Baubestand mitbenutzt wurde. Um 1380 folgte eine weitere Bauphase, als die drei Apsiden abgerissen und durch den prachtvollen Neubau des Chores ersetzt wurden, den der Augsburger Meister Martin Schiche aus der Parler-Schule ausführte. Innen als dreischiffiger Umgangs-schor gestaltet, außen mit Fialen, Wimpergen und einer Maßwerkgalerie geschmückt, besitzt der Chor noch einen besonderen Akzent durch das jetzt vermauerte ›Leitacher Törl‹ (Abb. 41) an der Nordwand, ein mit Steinskulpturen auf Konsolen verziertes Portal im Stile der Parler-Schule. Geprägt wird das Äußere der Kirche durch den 1499 nach einem Brand notwendigen Turmneubau, ausgeführt von Hans Lutz von Schussenried mit allen spätgoti-schen Finessen. Glücklicherweise ist dieser kunstvolle *Turmhelm* (Abb. 40) der Bombardie-rung entgangen, die den größten Teil der Kirche gegen Ende des Zweiten Weltkrieges in einen Trümmerhaufen verwandelte. Bei den langwierigen Wiederaufbauarbeiten konnte das Dach der Kirche mit den farbig glasierten Ziegeln ebenso restauriert werden wie das schöne Löwenportal an der Westseite. Eine letzte bauliche Veränderung erfuhr die Kirche durch die barocke Gnadenkapelle, 1745 von Giuseppe Delai dem östlichen Abschluß des Chores angefügt. Sie wirkte sich sehr nachteilig auf die optische Geschlossenheit dieses Gebäudeteils aus.

Innen wirkt die Kirche ein wenig enttäuschend, da durch den Abbruch des gotischen Flügelaltars des Hans von Judenburg (der großen Einfluß auf die Tiroler Altarschnitzkunst ausgeübt hat; Reste des Altars befinden sich in der Pfarrkirche von Deutschnofen, s. S.192) und der weitgehenden Zerstörung der Wandbemalung durch Bombenschäden nur noch die prächtige *Sandsteinkanzel* (Abb. 42) als überzeugendes Einzelstück übriggeblieben ist. Sie

*Bozen. Pfarrkirche, Grundriß*

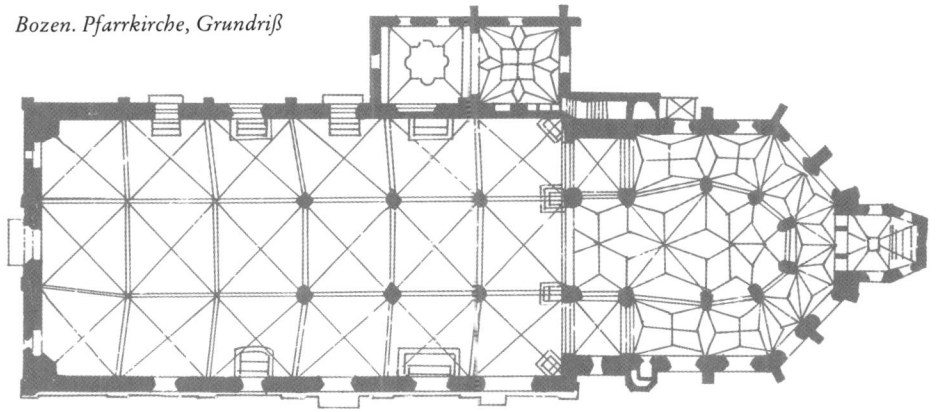

wurde ebenfalls von Hans Lutz von Schussenried 1514 vollendet und besitzt neben reicher Maßwerkverzierung polychromierte Reliefs mit Kirchenvätern und Evangelistensymbolen. An einigen Pfeilern haben sich gotische Steinskulpturen erhalten; sehenswert sind neben mehreren Grabsteinen im Chorumgang noch die Reste der Fresken: an der Westwand die Siebenschläferlegende, vom süddeutschen Meister Konrad Erlin signiert, sowie an der Südwand (rechts der Türe) Bilder eines Malers der Bozner Schule um 1420, links Reste von Malereien italienischer Meister, im Gewölbe des nicht ausgeführten Südturms stark verblaßte Fresken mit der Margarethen-Legende im frühgotischen Linearstil. In der an den Chor angebauten barocken Kapelle befindet sich unter einer Ausmalung von Karl Henrici (1770) eine romanische Marienstatue (um 1200). Man beachte außen am Sockel des Turms das 1969 freigelegte Kreuzigungsfresko (veronesischer Meister, Ende 14. Jahrhundert) sowie neben dem Löwentor der Westfassade das Bild der sogenannten ›Plappermutter‹, gemalt von einem Meister der Pacher-Schule. Laut Rampold erklärt sich der Name durch einen Brauch, demzufolge Großmütter für ihre Enkel, die mit dem Sprechenlernen ihre Schwierigkeiten hatten, Münzen in den Opferstock unter dem Bild warfen (Südtiroler Landeskunde, Band 7).

Wenn Sie der zwischen Walther-Platz und Pfarrkirche verlaufenden Poststraße einige Schritte folgen, stoßen Sie nach zwei Querstraßen auf den großen, äußerlich unscheinbaren Komplex des *Dominikanerklosters*, in dem sich die bedeutendsten Wandmalereien der Stadt befinden. Das 1272 von deutschen Dominikanern gegründete und bald von italienischen Ordensbrüdern übernommene Kloster gelangte im Mittelalter durch reiche Stiftungen der Bozner Kaufmannsfamilien zu großer Bedeutung; 1785 wurde es aufgehoben und als Militärmagazin benutzt. 1924 wurden die verwahrlosten Gebäude restauriert, wobei man großartige Freskomalereien entdeckte, von denen allerdings ein großer Teil bei der Bombardierung Bozens 1944 zerstört wurde. Aus den Trümmern der Kirche ragte unversehrt einzig die an den Chor angebaute langgestreckte *Johanneskapelle* hervor, deren Wandbilder für die Bozner Malerei im wörtlichen Sinn epochemachende Bedeutung hatten: Es handelt sich um vorzügliche Fresken von italienischen Meistern der unmittelbaren Giotto-Nachfolge aus den Jahren 1330–40. Sie waren von der reichen, aus Florenz stammenden Bozner Bankiersfamilie de Rossi in die Stadt gerufen worden, um die von ihnen als Familiengrabstätte genutzte Johanneskapelle mit Wandbildern zu schmücken. Die wie üblich rasch erfolgte Eindeutschung dieser italienischen Familie – schon bald wurde aus Nicolò di Bambarossi, genannt Boccione, dem mutmaßlichen Auftraggeber der oben genannten Fresken, ein Nikolaus von Botsch – veränderte ihren an südlichen Kunstvorlagen orientierten Geschmack nicht: So beriefen sie aus Bologna oder Padua Schüler des genialen Giotto di Bondone (1266–1337), dessen Überwindung des abstrakten romanisch-byzantinischen Stils durch eine völlig neue Auffassung vom Bau eines Bildes schon von seinen Zeitgenossen als große Erneuerung der Malkunst gefeiert worden war. In seinen Bildern erscheinen die Personen nicht mehr als symbolhafte Verkörperung vorgeschriebener ikonographischer Inhalte, sondern als lebensnahe Individuen; sie wirken plastisch durch die Abtönung der Farben in Licht und Schatten und sind in einen mit Landschaft oder

2  ST. SIGMUND   Ältester erhaltener Flügelaltar Südtirols (um 1430)

◁ 1   BRIXEN   Adlerbrückengasse

3   PINZON   Schrein des Flügelaltars von Hans Klocker (kurz vor 1500)

4   KLOSTER NEUSTIFT   Inneres der Stiftskirche

5   KLOSTER NEUSTIFT   Bibliothekssaal, erbaut und ausgestattet 1770–78

Daß den herrn zu So die mahlerlich Mercel die wahrhafft=Warbei
Ehre sich gebühre und Lob, weil, Andri gahsaues gantzen Saniber,
Von an Ellen Geren wohl ocehen, Auch feuer Leben gemahlen anführhora
Aur Edler von Braunsberg eder gemahl derleben del Whonen in dem Land
vornben vun vul seiner Frauen Frewd wirdt vernand der herr dung seig=her
Ein volck gewähr ist du erseheren, im, von eilu gemahl Lust sehe...
Sin muße durch die Kan gesand, do dar der herr wil einem seg
Alßdan bey und den einals Gleich, Auf nolles Luftung, Zum gWittel.
Sun nothgane wernund sich verwicht gelt, Daßen for Lugen und begradi
der ultime stig gant welle haltengeedig sein und erlesen vor der
Hallen Peyn.

beschehen in in hunderts Sonda verehren 1513.     Sig ... fag.

6     BURG BRAUNSBERG in Lana     Auf einem Gemälde des 18. Jahrhunderts

8     REINTAL     bei Sand in Taufers ▷

7     MERAN     Landesfürstliche Burg

10 SCHLOSS RODENEGG
◁ 9 BRIXEN Dom
11 BURG TAUFERS

12 HOCHEPPAN    Romanische Fresken im Inneren der Burgkapelle

13 BURG RUNKELSTEIN    ›Reigentanz‹ im Rittersaal

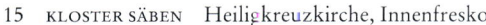

14   SCHLANDERS   Barockes Gewölbefresko mit zeitgenössischer Ansicht des Ortes

15   KLOSTER SÄBEN   Heiligkreuzkirche, Innenfresko

16 CHURBURG Loggiengang

17 SCHLOSS VELTHURNS ›Fürstenzimmer‹

18 BURG TAUFERS Bibliothekssaal und Waffenkammer

19 STERZING Stadtansicht

20 STERZING Flügelgemälde vom Multscher-Altar (1458)

22    BURGRUINE SIGMUNDSKRON

◁ 21   STIFT MARIENBERG                   24    SEISER ALM MIT LANGKOFELGRUPPE ▷

23    CASTELFEDER

25  KARERSEE MIT LATEMAR

26  SCHLOSS TIROL

27 CADINI DI MISURINA (Dolomiten)

28 SELLA-GRUPPE (Dolomiten)

29 TROSTBURG

30 SCHLOSS WELSBERG

31 ST. VERENA    am Ritten

32 TIERSER TAL    St. Cyprian

33  LATSCH   Schrein des Lederer-Altars (1520)

34  LANA   Schnatterpeck-Altar in der Pfarrkirche von Niederlana ▷

35  NATURNS   St. Prokulus, der ›Schaukler‹      36   KLOSTER MARIENBERG
Engel aus dem romanischen Freskenzyklus

37  BOZEN   Dominikanerkloster, Triumph des Todes (Ausschnitt)

38 VÖLS  Pfarrkirche, Kanzel

39 TERLAN
Pfarrkirche, Sandsteinplastik (14. Jahrhundert)

40 MARGREID  Dorfbild

41 AUF DEM RITTEN ▷

42 KALTERN MIT DEM KALTERER SEE

43 DEUTSCHNOFEN St. Helena

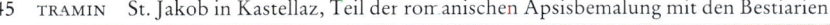

44  OBERBOZEN  St. Georg und St. Jakob, spätromanisches Fresko in der Apsis

46  TAISTEN  Pfarrkirche, Deckenfresko von F. A. Zeiller (1771) ▷

45  TRAMIN  St. Jakob in Kastellaz, Teil der romanischen Apsisbemalung mit den Bestiarien

47 BRIXEN    Kreuzgang, Gewölbefresken der 5. Arkade
48 BREIEN
   St. Katharina, Detail der Westwandfresken

49 KLOSTER NEUSTIFT
   Fresko der 3. Kreuzgangarkade (1490)

50  KLOSTER NEUSTIFT  Viktorskapelle, Fresken im frühgotischen Linearstil

51  BRIXEN  Bischöfliche Hofburg, Freskofragment von Paul Troger

Architektur perspektivisch strukturierten Raum gestellt: Ein entscheidender Schritt hin zu einer realistischen Darstellung war damit in der mittelalterlichen Malerei getan. Doch Giotto war nicht der einzige gewesen, der der Vorherrschaft der byzantinisch geprägten Darstellungsweise ein Ende setzte. Gleichzeitig mit seinem Schaffen breitete sich von Norden kommend der dort entwickelte Linear- oder Konturenstil aus, der besonders in Brixen (s. S. 45), aber auch in Bozen rasche Verbreitung fand. Er stieß hier auf die Errungenschaften Giottos – mit eindeutigem Ergebnis: Kaum waren die ersten Freskenzyklen der Johannes-Kapelle fertiggestellt, wagte kein Maler in Bozen mehr einen Pinselstrich im Linearstil. Die technische Überlegenheit der Giotto-Schule mit ihrer Beherrschung der Perspektive und der Farbschattierungen als Mittel der Modellierung muß die Bozner Malermeister, die ihre Kunst als solides Handwerk betrieben, ebensosehr beeindruckt haben wie ihre potentiellen Auftraggeber. So begannen sie, diese aus den oberitalienischen Kunstzentren nach Bozen gelangte neue Bildkunst zu kopieren, vermengten sie jedoch mit ihrer erlernten, nach wie vor an nördlichen Vorbildern orientierten Malweise, von der sie besonders die Personendarstellung weitgehend beibehielten. Sie begründeten damit die fast ein Jahrhundert blühende Bozner Schule: Tiroler Freskanten, die sich im Stile Giottos versuchten (oder versuchen mußten, wollten sie noch Arbeit finden), schufen bis ins 15. Jahrhundert hinein für zahlreiche Kirchen Bozens wie seiner Umgebung Werke in dieser eigenen Stilmischung italienischer und deutscher Formelemente, die klare perspektivisch geordnete Raumgliederung mit dramatisch bewegten, gedrängten Figurengruppen verband. Die Bozner Schule erlebte kurz nach 1400 mit Person und Werkstatt des Hans Stocinger einen letzten Höhepunkt, dann erstarrte die übernommene Malweise endgültig zur Manier.

Sie betreten die nach 1950 wieder aufgebaute Dominikanerkirche durch das Portal von der belebten Straße her. An der vom Krieg unzerstörten rechten Langhauswand befinden sich Fresken der frühen Bozner Schule (thronende Madonna mit Kind, 1378 von den Castelbarco aus dem Trentino gestiftet), vier Heilige von einem Bozner Meister um 1400 und ein dreiteiliges Bild mit St. Georg, der gekreuzigten ›Kummernus‹ und einer Stifterfigur, wahrscheinlich von Hans Stocinger, sowie einige stark zerstörte Bildreste. Durch einen Bogen der Lettnerwand gelangt man in den schmalen, hohen Chor (1740 barockisiert), dessen Decke noch die jüngsten Ausbesserungen der Bombenschäden zeigt, hier wenden Sie sich rechts durch eine kleine Spitzbogertüre und Sie befinden sich in der großen Johanneskapelle. Nachdem Sie den hohen Raum durch einen Druck auf den Knopf, der sich neben dem Ausgang zum Kreuzgang befindet, mittels zweier etwas abenteuerlicher Lampen beleuchtet haben, wird die farbenprächtige Schönheit des vollständig freskierten Raumes sichtbar. Zugleich erkennt man, daß diese Bilder in der Südtiroler Kunst ihresgleichen nicht finden: In ausgeprägt giottesker Manier haben hier mehrere (nach Rasmo drei) italienische Meister Szenen aus dem Marienleben, Szenen aus dem Leben Johannes des Täufers und des hl. Nikolaus, aus der Christophorusmarter, sowie Rundmedaillons an der Gewölbedecke und vor allem das monumentale Bild des ›Triumph des Todes‹ an der Ostwand geschaffen. In der linken Hälfte dieses Bildes werden die Seelen der Seligen von Engeln an die Himmelspforte abgeliefert, in der Mitte jagt die riesige Gestalt des geflügelten, nackten schwarzen Todes auf einem Klepper hinter einer Schar fliehender und sterbender Reiter her, die mit entsetzten Gesichtern und hilflos abwehrend erhobenen Händen zwischen sich aufbäumenden Pferden in einer zusammenstürzenden Burg Rettung suchen – diese Reiter-gruppe ist ein Meisterwerk der italienischen Trecento-Malerei (Farbabb. 37). (Eine detail-lierte Beschreibung und Erklärung jedes einzelnen Bildes, deren zum Teil komplizierte Inhalte sich meist auf apokryphe Schriften beziehen, gibt Edmund Theil in seinem Laurin-Kunstführer Nr. 17.)

Aus der Johanneskapelle führt eine Türe in den verwahrlosten Kreuzgang, dessen Freskenschätze größtenteils völlig heruntergekommen oder nicht aufgedeckt sind. Gut erkennt man die Bilder einiger Gewölbefelder, die im übertriebenen spätgotischen Natura-lismus des Friedrich Pacher gemalt sind. In den restlichen Klostergebäuden – hier ist jetzt die Bozner Musikhochschule untergebracht – befinden sich im Kapitelsaal und in der Katha-rinenkapelle vorzügliche Bilder italienischer Meister, doch sind die beiden Räume nur bei Ausstellungen zugänglich. Kirche, Kreuzgang und Johanneskapelle sind stets geöffnet.

Wenn Sie die schräg gegenüber der Dominikaner-Kirche mündende schmale Goethe-Straße in die Altstadt hinaufgehen und den anschließenden Obstmarkt überqueren, finden Sie an dessen oberem Ende das *Franziskanerkloster* mit einem schönen Kreuzgang und einem der beiden großen Flügelaltäre Bozens. Das Kloster wurde 1221 gegründet, die Kirche nach dem Stadtbrand von 1291 als flachgedeckter Predigersaal erbaut. Nach 1300 kam der langge-streckte, hohe Chor dazu, 1450 wurde das Langhaus in eine dreischiffige Halle mit Rautennetzgewölbe verwandelt. Wie alle großen Kirchen Bozens 1944 zerbombt, ist auch der Freskenschmuck der 1946/47 wiederaufgebauten Franziskanerkirche bis auf die Galerie berühmter Doctores des Ordens (um 1500, linkes Seitenschiff) zerstört. In der Marienka-pelle (Durchgang an der linken Chorseite) steht der Krippenaltar (Abb. 38, 39) des Hans Klocker aus Brixen; das um 1500 aufgestellte Stück ist einer der besten Südtiroler Flügelaltäre und neben dem Altar in St. Stephan in Pinzon (s. S. 215 f.) das zweite erhaltene Hauptwerk des Brixner Meisters. In einer vorzüglichen Arbeit über Hans Klocker, die sich durch ihre präzise Analyse wohltuend von so manchen pathetischen Ergüssen über die Südtiroler Kunst abhebt, kommt Gisela Scheffler (1967) zu dem Ergebnis, daß Klocker höchstwahrscheinlich mit dem Meister Hans Maler identisch ist, der in den Rechnungen der Brixner Domfabrik zwischen 1477 und 1498 als bischöflicher Hofmaler auftaucht. Er wäre also ein Nachfolger Meister Leonhards, welcher mit seiner handwerklich soliden, aber biederen und konservativen Kunst zwei Jahrzehnte lang die Brixner Schule bestimmt hatte. Hans Klocker war zweifellos ein talentierterer Künstler als Meister Leonhard, seine bildhauerische Begabung ist der des gleichzeitig wirkenden Michael Pacher durchaus ebenbürtig, doch muß die Zugehörigkeit zu einem kleinen mittelalterlichen Bischofshof, dem man nur in seltenen Fällen künstlerische Progressivität nachsagen kann, dazu geführt haben, daß seine Schnitzkunst von den bahnbrechenden Altarkompositionen der Pacher-Werkstatt völlig unberührt blieb; so ist der Klocker-Altar in seiner Gattung eines der besten Stücke reiner Spätgotik. Der geöffnete Schrein zeigt in plastischen Figuren die Geburt

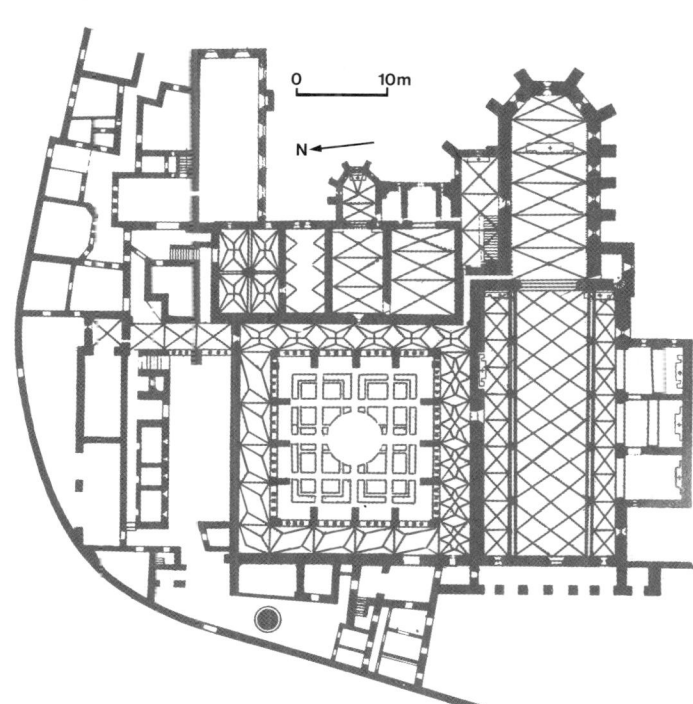

*Bozen.*
*Franziskanerkloster,*
*Grundriß der Anlage*

Christi (daher auch oft ›Weihnachtsaltar‹ genannt, Abb. 39), aus dem Hintergrund nähert sich der als Relief gestaltete Zug der hl. drei Könige mit Gefolge, auf gedrehten Säulen ruht das prunkvolle überdachende Rankenwerk. Gerahmt wird der Schrein in origineller Weise durch einen großen Hohlkehlbogen, in dessen geschnitzten Ranken elf (ursprünglich zwölf) Statuetten von gerüsteten Rittern herumklettern (vordere Umschlaginnenklappe). Die Reliefs der Flügelinnenseiten zeigen rechts Verkündigung und Darbringung im Tempel, links Beschneidung und Tod Mariens. Auf den Flügelaußenseiten vier Bilder des Abschieds der Apostel.

Im stillen Kreuzgang, der sich mit seinen schönen Kleeblattbögen auf Säulen zum Hof hin öffnet, wartet der größte Teil des gotischen Freskenschmucks noch auf seine Aufdeckung. Zu sehen sind eine Kreuzigung und eine Kreuzabnahme an der Südwand (um 1340, von denselben italienischen Meistern, die die Johanneskapelle im Dominikanerkloster ausgemalt haben), sowie im Ostflügel Gemälde des späten 15. Jahrhunderts. Von ihnen sticht ebenfalls eine figurenreiche wandfüllende Kreuzigung hervor; man beachte die schlitzohrige Physiognomie des messerschwingenden Meuchelmörders am unteren Bildrand.

Interessenten frühgotischer Malerei sei noch ein Blick in die alte *Erhardkapelle* geraten, denn hier haben sich Fresken des einst auch in Bozen verbreiteten Linearstils (kurz nach

1300) erhalten. In der Kapelle, in der seit Jahren Restaurierungsarbeiten durchgeführt werden, befinden sich außerdem am Gewölbe und am Triumphbogen Renaissance-Malereien. Sehenswert ist noch der ›Große Saal‹, das ehemalige Dormitorium mit zahlreichen Tafelbildern. Kirche, Flügelaltar und Kreuzgang sind stets zugänglich, Erhardkapelle und Großer Saal werden Ihnen auf Wunsch vom Pförtner oder einem anderen Klosterbruder gezeigt.

Gleichfalls in der Bozner Altstadt steht auf einem kleinen Platz, eng von Häusern umgeben, die kleine Kirche St. Johann im Dorf. Sie trägt ebenso wie St. Martin in Kampill und St. Vigil unter Weineck an ihren Wänden Hauptwerke der Bozner Schule, doch sind die Kirchen nach Beschädigungen der Fresken für das Publikum geschlossen worden. St. Johann im Dorf soll demnächst restauriert und wieder zugänglich gemacht werden.

Keinesfalls versäumen sollten Sie einen Gang ins Bozner *Museum*, es zeigt in mehreren Stockwerken Urgeschichtsfunde sowie Südtiroler Kunstobjekte aller Stilepochen. Besonders ganze Säle von Holzskulpturen, Flügelaltären und erhaltenen Teilen derselben entschädigen für die vielen leeren Kirchen, die die Schnitzwerke aus Sicherheitsgründen abgeben mußten. Im dritten Stock des Museums werden neben Volkskunst mehrere vollständige alte Stuben mit gotischem Getäfel ausgestellt. Der Eingang ist in der Sparkassen-Str./Ecke Museumstr., Öffnungszeiten: werktags von 9 bis 12 und 15 bis 17 Uhr, an Sonn- und Feiertagen geschlossen.

Durch die Eingemeindung des Dorfes **Gries** – wegen seines guten Klimas als Kurort bekannt – hat Bozen ein zweites Zentrum von historischer und künstlerischer Bedeutung gewonnen. Mittelpunkt ist der große Grieser Platz, dessen langgestreckte Ostseite vom teils barocken, teils mittelalterlichen Gebäudekomplex des Klosters Muri eingenommen wird, dem gegenüber sich in ebensolcher Länge Gasthäuser und Restaurants aneinanderreihen. Wenn es im Sommer und weit in den Herbst hinein abends warm bleibt, ist der bei einbrechender Dunkelheit zum abendlichen Leben erwachende Grieser Platz einer der angenehmsten Orte in Bozen. Man gelangt mit dem Wagen dorthin, indem man von der Durchgangsstraße nach Meran rechts in die breite Italienstraße und am Mazzini-Platz links in die Freiheitsstraße abbiegt, die in den Grieser Platz mündet, oder zu Fuß, indem man, aus der Altstadt kommend, die Talferbrücke am Ende der Museumstraße überquert und über den Siegesplatz mit seiner der faschistischen Ära entstammenden Architektur ebenfalls auf die Freiheitsstraße gelangt.

Das *Kloster Muri* (Abb. 37) besteht zum Teil aus einer Burg, in die das Kloster 1406 verlegt wurde (der die Anlage überragende Glockenturm ist der ehemalige Bergfried). Von ihm kann nur die Stiftskirche besichtigt werden, welche mit ihrer architektonisch reichgestalteten Westfassade zum Grieser Platz zeigt. Sie wurde 1769–1771 von Giuseppe Antonio Sartori aus Rovereto im Stile des Spätbarock mit Übergängen zum Klassizismus erbaut und ist eine der schönsten Barockkirchen Südtirols. Ihre besondere Note erhält sie durch eine reiche Ausstattung mit großangelegten Wandgemälden und sieben Altarbildern, alle aus der Hand des großen Tiroler Barockmalers Martin Knoller, der auch in Deutschland, Österreich und

Italien zu Aufträgen und Ehre gelangte. Über die prächtige Orgel malte Knoller ein Engelskonzert, das ovale Kuppelfresko stellt die Aufnahme des hl. Augustinus in den Himmel dar. Dazwischen erstreckt sich das 23 Meter lange Deckenfresko des Langhauses; es zeigt in großangelegter Komposition und perfekt beherrschter illusionistischer Technik den sogenannten ›Ketzersturz‹. Zwischen riesigen Scheinarchitekturen erscheint Christus mit seinem Gefolge auf einer Wolke, um dem Augustinus beizustehen, während der gerade als Kirchenlehrer den christlichen Glauben verteidigen muß. Gegen den göttlichen Glanz kann kein Argument etwas ausrichten, die dank Christus errungene Macht schleudert die Ungläubigen in die Tiefe, der Maler läßt sie mit schrecklicher Gebärde über den goldenen Bildrand hinaus scheinbar in die Kirche stürzen. Dabei unterstreicht der über die Stukkaturen gemalte dunkle Schatten der Fallenden den illusionistischen Effekt.

Vom oberen, bergseitig gelegenen Ende des Grieser Platzes sind es nur wenige Schritte immer geradeaus zur alten *Grieser Pfarrkirche*. Sie enthält mit dem Marienkrönungsaltar des Michael Pacher (um 1430–1498) einen der Höhepunkte gotischer Schnitzkunst überhaupt, an dem – obwohl ein Frühwerk – Pachers genialer Fortschritt in der Behandlung von Plastik und Malerei studiert werden kann. Michael Pacher (über seine Beziehung zu Friedrich Pacher s. S. 46) entstammte der Pustertaler Schule, die Mitte des 15. Jahrhunderts durch ihre Auseinandersetzung mit der italienischen Malerei die verknöcherte Gotik der beherrschenden Brixner Schule hinter sich gelassen und mit Hans von Bruneck bereits einen vorzüglichen Maler hervorgebracht hatte. Seine eigenen Lehrjahre führten Pacher vor allem nach Padua, dem oberitalienischen Kunstzentrum, in weiteren Reisen gelangte er ins Rheinland und in die Niederlande, wo er der Malerei der Gebrüder van Eyck, Rogier van der Weydens, Hugo van der Goes' und der überlegenen Kunst des Bildhauers Nikolaus Gerhaert begegnete. Die vielfältigen Anregungen und Vorbilder verband Pacher mit seiner erlernten Kunst und setzte beides in ein völlig neues Gestaltungsprinzip eines Flügelschreins um: Statt die Figuren statuarisch nebeneinanderzustellen, bezog er sie szenisch aufeinander. Durch sein überragendes technisches Können gelingt ihm die dafür notwendige perspektivisch richtige Aufteilung des Raums in einen zusammenhängenden Vorder- und Hintergrund, wodurch der Raum Ausdehnung und Tiefe gewinnt: Der Schrein wird zur Schreinbühne. Dieses ›Prinzip der Bühnenwirksamkeit‹, wie Rasmo es in seinem unübertroffenen Werk über Michael Pacher nennt, erweist sich noch deutlicher in späteren Werken des Meisters, besonders in dem nur gemalten Kirchenväteraltar, von dem in Neustift bei Brixen eine original große Reproduktion zu sehen ist (s. S. 46). Dort sind die handelnden Personen von großen, sich perspektivisch in den Hintergrund verwandelnden Architekturen umgeben, zwischen den Personen oder durch geöffnete Fenster und Türen weitet sich der Raum in Kirchenschiffe oder weitläufige mittelalterliche Stadtbilder, während komplizierte, aus dem Vordergrund zentralperspektivisch verlaufende Fußbodenmuster, die in die Weite des Raumes führen, eine organische Verbindung von Vorder- und Hintergrund herstellen: Michael Pacher war zweifellos einer der größten Maler des ausgehenden Mittelalters.

Hier in Gries hat Pacher diese Bühnenwirksamkeit erreicht, indem er das Architekturgebäude des Schreins perspektivisch gearbeitet hat. Die maßwerkverzierten und den Schrein oben abschließenden Baldachine sind seitlich abgeschrägt, wodurch der Eindruck entsteht, sie ragten nach vorn aus dem Schrein heraus. Zugleich sind unter dem mittleren Baldachin die vorhangtragenden Engel, die den Hintergrund bilden, unter Spitzbögen nach rückwärts abgeschrägt gemalt: Der flache Schrein erscheint dank der perspektivischen Illusion als Raum. Darin stellt die Figurengruppe eine Krönung Mariens dar, die aufeinander bezogene Gestik und die ineinanderfließenden Gewänder der Einzelskulpturen betonen den szenischen Charakter der Darstellung, während die außen vor die Figurenpostamente gesetzten Engel, die das Gewand Marias halten, als äußerster Vordergrund die Tiefenillusion der Schreingruppe unterstützen. Die Szene wird flankiert von zwei Einzelskulpturen (Erzengel Michael und hl. Erasmus); sie beweisen bereits das ganze bildhauerische Können Michael Pachers. Man beachte die vier niedlichen musizierenden Engel an den Seiten und die schönen Gesichter der Vorhangengel im Schreinhintergrund, ebenso versäume man nicht einen Blick auf die Rückseite des Schreins, wo sich 15 Gemälde eines noch unbekannten süddeutschen Meisters (um 1480) befinden. Über die Herkunft der Bilder ist viel gerätselt worden, seit längerem ist Conrad Waider aus Straubing als Maler im Gespräch, doch steht die Klärung noch aus.

Der Betrachter wird sich fragen, warum vom Altar nur der Schrein und zwei an der Wand befestigte Flügelreliefs zu sehen sind. Der Eifer, mit dem die Gemeinden des 18. Jahrhunderts darangingen, ihr Geld in barocke Umwandlungen der als nicht mehr standesgemäß empfundenen gotischen Ausstattung zu investieren, zeigte auch vor Michael Pacher keinen Respekt: 1736 wurde sein Altar abgebrochen und in einer Seitenkapelle untergestellt; als er 1846 wiederentdeckt wurde, waren das Gesprenge und die Predella, die Flügel und die Schreinwächter verschwunden, allein die schöne, neben dem Barockaltar im Kirchenschiff auf einem Wanddienst stehende Madonna mit Kind stammt wahrscheinlich aus dem verlorenen Altaraufsatz.

Neben dem Pacher-Altar übersehe man nicht den Bau, in dem er steht: die alte Grieser Pfarrkirche besitzt zahlreiche schöne Architekturdetails aus verschiedenen gotischen Bauperioden (Portale, Gewölbe, Schlußsteine) sowie mehrere erst kürzlich aufgedeckte Wandgemälde (Jüngstes Gericht) und vor allem das sogenannte ›Hepperger Kreuz‹, ein Meisterwerk romanischer Schnitzkunst. Öffnungszeiten: werktags 10 bis 12 Uhr, sonntags geschlossen.

Wenige Meter hinter der alten Pfarrkirche beginnt die ehemals berühmte *Guntschna-Promenade*, 1891–1903 erbaut. Sie führt zwischen Felsen und submediterraner Vegetation mit schönsten Ausblicken auf die Stadt und Landschaft den Hang hinauf zu den Weinbauernhöfen von Guntschna. Für weitere, sehr angenehme Spaziergänge in dieser Gegend, etwa hinauf nach Glaning und Jenesien, zu alten Gasthöfen oder zum Beginn der Sarner Schlucht, besorge man sich einen kleinen Wanderführer.

Fährt man vom Stadtzentrum auf der Durchgangsstraße am Bahnhof vorbei in Richtung Brenner, so gelangt man in den östlichen Vorort Rentsch. Hier führt eine schmale, steile Straße in wenigen Minuten hinauf in das kleine Dorf **St. Magdalena,** dessen Lage allgemein als eine »in einem wogenden Meer von Weinhängen« gekennzeichnet wird. Die Charakterisierung ist nicht unpassend, tatsächlich zeigt sich in St. Magdalena ein Rest Schönheit der Bozner Landschaft, bevor die Stadt den Talgrund zerfraß, und der hiesige Rosengartenblick kann es fast mit dem der Wassermauerpromenade aufnehmen. In der alten Kirche *St. Magdalena auf Prazöll* befinden sich bedeutende Fresken im frühgotischen Linearstil (um 1300, im Altarraum) sowie die Fresken der Bozner Schule im gesamten Kirchenschiff (um 1370, Magdalena-Legende im Langhaus, Jüngstes Gericht an der Westwand). Aufdeckung und Restaurierung der sehr verblichenen Bilder schreiten aber nur sehr langsam fort, weshalb es nicht mehr bzw. noch nicht viel zu sehen gibt. Da sich die Höfe in St. Magdalena in jahresmäßigem Turnus im Besitz des Schlüssels abwechseln, müssen Sie sich beim nächsten Hof erkundigen, wo er gerade zu bekommen ist.

Der erste Ausflug in die Bozner Umgebung führt natürlich nach **Runkelstein** (Abb. 33) am Eingang zur Sarner Schlucht. Die Burg enthält in mehreren Stockwerken ausgedehnte Wandmalereien; sie gehören zu den bedeutendsten profanen Fresken der Gotik, die überhaupt existieren. Man erreicht die Burg mit dem Wagen, indem man in Bozen den Schildern nach Sarnthein (Sarentino) folgt, oder zu Fuß von der Altstadt aus (in etwa 30 Minuten). Dieser Weg führt am Talferufer die schon genannte Wassermauerpromenade entlang, an deren Ende Sie rechts und nach wenigen Metern in die erste Straße links einbiegen, von dort sind es noch etwa 500 m zum Burgfelsen.

Ob man sich zu Fuß auf der rechten oder mit dem Wagen auf der linken Talferseite nähert, stets ist der Besucher schon von weitem beeindruckt von der ungemein dramatischen Szenerie: Auf senkrecht abstürzenden Felsen gelegen, von der Talfer umspült, die sich aus den letzten bizarren Blöcken der Sarner Schlucht windet, ist Runkelstein die Inkarnation aller Klischees einer romantischen Ritterburg. 1237 von Friedrich und Beral von Wanga erbaut, spielte die Burg in den jahrzehntelangen Kämpfen der Grafen von Tirol gegen den Bischof von Trient und seine Parteigänger, die Wanga, eine wichtige Rolle. Nach der völligen Niederlage der bischöflichen Seite wurde 1277 auch Runkelstein erobert und geplündert. 1385 kauften die reichen Bozner Bürger Niklas und Franz Vintler die Burg und ließen sie in prächtiger Weise ausstatten, wobei auch die berühmten Fresken entstanden. Diese Wandbilder mit ihrer idealisierten Darstellung der ritterlichen Welt übten bereits auf die Betrachter im Mittelalter eine solche Faszination aus, daß sich Kaiser Maximilian zu einem einmaligen Akt frühester Denkmalpflege entschloß. Nachdem er »das sloss Runcklstein mit dem gemel (Gemälde) lassen zu vernewen von wegen der gueten alten istori« veranlaßt hatte, wurde 1508 der Maler Marx Reichlich beauftragt, die Fresken zu restaurieren. Nach 1754 verfiel die Burg völlig; während Dächer und Böden einstürzten, wurde der heruntergekommene Bau mit seinen Kostbarkeiten an den bröckelnden Wänden im 19. Jahrhundert ein Pilgerziel romantisch gesinnter gekrönter Häupter und ebensolcher Dichter, immerhin verbreiteten sie den Ruhm Runkelsteins so weit, daß Kaiser Franz Josef 1884 eigenhändig die Rettung der Burg verfügte. Einigermaßen instand gesetzt, wurde Runkelstein 1893 der Stadt Bozen übereignet, die das kaiserliche Geschenk mit gehörigem

*Runkelstein um die Mitte des 19. Jhs., Aquarell von F. Schweighofer*

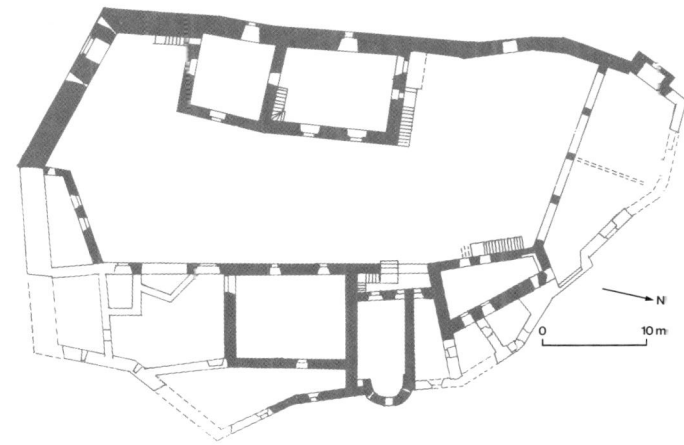

*Runkelstein,
Grundriß der Burg-
anlage. Die noch erhal-
tenen Teile sind schwarz
ausgezogen*

Pomp, aber geringem Interesse annahm, weshalb die Burg ein zweites Mal verfiel. Als schließlich vor einigen Jahren endgültige Restaurierungsarbeiten durchgeführt wurden, war ein Teil der unersetzlichen Fresken ein für allemal zerstört.

Der Romantik der Lage steht die des malerischen Burghofes nicht nach. Im großen Westpalas und in den offenen Gewölben des von den Vintler erbauten Sommerhauses ist eine angenehme Burgwirtschaft untergebracht, die offenbar eine alte Tradition Runkelsteins fortsetzt: »Ir herrn und gest, ir sollt mir all willkummen sein ...«, verkündet schon seit 600 Jahren das Spruchband, mit dessen Worten eine an die Wand neben der Tür zum oberen Stock des Sommerhauses gemalte Dame dem Besucher einladend einen leider nur zweidimensionalen Becher reicht.

Wo die Kunst der Freskomaler vom ikonographischen Zwang kirchlicher Darstellungen befreit war, konnte sie in unerschöpflicher Vielfalt mittelalterliches höfisches Leben darstellen. Die Bilder zeigen den Hof bei der Jagd, beim Turnier, beim Spiel und anderen Arten der unterhaltsamen Erbauung, denen sich die vornehmen Damen und Herren des 14. Jahrhunderts hingaben; Freskenzyklen mit bildlichen Darstellungen zeitgenössischer Heldenepen vervollständigen diese einzigartige Bildreportage eines ritterlichen Hofes und seines kulturellen Lebens. Besonders fällt dabei die detailgetreu wiedergegebene, reichhaltige Garderobe der adeligen Gesellschaft auf: »Die Damenmode besticht durch kapriziöse Vielfalt: Man sieht hochgeschlossene Roben mit weitem Faltenwurf neben enganliegenden mit tiefem Ausschnitt, winzige Hüte neben breitkrempigen aus Stoff oder Stroh, kurze Spaziermäntel; die Ärmel, um das Handgelenk eng geschlossen, fallen nach unten glockig auseinander und bedecken fast die ganze Hand. Dem stehen die Herren an Eleganz nicht nach: kurze Wämser mit Wespentaille und gepolsterter Brust, Glockenärmel wie bei den Damen, hautenge Strumpfhosen, reichverzierte, tief um die Hüften gelegte schwere

185

Metallgürtel, an denen der Dolch oder häufiger noch ein Glöckchen hängt, Schuhe mit langen Schnabelspitzen; die Hutmode gibt sich nicht minder abwechslungsreich als der weibliche Kopfputz«, schreibt Rasmo.

Die bedeutendsten Raumausmalungen befinden sich im *Westpalas:* das ›Wappenzimmer‹, das ›Zimmer der Ritterspiele‹ (wegen der zahlreichen umschlungenen und händehaltenden Pärchen auch ›Saal der Liebespaare‹ genannt) mit einer Darstellung Runkelsteins während des Umbaus durch die Vintler; die sogenannte ›Badestube‹, der (nach Rasmo) original erhaltene Aufenthaltsraum des Palas, in dessen berühmter gemalter umlaufender Arkadengalerie vornehme Damen und Herren amüsiert Gauklern, Tieren und Fabelwesen zusehen, darunter reicht ein freskierter Teppich fast bis zum Boden. Zu den sehenswerten Räumen gehört auch der im letzten Stockwerk gelegene ›Rittersaal‹, beherrscht durch die großangelegte Turnierdarstellung an der Südwand, worunter sich die reizvollsten Bilder, der ›Reigentanz‹ mit Musikanten (Farbabb. 13) und das ›Ballspiel‹, befinden, die anderen Wände zeigen Fragmente von Jagdszenen im Gebirge mit Burgen, Bergen und Beute. Zuletzt sei noch ein angrenzender Raum erwähnt, in dem über hängenden Teppichen männliche und weibliche Halbfiguren gemalt sind, gekrönt durch eine große wildbewegte Turnier- oder Schlachtszene in der Dreipaßlünette der Nordwand.

Aus dem Westpalas gelangt man über einen Wehrgang zum Obergeschoß des *›Sommerhauses‹*, dem außen ein überdachter Holzsöller vorgebaut ist, an seiner Wand befinden sich die sogenannten ›Triaden‹, monumentale Bilder von Dreiergruppen historischer und mythischer Personen: die drei größten Helden der Antike und des Alten Testaments, die drei christlichsten Könige, die edelsten Ritter, die berühmtesten Liebespaare, die sagenhaftesten Schwerter, die drei größten Riesen und Riesinnen und die berühmtesten Zwerge. Die Innenräume dieses Obergeschosses hatte sich Kaiser Maximilian als Jagdquartier einrichten lassen, wovon noch ein prachtvoller Kamin und Reste der Holzdeckenbemalung zeugen. Hier befindet sich das ›Tristan-Zimmer‹, an dessen Wänden in Terraverde-Technik die dramatischen Begebenheiten aus dem Epos ›Tristan und Isolde‹ von Gottfried von Straßburg in höchst eindrucksvollen Bildern vorgeführt werden. Im angrenzenden Saal mit dem Kamin stellen die Fresken die Legende des ›Garel von dem blühenden Tal‹, ein Sujet aus dem Sagenkreis um König Artus' Tafelrunde, dar. Die Fresken im Ostpalas sind bis auf das Katharinenmartyrium in der romanischen Burgkapelle verloren. Seltsamerweise ist über die Maler dieser bedeutsamen Wandbilder so gut wie nichts bekannt. Die Fresken des Westpalas haben höchstwahrscheinlich Meister aus der Bozner Schule gemalt, die aber stark vom ›Höfischen Stil‹ Veroneser Prägung beeinflußt waren. Die gesamten Bilderzyklen des Sommerhauses entstammen offenbar einer anderen Schule, und es läßt sich wegen der gründlichen spätgotischen Überarbeitung durch Marx Reichlich so gut wie keine stilkritische Einordnung mehr vornehmen, obwohl einige Experten dem Garel-Zyklus die Hand Hans Stocingers anzusehen vermeinen. Immerhin ist diese Vermutung nicht unwahrscheinlich, da Stocinger (s. S. 195) sicher die Bilder in der Burgkapelle gemalt hat.

Nicht unerwähnt soll die Tatsache bleiben, daß die Familie Vintler, der dieser Kunstschatz zu verdanken ist, auch einen Dichter namens Hans hervorbrachte. Er übersetzte 1411 auf Runkelstein Gozzadinis ›Fiori di virtú‹ unter dem Titel ›Pluemen der tugent‹ in deutsche Reime.

Burg und Gaststuben sind stets geöffnet, Besichtigung der Fresken (außer an Sonn- und Feiertagen) von 10 bis 12 und 15 bis 18 Uhr.

Wer hinter Runkelstein die Straße ins Sarntal weiterfährt, erblickt nach der nächsten großen Biegung eine andere Welt. Das städtische Bozen mit seinen sonnenbeschienenen Rebenhängen noch vor Augen, eröffnet sich ihm kaum drei Minuten entfernt eine unheimliche Szenerie von grandioser Wildheit: die einsame Sarner Schlucht, geformt von ungeheuren Felsabstürzen, bizarren, zerklüfteten Vorsprüngen und schwindelerregenden Kesseln. Am Eingang der Schlucht liegt in einer letzten Weitung die kleine Burg Ried auf einer Insel im Talferbett, dann rücken die Felsen zusammen, die Straße windet sich zur halben Höhe der Schlucht und führt dort, in den Felsen gesprengt, durch 24 Tunnels bis zum ebenen Boden des Sarntals. Man passiert auf dieser Straße mehrere geheimnisvolle Ruinenreste auf kaum ersteigbaren Felsvorsprüngen; bei einem Blick in die Tiefe kann man die Reste mehrerer aus verschiedenen Jahrhunderten datierender Trassierungsversuche auf dem Grund der Schlucht erkennen, die allesamt dem Wildwasser der Talfer zum Opfer fielen. Zu Fuß auf den ausgewaschenen alten Straßen- und Wegeresten in die Schlucht vorzudringen, ist ein höchst reizvolles, jedoch lebensgefährliches Unternehmen, da sich der Bach in kürzester Zeit in einen reißenden Strom von ungeheurer Gewalt verwandeln kann. Dennoch gibt es in der Schlucht einige zwar sehr steile, aber äußerst lohnende Wanderwege, so zu den Goldegg-Höfen, die wie auf einer grünen Insel unter Kastanienbäumen zwischen den Felsen liegen, in den Maggner Kessel oder zum einsamen Buschenschank Steinmannhof im Sattel vor dem 230 m senkrecht abstürzenden Johanniskofel mit seiner kleinen Kirche. Man erkundige sich jedoch genau nach dem Weg.

Fährt man am Ende der Schlucht weiter, so gelangt man bald nach **Sarnthein,** dem dörflichen Zentrum des Tales. Spätestens hier wird man auf einem Rundgang, besonders aber bei einem Glas Wein bemerken, daß das Sarntal tatsächlich eine Welt für sich ist: Auch innerhalb Südtirols stellt die fast unberührt intakte bäuerliche Kultur des jahrhundertelang kaum zugänglichen Tales eine Besonderheit dar, und wer an einem Sonntagvormittag nach dem Kirchgang noch einen Platz im Gasthaus bekommt, wird einen letzten Eindruck des alten Tirol vor seiner Touristisierung mitnehmen können. Kunsthistorisch bedeutsam ist neben der großen *Burg Reinegg* am Hang über dem Dorf (Privatbesitz, leider nicht zu besichtigen) die Kirche *St. Cyprian.* Dies ist nicht die Pfarrkirche im Dorfzentrum, St. Cyprian liegt rechts noch vor der Brücke, kurz nachdem Sie von der Talstraße hinunter nach Sarnthein abgebogen sind. (Falls die kleine Kirche verschlossen ist, müssen Sie doch zuerst ins Dorfzentrum, dort liegt der Schlüssel im Pfarrhaus links der Pfarrkirche.) Neben den hübschen Außenfresken ist das Innere vollständig mit Wandmalereien bedeckt; von ihnen sind die der nördlichen Langhauswand, die als einziger Teil des ursprünglichen Baus dem Umbau von 1470 entging, die bedeutenderen. Sie zeigen in zwei Bildstreifen oben sieben Passionsdarstellungen und unten in fünf Bildern Legende und Martyrium des hl. Cyprian und der hl. Justina. Nach der kürzlich erfolgten Entrestaurierung der 1888 übermalten Fresken gelten diese mit ihren bewegten Figurengruppen vor weitläufigen perspektivischen Hintergrundarchitekturen zu Recht als ein Hauptwerk der Bozner Schule. Die restlichen Bilder in der Kirche sind etwa 100 Jahre später (1492) entstanden und eine deutlich zweitklassige Produktion eines süddeutschen Meisters, nach Frei handelt es sich um Conrad Waider aus Straubing.

Man versäume auf keinen Fall einen Gang in das alte *Gasthaus ›Zum Hirschen‹*, schräg gegenüber St. Cyprian, das mit seiner kunstvoll gearbeiteten gotischen Balkendecke und holzgetäfelten Wänden eine alte dörfliche Tiroler Gaststube besitzt, wie sich kaum noch eine zweite findet.

Einige Kilometer hinter Sarnthein teilt sich bei Astfeld die Straße. Links geht es zum Talschluß und dort über das Penser Joch (2214 m) hinunter nach Sterzing, rechts nach Durnholz. Am Hang des Gentersberges liegt hoch über der Straßengabelung die kleine Kirche *St. Valentin,* mit Außenfresken eines Bozner Meisters und einer Bemalung von Apsis und Chorbogen im Inneren, die Weingartner aber nicht zu Unrecht als ›derbe Arbeiten‹ bezeichnet. Nicht entgehen lassen sollten Sie sich eine Weiterfahrt nach dem alten Bauerndorf Durnholz und seinem klaren Gebirgssee, beherrscht von der markanten Silhouette der großen gotischen Pfarrkirche.

Die Bozner Umgebung ist reich an besonderen Landschaftsformationen. Das Sarntal mit seiner wilden Schlucht begrenzt den Ritten, das ausgedehnte Hochplateau zwischen Sarn- und Eisacktal. Hier breitet sich eine Landschaft von einzigartiger Schönheit aus: Soweit der Blick reicht, dehnen sich sanft gewellte Wiesen mit einer reichhaltigen Flora und zahllosen eingestreuten Lärchengruppen, die in stillen Tälern schattig zusammenrücken. Sie werden durchzogen von rauschenden Lindenalleen entlang der alten Rittner Wege, hier und dort steht eine einsame Kirche, und alles überragt das kolossale Dolomitenpanorama des Schlern, Rosengarten und Latemar.

Diese Schönheit vor ihrer Haustüre ist von den Boznern natürlich nicht unbemerkt geblieben. Um im Sommer der Hitze der Stadt zu entgehen, erwählten die reichen Bozner Bürger das luftige Hochplateau des Ritten zu ihrer Sommerfrische, bauten dort seit dem frühen 17. Jahrhundert ihre behäbigen Sommerfrischen-Häuser und ließen sie von den besten Tiroler Barockmalern wie Knoller, Schöpf und Henrici ausmalen. Ein großer Schießstand als Mittelpunkt des sommerlichen gesellschaftlichen Lebens wurde errichtet und an Wegen wie auf Plätzen Linden angepflanzt; sie überragen jetzt, jahrhundertealt, mit riesigen Baumkronen die alte Ferienherrlichkeit der Bozner. So breitete sich auf dem Ritten gediegene Großbürgerlichkeit aus, die bis zum Bau der Autostraße 1965 vom Massentourismus völlig unberührt ihr traditionsreiches Sommerfrischendasein pflegte: Wer heute von der Seilbahnstation in Oberbozen die Viertelstunde zur Barockkirche Mariä Himmelfahrt in der Nähe des Schießstandes auf dem alten Weg zu Fuß geht, wird sich nach wenigen Schritten zwischen großen Sommerhäusern unter Linden und Kastanien, durch Torbögen und Gärten ins 18. Jahrhundert versetzt fühlen. Wie sehr dieser eigenartige vornehm-bürgerliche

*Oberbozen. Schießscheibe mit einer Genreszene,
das Treiben auf einem Schießstand darstellend*

Ferienbetrieb im Gebirge den Ritten geprägt hat, wird durch nichts deutlicher als durch die uralte Straßenbahn, die noch heute durch die einsamen Lärchenwiesen rumpelt. Man leidet keineswegs an Halluzinationen, wenn man ihrer ansichtig wird, es gibt sie wirklich und selbstverständlich verkehrt sie pünktlich nach Fahrplan zwischen den kleinen Dörfern. Die Autostraße hat der Unberührtheit dieser Idylle ein klägliches Ende bereitet, besonders an Wochenenden im Sommer oder zu Ostern sollten Sie den Ritten meiden. Wer jedoch seinen Wagen abstellt und sich mit einer Wanderkarte auf die zum Teil jahrtausendealten Fußwege über den Ritten begibt, kann überall noch die faszinierende Schönheit dieser Landschaft finden und sich an manchen geheimnisvollen oder geschichtsträchtigen Ort begeben – immerhin sind auf dem Ritten 49 vorgeschichtliche Wallburgen nachgewiesen, deren landschaftlich reizvollste den Hügel der mittelalterlichen Ruine Zwingenstein in der Nähe von Unterinn umgibt. Nahe dabei liegt die ›Weit‹, angeblicher Schauplatz der ›Räterschlacht‹ gegen die Römer, Fundort zahlreicher römischer Münzen und nach der Überlieferung ein unheimlicher Ort, an dem so manche geisterhafte Erscheinung erblickt wurde. Die alte, teils mit Steinplatten gepflasterte ›Kaiserstraße‹ ist ebenfalls noch vielerorts sichtbar – auf ihr zogen die waffenklirrenden Heere der deutschen Könige des Hochmittelalters nach Rom zur Kaiserkrönung, da die Eisackschlucht vor Bozen damals unbegehbar war.

Einer dieser nur zu Fuß erreichbaren Plätze ist die auf einem Hügel aus dichtem Wald hervorschauende Kirche *St. Georg und St. Jakob* unterhalb der Seilbahnstation in **Oberbozen** (von dort 20 Minuten entfernt). Sie enthält das – neben den Altarbildern der Barockkirche Mariä Himmelfahrt – zweite Kunstwerk von Rang der Rittenlandschaft: In der Apsis der 1289 erstmals erwähnten Kirche befinden sich vorzügliche spätromanische Fresken (Farbabb. 44), deren stilistischer Übergang zur frühgotischen Malerei unverkennbar ist. Obwohl die Konzeption der Bilder noch deutlich romanisch ist, sind die Apostel, die sich unter dem obligaten Christus in der Mandorla eifrig disputierend einander zuwenden, schon in der für den Linearstil charakteristischen expressiven, zeichnerischen Art darge-stellt, die Farben der Bilder haben sich sehr intensiv erhalten. Die Kirche ist in der Regel geöffnet, sonst befindet sich der Schlüssel im Bauernhof am Fuße des Hügels.

Von der Georgskirche ist es nicht weit zu den Erdpyramiden des Katzenbachgrabens, die hier eine große Fläche bedecken und einen verblüffenden Anblick bieten: ein bizarres Gewirr schlanker, bis zu 30 m hoher Säulen aus festem Moränenschutt, auf denen jeweils ein einziger großer Stein ruht. Er hat das darunter befindliche Material turmartig in der Form dieser Deckplatte geschützt, während dazwischen alles andere der Erosion zum Opfer fiel. Diese berühmte naturkundliche Besonderheit des Ritten – sie zeugt übrigens davon, daß er zur Eiszeit unter Gletschern lag – findet sich noch an mehreren anderen Orten des Hochplateaus, so in der Nähe von Unterinn und besonders ausgedehnt im Finsterbachgra-ben zwischen Lengmoos und Maria Saal. Wer sich länger auf dem Ritten aufhält, versäume auf keinen Fall eine Besteigung des Rittner Horns (2260 m, bequemer Aufstieg), das eines der großartigsten Dolomitenpanoramen des Landes zu bieten hat, sowie einen Besuch der einsam gelegenen Kirche St. Verena (Farbabb. 31), einem landschaftlichen Höhepunkt nicht nur des Ritten, sondern ganz Südtirols.

Die vorletzte Fahrt zur Kunst der Bozner Umgebung steht den bisherigen an landschaftli-cher Attraktivität nicht nach. Sie führt durch das Eggental auf die volkstümlich als ›Regglberg‹ bezeichnete östliche Fortsetzung der Bozner Porphyrplatte, die mit ihrer Umrahmung von Rosengarten und Latemar bis zu den zerklüfteten Felswänden der Dolomiten reicht. Beim Hauptort Deutschnofen befindet sich die vollständig freskierte Kirche St. Helena; sie enthält mit ihren Bildern ein Hauptwerk der künstlerisch noch einmal sehr fruchtbaren Spätphase der Bozner Schule, kurz bevor diese zur Bedeutungslosigkeit herabsank.

Die Fahrt beginnt im Eisacktal, zwei Kilometer nördlich von Bozen, wo man von der Brennerstraße in Richtung Karerpaß abbiegt. Den ersten Teil der Strecke bildet über mehrere Kilometer die berühmte wildromantische Eggenschlucht mit ihren senkrechten, am Eingang von der *Burg Karneid* überragten Felsen. Bevor Sie den im Sommer stets total überlaufenen, in der Schönheit seiner Lage allerdings kaum zu übertreffenden Karer See erreichen, zweigt nach etwa 12 km die abwechslungsreiche Straße rechts nach Deutschnofen ab und führt in die von ausgedehnten Wäldern und Almen geprägte Landschaft des ›Regglbergs‹. Von der Straßengabelung, wo die Straße zum Lavazé-Paß abzweigt, fahren Sie nach rechts noch etwa 5 km in Richtung **Deutschnofen,** dann zweigt weit vor dem Ort rechts ein nicht asphaltierter Fahrweg ab, an dem ein kleines Holzschild nach *St. Helena* (Farbabb. 43) weist. Dort lassen Sie den Wagen am besten stehen, man gelangt in einem bequemen 20-Minuten-Spazierung durch schönste Landschaft zur kleinen Kirche neben dem Bauernhof, in dem es neben dem Schlüssel Speck, Käse und Wein gibt. Äußerst eindrucksvoll ist das Panorama dieses Platzes: hinter den sanft gewellten Almwiesen erheben sich die riesigen zerrissenen Felswände von Rosengarten und Latemar, ›Lis montes pálies‹ der alten rätoromanischen Überlieferung, die Welt der ›Bleichen Berge‹.

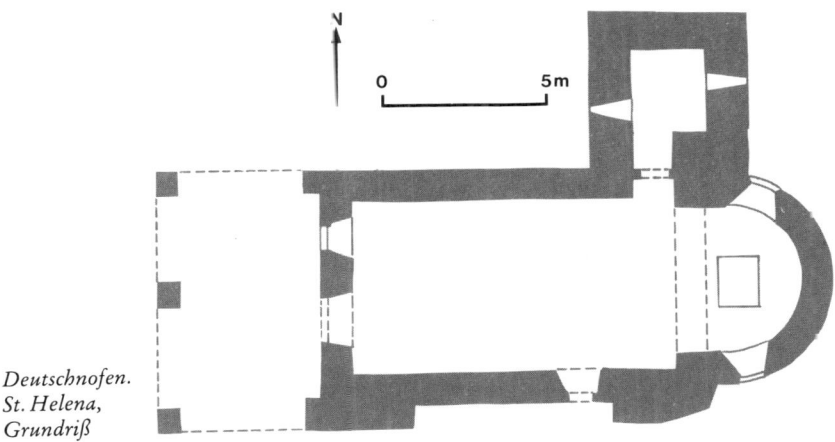

*Deutschnofen.*
*St. Helena,*
*Grundriß*

Neben dem urtümlichen Steinrelief (Mitte 14. Jahrhundert) unter der pfeilergetragenen offenen Vorhalle sind auch die Außenwände der Kirche teilweise bemalt (Kreuzigungsgruppe, Christophorus, weibliche Heilige an der Südostecke). Das Innere der romanischen Kirche – sie wurde in frühgotischer Zeit mit einer Spitztonne eingewölbt – ist gegen 1410 von einem Meister der Bozner Schule vollständig ausgemalt worden: In der Apsis zeigt sie Christus als Weltenrichter auf einem Regenbogen mit Evangelistensymbolen, darunter die zwölf Apostel, in der Triumphbogenlaibung sieben Bilder von der Erschaffung der Welt in sieben Tagen, an der Triumphbogenaußenseite das Opfer Kains und Abels (man beachte das pelzige, kleine Teufelchen, das mit listigem Gesicht auf den von Kain dargebotenen Ähren herumsteigt). Die Fresken der Langhauswände sind größtenteils noch nicht aufgedeckt, die sichtbaren Teile zeigen in betont erzählender Darstellungsart Szenen aus dem Leben Christi; an der Westwand sieht man eine große Verkündigungsszene, darunter links die Sebastiansmarter, rechts die hl. Helena und zwei Bischöfe, einer davon mit einem Kirchenmodell in der Hand. Die bedeutendsten Bilder sind die vier großen Rechtecke des Gewölbes. Sie zeigen die vier Evangelisten sinnend und schreibend in baldachinbedeckten, reich geschmückten thronartigen Stühlen vor ihren Schreibpulten. Diese vier Schreibpulte sind die originelle Berühmtheit der Bilder in St. Helena: Überall an den großen Möbeln öffnen sich rundbogige Türchen und Fächer, verzierte Konsolen tragen alle Arten von Ablagen, an den Schreibplatten sind Tintenhörner befestigt, komplizierte Vorrichtungen halten geöffnete Bücher, die zu den lesenden Aposteln geneigt sind. Der Blick durch die geöffneten Türchen ins Innere der Pulte zeigt wiederum Bücher, Zinnkannen, Schriftrollen und Schreibgerät, in zweien sind gar gefüllte Maß Wein zu sehen – ein sicherer Hinweis, daß sich ein Bozner Maler selbst einen Heiligen nicht ohne einen guten Tropfen vorstellen konnte. An dieser Bildkonzeption, in der die ursprünglich den Hintergrund strukturierende Architektur beinahe zum dominierenden Element des Bildaufbaus wird, ist die Spätstufe der

191

Bozner Schule zu erkennen: In der großen Verkündigungszene in der Lünette der Westwand verschwindet die Maria fast in der weitläufigen Gebäudearchitektur; noch sind die stilistischen Mittel der Giotto-Nachfolge zu erkennen, doch die Darstellungsweise wandelt sich deutlich zum ›Höfischen Stil‹ des beginnenden 15. Jahrhunderts. Obwohl es trotz ›restaurierender‹ Übermalung Ende des 19. Jahrhunderts so gut wie sicher ist, daß die gesamte Ausmalung von einer Hand stammt, ist die Herkunft des Malers nicht geklärt. Weingartner sieht in ihm jenen Gehilfen, der mit Hans Stocinger, dem letzten Vertreter von Rang der Bozner Schule, Teile der Langhausfresken der Pfarrkirche von Terlan (s. S. 195) gemalt hat und dem damit deutlich bessere Bilder gelungen sind als die von Stocinger selbst signierten. Es scheint hier einer jener gar nicht so seltenen Fälle vorzuliegen, in denen ein unbekannter Geselle einer Malerwerkstatt begabter war als der Meister selbst, aber nur entlegene Landkirchen ausmalen durfte, während sich der Meister den lukrativeren Aufträgen in reichen Gemeinden oder Adelssitzen widmete.

In Deutschnofen selbst versäume man nicht einen Blick in die große gotische *Pfarrkirche*, 1455–98 erbaut; sie besitzt innen neben einer kunstvollen Sandsteinkanzel im neugotischen Hochaltar vier Reliefs des Judenburg-Altars aus der Bozner Pfarrkirche. Dieses 1422 von Hans von Judenburg geschaffene Werk war einer der frühen großen Flügelaltäre Tirols gewesen und beeinflußte mit seinem ›Weichen Stil‹ die lokale Altarschnitzkunst auf lange Zeit. 1724 wurde er abgebrochen und in Deutschnofen stückweise verkauft. Die verbliebenen Reliefs zeigen Geburt Christi, Anbetung der Könige, Darstellung im Tempel und Tod Mariens, ebenso stammt die Heimsuchung vom rechten Seitenaltar aus Bozen.

Einige Kilometer südlich von Deutschnofen liegt **Weißenstein,** der bekannteste Wallfahrtsort Südtirols. Es ist schon ein überraschender Anblick, wenn plötzlich aus den dunklen Wäldern die monumentale Barockfassade der Kirche und des angebauten Klosters auftaucht (1753 in die heutige Form gebracht). Bedeutende Kunst gibt es nicht zu sehen; wer schon einiges von ihm kennt, wird unschwer bemerken, daß sich auch hier der Wiener Hof- und Theatermaler Joseph Adam Mölk sehr farbig produziert hat, sehenswert aber sind die zahlreichen Votivbilder aus den letzten beiden Jahrhunderten, die zum Dank für erhörte Gebete gestiftet wurden und sowohl rührend naive wie volkskundlich interessante Darstellungen zeigen.

Die letzte Fahrt in die Bozner Umgebung führt nach Terlan, ein Stück das Etschtal aufwärts in Richtung Meran. Wenn man die Staatsstraße benutzt, passiert man kurz hinter Bozen den kleinen Ort Siebeneich, über dem auf schwindelerregenden Porphyrfelsen eine Burgruine sichtbar ist. Dies ist *Greifenstein,* gewissermaßen das militärische Hauptquartier der Starkenberger in der von ihnen geführten Revolte des im ›Elephantenbund‹ zusammengeschlossenen lokalen Adels gegen den Habsburger Herzog Friedrich mit der leeren Tasche. Im Verlauf der langwierigen Kämpfe belagerte der Herzog zweimal die uneinnehmbare Burg. Beim ersten Mal wurde sie vom berühmten Minnesänger Oswald von Wolkenstein und seinen Brüdern verteidigt, die in einem gewagten Ausfall den Belagerungsring durchbrachen

*Herzog Friedrich IV.*
*(mit der leeren Tasche)*

und die Truppen des Herzogs in die Schlacht schlugen. Oswald von Wolkenstein hat darüber ein Kampflied gedichtet; es zählt zu den bekanntesten seiner erhaltenen Werke:

> Nu huss, sprach der michel von wolkenstain
> so hetzen wir, sprach oswalt von wolkenstain
> za hürs, sprach her lienhart von wolkenstain
> sy müessen fliehen von greiffenstain geleich
>
> Do hueb sich ein gestöber aus der glüet
> all nider in die köfel, das es alles plüet
> pantzer und armbrost, darzue die eysenhüet
> die liessen sy zue letzte, do wurd wir freudenreich ...

Die zweite Belagerung dauert fast zwei Jahre, dann bricht der ›Elephantenbund‹ zusammen, und die Burg wird 1426 übergeben. In dem hernach geführten Prozeß zwischen Herzog Friedrich und dem unterlegenen Starkenberger kommt auch der Mord zur Sprache, den die Burgbesatzung am Bozner Bürgermeister Hochgeschorn verübt hatte. Weingartner zitiert in seiner unnachahmlichen Weise aus den erhaltenen Gerichtsakten: »Ganz besonders anschaulich ist die Szene mit Nikolaus Hochgeschorn geschildert, der mit Sigmund

*Burg Greifenstein, von Osten gesehen*

Kirchmayr von Hall als Abgesandter der Landschaft unter Zusicherung freien Geleites zum Starkenberger auf die Burg kam und auf den es der Ritter sehr scharf hatte. Er bewirtete beide Männer reichlich, ließ sie nicht vor Eintritt der Dunkelheit fort und am schmalen Pfad, der über den Burgfelsen hinabführte, wurde Hochgeschorn auf Befehl des Starkenbergers in die Tiefe gestoßen. Der Kirchmayr hörte auf einmal einen gellenden Schrei: ›Oh Mutter Maria, kum mir zuhilf!‹ und rief erschrocken zurück: ›Oha, Nikolä!‹ Aber da war es schon geschehen und der Hochgeschorn flog samt seinem blauen Mantel und seinem weißen Schabhut in die Tiefe. Der Starkenberger aber warf, als ihm die Ausführung des Befehls gemeldet wurde, in freudiger Aufwallung beide Arme in die Luft und sagte: ›Des sei Gott gelobt! Nun haben wir eines Feindes minder denn zuvor!‹« (Weingartner, Bozner Burgen)

Der Aufstieg nach Greifenstein ist ein bißchen steil, doch wird er von einer großartigen Rundsicht aus den Ruinen belohnt.

Hinter dem Felssporn, der mit der weithin sichtbaren Burg Neuhaus und einer jetzt verschwundenen Klause im Mittelalter das Etschtal sperrte, breiten sich die Rebenhänge von **Terlan** aus. Die Staatsstraße führt im Bogen um die große *Pfarrkirche* herum; fast jeder Südtirol-Urlauber, der Meran einen Besuch abgestattet hat, ist schon an ihr vorbeigefahren, doch nur wenige wissen, daß die Kirche unter ihrem Dach aus buntglasierten Ziegeln Kunstschätze erster Güte hütet. Das Kircheninnere zeigt in Chor, Langhaus und Seitenschiff das ausgedehnteste zusammenhängende sakrale Werk der Bozner Schule, das sich erhalten hat; es beinhaltet zudem das Hauptwerk des Hans Stocinger, des letzten großen Vertreters dieser Stilrichtung. Die Wandbilder zeigen in der schon mehrfach charakterisierten Verschmelzung italienischer und deutscher Formelemente (s. S. 144f.), wie sie die Bozner Schule kennzeichnet, im Chor Szenen aus dem Marienleben, die Heilige Sippe, Christus in der Tumba, eine Schutzmantelmadonna, eine Darstellung des hl. Nikolaus, ein Schiff aus Seenot rettend, sowie Apostel und Heilige. Diese Chorfresken wurden um etwa 1390 von einem unbekannten Bozner Meister mit großer Vorliebe für architektonisch reich gestalteten Bildaufbau gemalt. Die Fresken im Langhaus stammen aus der Werkstatt des Hans Stocinger, der sich in einer Inschrift mit der Jahreszahl 1407 als »pichtor de Bosano« bezeichnet, die großangelegten Bilder zeigen ebenfalls Szenen aus dem Marienleben und der Jugend Christi, sie gehören zum Besten, was die späte Bozner Schule hervorgebracht hat. Interessanterweise zeigen die der Stocinger-Werkstatt entstammenden Bilder einen deutlichen Qualitätsunterschied: Besonders die Fresken der letzten Schildbogenwand neben der Orgelempore mit ihrer gekonnten perspektivischen Raumgliederung und lichten Farbigkeit sind so meisterhafte Bilder (und so deutlich besser als die von Stocinger persönlich signierten), daß Nicolò Rasmo sie einem unbekannten Maler der Werkstatt zuordnet, den er nach dem untersten Bild, einer wildbewegten Darstellung des Kindermordes zu Bethlehem, als ›Meister des Kindermordes‹ bezeichnet. Hinter der etwas doppeldeutigen Kennzeichnung verbirgt sich aller Wahrscheinlichkeit nach ein hochbegabter Gehilfe des Hans Stocinger, der auch die Bilder in St. Helena bei Deutschnofen gemalt hat (s. S. 121f.). Die Gemälde der Nordwand über den Arkaden des Seitenschiffes stammen aus der Zeit um 1570 und sind mit ihrem weitläufigen Landschaftshintergrund bereits der Renaissance zuzuordnen. Im Seitenschiff sind zwei übereinanderliegende Freskenschichten zu sehen, von der älteren sind nur Fragmente in der unteren Hälfte der Altarwand aufgedeckt, die jüngere Schicht mit einer Szenenfolge aus dem Leben Moses' wird dem Meister Leonhard von Brixen zugeschrieben und dürfte um die Mitte des 15. Jahrhunderts entstanden sein – die Anwesenheit eines Brixner Meisters in Terlan ist ein deutliches Indiz für den Niedergang der Bozner Schule, die nach 1420 praktisch erlosch.

Das größte Kunstwerk der Kirche aber ist kein Fresko, sondern die um etwa 1380 entstandene Marienkrönungsgruppe. Sie stand jahrhundertelang außen über dem Hauptportal und hat seit kurzem auf dem Altar des Seitenschiffs Aufstellung gefunden. Es handelt sich um Sandsteinplastiken von erlesener Schönheit (Farbabb. 39), hervorragende Zeugnisse der veronesischen Bildhauerkunst des 14. Jahrhunderts.

# Unterland und Überetsch – Zwischen Bozen und Salurn

Fiebrige Luft über unwegsamen Sümpfen und einem trägen Fluß, im jahreszeitlichen Wechsel mit tobenden Hochwassern und Überschwemmungen, daß die Etsch und der Kalterer See zusammenflossen und man von Neumarkt nach Tramin, von einem Talhang zum anderen, im Boot fahren mußte: Das war bis zur Flußregulierung Ende des 19. Jahrhunderts das Bild des Etschtales zwischen Bozen und der Salurner Klause, das dem heutigen Betrachter als ein friedlicher, überdimensionaler Wein- und Obstgarten erscheint. Die ständige Gefahr hat Siedlungen nur an den vor dem Wasser sicheren Berghängen entstehen lassen; an sie hielten sich schon die Römerstraßen, die das Unterland durchzogen und sich bei Bozen zum Brenner und zum Reschen gabelten. Doch lange vor den Römern hatten Völker, über deren Herkunft die Wissenschaft sich noch streitet, die Flanken dieser uralten Nord-Süd-Verbindung von der italienischen Tiefebene über die Alpen besiedelt, die ältesten ließen in Eppan fast fünftausend Jahre alte Steinkistengräber zurück. Noch heute finden sich im Unterland die rätselhaftesten und geheimnisvollsten vorgeschichtlichen Siedlungen des Landes, deren Lage und Atmosphäre für empfängliche Gemüter zu den eindrucksvollsten Erlebnissen einer Südtirol-Reise gehören. Der felsige Hügel von Castelfeder (Farbabb. 23) mit den Resten einer prähistorischen Großsiedlung, Altenburg mit den Ruinen einer frühchristlichen Kirche (Abb. 57) aus dem 6. Jahrhundert neben einem seltsamen ›Opferstein‹ (Abb. 58) innerhalb einer Wallburganlage hoch über dem Kalterer See oder die freskengeschmückten Ruinen der Leuchtenburg im Ring einer vorgeschichtlichen Befestigung sind einsam gelegene, fremdartige Reste einer ungeklärten Vergangenheit, Orte von eigenartiger Faszination.

In völligem Gegensatz zum einstmals versumpften Etschtal hat schon immer das Überetsch gestanden. Dieser durch den langgezogenen Kamm des Mitterberges vom Etschtal getrennte Teil des Unterlandes stellt den höher gelegenen voreiszeitlichen Lauf der Etsch dar. In dem fruchtbaren ehemaligen Talgrund, der jetzt zum Teil vom Kalterer See eingenommen wird, wie an den darüber liegenden Hängen der Mendel und des Roen breitet sich die berühmte Weinlandschaft des Überetsch aus: So weit das Auge reicht, auf Hügeln und Hängen ein Meer von Reben, in dem sich Dörfer, Höfe und Ansitze wie kleine Inseln ausnehmen, überragt von den schroffen Wänden des Mendelgebirges.

Der schon von römischen Schriftstellern gerühmte Wein dieser Gegend war seit dem Mittelalter ständiger Quell des Reichtums, nirgendwo sonst in Tirol findet sich auf so engem

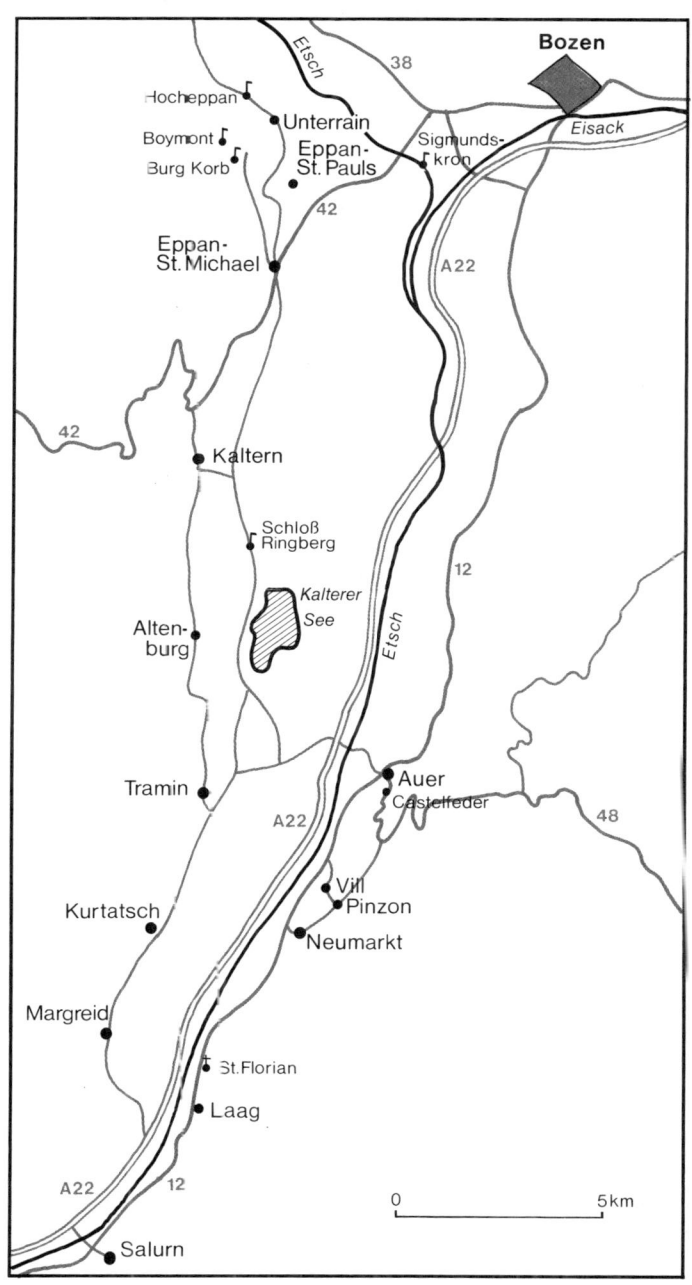

Bozen

Etsch

38

Eisack

Hocheppan

Unterrain

Boymont

Eppan-
St. Pauls

Sigmunds-
kron

Burg Korb

42

A 22

Eppan-
St. Michael

42

Kaltern

Schloß
Ringberg

Kalterer
See

12

Altenburg

Etsch

Tramin

Auer

Castelfeder

48

A 22

Vill

Pinzon

Kurtatsch

Neumarkt

Margreid

St. Florian

Laag

A 22

12

0

5 km

*Die Kunststätten im
Unterland und im
Überetsch*

Salurn

Raum eine so große Anzahl von Burgen, Schlössern und Ansitzen. Sie prägten zur Renaissance den nur hier anzutreffenden ›Überetscher Stil‹ aus, der die Gebäude in spielerischer Weise mit Zinnen, Loggien, Freitreppen, Erkern und Doppelbogenfenstern schmückte. Diese Architektur kennzeichnet die Ortsbilder (Abb. 43) der alten Weindörfer und der in den Reben verstreuten ansitzartigen Höfe; ein Spaziergang durch die Hänge über Eppan und Kaltern zeigt in reizvoller Weise dieses buchstäbliche Verwachsensein von Weinlauben und efeuumrankten Überetscher-Stil-Bauten, in denen vielerorts die Versuchung von Probierstube und Weinausschank lauert: So mancher, der diesen Spaziergang mit den besten Vorsätzen begann, ist nicht weit gekommen.

Während man das Etschtal durch Flußregulierung und Entsumpfung von seinen schlimmsten Plagen befreite, wurde das lange unberührte Überetsch durch den Bau der ›Weinstraße‹ verkehrsmäßig erschlossen. Diese einst vielgerühmte Straße hat sich längst zu einem Moloch ausgewachsen. Ständig neu trassiert und verbreitert, muß sie der Touristenflut gerecht werden, die seitdem das Überetsch überschwemmt wie weiland das Hochwasser das Unterland und besonders in Kaltern und um den Kalterer See bisweilen gefährliche Ausmaße annimmt. Doch finden sich wenige Meter abseits des Trubels überall noch abgeschiedene Orte von friedlicher Schönheit wie das alte Weindorf Kreith und das fast unberührte Margreid (Farbabb. 40), auch Altenburg, Tramin, Kurtatsch und der gegenüberliegende Hang des Etschtales mit Neumarkt (Abb. 59), Auer und Pinzon besitzen am Rande der großen Straße Bozen-Trient noch ganz ursprünglich gebliebene Ortskerne.

Man beginnt eine Rundfahrt zu den Kunst- und Kulturstätten des Unterlandes am besten im Überetsch. Dazu nimmt man in Bozen die Durchgangsstraße nach Meran oder von der Autobahn die Abfahrt Bozen-Süd, in beiden Fällen folgt man den abzweigenden Wegweisern nach Kaltern oder dem Mendel-Paß und passiert kurz hinter Bozen die großangelegte Festungsanlage **Sigmundskron** (Farbabb. 23) auf dem nördlichsten Felsen des Mitterberges. Die günstige Lage hat hier bereits in prähistorischer Zeit eine Befestigung entstehen lassen, im Mittelalter repräsentierte die Burg unter dem Namen Formicaria oder Formigar die Macht der Trienter Bischöfe im oberen Etschtal; bereits 956 ist eine Eroberung durch Berengar von Ivrea auf dessen Italienfeldzug gegen Hugo von Arles bezeugt. Mit dem Verfall der bischöflichen Gewalt und dem Aufstieg der Tiroler Grafen gelangte auch diese Burg teilweise in ihren Besitz. Als in der 2. Hälfte des 15. Jahrhunderts die Gegensätze zu der sich bis ins Gebirge ausbreitenden Republik Venedig immer unüberbrückbarer wurden, kaufte Herzog Sigmund der Münzreiche (übrigens der Nachfolger von Friedrich mit der leeren Tasche) die ganze Anlage und ließ sie in eine weiträumige Festung umbauen. Sie gehörte zu den ersten Fortifikationen des Landes, die den inzwischen aufgekommenen Feuerwaffen Rechnung trug, und war so für den Krieg mit Venedig 1487 bestens gerüstet. Die Burg erhielt neben gewaltigen Mauern, komplizierten Wehrgängen und mächtigen Geschütztürmen den neuen Namen Sigmundskron, doch war sie in den nächsten Jahrhunderten bei ihren Bewohnern wegen der Fieberluft der Etschsümpfe zu Füßen des Burgfelsens wenig beliebt und verfiel zusehends. Erst kürzlich wurde sie leidlich gesichert und erhielt ein

*Sigmundskron, Grundriß der Anlage*

angenehmes Gasthaus in einem alten Wohntrakt der unteren Vorburg. Der älteste Teil der Anlage ist die Ruine der *Kapelle* auf dem höchsten Punkt des Burgfelsens, in der sich mit etwas Mühe noch Reste romanischer Fresken entdecken lassen.

Von Sigmundskron kann man auf wenig befahrener Straße durch angenehme Rebenlandschaft über das alte Weindorf Girlan nach Eppan gelangen, von Girlan empfiehlt sich ein Abstecher zur aussichtsreich über dem Etschtal gelegenen Wirtschaft des Marklhofes. Wer jedoch das klassische Burgenpanorama des Überetsch und die berühmten Fresken von Hocheppan zu sehen wünscht, der fahre zurück auf die Hauptstraße zum Mendelpaß und biege bald rechts in die schmale Straße nach Missian und Unterrain ab. Das kleine Dörfchen Missian – man gelangt auch von St. Pauls dorthin – liegt an der nördlichen Spitze des Überetsch, welches hier von tiefen Moränengräben zerfurcht steil ins Bozner Becken abfällt und an seinen Abhängen besonders üppige Reben- und Obstkulturen trägt, die die Landschaft wie mit einem grünen Teppich bedecken. Durch den Missianer Graben führt die Straße hinunter nach **Unterrain** zu Füßen des Überetsch, wo direkt gegenüber der Straßengabelung nach St. Pauls die kleine gotische Kirche *St. Nikolaus* mit ihrem schönen Flügelaltar steht.

Kurz hinter Missian in Richtung St. Pauls zweigt die Straße zum *Schloß Korb* ab. Es liegt am niedrigsten von den vier mittelalterlichen Bauten, die den markanten Burgenblick des Überetsch ausmachen, denn hinter dem Schloß staffeln sich auf drei turm- und zinnenbekrönten steilen Felskegeln die Burgen Boymont, Hocheppan und der sogenannte Kreidenturm. Das aus den dichten Weinhängen herausragende Schloß Korb besteht im Kern aus einem romanischen Wohnturm des frühen 13. Jahrhunderts, dessen beide Obergeschosse schön gearbeitete Doppelbogenfenster mit Trennungssäulen und Knospenkapitellen besitzen. 1839 wurde der damals verfallene Turm vom Bozner Kaufmann Johann Putzer erworben; er ließ die aus der Nähe gesehen nicht unbedingt passenden Anbauten ausführen und sehr reizvolle Gärten darum anlegen. Heute befindet sich im Schloß ein vielbesuchtes Café und ein Hotel, beides zum Teil mit schönen Antiquitäten eingerichtet.

Von Korb aus führt am Fuße des Burgberges ein bequemer Weg zur *Ruine Boymont* hinauf, eine der wenigen fast rein romanisch gebliebenen Anlagen des Landes. Wahrscheinlich von den bereits 1228 genannten Brüdern Heinrich und Reimprecht – Eppaner Ministerialen – erbaut, ist Boymont die einzige Höhenburg Südtirols, deren Grundriß ein fast regelmäßiges Rechteck bildet. Die ungewöhnliche Existenz von zwei Bergfrieden sowie die auffallende Vielzahl von bewohnbaren Räumen innerhalb der Ringmauer erklärt sich daraus, daß im Jahre 1237 die fünf Brüder von Korb mit ihren Familien in Boymont aufgenommen wurden und als Gegenleistung darauf verzichteten, Korb zu einer Burg auszubauen. Der architektonisch interessanteste Teil Boymonts ist sein prachtvoller Palas, der im ersten Stockwerk einen großzügigen, achtfenstrigen Saal besaß, worüber sich noch ein fünffenstriges Gemach befand. Während die Räumlichkeiten heute zerstört sind, gehören ihre romanischen Fenster zu den schönsten, die sich in Südtirol erhalten haben. Es sind ungewöhnlich leicht und elegant wirkende Triforienfenster, die Bögen von schlanken Trennungssäulen mit zierlichen Knospenkapitellen getragen und von Blendbögen eingefaßt, das typische Werk einer lombardischen Bauhütte. Direkt über dem Burgtor befand sich die Kapelle mit einer nach außen nicht vortretenden Apsis, in der noch Reste von Fresken sichtbar sind. Da die ganze Anlage bereits im 16. Jahrhundert einem verheerenden Brand zum Opfer fiel und nie wieder aufgebaut wurde, ist der romanische Charakter der Burg unverändert geblieben. Boymont ist auch auf einem von der Straße St. Michael– Perdonig abzweigenden Wege zu erreichen, der landschaftlich sehr reizvoll durch eine Schlucht mit Wildbach und Wasserfall führt, aber nicht ganz ungefährlich zu begehen ist.

Die schönstgelegene der Burgen, die sich in der Gemarkung von Missian befindet, und zugleich eine der kunstgeschichtlich bedeutsamsten in Südtirol, ist die nächste im Blickfeld: **Hocheppan** (Abb. 50), rund hundert Jahre vor Boymont erbaut, vermittelt trotz späterer Zubauten noch ganz jenen geschlossen-massiven, schmucklosen und abweisenden Charakter einer hochromanischen Ritterburg. Sie nimmt aus mehreren Gründen unter den mittelalterlichen Burgen Südtirols eine Sonderstellung ein. Als Sitz der Grafen von Eppan Mittelpunkt während jener für die Landesgeschichte bedeutsamen und bewegt kriegerischen Jahrzehnte, da sich die Frage nach der weltlichen Vormacht in Tirol zwischen den Eppaner und den Tiroler Grafen entschied, beeindruckt sie durch ihre Größe und Lage, die einen überwältigenden Rundblick gestattet. Vor allem aber besitzt die Burgkapelle einen der besterhaltenen und qualitätvollsten der noch existierenden romanischen Freskenzyklen (um etwa 1180 entstanden).

*Hocheppan, Stahlstich nach einer Zeichnung von Friedrich Karl Würthle, um 1855*

Man erreicht Hocheppan einmal auf der schlechten Straße von Missian zum Unterhauser-Hof, von wo aus man zu Fuß aufsteigen kann, besser aber benutzt man die schon erwähnte Straße St. Michael – Perdonig, hier macht ein kleiner Wegweiser rechts auf einen gegen die Burg hin abzweigenden Waldweg aufmerksam. Die jetzige Anlage besteht aus dem geschlossenen romanischen Kern, der um den inneren Burghof gebaut ist – mit wuchtigem fünfeckigem Bergfried, Palas und freistehender Kapelle. Noch im 13. Jahrhundert wurde der Palas erweitert und ein geräumiger Vorhof ummauert, in den im 16. Jahrhundert Torzwinger und Batterietürme eingebaut wurden. Aus diesem letzten Umbau stammt auch das offene Rondell jenseits des Grabens.

Die Eppaner, eine welfische Seitenlinie, als Grafen von Bozen und Eppan bereits 1100 genannt, gehörten zusammen mit den Tiroler Grafen zu den wichtigsten Lehnsträgern der Bischöfe von Brixen und Trient. Gleiche Erbauungszeit von Hocheppan und Schloß Tirol, ähnlich großzügige Gebäude und gleichermaßen exponierte Lage sind nur die äußeren Anzeichen jener Konkurrenz zwischen den beiden Geschlechtern, die bald handgreifliche Formen annehmen sollte: Als sich die weltlichen Lehnsträger gewaltsam von der Lehnsho-heit der Bischöfe zu befreien versuchten, weil sie eigene Feudalherrschaften aufrichten wollten, gerieten auch die Eppaner und die Tiroler im Kampf um die Vorherrschaft im Brixner und Trienter Lehnsbereich aneinander. Die blutigen Auseinandersetzungen erreichten ihren Höhepunkt, als 1158 Heinrich und Friedrich von Eppan den ob seiner Bevorzugung der Tiroler verhaßten Bischof Adelpret von Trient überfielen, während er eine Gesandtschaft des Papstes begleitete, die mit Geschenken zu Kaiser Barbarossa unterwegs war. Bischof und Gesandtschaft wurden ausgeplündert und eingekerkert, doch mit dieser Aktion hatten die Eppaner den Bogen überspannt. Der Kaiser schickte keinen geringeren als Heinrich den Löwen vor die Mauern von Hocheppan, um eine Strafexpedition durchzuführen. Die genauen Ereignisse jener Episode sind unbekannt, fest steht, daß der politische Einfluß der Eppaner seitdem gebrochen war und sie nach und nach alle Rechte und schließlich sogar Hocheppan selbst an die Tiroler Grafen übergeben mußten. Damit war die große Zeit der Burg vorüber, von wechselnden Besitzern umgebaut, vernachlässigt und schließlich dem Verfall preisgegeben, präsentiert sich Hocheppan heute als romantische, efeubehangene Ruine, die auf einem der aussichtsreichsten Plätze der ganzen Gegend liegt. Innerhalb der Mauern stehen Holztische und Bänke, von schattigen Weinlauben überdacht, wo Sie das Panorama ebenso genießen können wie die Speckbrote und den Wein aus der kleinen Burgwirtschaft.

Die größte Attraktion Hocheppans ist jedoch die *Burgkapelle,* eine kunsthistorische Schatzkammer ersten Ranges: Walter Myss und Benedikt Posch schreiben in ihrer umfassenden Arbeit über die vorgotischen Fresken Tirols, in der auch Vergleiche mit dem romanischen Freskenbestand anderer Länder angestellt werden: »Manch eine andere Kirche aus romanischer Zeit enthält Bilder, die denen von Hocheppan gleichwertig sind oder sie sogar übertreffen, in etlichen anderen vorgotischen Kirchenräumen bedecken die Fresken eine größere Fläche als hier – keine andere Kirche West- und Mitteleuropas aber kann für sich den Anspruch erheben, das ursprüngliche Pneuma eines romanischen Innenraums so unversehrt bewahrt zu haben wie die Schloßkapelle von Hocheppan.« Die nördliche Außenwand und alle vier Innenwände des kleinen, flachgedeckten, dreiapsidialen Saalbaus sind bemalt. Die ganz im Geist byzantinischer Ausdrucksformen geschaffenen Fresken stammen zweifellos von einem bedeutenden, aber unbekannt gebliebenen Meister – wie M. Frei bemerkt, weisen Hocheppans Fresken in Typologie und Komposition so starke byzantinische Elemente auf, daß man in ihnen höchstwahrscheinlich das Werk eines direkt im Osten ausgebildeten Malers erblicken könne. Zumindest aber kam der Meister aus Oberitalien, wo Venedig ein Zentrum des byzantinischen Einflusses war. Besonders die Ausgestaltung der Altarwand und der drei Apsiden (Farbabb. 12) atmet die ganze Strenge byzantinischer Monumentalmalerei, die starre, von Engeln flankierte Gottesmutter in der Mittelapsis erscheint wie auf einer Ikone. An den Langhauswänden hingegen scheint auch ein begabter lokaler Geselle Hand angelegt zu haben, der die byzantinische Formenwelt um einige höchst originelle Tirolensien (z. B. die ›Knödelesserin‹) bereichert hat. Der größte Teil der Fresken war jahrhundertelang übertüncht, erst 1926 wurde der gesamte Zyklus freigelegt.

Die bemalte nördliche Außenwand zeigt über dem Eingang ein Kreuzigungsbild, es überschneidet sich teilweise mit einer noch älteren Christophorus-Darstellung. Den größten Teil der Wand nimmt eine Jagdszene ein, in der ein Jäger mit Horn einen großen Hirsch verfolgt (Abb. 51). Diese Szene wurde in gotischer Zeit übermalt und der Reiter zu einem hl. Georg umgestaltet, der mit der Lanze einen Drachen tötet. Die ursprüngliche Szene, aufgrund der besseren Maltechnik nun wieder deutlicher erkennbar, stellt höchstwahrscheinlich Dietrich von Bern dar, der auf der Jagd nach dem weißen Hirschen den höllischen Mächten verfällt. Diese seltene Darstellung – die die Verdammung des arianischen Königs Theoderich (Dietrich) andeuten soll – kommt auch in San Zeno in Verona vor.

Im vollständig bemalten Innenraum beeindruckt zuerst die feierliche Strenge der Altarwand (Farbabb. 12): in der mittleren Apsis die thronende Madonna mit einem segnenden Christuskind in den Armen, links darunter die klugen, rechts die törichten Jungfrauen in kokett-modischen Gewändern der Zeit. Die linke Apsis zeigt in der Wölbung das Lamm Gottes, darunter Johannes den Täufer und den Evangelisten, in der rechten übergibt Christus den Schlüssel an Petrus und eine Schriftrolle an Paulus. Über den drei Apsiden thront Christus als Richter zwischen zwölf Aposteln, von denen aus Platzgründen je drei auf die Nord- beziehungsweise Südwand ausweichen mußten. Die Sockelzone der Ostwand ist mit gemalten Stoffmustern und Bestiarien verziert. An den Langhauswänden findet sich zuunterst eine gemalte Marmorinkrustation als Sockel, darüber zieht in zwei durch Mäanderbänder horizontal getrennten Bildzonen das Leben Jesu wie eine Bilderbibel am Betrachter vorbei. Sie umläuft den Innenraum zuerst in den drei oberen Bildzonen der Süd-, West- und Nordwand und setzt sich in den drei unteren fort. Infolge Wassereinbruchs durch den im 15. Jahrhundert aufgesetzten Dachreiter sind die vier Bilder der Westwand teilweise zerstört. Folgen wir zunächst den drei oberen Bildreihen:

An der Südwand (anschließend an die drei Apostel) Verkündigung, Begegnung Marias mit Elisabeth (Heimsuchung), Geburt Christi, Verkündigung an die Hirten; an der Westwand Anbetung und Ritt der Könige; an der Nordwand die Könige vor Herodes, Traum und Heimreise der Könige, es folgen das drei Meter breite Bild des Bethlehemitischen Kindermordes und drei Apostel.

Untere Bildreihe: an der Südwand Flucht nach Ägypten, Darstellung im Tempel, Taufe Christi, Hochzeit zu Kana; an der Westwand wahrscheinlich Einzug Christi in Jerusalem, daneben zwei männliche Köpfe, vielleicht das letzte Abendmahl; an der Nordwand erstes Bild unkenntlich, danach Dornenkrönung, Geißelung, Kreuzigung, Kreuzabnahme, die Frauen am leeren Grabe, darunter noch Fragmente der Darstellung von gepanzerten Rittern.

Der besonderen Aufmerksamkeit seien dabei jene eingangs erwähnten naturalistischen und typisch tirolischen Details empfohlen, die sich in die Strenge der orientalischen Komposition eingeschlichen haben: Da ist zunächst die berühmte ›Knödelesserin‹ im Bild der Geburt Christi, die erste Dokumentation des Tiroler Knödels, wie von Kunsthistorikern ernsthaft vermerkt wird; weiter zeigen bestimmte Details des Festessens bei der Hochzeit zu Kana (unter anderen auch ein Mann, der eine Wurst verschlingt) die gleiche volkstümliche Note. Auch daß Maria bei der Verkündigung einen Spinnrocken in der Hand hält, dürfte eher Tiroler als byzantinischer Provenienz sein, desgleichen die originelle Darstellung der Flucht nach Ägypten, bei der das Christuskind von Joseph auf den Schultern getragen wird.

Unterhalb von Hocheppan steht der sogenannte *Kreidenturm,* er ist der letzte der vier mittelalterlichen Wehrbauten und rundet mit seiner markanten Silhouette das Missianer Burgenpanorama effektvoll ab. Der hohe, schlanke Turm besitzt ein mit einer kleinen Ringmauer umgebenes Vorwerk, das den Burgweg zu schützen hatte und – wie sein Name sagt – im Krieg als Ort für Alarmfeuer (Kreidenfeuer) diente, da er sowohl von Bozen wie auch von Meran aus gut sichtbar war. Von Hocheppan aus führt ein halsbrecherischer Kletterpfad durch die tiefe Porphyrschlucht, in die der Burgfelsen an zwei Seiten abstürzt, hinüber nach Boymont.

Den nördlichen Teil des Überetsch nimmt das weiträumige Gebiet von **Eppan** ein; dies ist ein Sammelname für zahlreiche verstreute Dörfer, deren wichtigste St. Pauls und St. Michael sind. Die Hauptstraßen beider Dörfer sind wie die ganze Umgebung in besonderer Weise vom ›Überetscher Stil‹ geprägt, fast 40 Ansitze und Schlösser finden sich im Eppaner Gemeindegebiet (Abb. 43–45, 48). Die Attraktion von **St. Pauls** ist die gotische *Pfarrkirche* (Abb. 46), wegen ihrer Größe auch als ›Dom auf dem Lande‹ bezeichnet; der 89 m hohe Turm ist beinahe im ganzen Überetsch sichtbar. Die Kirche wurde von 1461–1552 erbaut, wobei der Chor den ältesten Teil darstellt, er wurde nach Bozner Vorbild als dreischiffiger Umgangschor gestaltet. Die monumentale Fassade mit dem eingebauten Turm entwarf 1514 Meister Jakob Zwiesel aus Augsburg und schmückte sie mit dem architektonischen Reichtum der süddeutschen Spätgotik. Das Langhaus ist eine dreischiffige Halle, in der sich sieben Totenschilde der Familien Firmian und Khuen sowie einige Holzplastiken des 15. und 16. Jahrhunderts erhalten haben; man beachte auch das alte Chorgestühl (um 1600). Es mag zwar ein wenig pietätlos sein, doch sei hier auch eine Besichtigung des nahegelegenen *Friedhofs* empfohlen, eine 1571 entstandene Nachbildung eines italienischen Arkadenfriedhofs mit von toskanischen Säulen getragenen Bogengängen und einer Kapelle mit dekorativen Gewölbemalereien.

St. Michael besitzt keine bedeutende Kirche, dafür entschädigt das Ortsbild den kunstbeflissenen Besucher. Die schmale Hauptstraße und der zentrale Platz sind geprägt von zahlreichen ineinander verbauten Ansitzen und Häusern im ›Überetscher Stil‹, das bekannte *Wohlgemuth-Haus* (Abb. 45) mit dem Loggiengang zwischen zwei reich gegliederten Wohntrakten und der Ansitz *Thalegg* (Abb. 48) mit großem Rustikator, Zinnen, Loggia und Freitreppe sind klassische Beispiele dieser Bauweise. Spätestens hier in St. Michael empfiehlt sich eine Wanderung durch die Weinhänge Eppans, eine Kunstlandschaft par excellence, seit Jahrhunderten eine gewachsene Einheit aus Rebenkulturen, Ansitzen, Schlössern und behäbigen Weingütern, durchsetzt von einer schon mediterranen Flora aus Zypressen, Pinien und Zedern. Auch wenn fast alle schönen Gebäude in Privatbesitz und bewohnt – mithin nicht zu besichtigen – sind, lohnt der Anblick der malerischen Gebäudegruppen in einem Meer von Wein den Spaziergang. Besonders beim über St. Michael gelegenen *Schloß Freudenstein* oder der weithin sichtbaren doppeltürmigen *Gleifkapelle* (Abb. 52), vor allem aber bei den benachbarten burgähnlichen Ansitzen Englar und Gandegg (über dem südlichen Dorfausgang) ist die Schönheit des Überetsch noch gänzlich unberührt. Versäumen Sie nicht einen kurzen Gang zu der in einem Kastanienhain hinter Englar gelegenen Kapelle *St. Sebastian* mit den beiden hübschen wappentragenden Engeln am Portal (Abb. 49). Weiter bergauf liegt links der Stroblhof, eine alte Weinwirtschaft, für die die eingangs ausgesprochene Warnung gilt, daß hier so manche weitgeplante Wanderung durchs Überetsch ein unvorhergesehenes Ende fand. Unabhängig von den genossenen Vierteln Wein sollten Sie sich einen Besuch der ›Eislöcher‹ nicht entgehen lassen, eine knappe Viertelstunde vom Stroblhof entfernt. Dort strömt aus tiefen Spalten im Porphyrfelsen des Gandberges ein kalter Luftzug, der selbst während des Sommers in der Tiefe das blanke Eis nicht wegschmelzen läßt und in der unmittelbaren Umgebung der Öffnungen für derart niedrige Temperaturen sorgt, daß sich hier auf engem Raum eine alpine Flora in nur 590 m Höhe und in direkter Nachbarschaft zu den Weinreben findet.

In St. Michael zweigt die Straße zu den zwei Montiggler Seen ab; sie liegen in einem schönen Waldgebiet des Mitterberges, der das Überetsch vom eigentlichen Etschtal trennt. Die Seen sind, weil ihnen ein Zufluß fehlt, relativ warm und werden als Bademöglichkeit sehr geschätzt, doch auch das ausgedehnte Waldgebiet mit seinen Spazierwegen reizt zur näheren Erkundung. Die mäßigen Erhebungen des Mitterberges tragen zum Teil Reste vorgeschichtlicher Wallburganlagen, besonders eindrucksvoll haben sie sich auf dem südöstlich von Montiggl gelegenen Jobenbühel erhalten.

Von St. Michael führt die Weinstraße weiter nach Süden, passiert den links auf einer Anhöhe gelegenen alten **Weinhof Kreith** und eröffnet kurz hinter Unterplanitzing das berühmte Überetscher Panorama: der am Hang gelegene Ort Kaltern, der mit alten Ansitzen (Abb. 53) und Kirchtürmen aus den dichten Weinhängen hervorschaut, darunter in reizvollem Kontrast zu den sanft gewellten Rebhügeln die glatte Fläche des Kalterer Sees, überragt von den eigenartigen Ruinen der Leuchtenburg auf der letzten hohen Erhebung des Mitterberges.

Der Wein der Gegend ist weltberühmt und nirgendwo schmeckt er so gut wie hier an Ort und Stelle. Der alte Ortskern von **Kaltern** (Abb. 55) bietet ein Bild architektonischer Geschlossenheit: Große Weinbauernhäuser wechseln sich ab mit ansitzartigen Gebäuden, die Marktstraße und der geräumige Hauptplatz mit seinem schönen barocken Brunnen mit der Mariensäule sind geprägt von Erkern, Rundbogentoren, Lauben und Fenstergittern; in vielen alten Innenhöfen befinden sich jetzt Weinstuben und Restaurants. Die *Pfarrkirche Mariä Himmelfahrt* wurde 1791/92 erbaut und ist eine der wenigen klassizistischen Kirchen Südtirols. Die kurze Kunstperiode des Klassizismus ließ in Abwendung von der überladenen Formenwelt des Spätbarock und Rokoko klar gegliederte Innenräume von kühler Atmosphäre und großliniger Dekorationsmalerei entstehen: Der weitläufige, einschiffige Bau der Kalterer Pfarrkirche mit einer durchgehenden Flachtonne im Langhaus und einer Flachkuppel im Chor ist trotz späterer ›Verschönerungen‹ ein typisches Beispiel. Die Triumphbogen- und Deckenfresken malte 1792/93 Josef Schöpf, ein Schüler von Martin Knoller, die klare Anordnung der Bilder verbindet sich noch mit der lichten Farbigkeit des Rokoko. Ein auffallendes Stück ist der prächtige Hochaltar mit dem größten Tabernakelaufbau im ganzen Lande, unverkennbar ein Werk des Spätbarock aus verschiedenen Marmorsorten mit Sandsteinskulpturen, wahrscheinlich ein Werk des Teodoro Benedetti, der im Dom zu Brixen und in Neustift ähnliche Altäre gebaut hat, das Altarblatt ist ein vorzügliches Werk von Michelangelo Unterberger. Der Hochaltar ist eindeutig älter als die Pfarrkirche selbst; er stammt aus der Kirche des Dominikanerklosters in Bozen (s. S. 177) und wurde nach dessen Aufhebung von den Kalterern gekauft.

Im Gemeindegebiet von Kaltern, das sich mit mehreren Dörfern weiter den Hang hinauf erstreckt, befinden sich noch drei weitere sehenswerte Kirchen. Da ist zunächst *St. Katharina in Mitterdorf,* von Kaltern noch bequem zu Fuß zu erreichen: In der gotischen Kirche mit dem hohen gemauerten Spitzhelm des Turmes befinden sich neben einem (leider übermalten) Fresko des Marientodes (um 1400) im Chor und (ebenfalls übermalten) spätgotischen Heiligenfiguren am rechten Seitenaltar gute Wandbilder der Bozner Schule um 1414; sie stellen (am linken Seitenaltar) die Legende der hl. Agnes dar. Man beachte den von Ärzten betreuten Sohn des heidnischen Richters, der vor Zorn über seine abgewiesene Werbung um Agnes in einem gotischen Himmelbett krank darniederliegt. Falls die Kirche verschlossen ist, läuten Sie am Pfarrhaus gleich rechts vom Portal.

Die schmale Straße vom Mitter- hinauf zum Oberdorf führt vorbei am gotischen *Schloß Kampan,* gerühmt als eine der schönsten Überetscher-Stil-Schöpfungen (nicht zu besichtigen). Weit oben am Hang steht im Oberdorf die Kirche *St. Nikolaus,* die mit Turm, Westfassade und (jetzt vermauertem) Rundbogenportal noch Teile eines spätromanischen Baus enthält. Die restlichen Bauteile gingen 1521 in einem Neubau auf, der ein Netzrippengewölbe mit Wappenschlußsteinen bekam. Wenige Jahre später erhielt die Kirche einen zierlichen Freskenschmuck in Form dekorativer Blumen-, Tier- und Ornamentmalerei aus der Hand des Bartlmä Dill Riemenschneider, dem in Bozen lebenden Sohn des großen Tilman Riemenschneider. St. Nikolaus ist stets geöffnet.

Südlich, den Hang hinunter wieder näher bei Kaltern, liegt die Fraktion **St. Anton.** Die *gleichnamige Kirche* ist die gegen 1450 erbaute Nachfolgerin eines romanischen Baus, ihr architektonisch reizvollster Teil ist der Chor mit Runddiensten, welche auf figuralen Konsolen ruhen und oben mit Blätterkapitellen abschließen. Wände, Gewölbe und Fensterlaibungen sind vollständig bemalt, es handelt sich um eigenartige, schwer einzuordnende Bilder aus der Zeit um 1470. Sie werden allgemein Bozner Malern zugeschrieben, die einer späten Reminiszenz der Bozner Schule anzuhängen schienen, während überall bereits der spätgotische Realismus die Malerei zu prägen begann. Die Fresken zeigen die Apostel und zahlreiche Heilige sowie Szenen aus dem Leben Jesu, ihre genaue Abstimmung auf die Architektur des Chores verleiht diesem eine sehr eindrucksvolle Gesamtwirkung. Die Kirche ist in der Regel geöffnet.

In St. Jakob zweigt die Straße nach **Altenburg** ab. Dieser Ort kann jedem Liebhaber von Vorgeschichte und Frühmittelalter nur empfohlen werden. Die Straße führt auf einer Art Mittelgebirgsstufe hoch über dem Kalterer See durch ein hügeliges, dichtes Waldgebiet bis zur gotischen Kirche *St. Vigilius,* die mit ihren buntglasierten Dachziegeln die wenigen Bauernhäuser des Dorfes überragt. Wenn man vor ihr steht, führt links ein Weg hinüber zu

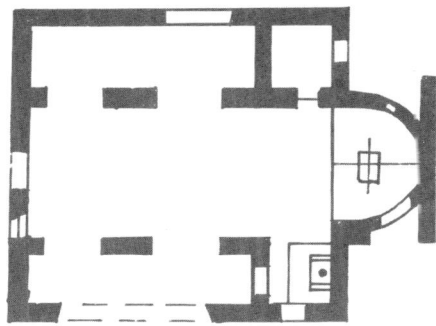

*Altenburg. St. Peter, Grundriß*

einer steil abfallenden bewaldeten Felskuppe. Auf ihr befinden sich die Ruinen einer der ältesten Kirchen Tirols aus dem 4. oder 6. Jahrhundert (Abb. 58). Das ganze Terrain selbst war eine schier unangreifbare vorgeschichtliche Wallburg; wer sich ihr nähert, steht plötzlich am Rande einer kleinen, aber von senkrechten Wänden gebildeten Schlucht, über die im Mittelalter eine große Steinbrücke hinüber zur Kirche führte, die hohen, massiven gemauerten Pfeiler in der Schlucht sind ihre Reste. Heute führt eine schmale Treppe hinunter und wieder hinauf; die Ruinen auf dem Felsen stellen eine *frühchristliche Basilika* mit großer Rundapsis dar, neben der eine rätselhafte, einem menschlichen Körper angepaßte Vertiefung in den Stein gehauen ist (Abb. 57). Die flache Mulde in deren Mitte hat Spekulationen begünstigt, es handle sich um einen Opferstein und das Blut des Geopferten sollte in dieser Mulde zusammenfließen. Wahrscheinlich ist es eine frühchristliche Grabkammer, in der der Legende nach der Märtyrerbischof von Trient, der hl. Vigilius, beigesetzt worden sein soll. Von diesem geschichtsträchtigen Felsen hat man einen einzigartigen Blick auf das Überetsch und den Kalterer See.

Von der nach Tramin weiterführenden Weinstraße zweigt unterhalb Kalterns eine Straße nach links zum gegenüberliegenden, nicht ganz so überlaufenen Ufer des Kalterer Sees (Farbabb. 42) ab, dessen Wasserspiegel sechs Meter tiefer als die Etsch liegt. Er gilt als wärmster Alpensee und bietet bis in den Oktober hinein beste Möglichkeiten zum Baden, Segeln und Windsurfen. Vom Ufer unterhalb des Mitterberges führt ein schöner Waldweg hinauf zu den Ruinen der *Leuchtenburg,* von der aus der Name ›Mitterberg‹ erst richtig verständlich wird: Auf der einen Seite schaut man hinunter auf Kalterer See und Überetsch, dreht man sich um, liegt das breite Etschtal tief unter dem Burgberg. Der etwa halbstündige Weg hinauf führt durch die einsame, sonnenverbrannte, von Eichen und Kastanien durchsetzte Buschwaldlandschaft des Mitterberges und durchstößt unterhalb der mittelalterlichen Ruinen den überwucherten Steinwall einer die ganze Bergkuppe umrundenden vorgeschichtlichen Wallburg. Nach zwei befestigten, unter dichter Vegetation fast verborgenen Vorburgen betritt man die ungewöhnliche Hauptburg. Sie besteht aus einer kreisförmigen, hohen Ringmauer, an die innen die Wohngebäude angelehnt waren. In den Ruinen

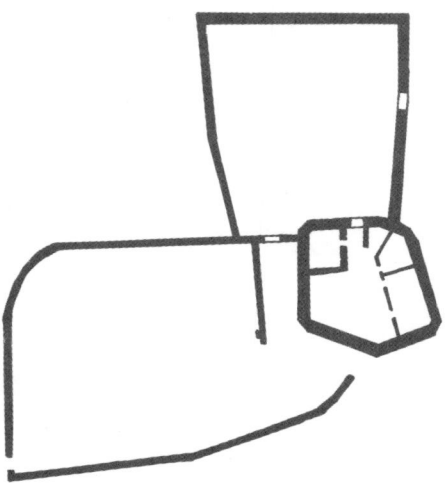

*Leuchtenburg, Grundriß der Anlage*

finden sich noch bedeutende Reste von Fresken des 15. Jahrhunderts, während die ganze seltsame Anlage auf dem entlegenen, wasserlosen Berg wohl schon um 1200 entstanden ist. Zuverlässige Nachrichten über die ältere Geschichte der Burg sind nicht bekannt.

Kurz hinter Kaltern liegt rechts oberhalb der Weinstraße der *Ansitz Ringberg* (Abb. 47). Er beherbergt das Südtiroler Weinmuseum, dessen Besuch Sie nicht versäumen sollten (Parkplatz neben der Straße). Um das schloßartige Gebäude herum wachsen in einem Musterpark alle in Südtirol angepflanzten Rebsorten, im Inneren sind in Sälen und Gewölben altes Keltergerät, kostbare Trinkgefäße verschiedener Jahrhunderte aus Leder, Holz und Glas, sowie alte Werkzeuge und Produkte des für den Weinbau arbeitenden Handwerks wie Küfer und Binder zu sehen. Eine ergänzende Ausstellung von zahlreichen maßstabgetreuen Burgenmodellen macht Ringberg zu einem der besuchenswertesten Museen in Südtirol (geöffnet von April bis Oktober wochentags zwischen 14 und 17 Uhr).

Folgen Sie der Weinstraße weiter, gelangen Sie nach **Tramin,** dem kunsthistorisch bedeutsamsten Ort des Unterlandes. Auch hier hat sich der alte Dorfkern fast unversehrt erhalten, der weiträumige, schattige Hauptplatz neben der Pfarrkirche, die alten Gassen und Weinbauernhöfe verleihen dem Ort eine ungemein anziehende Atmosphäre, besonders im Herbst, wenn die nach der Weinlese vollbeladenen Wagen durchs Dorf rollen und Tonnen von dunkelblauroten Trauben in die Weinkeller schütten, zeigt sich Tramin von seiner charakteristischen Seite. Der Ort besitzt drei bedeutende Kirchen, von denen eine, St. Jakob in Kastellaz, einen einzigartigen romanischen Freskenzyklus bewahrt hat.

Beginnen wir unsere Besichtigung der Traminer Kunst ganz zentral mit der neben dem Hauptplatz gelegenen *Pfarrkirche* mit dem seltenen Patrozinium des hl. Quiricus und der hl. Julitta. Der von 1466–92 erbaute Turm ist 93 m hoch und mit Maßwerkgalerie, Spitzbogen-fenstern, Wimpergen, Wasserspeiern und Kreuzblumen einer der schönsten gotischen

Kirchtürme im Lande. Die dreischiffige Hallenkirche, obwohl ein Neubau aus dem Jahre 1910 im neugotischen Stil, besitzt dennoch einen um 1400 geweihten, erhalten gebliebenen Chor. In ihm befindet sich ein umfangreicher Freskenzyklus; er zeigt neben Passionsszenen, Aposteln, Heiligen und einem Jüngsten Gericht an der rechten Chorwand eine Darstellung des Martyriums der Kirchenpatrone. Angesichts der scheußlichen Ereignisse um den Foltertod der hl. Julitta und der Ermordung ihres dreijährigen Sohnes, des heiligen kleinen Quiricus, wagt man kaum einen Hinweis auf die sehr qualitätvolle Ausführung dieses Freskos: Es zeigt in großangelegter Gesamtkomposition die ganze Geschichte in einem Bild, das durch eine weitläufige Architekturszenerie gegliedert ist; die einzelnen Ereignisse spielen in verschiedenen Stockwerken, auf Treppen und in perspektivisch gemalten Sälen des Gebäudes. Die Chorfresken sind wie die Bilder an der Triumphbogenwand (Kreuzigung, Kreuzabnahme, Szenen aus der Katharinenlegende) kurz nach 1400 von sehr guten, unbekannt gebliebenen Meistern der Bozner Schule gemalt worden. Das Hochaltarbild ist von Martin Knoller, einem der besten Maler des Tiroler Spätbarock.

Auf einem von Reben bedeckten Hügel knapp oberhalb Tramins erhebt sich weithin sichtbar die Kirche *St. Jakob in Kastellaz*. Sie enthält den bedeutendsten Kunstschatz des Unterlandes: einen Freskenzyklus aus dem frühen 13. Jahrhundert, der mit seinen Bestiarien eine in den erhaltenen Wandmalereien der Romanik einmalige Darstellung besitzt. Man kann die Kirche zwar mit dem Wagen erreichen, doch gibt es auf dem abschüssigen ehemaligen Burghügel so gut wie keine Möglichkeit, ihn abzustellen. Am besten gehen Sie daher vom großen Platz neben der Pfarrkirche zu Fuß, der aussichtsreiche Weg führt in 15 Minuten hinauf. Die im 12. Jahrhundert erbaute romanische Kirche besteht aus einem flachgedeckten Langhaus mit großer halbkreisförmiger Apsis und einem massiven Turm, um 1400 wurde ein gotisches Parallelschiff mit Kreuzrippengewölbe angebaut. In dieses zweite, vollständig mit Fresken ausgemalte Kirchenschiff führt heute der Eingang an der Südmauer, nach wenigen Schritten hinüber in den romanischen Teil stehen Sie vor den berühmten Bildern der Ostwand. Der Blick wird sofort von der hoch hinaufreichenden Sockelzone gefangen genommen, die von einer wilden Schar kämpfender Tiermenschen und anderer grotesker Geschöpfe bevölkert ist (Farbabb. 45). Ein Vogelmensch mit einem Flossenschwanz erwürgt eine Schlange mit aufgerissenem Rachen, während ihm ein anderer, halb Hund, halb Mensch, eines seiner Vogelbeine ausreißt, ein Fischmensch beschießt ihn mit Pfeil und Bogen, daneben ein Wesen mit menschlichen Beinen in Schuhen und Strümpfen, dem ein unheimlicher Kopf direkt auf dem Gesäß aufgesetzt ist, auf der rechten Seite frißt ein Mensch mit Flossenfüßen und Schakalkopf eine Schlange, obgleich sie sich in seine Schulter verbissen hat, daneben ein Fischweib mit verschränkten Fischschwänzen über einer zweifachen Seeschlange, die ihre Zähne ins Bein eines Menschen schlägt, dieweil der sich auf einem Meerestier reitend mit einem Wesen bespricht, das seine zusammengewachsenen Beine parallel zum Körper aufgerichtet hat, während ein Tier mit spitzem Schnabel die gerundete Kehrseite des oben erwähnten Diskutanten attackiert. Flankiert werden diese Bilder von zwei unförmigen Wesen, welche wie zwei Atlanten mit leidend-aggressiven Gesichtern und in gedrückter Haltung die Trennlinie zu den darüberliegenden

Bildzonen zu stützen scheinen; auf ihnen sehen sich die Apostel unter Gewölbebögen abermals von kämpfenden Fabelwesen umgeben.

Was bedeuten diese seltsamen Darstellungen? Die Fresken in St. Jakob haben seit ihrer Freilegung vor etwa hundert Jahren eine Flut von Auslegungen erfahren, die alle mehr oder weniger darauf hinausliefen, daß der romanische Maler eine besonders abstoßend dämonisch-bedrohliche Unterwelt zeigen wollte, von der sich die darüberliegende Darstellung der himmlischen Mächte mit den Aposteln und der Majestas Domini umso vorteilhafter abheben sollte. Diese Interpretation abstrahiert aber von der Darstellungsweise der einzelnen Bestiarien: Bei der sorgfältigen Ausgestaltung jeder Figur scheint die Annahme, sie seien lediglich zufälligen Eingebungen gedankt, wenig plausibel. Edmund Theil, Herausgeber der Laurin-Kunstführer, der sich immer dann, wenn es um ungeklärte Fragen geht, so recht in seinem Element befindet und dabei aufgrund seiner sorgfältigen Analysen nicht nur hinsichtlich der kunsthistorischen, sondern auch der sozialen Einbettung eines Werkes zu gelegentlich phantastisch anmutenden, dabei aber meist plausiblen und treffenden Ergebnissen kommt, führt die einzelnen Figuren der Sockelzone auf Überlieferungen heidnischer Legenden aus Südosteuropa, Kleinasien und Indien zurück. Sie waren dem romanischen Mittelalter bekannt und hatten dort eine moralisierende Umdeutung erfahren. Fast alle Darstellungen ließen sich so als Symbole sinnlich-sexueller Regungen deuten, die dem mittelalterlichen Christen von jeher als Teufelswerk erschienen: »Wir stehen hier dem Vorläufer eines monströsen ›Lasterkatalogs‹ gegenüber, den dann das späte Mittelalter und die Folgezeit in der Gegenüberstellung von Tugend- und Lasterpersonifikationen zur vollen künstlerischen und spekulativen Entfaltung brachten.« (E. Theil, Laurin-Kunstführer Nr. 2) Unser romanischer Maler müßte demnach eine sehr gebildete Weinbauerngemeinde vorausgesetzt haben, als er die Ostwand von St. Jakob mit symbolbefrachteten Bestiarien, Aposteln und in der Halbkuppel der Apsis mit der obligaten Majestas Domini in der Mandorla schmückte. Jedenfalls verweisen die sichere Ausführung der Bilder, besonders die karikaturhafte Darstellung menschlicher Körper in den Grotesken der Sockelzone auf einen ungewöhnlich begabten Meister, dessen Herkunft bis heute ungeklärt ist. Wer die romanischen Fresken in Hocheppan (s. S. 202f.) oder in der Krypta von Kloster Marienberg im Vinschgau (s. S. 318) gesehen und deren ausgeprägt byzantinische Formgebung bemerkt hat, dem werden die Bilder in St. Jakob doppelt rätselhaft sein. Die Bewegtheit der Draperien und die expressive Gestik der Apostel lassen ebenso wie die ausgeprägte Individualisierung der Tiermenschen die Malereien der spätesten Romanik zugehörig erscheinen (was sie indessen nicht sind); der Eindruck entsteht durch den ausgesprochen ›unbyzantinischen‹ Charakter der Bilder. Diese künstlerische Unabhängigkeit ist erstaunlich, da sowohl die byzantinische Kunst, die sich direkt von den oberitalienischen Zentren ausbreitete, als auch ihre im Norden fußfassende und von Salzburg wie Reichenau nach Süden zurückwirkende Variante ihre östliche Quelle nicht verleugnen; Bestiarien wie in St. Jakob in Kastellaz kommen darin nicht vor. Wohl hat man in der Buchmalerei dieser Zeit ähnliche Darstellungen entdeckt, welche den Maler möglicherweise beeinflußt haben, vielleicht gab es auch mehrere solcher Darstellungen und der Stil dieses Meisters war früher verbreiteter, erhalten hätten sich davon nur diese Fresken in Tramin, die somit in der europäischen romanischen Malerei eine einzigartige Besonderheit darstellen.

Nach einem Blick auf die an der Nordwand (links neben der Apsis) in der ersten Hälfte des 15. Jahrhunderts entstandenen Bilder (Kreuzigung, Kreuztragung, in der Sockelzone die langgestreckte Gestalt Goliaths, dem David den Kopf abschlägt) wendet man sich zurück in das farbenprächtig bemalte gotische Parallelschiff. Diese Wandgemälde sind in der Umbruchszeit vom gefälligen ›Höfischen Stil‹ zum harten spätgotischen Realismus entstanden. Sie stammen aus dem Jahre 1441, laut einer Inschrift, in der sich der Maler Ambrosius als Gehilfe des Meisters Johannes von Bruneck bezeichnet. Diese Anwesenheit eines Freskanten der Pustertaler Schule (s. S. 90 f.) beweist einerseits den erfolgten Niedergang der Kunst im nahegelegenen Bozen und erklärt andererseits die gute Qualität der Bilder. Im Gewölbe sind Kirchenväter, Engel und Evangelisten, in der Bogenlaibung törichte und kluge Jungfrauen zu sehen; die Ostwand zeigt eine Kreuzigung, die Südwand neben Szenen aus dem Leben des Kirchenpatrons St. Jakob die ersten Bilder der an der Westwand vollendeten ›Legende vom erhängten Jüngling‹, auch ›Hühnerlegende‹ genannt. (Diese seltsame Geschichte handelt von den Eltern eines zu Unrecht erhängten jungen Mannes, die nach einer Pilgerfahrt zum Grab des hl. Jakob ihren Sohn wieder lebend vorfinden; als sie bei dem für das Todesurteil verantwortlichen Richter vorsprechen, erklärt dieser, ihr Sohn sei so tot wie die gebratenen Hühner vor ihm auf dem Tisch – worauf sich diese vom Teller flatternd in die Lüfte erheben.) Den Schlüssel zur Kirche erhalten Sie im Haus davor.

Die dritte bedeutende Kirche Tramins liegt ein wenig außerhalb des Ortes, es ist nicht ratsam, sie zu Fuß aufzusuchen. *St. Valentin am Friedhof*, früher einsam in den Rebenhügeln gelegen, steht direkt neben der hier in Richtung Süden vorbeiführenden Weinstraße (für den, der von Kaltern kommt, hinter Tramin) und besitzt trotz ihres relativ verwahrlosten Zustandes einen der eindrucksvollsten freskierten Innenräume Südtirols. Die großartige Gesamtwirkung des vollständig bemalten Kirchenschiffs beruht wesentlich darauf, daß trotz einer gotischen Erweiterung im Jahre 1380 keine Einwölbung der Kirche vorgenommen wurde; sie behielt innen ihren romanischen Charakter mit einer hölzernen Flachdecke und hohen Mauern, die, ohne Unterbrechung durch Gewölbeansätze, große Wandflächen für ausgedehnte Freskenzyklen aufließen. Das älteste Bild ist die Verkündigungsszene an dem Pfeiler, welcher die Apsis des romanischen Teils der Kirche in der Mitte als Turmstütze durchstößt. Dieses vorzügliche Bild mit einer mädchenhaften Maria ist zweifellos das Werk eines italienischen Meisters, ihr zarter Schleier zeigt den technisch überlegenen Umgang der oberitalienischen Künstler mit modellierend abgetönten Farben. Es ist sehr instruktiv, dieses klar gegliederte Bild im Kontrast zum restlichen Freskenschmuck der Kirche zu sehen: Die gesamte Ausmalung der Apsis und aller vier Langhauswände stammt von Meistern der Bozner Schule aus den Jahren 1390–1420, also jener Malschule, die aus der Verschmelzung italienischer und deutscher Formelemente entstanden ist. Die beiden Malweisen unterscheiden sich gerade in der Personendarstellung deutlich voneinander, während die Bozner Schule getreu den beibehaltenen deutschen Traditionen stets wildbewegte Gruppen in den Vordergrund stellt, malt der italienische Meister individuell ausgeprägte Einzelfiguren.

Das Bildprogramm zeigt das Leben Jesu in 23 Szenen, sie überziehen die West-, Nord- und Südwand in je zwei monumentalen Bildstreifen. Die Darstellungen beginnen oben an der Westwand und setzen sich im unteren Teil der drei Wände fort. Besondere Aufmerksamkeit verdient die Südwand: Hier befindet sich auf der rechten Hälfte (neben vier sehr schlecht erhaltenen Bildern der Valentinslegende) ein großangelegtes Fresko der Ursulalegende, das in einem Bild mehrere Szenen aus dem Leben der Heiligen zusammenfaßt. In dem tiefen Landschaftshintergrund befinden sich zwei minutiös gemalte befestigte mittelalterliche Städte, wovon eine das im Zustand der Belagerung durch die Hunnen befindliche Köln darstellen soll; die hunnischen Krieger eilen gerade zu den zwei den Vordergrund beherrschenden Schiffen, um dort der hl. Ursula und ihrem Gefolge den Märtyrertod zu bereiten. Der Meister dieses Gemäldes muß zu den besten der Bozner Schule gehört haben. – Den Schlüssel zur Kirche erhalten Sie 50 m entfernt im ersten Haus rechts der Weinstraße in Richtung Tramin. Der Name des Schlüsselinhabers ist an der Kirchentür angeschlagen.

Bevor Sie Tramin verlassen, versäumen Sie nicht eine Kostprobe des hiesigen Weins: Neben dem vorzüglichen Gewürztraminer wächst hier der nicht weniger gute Cabernet – der Wein Tramins war schon im Mittelalter eine Berühmtheit. Als sich Oswald von Wolkenstein während des Konzils zu Konstanz (1414–18) am Bodensee befand, lobte er in einem Lied zwar die Mädchen der Gegend, beklagte sich aber bitter über den dortigen Wein und bekannte seufzend: »Dick gen Traminn stet mein gedanck ...«

Wenige Kilometer südlich liegt das Weindorf **Kurtatsch** (Abb. 56) auf einer Hangterrasse über der Straße, die von hier hinauf zum großen Hochplateau von Ober- und Unterfennberg führt. Diese von Wald, Wiesen und einem See charakterisierte Hochfläche zwischen den zur Salurner Klause abstürzenden Felsen und den aufsteigenden Wänden des Mendelgebirges ist eine sehr angenehme Mittelgebirgslandschaft mit prächtigem Fernblick in das nach Süden hin immer stärker mediterran geprägte Etschtal.

Als letztes Dorf an dieser Talseite berührt die Weinstraße **Margreid** (Farbabb. 40). Es liegt dicht um die Kirche gedrängt am Hang des kleinen Schuttkegels, den der Fenner Bach aus dem Berg gespült hat. Margreid hat das unveränderte Erscheinungsbild eines alten Weindorfes im Unterland bewahrt, nichts ist hier touristisch aufpoliert; die zahlreichen Portale und Torbögen der eng aneinandergebauten Ansitze und großen Weinhöfe sind das Charakteristikum des vielgerühmten Ortsbildes.

Hinter Margreid rücken die Felsen zusammen und bilden die Salurner Klause, die südliche Grenze Südtirols und des deutschen Sprachraums; die Weinstraße wendet sich zur Talmitte und führt über die Etsch nach Salurn; von dort geht es zurück nach Bozen.

Von **Salurn** aus führten in vergangenen Zeiten die Gebirgswege nach Italien, wenn durch die häufigen Etschhochwasser die Felsenenge der Salurner Klause so überschwemmt war, daß man sie wochenlang nicht passieren konnte. Wie sich aus den Motiven der Bilder seiner italienischen Reise erschließen läßt, mußte auch Albrecht Dürer im Jahre 1494 wegen eines

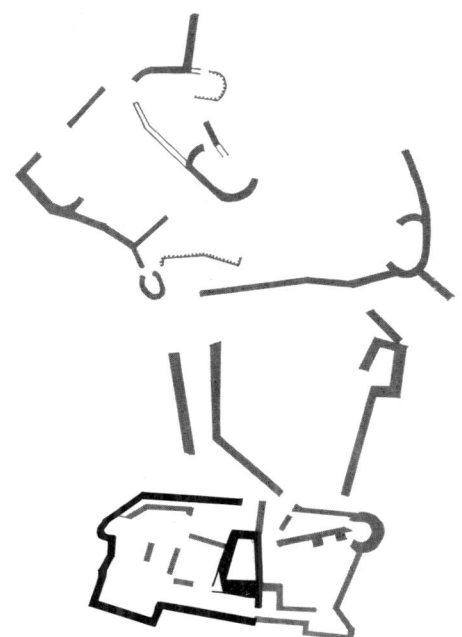

*Haderburg, Grundriß der Anlage*

Hochwassers diesen Umweg wählen. Auch Salurn besteht im wesentlichen aus zahlreichen alten Weinhöfen, die Attraktion des Ortes ist aber zweifellos die *Haderburg* in ihrer einzigartigen Lage auf einem aus den senkrechten Wänden hervortretenden Felssporn. Diese finstere Bergfestung spielte eine wesentliche Rolle bei jenem berüchtigten Überfall, mit dem die aufstrebenden Grafen von Eppan ihrem Weg zur Macht ein unfreiwilliges Ende setzten: In der Nähe überfielen sie 1158 eine wichtige päpstliche Gesandtschaft, die sich auf dem Weg nach Deutschland zu Kaiser Friedrich I. Barbarossa befand und von ihrem verhaßten Lehnsherrn, Fürstbischof Adelpret von Trient, begleitet wurde. Gesandtschaft und Fürstbischof wurden ausgeraubt wie gewöhnliche Kaufleute und hier in der Haderburg in den Kerker geworfen – wie schon erwähnt (s. S. 202), hatte der Coup für die Eppaner Grafen fatale Folgen. Wer sich die nicht ungefährliche Mühe macht hinaufzusteigen, wird oben entdecken, daß die mittelalterliche Burg durch ein raffiniert in die Felsen gebautes System maximilianischer Anlagen (1514) für die Verteidigung mit Feuerwaffen hergerichtet wurde.

Auf der Straße in Richtung Bozen gelangen Sie etwa 2 km hinter **Laag** zur uralten Kirche *St. Florian.* Sie ist leicht zu übersehen, weil sie links der Straße hinter einer Mauer fast in dichten Obstbäumen verschwindet (neben der breiten Einfahrt zu einer Autowerkstatt). Das Innere der Kirche mit dem mächtigen Chorturm ist nicht zu besichtigen, doch bietet Ihnen ein Blick über die Mauer eine der schönsten romanischen Apsiden Südtirols. Sie zeigt mit umlaufendem Rundbogenfries und figuralen Konsolen den stilistischen Einfluß des Trienter Doms. St. Florian liegt in unmittelbarer Nachbarschaft zu einem ebenfalls ins

12. Jahrhundert zurückreichenden großen *Pilgerhospiz*, das einige hundert Meter weiter im Wald des Berghanges liegt. Diese Anlage, im Volksmund ›Klösterle‹ genannt, ist, obzwar eine halbe Ruine, eine Rarität, da es sich um den seltenen Fall eines fast vollständig erhaltenen romanischen Hospizes handelt. Es war für Rom-Pilger gedacht, wurde aber aus unbekannten Gründen bereits 1317 aufgehoben. Erhalten haben sich mehrere um einen Mittelhof gegliederte Gebäude, darunter die Kirche mit einem flachen Langhaus. Sein zweites Stockwerk war als Schlaf- und Krankensaal für Pilger eingerichtet, die von hier der Messe im hohen, flachgedeckten Chor beiwohnen konnten. In den vergangenen Jahrhunderten stand das verlassene Hospiz als angeblicher Sammelplatz für Wegelagerer arg in Verruf. Auch heute empfiehlt es sich, die hochinteressanten, einsamen und abgelegenen Gebäude nicht unbedingt allein zu besuchen. Wenn man trotzdem das etwas abenteuerliche Unternehmen nicht missen möchte, halte man spätestens an der Einfahrt zum Elektrizitätswerk rechts der Straße, das ›Klösterle‹ liegt sichtbar rechts oberhalb des Werkes am Berghang.

Wem aber diese Art von Kunstreise nicht ganz geheuer ist, der fahre weiter nach **Neumarkt** (und nicht längs der Umgehungsstraße daran vorbei): Der kaum touristisierte Ortskern bietet mit seinem auf beiden Straßenseiten fortlaufenden mittelalterlichen Laubengang (Abb. 59) und den dahinter liegenden zahlreichen Häusern des 15.–17. Jahrhunderts das geschlossene Bild einer einst prosperierenden Handelsniederlassung am Weg über den Brenner.

In der ausgedehnten Burgruine *Caldiff* am steilen Abfall über dem Trudener Bach oberhalb Neumarkt sind noch verstreute Reste dekorativer Malerei aus gotischer Zeit zu entdecken; in einer Fensterlaibung hat sich ein Fresko mit einer Darstellung der mittelalterlichen Burg erhalten. Im alten Vorort Vill (in Richtung Bozen) steht die *Kirche Unsere Liebe Frau,* innen eines der besten Stücke gotischer Architektur im Lande, von Konrad von Neumarkt, Hans Feur aus Sterzing, Andrä Hofer und Peter Ursel aus Tramin in einheimischer Gotik gestaltet. Sie beweist eindrucksvoll, daß man süddeutsche und

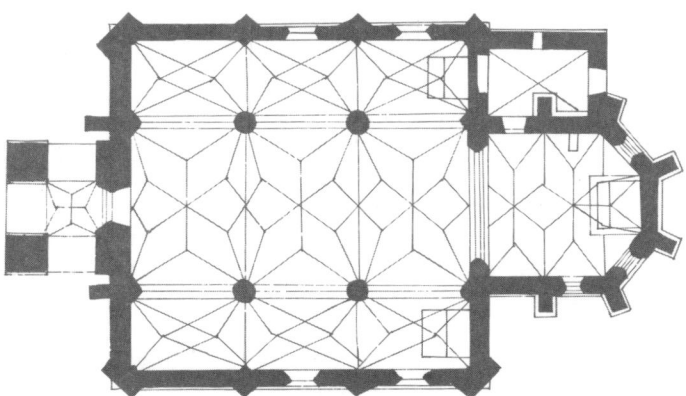

*Neumarkt/Vill.
Kirche Unsere Liebe
Frau, Grundriß*

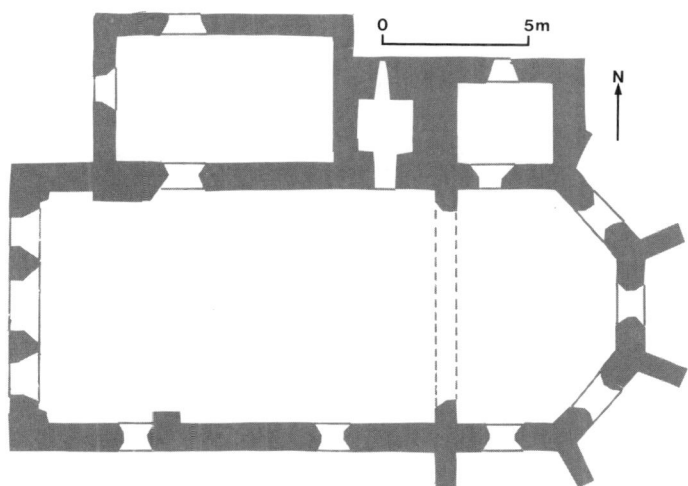

0    5m

N

*Pinzon. St. Stephan in Pinzon, Grundriß*

lombardische Bauhütten nicht mehr nötig hatte. Leider ist die Kirche immer geschlossen und der Schlüssel nur schwer zu bekommen. Interessenten erkundigen sich im Pfarrhaus oder im Fremdenverkehrsbüro.

Im alten Zentrum von Neumarkt führt von der einzigen Ampel eine Straße den Berghang hinauf in Richtung Montan. Etwa 2,5 km hinter Neumarkt zweigt nach rechts eine Straße nach **Pinzon** ab. Dort steht in der schön über einem kastanienbestandenen Platz gelegenen Kirche *St. Stephan* der bedeutendste Flügelaltar (Farbt. 3) des Unterlandes und einer der besten in Südtirol; bis zum Kirchenraub 1971 war er zudem eines der beiden vollständig erhaltenen Werke des Brixner Meisters Hans Klocker. (Wer von Bozen aus nach Pinzon möchte, kann schon in Auer die Straße nach Cavalese nehmen und knapp unterhalb des Dorfes Montan nach Pinzon abbiegen). Der Turm von St. Stephan ist noch romanisch, gegen 1410 baute Meister Konrad von Neumarkt den schönen Chor in reinster Hochgotik mit Rippengewölbe auf figuralen Konsolen und reliefverzierten Kämpfern am Triumphbogen; das niedrigere Langhaus wurde um 1500 unter Verwendung romanischen Mauerwerks neu erbaut. Der große Flügelaltar im Chor beweist in der vorzüglichen Ausführung der einzelnen Schreinfiguren und der acht Reliefs von Heiligen an den Flügeln das hervorragende bildhauerische Können Hans Klockers; die reiche Vergoldung der Gewänder und des Maß- und Rankenwerks verleihen dem Retabel ein eindrucksvoll prächtiges Gesamtbild. Im Schrein ist Maria mit dem Kind zu sehen, flankiert von den Heiligen Laurentius und Stephanus, die Predella-Flügel tragen Reliefs der hl. Margareth und hl. Barbara, im Gespreng befindet sich eine Kreuzigung sowie Engel und Bischöfe in maßwerkverzierten offenen Türmchen. Leider wurden beim Einbruch 1971 die vier vorhangtragenden Engel gestohlen, die die Schreinnische hinter der thronenden Madonna füllten, das Christkind in ihren Armen ist eine gute Kopie des ebenfalls gestohlenen Originals. Die Flügelaußenseiten zeigen vier Gemälde mit Szenen aus der Stephansvita: Der hl. Stephan hält seine Verteidigungsrede vor dem Hohen Rat, dessen Mitglieder zum Teil erregt gestikulieren oder sich die Ohren zuhalten; er erleidet den Märtyrertod durch Steinigung vor den Toren Jerusalems, wobei die heilige Stadt als befestigte deutsche Kleinstadt dargestellt ist; die Lage seiner Grabstätte wird dem Priester Lucianus im Traum kundgetan; das Grab wird geöffnet. Obwohl der Altar erst kurz vor 1500, also zur Zeit der Spätgotik, aufgestellt wurde, ist davon wenig zu spüren: Das ruhige, statuarische Nebeneinander der Einzelskulpturen hat nichts von der szenenhaften Dramatik pacherischer Altarkompositionen übernommen und bietet ein Bild bewußt gepflegter reiner Gotik, ohne einen Übergang zur Renaissance, wie er bei so späten Schöpfungen allenthalben sichtbar wird. Der alte Streit, ob Hans Klocker nun ein Pacher-Schüler war oder nicht, kann hier durch den lapidaren Augenschein entschieden werden: Von der gekonnten perspektivischen Konstruktion eines Raumes, wie sie Pachers Werk auszeichnet, ist hier weder in der Komposition des Schreins noch der Gemälde etwas zu entdecken, wobei die Kenntnis des Pacherschen Werks seitens Hans Klockers als sicher angenommen werden kann. Daß ausgerechnet der traditionsverpflichtete Klocker die Ideen seines berühmten Zeitgenossen weitergeführt habe und »ein neues ›Kunstwollen‹ ahnen lasse« (Frei), entbehrt daher jeder Grundlage.

An der Kirchentüre befindet sich ein Anschlag, wo man im Falle ihres Verschlossenseins zu läuten hat: 50 m rechts die Straße weiter im Pfarrhaus. Man beachte auch die Reste von Freskenzyklen außen an der West- und innen an der Südwand.

Bevor Sie wieder ins Etschtal hinunterfahren, sollten Sie in einem der schönen alten Weindörfer Mazon, Pinzon oder Montan die dortigen Sorten kosten, besonders der Blauburgunder dieser Gegend ist sehr zu empfehlen.

Auf der Abfahrt nach Auer passieren Sie einen links neben der Straße gelegenen ausgedehnten felsigen Hügel, der Ihnen durch sein fremdartiges Aussehen und seine einsamen Ruinen sofort auffallen wird: dies ist **Castelfeder** (Farbabb. 23), der wohl seltsamste Ort im ganzen Lande. Sie können ihn bequem auf fast ebenem Weg erreichen, wenn Sie von Montan die Straße ein Stück hinunter oder von Auer ein Stück hinauffahren und den Wagen auf einem der Parkplätze in den Schleifen der Serpentinen abstellen. Geologisch gesehen bildet dieser Porphyrhügel die letzte Fortsetzung des Mitterberges, der das Überetsch vom Etschtal trennt, allerdings hat der Fluß das verbindende Stück zur anderen Talseite abgetragen. Die Landschaft wird geprägt von der spärlichen Vegetation zwischen den sonnenverbrannten Felsen. Man sieht Weißdornbüsche und Steineichen, die sich mitunter zu eindrucksvollen Alleen formieren: Mit der Bezeichnung ›Klein-Griechenland‹ hat der Volksmund dieses eigenartige Landschaftsbild auf den Begriff gebracht. Wer sich hineinbegibt, findet sich zwischen kahlen, plötzlich abbrechenden Felsplateaus wieder, die Wege führen durch schmale Felsschluchten, gerade breit genug für einen Pfad, unvermutet steht man in einem kleinen Kessel, in dem sich eine saftige Wiese ausbreitet, und schreitet dann durch einen schattigen Kastanienhain, umgeben vom sonnendurchglühten Geröll des nächsten Felsabsturzes oder glatten, glazial geschliffenen Felspartien. Wer dabei das Gefühl hat, sich auf uralten Pfaden zu bewegen, der täuscht sich nicht: Auf der obersten Hügelkuppe finden sich ausgedehnte Ruinen verschiedener Epochen; wahrscheinlich spätantike Befestigungen, an denen sich das meist auf hohes Alter deutende Fischgrätenmauerwerk erblicken läßt, kreuzen vorgeschichtliche Wälle. Von einer *vormittelalterlichen Ringmauer*, die das ganze obere Plateau umschloß, haben sich südlich die ›Kuchelen‹ erhalten, Gewölbe, die die außen verlaufende Mauer verstärkten und den Wehrgang trugen, dazwischen liegen die Ruinen einer mittelalterlichen Burg und ihrer romanischen Kapelle mit Rundapsis. Noch geheimnisvoller ist die weitläufige, zum Teil kaum noch erkennbare Anlage einer *vorgeschichtlichen Großsiedlung* auf der tiefer liegenden Felsterrasse am Südwesthang: Hinter mächtigen, mörtellosen Steinmauern mit einer befestigten Toranlage hat der Südtiroler Vorgeschichtsforscher Innerebner die Reste von 160 Häusern entdeckt – der Nachweis, daß es auf diesem einsamen Hügel einmal sehr lebhaft zugegangen ist, hat indes das bis heute anhaltende Rätselraten um Castelfeder nur vergrößert. Nicht ein einziger Stein dieser Ruinenlandschaft ist urkundlich nachgewiesen, auch die Herkunft der Erbauer der verschiedenen Befestigungen (sogar der mittelalterlichen) liegt noch immer im dunkeln. Selbst wenn die gängigste Hypothese einer römischen Straßenstation Endidae auf dem Hügel zutreffen sollte, wäre nur ein kleiner Teil des Rätsels gelöst, schon der Name ist vorrömischen Ursprungs und deutet auf eine ältere Besiedlung. Auch Berichte über eine hier ausgetragene Schlacht zwischen Cimbern und Römern und eine 590 erfolgte Zerstörung des langobardischen Kastells Ennemase (welches mit Castelfeder identisch sein soll) durch die Franken, sind nicht erwiesen. Ein Teil der Ruinen ist mittlerweile wild überwuchert und schwer zu erkennen, dennoch lohnt ein Besuch Castelfeders jede Mühe; die absonderliche Fremdartigkeit von Landschaft und Ruinen verleiht dem einsamen Ort eine faszinierende Atmosphäre, die den Bewohnern der Umgebung freilich noch nie geheuer war. Gespenster und unheimliche Ereignisse werden dem merkwürdigen Felsenhügel nachgesagt, und noch heute trägt seine höchste Erhebung einen Namen, in dem leichtes Schaudern mitschwingt – der Rabenkofel.

Nicht weit von Castelfeder auf der anderen Seite der Straße befindet sich die kleine Kirche *St. Daniel am Kiechlberg*. Wenn Sie von Auer hinauffahren, müssen Sie die erste fahrbare, links abzweigende Straße nehmen (nicht asphaltiert). Sie führt zu einem Weingut, zu dem auch die Kirche gehört, dort müssen Sie nach dem Schlüssel fragen. St. Daniel enthält an der Nordwand ein großes Wandgemälde mit der Darstellung des Kirchenpatrons in der Löwengrube; sie hat ein lombardischer Wandermaler in phantasievoll bewegter Manier 1448 ausgeführt. Ein kostbares Stück ist der Flügelaltar, 1525 von einem unbekannten, der Donauschule nahestehenden Meister geschaffen. Das vollständig erhaltene Werk besitzt sogar noch die Schreinwächter Georg und Florian, die nur bei geschlossenen Flügeln rechts und links sichtbar sind. Im Schrein steht Maria mit zwei Heiligen, die Flügelinnenseiten tragen Reliefs von Petrus und Paulus, die Außenseiten vorzügliche Gemälde mit vier Szenen aus dem Leben des hl. Daniel, in der Predella sieht man eine Beweinung Christi, auf der Altarrückseite Bilder der Verkündigung und das Schweißtuch.

Wer nach einem Rundgang durch den angenehmen Ort Auer mit seinen alten Weinbau-ernhäusern Zeit genug hat, der fahre zurück nach Bozen einen Umweg: die Straße nach Cavalese hinauf, vorbei an St. Daniel und Castelfeder ins Fleimstal, das im unteren Teil eine tiefe Schlucht bildet. Wenn Sie diese auf der großen Brücke in Richtung Aldein oder Deutschnofen überquert haben, gelangen Sie in die schöne Landschaft des ›Regglberges‹ (s. S. 190) mit dem Wallfahrtsort Maria Weißenstein und der kleinen Kirche St. Helena (Farbabb. 43) mit ihren bedeutenden Fresken.

# Das Burggrafenamt – Meran und Umgebung

Zur Hauptreisezeit schiebt sich das Gedränge unter den mittelalterlichen Lauben Merans in der gleichen Weise voran, wie sich noch vor 150 Jahren die Kuhherden durch dieselbe Gasse zwängten. Denn die touristenträchtige Berühmtheit dieses Ortes verbreitete sich erst seit der 1836 erfolgten Entdeckung Merans als Kurstadt, in der sich in der zweiten Hälfte des vorigen Jahrhunderts die gekrönten Häupter Europas gewissermaßen die Klinken der Hoteltüren gegenseitig in die Hände drückten. Zuvor war **Meran** fast dreihundert Jahre ein heruntergekommenes Provinzstädtchen gewesen, wegen der in den Lauben gehaltenen Viehherden geringschätzig als ›Kuhstadtl‹ tituliert und in der 1774 von Peter Anich angefertigten Karte Tirols kleiner als Sterzing und Rattenberg verzeichnet. Dabei hatte Meran im Mittelalter als Landeshauptstadt der Grafschaft Tirol, die zu ihren besten Zeiten immerhin vom Gardasee bis Kufstein und von Graubünden bis Kärnten reichte, glanzvolle Tage gesehen. Zu Füßen der ab 1120 erbauten Stammburg der Tiroler Grafen gelegen, wurde die Stadt das Zentrum dieser sich ständig erweiternden Territorialherrschaft, und folglich mit Gerichtsbarkeit, Ämtern und Privilegien ausgestattet. Um die Landeshauptstadt schossen die Burgen der maßgeblichen Adelsfamilien Tirols wie Pilze aus dem Boden und bilden noch heute in Obermais fast einen ganzen Stadtteil aus Schlössern. Mit großer Pfarr- und Spitalkirche, einer 400 m langen Laubengasse als Zentrum des geschäftlichen Lebens, von Mauern und Türmen umzogen, von Burgen und Schlössern umgeben, bot Meran bis ins ausgehende Mittelalter den respektablen Anblick der Hauptstadt einer großen und politisch für das deutsche Kaiserreich stets wichtigen Grafschaft, denn der Weg nach Italien – und das hieß nach Rom zur begehrten Kaiserkrone – führte durch ihr Territorium. Als jedoch 1420 die landesfürstliche Residenz vom Schloß Tirol nach Innsbruck, bald darauf die Münze von Meran nach Hall verlegt wurde und immer mehr zentrale Behörden auf die andere Brennerseite abwanderten, war die große Zeit der Stadt vorbei. Mit dem Weggang des Hofstaats nach Innsbruck, der Märkte wie des Handels in das verkehrsgünstigere Bozen waren die Meraner von allen guten Einnahmequellen verlassen, sie wandten sich deshalb notgedrungen Handwerk und Landwirtschaft zu, und nichts bezeichnet den Niedergang der Stadt deutlicher als jene 150 nachgewiesenen Kühe in den Gebäuden der einst so noblen Altstadt im Jahre 1702. Wer heute das von Menschen überquellende Meran betritt, wird sich nicht vorstellen können, welchen Anblick das vergessene Städtchen Anfang des vorigen Jahrhunderts geboten haben muß.

# MERAN

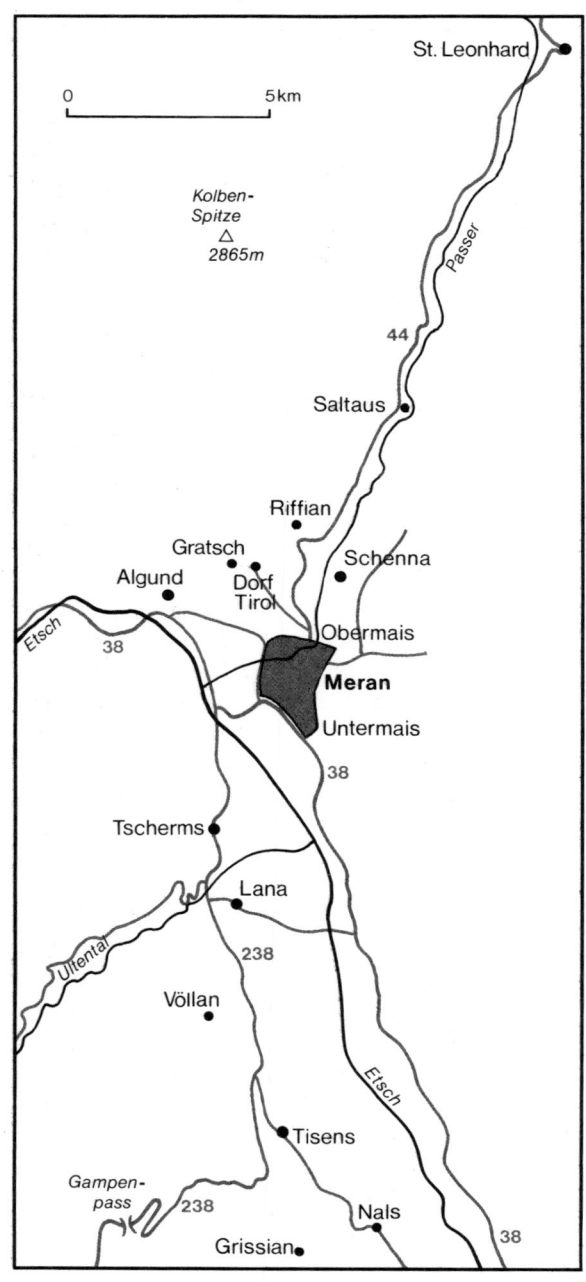

*Die Kunststätten des Burggrafenamts*

Der zweite Aufstieg Merans zur weltberühmten Kurstadt begann im Jahre 1836, als ein Dr. Josef Huber, in Wien Hausarzt der Fürstin Mathilde von Schwarzenberg, einen Aufsatz über den Heilwert des Klimas und der Trauben von Meran veröffentlichte. Bereits 1838 erschien Kaiser Ferdinand I. von Österreich samt Kaiserin und Gefolge auf der Durchreise nach Mailand zu einem kurzen Aufenthalt in der Stadt, 1845 folgten die Könige von Württemberg und Preußen, ein Jahr später kam der belgische König. Von nun an tummelte sich die feine Gesellschaft der Donaumonarchie in Meran; neben Bürgermeistern und Kurärzten, die schleunigst für eine entsprechende Organisation des Kurbetriebes sorgten, hat die Stadt besonders dem Erzherzog Johann von Österreich viel zu verdanken. Der hatte sich schon mit seiner Sympathie für die aufständischen Tiroler des Jahres 1809, endgültig aber durch seine Ehe mit der schönen Postmeisterstochter Anna Plochl alle Chancen für eine Karriere in den vorderen Reihen des Hauses Habsburg verscherzt. Dafür kaufte er sich das Schloß Schenna oberhalb Merans, richtete eine fürstliche Hofhaltung ein, die der Stadt einen ständigen Fluß aristokratischer Besucher sicherte, und verbrachte dort angenehme Tage. Obwohl Meran heute fest in der Hand des Massentourismus ist, hat sich besonders in Obermais und auf der Kurpromenade mit ihren Cafés viel von der Atmosphäre dieser Zeit erhalten. Die berühmte Landschaft des Burggrafenamtes (der Name beschreibt den engeren Amtsbereich der Burggrafen auf Schloß Tirol, er umfaßt den Meraner Talkessel bis Niederlana mit der Tisenser Mittelgebirgsstufe sowie das Ulten- und Passeiertal) ist nicht so gut davongekommen: Den weiten Blick von den Palmen am Passerufer zum Schnee auf der Texelspitze beeinträchtigen heute die durch zahllose Neubauten zersiedelten Hänge von Dorf Tirol und Schenna außerordentlich.

Außer der Maria-Trost-Kirche in Untermais liegen alle kunsthistorischen Sehenswürdigkeiten Merans wenige Schritte voneinander entfernt in und um den guterhaltenen Altstadtkern, der von drei Stadttoren begrenzt und von der langen Laubengasse (Abb. 63) geprägt wird. Sie verläuft vom alten Kornplatz sanft ansteigend zum schönen, bäumeüberschatteten Platz bei der Pfarrkirche und zeichnet sich neben ihrem mittelalterlichen Erscheinungsbild durch die schon erwähnten Besucherströme unter den ›Gwölben‹ aus.

Die *Pfarrkirche St. Nikolaus* ist ein schöner Bau, obwohl dem Gotteshaus alle Stilphasen der Gotik ihre Merkmale aufgeprägt haben. In bester Hochgotik sind Chor und Turm ausgeführt, letzterer erhielt 1617 den nicht unbedingt passenden achteckigen Oberbau. Das Erdgeschoß des Turms ist als Durchgangshalle ausgebaut und besitzt ein Kreuzgewölbe auf figuralen Konsolen; neben anderen Fresken ist hier besonders das im ›Höfischen Stil‹ ausgeführte Votivbild eines Mannes bemerkenswert, der in gemalter Waldlandschaft aus maurischer Gefangenschaft befreit wird. Die südliche Langhauswand – sie ziert eine vorzügliche Steinskulptur des hl. Nikolaus (um 1350) – erhielt in spätgotischer Zeit zwei elegante Portale, das rechte davon mit acht Statuetten im Gewände. Das Innere der Kirche ist eine dreischiffige Halle, die gebündelten Wanddienste der mittleren Bauzeit (etwa 1350–1420) mit ornamentalen und figuralen Konsolen schließen nicht genau an das erst 70 Jahre später aufgesetzte verzweigte Netzrippengewölbe an. Der große, von Hans Schnatterpeck um 1500 für die Kirche angefertigte Flügelaltar ist leider ein Opfer des Barock

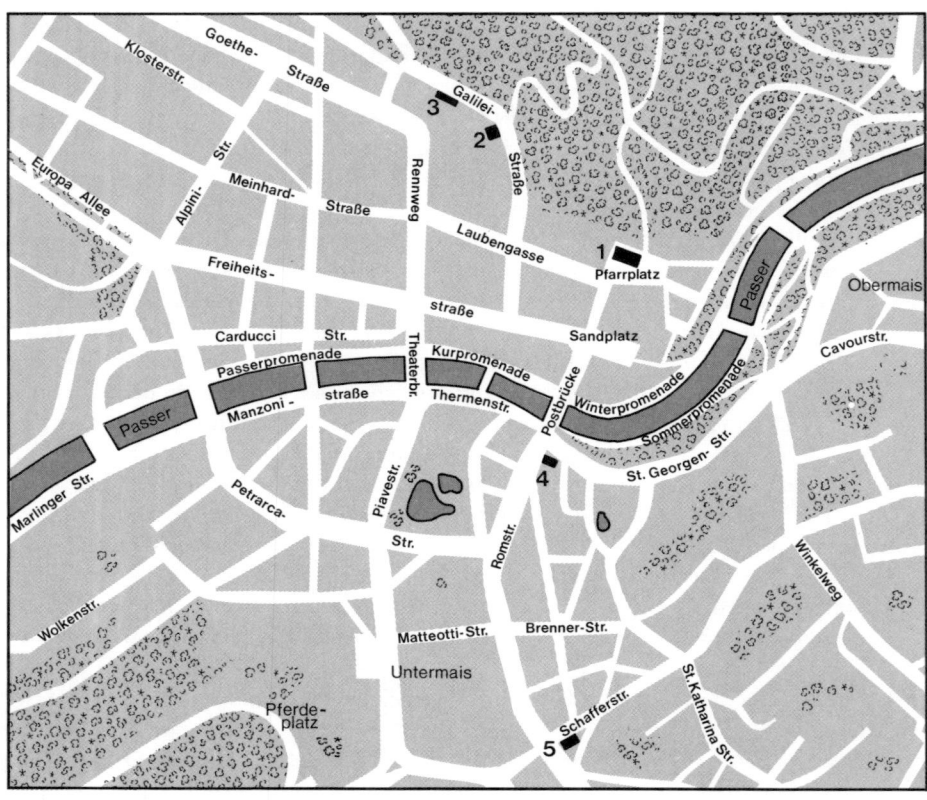

*Meran, Stadtplan   1 Pfarrkirche – 2 Landesfürstliche Burg – 3 Städtisches Museum – 4 Spitalkirche –
5 Maria-Trost-Kirche*

geworden, der mit zwei Seitenaltarbildern (1793) von Martin Knoller gut vertreten ist. Aus
gotischer Zeit sind noch ein kleinerer, etwas derb geratener Flügelaltar an der Nordwand
(aus St. Medardus in Tarsch) sowie Glasgemälde in den Fenstern der südlichen Langhauswand zu sehen. Die Statuen an den Chorwänden und der Flügelaltar an der Südwand sind
neugotisch (1890). Keinesfalls versäumen sollten Sie einen Blick in den kleinen achteckigen
Zentralbau neben dem Chor, die *Barbarakapelle*. Im Obergeschoß mit dem Sterngewölbe
steht zwischen zwei riesigen Barockaltären ein ausladender gotischer Flügelaltar, der aus
dem Rheinland stammt und 1895 in Meran antiquarisch angekauft wurde. An dieser etwas
seltsamen Erwerbung (wie kommt ein Antiquitätenhändler dazu, einen großen Flügelaltar
abzumontieren, ihn 1000 km über die Alpen zu schaffen und dort auf Käufer zu hoffen?)
kann man die völlige Unterschiedlichkeit der Altarschnitzkunst rheinischer und süddeutscher bzw. tirolischer Provenienz studieren.

Zwischen Chor und Barbarakapelle führt eine schmale Steintreppe den Berghang hinauf. Dies ist der Zugang zum Tappeiner-Weg, der berühmten Promenade, die vom gleichnamigen Kurarzt gestiftet wurde und hundert Meter über den Dächern der Stadt durch die mediterrane Vegetation des Meraner Beckens führt. Überall auf diesem Weg, besonders von der Terrasse des Pulverturms, haben Sie die besten Ausblicke auf die Stadt (Abb. 65) und das weite Etschtal.

Wendet man sich vom Pfarrplatz die schmale Gasse (Leonardo-da-Vinci-Straße) hinunter zum Bozner Tor und überquert die Passer-Brücke, so steht man nach wenigen Schritten vor dem reich gegliederten Westportal der *Spitalkirche* (Abb. 59). Sie ist ein Neubau aus der Zeit von 1425–50, der nach der großen Flutkatastrophe des Jahres 1419, als der ›Kummersee‹ im Passeier-Tal zum ersten Mal ausbrach, nötig wurde. Durch das von einem Pfeiler mit einer Marienstatue geteilte und von einem Bogenfeld mit Gnadenstuhl und Stifterfiguren gekrönte Portal betritt man den erlesen schönen Innenraum (Abb. 60). Die Besonderheit der dreischiffigen Halle liegt darin, daß die Seitenschiffe ohne trennenden Triumphbogen einen Chorumgang bilden, wodurch man den gesamten, klar gegliederten Innenraum mit dem verzweigten Sternrippengewölbe auf einen Blick erfassen kann – es ist die in ihrer formenreichen, stilistisch strengen Geschlossenheit beeindruckendste gotische Raumlösung Südtirols. Die Kirche ist ein fast exaktes Abbild der Heilig-Geist-Kirche in Landshut, die von Hans von Burghausen erbaut wurde. Kein Zweifel besteht daran, daß der Architekt der Spitalkirche in Meran ein Schüler aus dessen vielgerühmter Bauhütte war. Die besten Stücke der Innenausstattung sind die große Kreuzigungsgruppe an der Nordwand (14. Jahrhundert), die acht vorzüglichen Heiligenstatuen an den Wandpfeilern des Chores (um 1520), die Fresken in den Gewölbefeldern vor dem Mittelpfeiler (über dem Altar) und vor allem die zwei Flügel des ansonsten neugotischen Altars im linken Seitenschiff mit vier Reliefs von Jörg Lederer (um 1520). Sie zeigen rechts Verkündigung und Anbetung, links Geburt Christi und Beschneidung; die Figurenkomposition wie die gemalten Architektur- und Landschaftsstaffagen des Hintergrundes lassen bereits Übergänge zur Renaissance erkennen. Die erhaltenen Reliefs sind wahrscheinlich Reste des Flügelaltars, den Lederer für die Pfarrkirche in Partschins angefertigt hatte.

Da die Spitalkirche nah am Ufer der Passer steht, empfiehlt sich von hier ein Gang durch die Kurpromenaden. Reizvoller noch als die auf der rechten Seite am Kurhaus vorbei flußabwärts führenden Wege sind die Winter- und Sommerpromenade, die auf beiden Passerseiten von der Brücke flußaufwärts in die Gilfschlucht führen, wo die Passer ungemein dramatisch unter einer Brücke durch die steilen Felsen bricht, überragt von den Ruinen der Zenoburg – die Naturkulisse der Meraner Promenaden ist schwer zu übertreffen.

Neben der Spitalkirche führt die ansteigende Cavourstraße in den am Hang gelegenen **Stadtteil Obermais** mit seinen von Parkanlagen und üppigen Gärten umgebenen Ansitzen, Schlösser, Villen und den großen Hotels der Jahrhundertwende, in denen sich die damalige feine Gesellschaft während der Kur ein Stelldichein gab. Sämtliche sehenswerte Gebäude sind in Privatbesitz oder Hotels, daher nur von außen zu besichtigen, doch sind besonders die von Weinhängen umgebenen reichgegliederten Fassaden der Schlösser Rubein, Trautmannsdorf, Labers und Rametz einen Blick wert. Sie liegen am Rand von Obermais und sind von der schmalen Fahrstraße, die zu den Aussichtspunkten von Schloß Katzenstein und Fragsburg führt, gut zu sehen. Wer im Hotel Schloß Labers Quartier bezieht, befindet sich auf historischem Boden eigener Art: In den Kellergewölben betrieben die deutschen Faschisten nach ihrer Besetzung Italiens (1943) eine großangelegte Falschgelddruckerei, mit den fast perfekten Pfund- und Dollarnotenfälschungen wurden die Spionageunternehmungen des deutschen Geheimdienstes finanziert.

Bevor Sie Ihren Gang durch Meran stilgerecht in einem Café der Kurpromenade oder in einer alten Gaststätte der Laubengasse beenden, dürfen Sie einen Blick in die *Landesfürstliche Burg* (Farbabb. 7, Abb. 62) nicht versäumen. Hinter dem großsprecherischen Namen verbirgt sich ein winziges Schlößchen; es liegt auf einer kleinen Rasenfläche neben der Galilei-Straße, die in der Mitte der Laubengasse rechts abzweigt. Die kleine Burg weist mit eisenbeschlagenen Toren, vergitterten Butzenscheibenfenstern, Schießscharten, Zinnen und Turm alle Ingredienzen martialischen Mittelalters auf, widerlegt aber durch ihr Miniaturformat den ganzen kriegerischen Anstrich, den sie sich gibt. Dieser Charakter einer Wehranlage war natürlich nie ernst gemeint. Herzog Sigmund der Münzreiche ließ ein älteres Gebäude in dieser Form umbauen, als er 1449 Eleonora, die Tochter des schottischen Königs Jakob I., geheiratet hatte und seiner Frau eine angenehme kleine Stadtresidenz bieten wollte. Entsprechend wurde die kleine Burg mit einer kostbaren, höchst geschmackvollen Inneneinrichtung versehen, die weitgehend erhalten ist und damit ein seltenes Beispiel aristokratischer Wohnkultur zur Zeit der Gotik zeigt: Im ganzen Gebäude finden sich schöne Täfelungen, verzierte Türen, geschnitzte Balkendecken, freskierte Wände, Wappenschilde, Holzreliefs, Tafelgemälde, ein gotischer Kachelofen etc. Die Einrichtung der Burg war so gelungen, daß sich selbst Kaiser Maximilian gern hier aufhielt, weshalb die Räumlichkeiten des ersten Stockwerks bereits in einem Inventar des Jahres 1518 als ›Kaiserzimmer‹ bezeichnet werden. Die heute gezeigte kostbare Innenausstattung ist freilich nicht in allen Teilen original: Mit dem allgemeinen Niedergang Merans im 17./18. Jahrhundert kam auch die Burg arg herunter, im Zuge der standesgemäßen Ausgestaltung der wiederaufstrebenden Kurstadt sollte sie 1875 sogar abgerissen werden, doch gelang es einer Gruppe traditionsverpflichteter Bürger, ihren Erhalt und sogar eine Restaurierung durchzusetzen. Diese geschah dann auch im Stil der Zeit, nämlich ›stylgerecht‹, das heißt, es wurde versucht, durch Sammlung von gotischen Kunst- und Einrichtungsgegenständen aus Tirol die ursprüngliche Inneneinrichtung weitgehend wiederherzustellen. Dadurch ist zwar manches in die Burg gelangt, was mit ihr nichts zu tun hat, doch ist sie auch um einige vorzügliche Kunstwerke aus Spätgotik und Frührenaissance bereichert worden.

Man achte auf die hübsche Rankenmalerei mit Jagdszenen im Hof; durch die ebenerdig liegende Waffenkammer gelangt man über eine Treppe in den ersten Stock, der mit dem ›Kaiserzimmer‹, der Kapelle und dem fürstlichen Schlafzimmer die bedeutendsten Räume

67  HAFLING  Haflingerschau bei der Kirche St. Kathrein

68  SCHLOSS TIROL  Kapellenportal, romanische Figurenreliefs
70  SCHLOSS TIROL  Kapellenportal (Ausschnitt)

69  SCHLOSS TIROL  Kapelleninnenraum mit frühgotischer Kreuzigungsgruppe

71 GRATSCH St. Peter (9. Jh., mit einem im 12. Jh. angesetzten Seitenschiff)

72 GRATSCH St. Peter. Frühromanisches Außenfresko (um 1060)

73 ALGUND Alte Pfarrkirche. Marmorrelief eines Fabelwesens an der Außenwand

74 SCHENNA St. Martin am Friedhof (um 1200 erbaut)

75/76 SCHENNA St. Georg. Außenansicht der romanischen Rundkirche und Fresko mit einer Szene aus dem Leben des hl. Georg

77 SCHENNA St. Georg. Fresken, die Kreuzigung, das Stifterehepaar und die Nikolauslegende darstellend

78 SCHENNA Schloß (Baubeginn 1350 unter Petermann von Schenna)

79 SALTAUS im Passeiertal Schildhof

80 RIFFIAN  Fresken in der Friedhofskapelle, Kreuzauffindung, meisterhaftes Zeugnis des sogenannten ›Höfischen Stils‹

81 GRISSIAN  St. Jakob. Abraham mit seinem Sohn Isaak auf dem Opferweg, Fresko um 1200

82  GRISSIAN  St. Jakob. Opfer des Abel, Fresko um 1200

83  TSCHERMS  Burg Lebenberg

84  NALS  Schwanburg, Innenhof

85 NIEDERLANA Schnatterpeck-Altar. Ausschnitt aus dem Schrein

86 NIEDERLANA Schnatterpeck-Altar. Relief aus dem linken Schreinflügel

87   st. valentin am Stadtrand von Meran

88 NATURNS St. Prokulus, mit den ältesten Wandmalereien des deutschsprachigen Raums im Innern

89 MORTER Burgruine Obermontani mit der Kapelle St. Stephan

90  SCHNALSTAL  Finailhof

92  KASTELBELL ▷

91  TAUFERS im Münstertal  St. Johann mit Hospiz (13. Jh.)

93   KORTSCH   Pfarrkirche, Flügelaltar, älteste Teile von 1483

94   GÖFLAN   Kapelle St. Walpurgis hinter der Kuratialkirche St. Martin, Gewölbe

der Burg enthält. Die wichtigsten Sehenswürdigkeiten der *Kapelle* sind das als gotisches Maßwerk geschnitzte, reichverzierte Holzgitter, das Kreuzigungsfresko der Altarwand (um 1460) und die vorzügliche Holzskulptur eines Ritters im Kampf mit dem Drachen (um 1450) auf dem Altar. Bedeutendstes Stück des ›*Kaiserzimmers*‹ mit seiner Zirbelholztäfelung ist der große Kachelofen in Form eines Burgturmes mit Zinnenkranz. Die Kacheln sind als grünglasierte Reliefs ausgeführt, sie zeigen Figuren und Wappen der österreichischen Länder; das Stück ist einer der ältesten erhaltenen gotischen Prunköfen (zweite Hälfte des 15. Jahrhunderts). Aus der gleichen Zeit stammen die Terraverdemalerei im Erker und die vorzüglich gearbeiteten Wappenreliefs über den Türen. Fast ein Dokument ist das zeitgenössische Leinwandbild Kaiser Maximilians, des ›letzten Ritters‹, mit seiner zweiten Gemahlin Bianca Maria Sforza. Im angrenzenden Schlafzimmer sind das maßwerkverzierte gotische Himmelbett, ein Wandschrank mit Waschbecken, das schottische Wappen über der Türe und vor allem das ausgezeichnete Renaissancegemälde neben dem Bett sehenswert. Im freskierten Erker befindet sich ein geschnitztes Reliefbrustbild Kaiser Maximilians (1515), im Vestibül des zweiten Stockwerks hängt eine große Landkarte der Grafschaft Tirol, 1611 von Mathias Burglechner gezeichnet, in den angrenzenden Räumen sind ein gotischer Tisch mit Geheimfächern und die drei Gemälde Tiroler Adeliger (besonders das des Hiliprant Fuchs von Fuchsberg) die wertvollsten Stücke. (Wer Interesse an sämtlichen Einzelstücken der Einrichtung hat, kann im Hof einen bebilderten Führer erwerben).

Die Galilei-Straße 150 m weiter liegt links das *Städtische Museum* mit reichen Sammlungen vorgeschichtlicher Funde sowie Gemälden, Skulpturen und volkskundlich interessanten Gegenständen aus mehreren Jahrhunderten.

Liebhabern romanischer Freskokunst hat Meran noch eine kleine Sensation zu bieten, die nur ein wenig schwer zu finden ist: die auch im weitgespannten Rahmen Südtiroler romanischer Malerei eine Sonderstellung einnehmenden Wandbilder der *Maria-Trost-Kirche* im **Stadtteil Untermais.** Am sichersten gelangen Sie hin, wenn Sie von der Spitalkirche aus der belebten Romstraße folgen, bis sich auf einer gemauerten Erhöhung, direkt neben der Straße, die freskengeschmückte Südwand der Kirche erhebt. Das Innere ist durch ein verschlossenes schmiedeeisernes Gitter hinter der Vorhalle nicht zugänglich, doch kann man von hier aus alles Sehenswerte betrachten; speziell Interessierte besorgen sich den Schlüssel im Pfarrhaus von Untermais, Romstraße 136.

Von der einst prachtvollen romanischen Ausstattung hat sich nach zahlreichen Umbauten und einer katastrophalen Vermurung durch den Naifbach im Jahre 1372 relativ unbeschädigt nur das monumentale Fresko des Todes Mariens erhalten. Es greift von der Nordwand auf die Triumphbogenwand über und wird von einem perspektivischen Mäander begrenzt, der von Darstellungen springender Hunde unterbrochen ist. Der untere Bildstreifen, heute nur noch als Fragment erhalten, zeigte ursprünglich eine Beweinung Mariens im Grabe, Rudimente romanischer Ausmalung an der Südwand gegenüber sind keinem Motiv mehr zuzuordnen. Beide Langhauswände sind noch voll von Resten einer gotischen Freskoschicht, doch lohnt im Inneren allein der ›Tod Mariens‹ den Weg hierher. Teile des riesigen

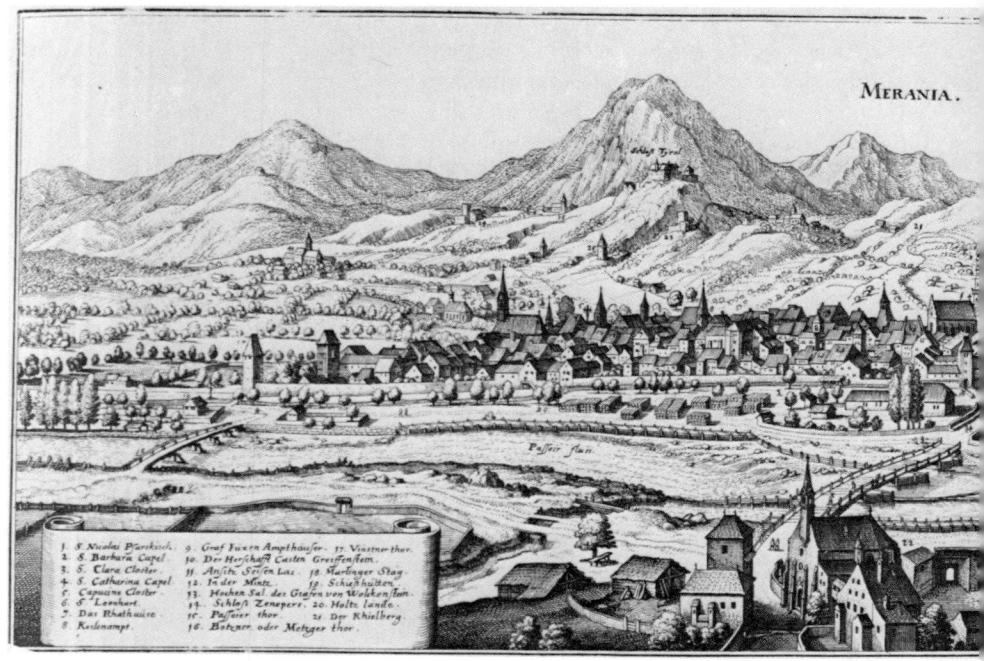

*Meran, Stich von Matthäus Merian, 1649*

Freskos erinnern deutlich an die Darstellungen in Hocheppan, doch sind die meisten Gestalten dieses Bildes, besonders die Gruppe der trauernden Greise in Details und Gesamtkomposition von einer äußerst eindrucksvollen Strenge und Starrheit, wie sie sich in der Südtiroler romanischen Malerei kein zweites Mal findet. Zweifellos war hier ein Meister am Werk, der der klassischen byzantinischen Kunsttradition näher stand als alle anderen in Südtirol tätigen Maler dieser Zeit und der sicher eine Ausbildung in einem weiter südöstlich gelegenen Kunstzentrum genossen hatte. Genaueres läßt sich über dieses einmalige Bild noch nicht sagen (es wurde erst 1976 der Öffentlichkeit zugänglich gemacht); Karl Gruber vermutet veneto-byzantinischen Einfluß, Edmund Theil glaubt anhand sehr subtiler Vergleiche den Maler der Maria-Trost-Kirche dem Kreis um den sogenannten ›Maestro Ornatista‹ zuordnen zu können, der zusammen mit dem ›Maestro delle Traslazioni‹ in und um Rom tätig war, Mathias Frei hilft sich mit einer verallgemeinernden »Herleitung ... aus dem italobyzantinischen Raum«, wobei man zugeben muß, daß diese unspezifische Aussage dem bisherigen Stande ungesicherten Wissens noch am ehesten entspricht.

Die zahlreichen an den Langhauswänden und im Chor sichtbaren Reste einer gotischen Freskenschicht sind keine schlechten Arbeiten der Zeit um 1375 und werden größtenteils dem Meraner Meister Konrad im Tiergarten zugeschrieben.

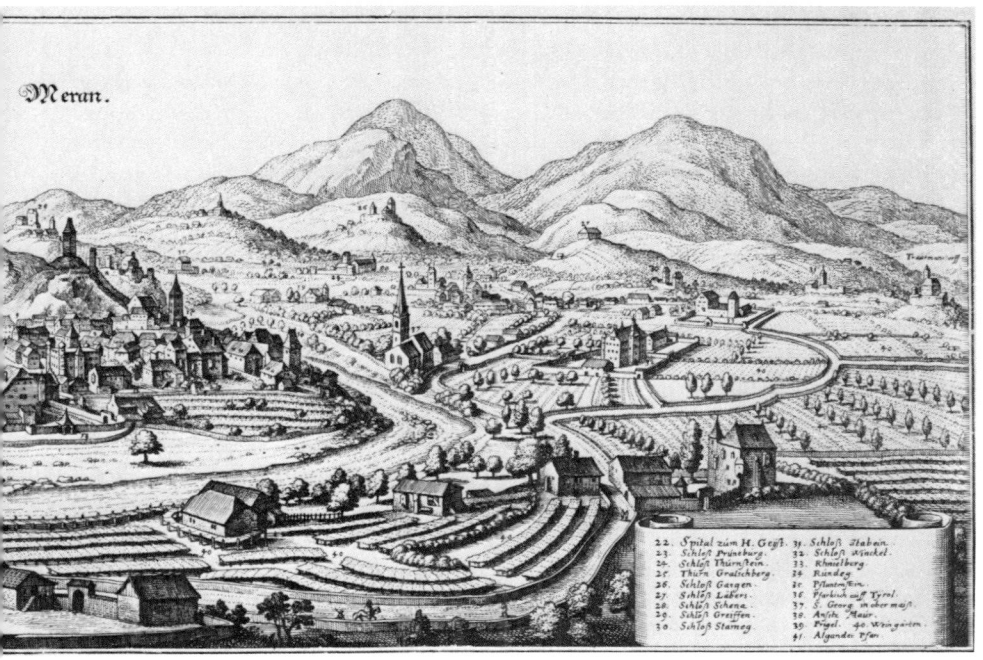

Meran.

22. Spital zum H. Geist.    31. Schloß Stabein.
23. Schloß Brünsburg.       32. Schloß Winckel.
24. Schloß Thürnstein.      33. Rhuelberg.
25. Thurn Gratschberg.      34. Rundeg.
26. Schloß Gangen.          35. Pfundenstein.
27. Schloß Labers.          36. Fluchus auf Tyrol.
28. Schloß Schena.          37. S. Georg in ober most.
29. Schloß Greiffen.        38. Ansitz Maur.
30. Schloß Starneg.         39. Pigel. 40. Weingarten.
                            41. Algunder Pfar.

Die letztlich erfolgte Restaurierung der Kirche hat von der barocken Umgestaltung des 17. Jahrhunderts fast nur die durchgehende Gewölbetonne mit dem großen Gemälde der Himmelfahrt Mariens übriggelassen. Obwohl kein ungefälliges Bild, verleiht dieses wildbewegte Deckenfresko dem von strenger Romanik geprägten Langhaus einen geradezu grotesken Akzent; die Kontrastwirkung ist auch von weniger sensiblen Betrachtern kaum zu goutieren. Ein unbestrittenes Meisterwerk sind dagegen die Fresken an der südlichen Außenwand. Sie stammen etwa aus derselben Zeit wie die gotischen Bilder des Innenraums, sind aber ein Werk der Bozner Schule, die den durch die Bemalung der Johanneskapelle des Dominikanerklosters nach Bozen gelangten Stil Giottos in lokaler Verarbeitung weiterpflegte. Man achte auf die schönen Gesichter der fünf Heiligen und den schwertschwingenden Erzengel Michael mit der Seelenwaage in der Hand.

Die nähere Umgebung Merans ist mehr noch als die Stadt selbst mit sehenswerten Kunststätten gesegnet, von denen Schloß Tirol, Schloß Schenna wie der Schnatterpeck-Altar in Lana die bedeutendsten sind, und wer die ewigen Touristenscharen des Burggrafenamtes leid ist, sollte sich einen Besuch der einsam gelegenen Kirche St. Jakob in Grissian mit ihren höchst originellen romanischen Fresken nicht entgehen lassen.

Wenn Sie dem ›Haupt- und Stammschloß‹ als erstes Reverenz erweisen wollen, so parken Sie Ihren Wagen in **Dorf Tirol** (Farbabb. 26), werfen einen Blick auf die *Pfarrkirche* (Turm romanisch, Chor gotisch, Langhaus 1856) und verlassen dann möglichst schnell den zwar hübschen, aber chronisch übervölkerten Ortskern. Nicht weit hinter der Kirche beginnt eine etwa 1 km lange Promenade, die in aussichtsreicher Lage hoch über der Brunnenburg am Hang entlang auf **Schloß Tirol** zuführt. Nach dem ›Knappenloch‹, einem 1682 angelegten Tunnel, führt der Weg durch den sogenannten ›Köstengraben‹; in ihm sind rechts oberhalb der Promenade Erdpyramiden (s. S. 190) zu sehen. Wenn man sich dem Schloß nähert, wird man erkennen, daß der steile Geländeabsturz unterhalb der Burg kein Felsen ist, sondern lockerer Moränenschutt. Dieser suspekte Untergrund bedeutet seit Jahrhunderten eine Bedrohung für das Bauwerk, 1640 ist gar der Nordostteil der Burg in den Köstengraben gestürzt.

Als die damaligen Grafen im Vinschgau gegen 1120 mit dem Bau des Schlosses ihren Willen zur Macht bekundeten, galt ihre Sorge freilich nur der repräsentativen Lage. Denn die Grafen von Tirol, wie sie sich ab 1141 nach ihrer Burg nennen, standen in der vordersten Reihe derer, die sich in blutiger Rivalität zu anderen adligen Familien ihren Anteil an der zerfallenden Lehnshoheit der Bischöfe von Trient und Brixen zu sichern wußten. Als 1253 die Tiroler Grafen mit Albert III. im Mannesstamm ausstarben, hinterließ dieser seinem Schwiegersohn Meinhard I. von Görz die Grafschaften Vinschgau, Bozen und Eisacktal. Meinhard II. (gestorben 1295) fügte nach der Niederlage der letzten Konkurrenten, der Grafen von Eppan, noch deren Territorium und das Ober- und Unterinntal hinzu, wodurch sich Tirol nördlich des Brenner auszudehnen begann. Als Meinhard II. im Kampf Rudolfs von Habsburg gegen Ottokar von Böhmen für ersteren Partei ergriff und dafür mit dem Herzogtum Kärnten belohnt wurde, konzentrierte sich in Schloß Tirol eine bemerkenswerte Machtfülle. Sie erbte Meinhards Sohn Heinrich, der es sogar zum Titel eines ›Königs von Böhmen‹ brachte. Wie sich abzeichnete, daß aus den drei Ehen dieses Heinrich kein männlicher Nachfolger hervorgehen würde, richteten sich begehrliche Blicke der mächtigsten deutschen Fürstenhäuser auf ein kleines Mädchen: auf Margareta, die bereits im Kindesalter zur Alleinerbin bestimmte Tochter Heinrichs. Unter dem Namen Margarethe Maultasch ist sie in die Geschichte eingegangen, und der dramatische Verlauf ihres Lebens hat zahlreichen Romanciers zu mehr oder weniger zwingenden Inspirationen verholfen. Dabei ist die Frage, ob der abschätzige Beiname ›Maultasch‹ auf das tatsächliche Aussehen der Gräfin oder nur auf den Namen ihrer Burg bei Terlan zurückzuführen ist, nie geklärt worden. Unbestritten ist Margareta eine kluge Frau gewesen; sie versuchte aus ihrer Rolle als Schacherobjekt dynastischer Heiratspolitik das Beste zu machen, konnte aber den Mächten ihrer Zeit nicht gewachsen sein.

Die Konkurrenz zwischen Luxemburgern, Wittelsbachern und Habsburgern um die kindliche Erbin entschieden zunächst erstere für sich: Durch großzügige finanzielle Unterstützung für den in chronischer Geldverlegenheit steckenden Heinrich hatte sich Johann von Luxemburg auf der Tiroler Szene vielversprechend ins Spiel gebracht, die Vermählung seines neunjährigen Sohnes mit der zwölfjährigen Margareta (1330) schien den

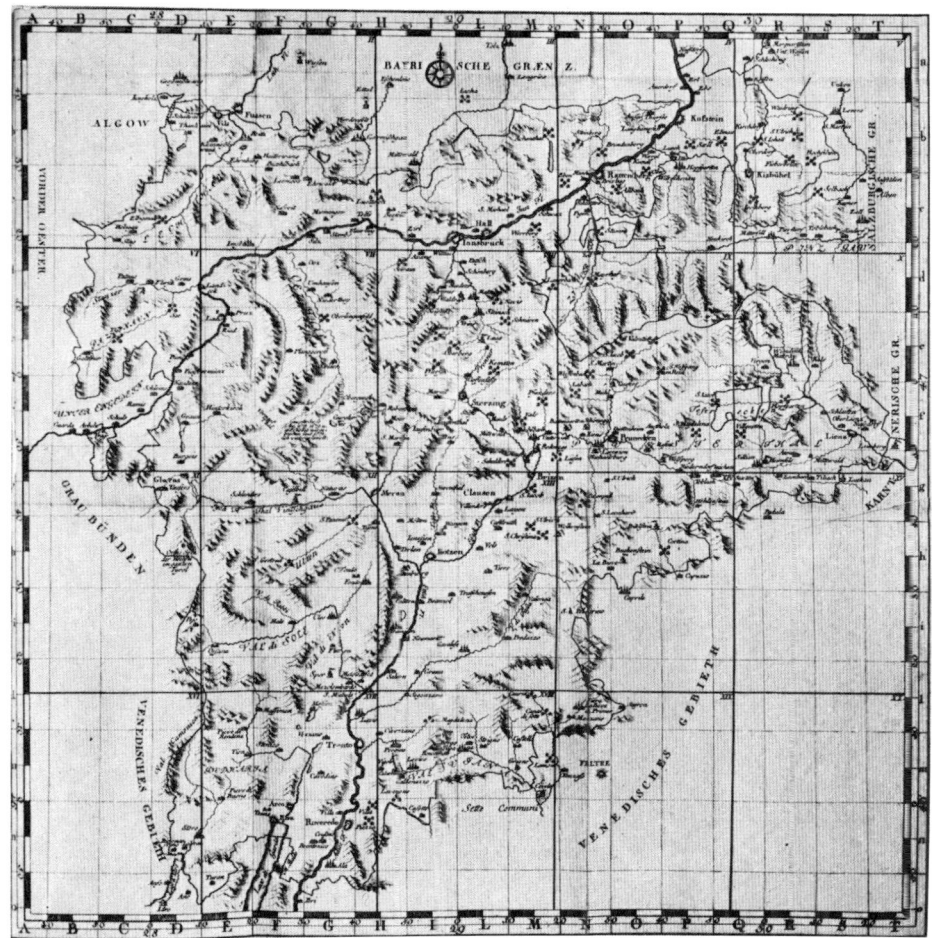

*Karte Tirols von Peter Anich-Blasius Hueber, 1774*

Handel ein für allemal zu Gunsten seines Hauses entschieden zu haben. Doch die beiden Kinder verstanden sich nicht. Als sie nur fünf Jahre später durch den Tod des Königs Heinrich die Regierungsgewalt übernahmen, kam es zum Eklat. Anstatt sich in ihr Unglück zu fügen, ließ Margareta verlauten, sie habe von ihrem Gemahl keine Kinder zu erwarten, wohl wissend, daß sie ihm damit die wichtigste Qualifikation absprach, die ein feudaler Landesvater nachweisen mußte, da die Kontinuität der Dynastie über allem stand. Gestützt auf den Tiroler Adel, welcher längst mit Mißbehagen zugesehen hatte, wie sich die Luxemburger am Tiroler Hof in lukrativen Posten eingenistet hatten, begann ein höchst

intrigantes Spiel: Während eine Abordnung des Tiroler Adels in München mit Kaiser
Ludwig dem Bayern über einen neuen Ehekontrakt zwischen Margareta und dessen Sohn
Ludwig von Brandenburg verhandelte, fand sich der noch amtierende Ehemann eines Tages
verdutzt vor den geschlossenen Toren von Schloß Tirol und mußte fluchtartig das Land
verlassen. Kurz darauf erschien der Kaiser mit seinem Sohn; die Neuvermählung der
Margarethe Maultasch mit dem Wittelsbacher wurde prunkvoll vollzogen, ohne daß die Ehe
mit dem Luxemburger gelöst worden wäre. Nun überstürzten sich die Ereignisse, denn
diese Form der Ländervermehrung eines deutschen Kaisers ging selbst seinen keineswegs
zimperlichen Zeitgenossen zu weit: Der Papst belegte Margareta und ihren neuen Gatten mit
dem Bann, das ganze Land Tirol mit dem Interdikt. Gegen den ebenfalls vom Kirchenbann
getroffenen Kaiser sammelte sich eine Allianz deutscher Fürsten und erklärte ihn für
abgesetzt, als neuen Kaiser wählten sie ausgerechnet den Bruder des aus Tirol vertriebenen
Luxemburgers, der als Karl IV. den Thron bestieg. Der zögerte nicht lange und sammelte

*Siegel der Margarethe Maultasch*

unverzüglich Truppen in Trient, um Tirol dem Hause Luxemburg zurückzuerobern.
Während einer Abwesenheit von Margaretas Ehemann zog das kaiserliche Heer von Süden
die Etsch aufwärts, Bozen und Meran sanken in Schutt und Asche, doch gelang es der
Landesfürstin, das Schloß Tirol mit einer Handvoll Kriegsknechten so lange zu verteidigen,
bis Kaiser Karl sich vor den Truppen des eilends zurückkehrenden Ludwig von Brandenburg zurückziehen mußte. Damit war die unmittelbare Gefahr gebannt, aber es bedurfte
noch langjähriger Verhandlungen mit den Päpsten in Avignon wegen einer Anerkennung
dieser Ehe und damit des inzwischen geborenen Erben Meinhard III. Allerdings war auch

jetzt das Glück der Margarethe Maultasch nur von kurzer Dauer: Ihr Ehemann Ludwig von Brandenburg starb, und ihr Sohn überlebte seinen Regierungsantritt nur um wenige Wochen. Als am 13. Januar 1363 auf Schloß Tirol die Kerzen neben der Totenbahre des erst 19jährigen Meinhard III. flackern, ist auch für Margarethe Maultasch das feudale Spiel um Dynastien und Ländereien vorbei. Wenige Tage später übergibt sie resigniert dem durch Eis und Schnee herbeigeeilten Habsburger Rudolf IV. die Regierungsgewalt in Tirol, darauf wird sie selbst nach Wien gebracht und dort wie eine Gefangene gehalten. Tirol durfte sie nie mehr betreten; der Wiener Stadtteil Margareten trägt noch heute ihren Namen.

Da Schloß Tirol mit der Übergabe der Macht an Habsburg keine Residenz einer lokalen Zentralgewalt mehr war, verlor es rasch an Bedeutung. Die Verlegung der Landeshauptstadt nach Innsbruck zog die Burg noch stärker in Mitleidenschaft als Meran, ihre Geschichte besteht schließlich nur noch aus Klagebriefen des im Schloß hausenden Landeshauptmanns über den immer bedrohlicher werdenden Zustand des Mauerwerks. Schließlich wurde es gar lebensgefährlich, die Burg, zu deren Verfall der unsichere Moränengrund ein übriges tat, zu betreten. Nach mehreren romantisierenden Restaurierungsversuchen um die Jahrhundertwende ist jetzt der vorhandene Baubestand gesichert und der Besichtigung zugänglich gemacht.

Von der Ausstattung der mittelalterlichen Residenz blieb so gut wie nichts übrig, doch ist ein Besuch des Schlosses unerläßlich, da sich in ihm mit dem *Palas*- und dem *Kapellenportal* (Abb. 68, 70) zwei der eigenartigsten und bedeutendsten romanischen Kunstwerke des ganzen Landes finden. Nur in der Sockelbemalung der Apsis von St. Jakob in Kastellaz (Tramin, s. S. 209ff.) ist noch in dieser Eindringlichkeit die archaische Religiosität des Hochmittelalters zu spüren, deren Themen von Tod und höllischer Bedrohung, Sünde, Vergeltung und Erlösung hier in den großen Reliefsteinen, die die Portale einrahmen, plastische Gestalt annehmen. Wer die Portale durchschreitet, sieht sich flankiert von urtümlichen Menschengestalten, symbolischen Tierfiguren und allen Arten von Fabelwesen aus Hölle und Unterwelt: große Raubkatzen im Sprung, einen Kentaur, der mit Pfeil und Bogen nach dem Gekreuzigten zielt, eine Taube, die auf einen Höllendrachen einhackt, eine Hydra, die einen Menschen verschlingt, einen Teufel, der mit einem aufgespießten Verdammten zur Hölle fährt. Die Portalgewände und Archivolten sind reich verziert mit Flechtbandornamenten, Rankenwerk und Palmetten, was auf eine relativ frühe Entstehungszeit der beiden seltenen Stücke um 1170 hinweist. Die antikisierende Ornamentik wie die Ausführung der Reliefs weisen deutlich den Einfluß der lombardischen Bauplastik auf, die eines ihrer Zentren in Pavia hatte und dort an der Kirche San Michele eines ihrer Hauptwerke hinterlassen hat.

Die zweite kunsthistorisch bedeutsame Hinterlassenschaft aus der großen Zeit von Schloß Tirol ist die doppelgeschossige *Burgkapelle* (Abb. 69). Sie ist zur Zeit der Margarethe Maultasch fast vollständig mit Fresken ausgemalt worden; die Arbeit erledigten unbekannte Meister, die in zum Teil sehr eigenwilliger Weise und mit deutlichen Reminiszenzen an romanische Darstellungsweisen den frühgotischen Linearstil mit dem sich durch die Bozner Schule ausbreitenden nachgiottesken Stil vermischten. Dabei sind ihnen besonders im

Kreuzigungsbild des Obergeschosses wie in der äußerst geschmackvollen formenreichen Ornamentmalerei der Fensterlaibungen und Bildumrahmungen vorzügliche Werke gelungen. Von der hölzernen Empore in den oberen Saal führt eine Tür; über ihr ist unter einem gemalten Helm ein Schild mit der ältesten Darstellung des Tiroler Adlers zu sehen. Die zwei Geschosse der Kapelle folgen einem für Burgkapellen nicht unüblichen Schema: Während der untere Raum für das Gesinde da war, konnten vom oberen die adligen Herrschaften in vornehmer Zurückgezogenheit dem Gottesdient beiwohnen – auch hier eine Etage über dem gemeinen Volk. Der gesamte Innenraum wird von der am Triumphbogen befestigten monumentalen Kreuzigungsgruppe aus der Zeit kurz nach 1300 beherrscht. Sie wurde lange Zeit für eine Kopie gehalten, doch hat eine Restaurierung der beiden Seitenfiguren deren Echtheit bewiesen, auch die Originalität des noch nicht restaurierten Kruzifixes ist sehr wahrscheinlich. Am Triumphbogen finden sich weitere mit den Portalen zeit- und stilgleiche Steinreliefs, in der Apsis der Unterkapelle steht ein kleiner Fügelaltar, der aus dem Vinschgau stammt, das rechte Apsisfenster enthält die älteste bekannte Glasmalerei Tirols (um 1350).

Von Schloß Tirol aus führt ein gemütlicher zehnminütiger Spaziergang nach *St. Peter ob Gratsch* (Abb. 71). Die hochinteressante Kirche, in deren Fundamenten die Reste von zwei frühmittelalterlichen Vorgängerbauten stecken, stammt in ihrer heutigen Form im wesentlichen aus dem 9. Jahrhundert, ein Seitenschiff wurde im 12. Jahrhundert angesetzt. Die kürzlich abgeschlossenen archäologischen Untersuchungen haben überraschende Funde an den Tag gebracht: zwei uralte Altäre, ein Reliquiengrab, Skelettreste und vor allem zahlreiche Fragmente einer offenbar frühmittelalterlichen Ausstattung der Kirche mit Stuckornamenten. Bemerkenswert ist auch der Grundriß, der eine frühromanische Kreuzkuppelkonstruktion mit Vierungsturm bildet. Glücklicherweise waren die Restaurateure konsequenter als in Maria Trost in Untermais und haben restlos alle barocken Einrichtungs-

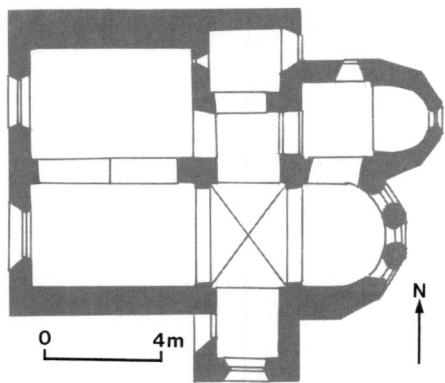

*Gratsch. St. Peter in Gratsch, Grundriß*

*Algund. Thurnstein von Südosten, Bleistiftzeicnnung Johanna von Issers, 1822*

stücke entfernt, so daß der mittelalterliche Charakter des Innenraums wieder zur Geltung kommt. Der bedeutendste Kunstschatz der Kirche besteht in Fresken der spätottonischen Zeit (um 1080); sie schließen einen Teil der in der Geschichte der Südtiroler Wandmalerei klaffenden 300-Jahres-Lücke zwischen karolingischer und hochromanischer Freskokunst. Diese äußerst seltenen Bilder befinden sich an der südlichen Außenmauer (Christus zwischen Petrus und Paulus, gerahmt von einem frühromanischen Ornament aus Scheibenkreuzen, Abb. 72), innen an der Sockelzone der Apsis (dekorative Malerei) und in der Rundbogennische an der Ostwand des südlichen Querarms (Brustbild des Apostels Paulus). Dieses letztgenannte Fresko muß mit seiner Farbintensität, der Ausdrucksstärke des Gesichts und der souveränen Geometrie des Bildaufbaus als Meisterwerk seiner Zeit angesehen werden. Wie sehr dieser spätottonische Stil von starken byzantinischen Einflüssen geprägt war, ist besonders am Außenfresko zu erkennen. Auffallender, wenngleich von zweitrangiger Bedeutung, sind die von den Restauratoren an Ort und Stelle belassenen gotischen Fresken: in der Apsis die 12 Apostel unter Baldachinen, Christus in der Mandorla, Evangelistensymbole und Heilige in den Fensterlaibungen; außen St. Michael mit der Seelenwaage, die hl. Katharina und Barbara. Man beachte im Inneren den großen schlichten Taufstein mit einem Reliefkopf, womöglich aus romanischer Zeit, und die in die Innenwände eingemauerten Säulen unbekannten Alters.

Von St. Peter führt der Weg weiter zum nah gelegenen alten Schloß Thurnstein, jetzt Café und Gasthaus in aussichtsreicher Lage. Von hier kann man über die Laurin-Straße in das in Wein- und Obstkulturen versinkende **Algund** absteigen und die Reliefsteine mit Fabelwesen (Abb. 73) an der alten *Pfarrkirche* betrachten; in der Nähe sind die über 3000 Jahre alten ›Menhire‹ gefunden worden, welche jetzt zu den wichtigsten Stücken des Meraner Museums gehören. Sollten Sie den Rückweg über Dorf Tirol vorziehen, können Sie noch einen Blick in die im übertrieben romantischen Stil erneuerte zinnenreiche *Brunnenburg* mit dem landwirtschaftlichen Museum werfen. Die Burg hat ihre eigene Berühmtheit dadurch erlangt, daß der amerikanische Dichter Ezra Pound, der den Faschisten seine intellektuellen Dienste zur Verfügung gestellt hatte, lange Jahre hier zu Gast war, nachdem er seine Haftstrafe verbüßt hatte.

Die nächste Berühmtheit der Meraner Umgebung ist **Schenna**, gegenüber Dorf Tirol auf der anderen Seite der Mündung des Passeiertals am Hang des Ifinger gelegen, von Obermais aus zu erreichen. Wer Schenna zuletzt vor zwanzig Jahren gesehen und ein reizvoll zwischen Obstwiesen und Weinhängen verstreutes Dorf mit einem verwinkelten alten Zentrum unterhalb der großen Burg in Erinnerung hat, dem wird beim heutigen Anblick das Blut in den Adern gefrieren. Während damals der Ort fast in der üppigen Vegetation verschwand, stehen heute immerhin noch ein paar Bäume zwischen den Häusern – die profitliche Verschandelung der Südtiroler Landschaft hat hier in Schenna einen einsamen Höhepunkt erreicht. Mahnend weisen alle lokalen Umweltschützer auf diesen völlig verbauten Berghang, doch hat noch kein Appell an die Behörden die anrollenden Baukräne zum Halten gebracht. »Sag Du zu Südtirol«, heißt der offizielle Werbeslogan des Landes – spätestens beim Anblick von Schenna möchte man sich diese Vertraulichkeit verbitten. Dies sollten Sie beachten, wenn Sie Schenna besuchen: Durch die aus dem Boden schießenden Pensionen und den reichlich fließenden Besucherstrom ist der historische Ortskern stets total überfüllt, einen Parkplatz finden Sie ohnehin nicht, weshalb es sich empfiehlt, den Wagen abzustellen, bevor Sie im Gewühl der engen Gassen steckenbleiben. Grund genug, den Ort zu meiden – wenn es nicht so viel zu sehen gäbe.

Das *Schloß* (Abb. 78), das ab 1350 von Petermann von Schenna erbaut wurde und bald danach in den Besitz der Starkenberger überging, war Schauplatz einer heftigen Belagerung. Die Starkenberger, wie der Großteil des lokalen Adels dem habsburgischen Landesfürsten Friedrich mit der leeren Tasche feindlich gesinnt, da er es mehr mit Bürgern und Städten hielt als mit ihnen, hatten in Südtirol eine ungewöhnliche Machtfülle angesammelt. Sie ging im Burggrafenamt so weit, daß Schloß Tirol schließlich völlig isoliert inmitten Starkenbergischer Burgen lag. Das ging dem Herzog Friedrich zu weit. Während Ulrich von Starkenberg auf einem Hussitenfeldzug Zerstreuung suchte, überfiel daheim der Herzog seine Besitzungen und eroberte eine Burg nach der anderen – bis auf Schenna, das von Ulrichs Frau mit Hilfe von vierzig Schützen verteidigt wurde. Erst als sich nach Wochen abzeichnete, daß Ulrich keine Hilfe bringen konnte, übergab sie die Burg gegen freien Abzug.

*Schenna, Grundriß
der Schloßanlage*

Gut vierhundert Jahre später richteten sich ein zweites Mal die Augen der interessierten Öffentlichkeit auf diese Burg: 1844 erwarb sie der Erzherzog Johann und richtete sich herrschaftlich in ihr ein. Er war eben jener Habsburger, der durch seine morganatische Ehe mit der Ausseer Postmeisterstochter Anna Plochl am Wiener Hof einen unerhörten Skandal auslöste. Die Affäre zwischen Erzherzog und Posthalterstochter, welche das Haus Habsburg tiefer bewegte als die Legionen von Toten auf den Schlachtfeldern seiner Großmachtpolitik, fand nach langen Komplikationen ihr standesgemäßes Ende. Anna Plochl wurde per Dekret zur ›Freifrau von Brandhof‹ – ein Titel, an dem noch jeder gestandene Aristokrat den Parvenu erkennt –, die Nachkommen dieser Ehe durften sich gar ›Grafen von Meran‹ nennen, Erzherzog Johann allerdings mußte auf alle dynastischen Rechte verzichten. Die ganze Angelegenheit war damals freilich keine anachronistische Klamotte, wie sie heute in ähnlichen Fällen nur noch die Klatschspalten der Regenbogenpresse füllt. Zu einer Zeit, als sich die gesamte politische Macht in den Händen des Adels befand, war dieser aus höchst materiellen Gründen auf die Abgrenzung zu anderen Ständen angewiesen.

Diesem in Südtirol überaus beliebten Erzherzog Johann ist die jetzige Einrichtung des Schlosses zuzuschreiben. Es enthält Räume und Säle mit prachtvollen Täfelungen und verzierten Kassettendecken, schönen Fayenceöfen, Sammlungen guter Sakral- und Profangemälde (besonders Portraits zahlreicher Habsburger, unter anderen vom Erzherzog selbst, sowie von Andreas Hofer und seinen Mitstreitern) und viele Erinnerungsstücke an den unkonventionellen Erzherzog. Da sich mit der umfangreichen Waffensammlung auch einer

*Schloß Schenna, Stahlstich von J. Lange und J. M. Kolb*

der Lieblinge des burgenbesuchenden Publikums – Waffensäle und Folterkammern – hier befindet, ist das Schloß durchaus einen Besuch wert. Man beachte den hübschen Innenhof.

Vom Schloß sind es nur wenige Meter zu den Kirchen von Schenna. Die neue Pfarrkirche wurde erst in diesem Jahrhundert erbaut, in der *alten Pfarrkirche* wurden kürzlich Fresken des 16. Jahrhunderts aufgedeckt. Die *Kapelle St. Martin am Friedhof* (Abb. 74) ist eine seltene zweischiffige Konstruktion aus romanischer Zeit mit zwei Apsiden. Das *Mausoleum des Erzherzog Johann,* in dem er 1869 bestattet wurde, ist das beste Stück neugotischer Architektur im Lande.

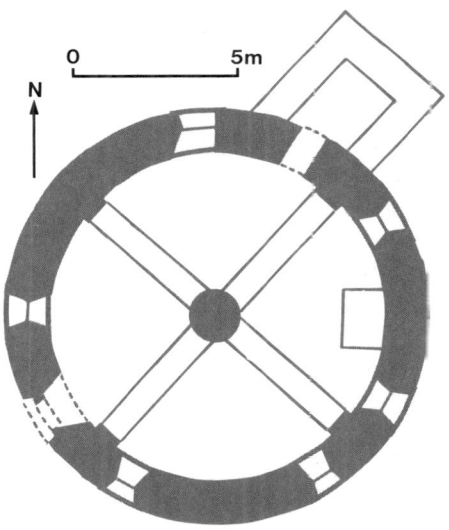

*Schenna. St. Georg, Grundriß*

Die sehenswerteste Kirche von Schenna befindet sich im ›Oberdorf‹: Es ist die eigenartige romanische Rundkirche *St. Georg* (Abb. 75), die ehemalige Kapelle der alten Burg Schenna, von der neben der Kirche noch der Stumpf des Bergfrieds aufragt. Die fast vollständig freskierten Wände (Abb. 77) und ein Flügelaltar machen St. Georg ebenso besuchenswert wie die Tatsache, daß sich auf dem Platz der alten Schennaer Burg noch ein letzter Rest der friedlichen Schönheit dieses Berghanges erhalten hat. Das Innere der Kirche vermittelt einen überraschenden Raumeindruck, da das große Kuppelgewölbe von einer einzigen zentralen Säule getragen wird. Ein Teil des Gewölbes ist mit einem jüngsten Gericht in weitläufiger Scheinarchitektur ausgestattet; der Maler des Bildes stand wahrscheinlich der Bozner Schule nahe oder entstammt selbst direkt der italienischen Freskotradition. Zweifellos von einem anderen Maler sind die Bilder der Wände, die Leben und Martyrium des hl. Georg schildern. Der Zyklus beginnt rechts vom Flügelaltar mit der Verurteilung des Soldaten Georg, weil dieser dem christlichen Glauben nicht abzuschwören gedenkt. Der stets prächtig gekleidete Richter taucht auf jedem Bild wieder auf und gibt auf beschriebenen Spruchbändern seine

Kommentare zum Geschehen. Nach der Gerichtsszene läuft in detailreicher Ausführung das grausige Geschehen ab: Man sieht Georg in einem Kerker, auf dem nächsten Bild wird er auf Geheiß des Richters von einem Berg gestürzt, nun wird er in ein sich drehendes Faß gesteckt, in das Folterknechte glühende, gerade aus dem Feuer gezogene Nägel stoßen, jetzt ist er aufs Rad geflochten worden, dessen Speichen aus Schwertern bestehen, im Gewände des anschließenden Fensters wird er geviertteilt und schließlich geköpft. Weniger eindeutig als das Geschehen ist die stilkritische Einordnung der Bilder. Der ausgeprägt ›Höfische Stil‹ des unbekannten Malers ist durchsetzt mit älteren Darstellungsformen, wie sich besonders an den Landschaften zeigt. Das Werk des Meisters von Schenna, dem man nochmals im Vinschgau und besonders in Rojen begegnet, bedarf noch genauerer Erforschung.

Neben dem Nikolaus- und Kreuzigungsfresko mit einer Stifterinschrift sowie zwei spätgotischen Skulpturen gilt ein letzter Blick dem Flügelaltar, der nach zweimaligem Diebstahl ein wenig kahl wirkt. Erhalten ist die Schreinfigur mit zwei geschnitzten vorhanghaltenden Engeln, die Reliefs der Flügelinnenseiten und das vorzügliche Gemälde einer Verkündigung auf den Außenseiten der Predella. Diese Predella (sie besteht aus einer Gruppe von Halbfiguren und stellt die heilige Ursula mit ihren Jungfrauen dar ) zeigt eine köstliche Szene: Zwischen die etwas einfältig blickenden Damen hat der Meister einen Bischof gestellt, der mit besorgter Miene – zweifellos ob der ihn umgebenden zahlreichen Damenwelt – Erbauung und Festigung suchend in seine Bibel schaut. Ein kleiner Kanonikus, dem Gesichtsausdruck nach eher verlegen als besorgt, blickt ihm über die Schulter ins Buch. – Den Schlüssel zur Kirche erhalten Sie im Bauernhof 20 Meter vor der Kirche.

Der nächste Gang zur Kunst im Burggrafenamt führt ins Passeiertal. Wenige Kilometer hinter Meran liegt **Riffian** mit seiner *Wallfahrtskirche* und der bedeutenden Friedhofskapelle. Die links oberhalb der Straße gelegene Kirche wurde bereits 1310 erwähnt, doch ließen die in Tirol vielbeschäftigten Baumeister Franz und Anton Delai die gotische Kirche in der zweiten Hälfte des 17. Jahrhunderts so geschickt in einem barocken Umbau verschwinden, daß außer einem schönen Spitzbogenportal nichts mehr von ihrer ursprünglichen Gestalt zu sehen ist. Die Kirche, heute ein einheitlicher Barockbau mit einem lichten, wohlproportionierten Innenraum, gehört mit der um 1749 ausgeführten Ausstattung – reichen Rocaillestukkaturen und Fresko im Gewölbe, schönen Skulpturen und Seitenaltären, einer eleganten Kanzel und dem monumentalen, farbenprächtigen Hochaltar – zu den schönsten und gelungensten Barockkirchen Südtirols. Man beachte den großen Taufstein mit Figurenreliefs aus gotischer Zeit.

Kunsthistorisch bedeutender ist die *Kapelle* rechts neben der Kirche. Sie enthielt früher die jetzt im Hochaltar stehende Skulptur der Schmerzhaften Muttergottes, die den Anlaß für die Wallfahrt nach Riffian gibt. Die Bilder der vollständig bemalten Wände des Innenraums sind die besten sakralen Fresken des sogenannten ›Höfischen Stils‹ in Südtirol. Dieser an den Höfen Burgunds und Oberitaliens entstandene, um 1400 in Böhmen zur Blüte gelangte und in die süddeutsche Kunst exportierte Stil (der daher oft mit dem Prädikat ›Internationale Gotik‹ versehen wird) zeichnet sich aus durch harmonische Gesamtkomposition, idealisierte Darstellung der Personen mit schönen Gesichtern, beherrschter Gestik, in weich und faltenreich fallenden Gewändern oder prächtigen Rüstungen – ganz so, wie die Kultur des ausgehenden Mittelalters und des in letzter Blüte stehenden Rittertums sich selbst gern sah. All diese Merkmale weisen die Fresken der Riffianer Kapelle in meisterhafter Ausführung auf. Die Bilder zeigen an der Ostwand Anbetung und Zerstörung des goldenen Kalbs sowie die höchst originelle Darstellung des Mannaregens, an der Nordwand Pfingstfest und Kreuztragung, an der Westwand Anbetung der Könige sowie an der Südwand die Legende von der Kreuzauffindung (Abb. 80) und die Flucht nach Ägypten, im Gewölbe Kirchenväter und Evangelistensymbole. Man beachte auch die prachtvollen Ornamentbordüren, von denen die einzelnen Bilder gerahmt werden. Durch den Ausbruch barocker Rundfenster sind Teile der 1415 entstandenen Bilder zerstört.

Der Maler der Fresken hat sich auf einem von Löwen getragenen Spruchband selbst verewigt, ›Magister Venclaus‹ nennt er sich, und damit erhebt sich die Frage: Wer ist das? Es ist bisher nicht geklärt, ob der Meister Wenzel oder Wenzeslaus ein Südtiroler oder ein Böhme war, fest steht nur, daß er kein italienischer Künstler war. Er unterhielt offenbar eine Malerwerkstatt in Meran, denn sein Einfluß auf die Kunst des Burggrafenamtes ist nicht gering. Andererseits muß er seine Fertigkeiten woanders erworben haben, denn in Meran gab es keinen Vorläufer auch nur annähernder Qualität. Wahrscheinlich ist er identisch mit jenem Maler Wenzel, den eine Urkunde als Hofmaler des Bischofs von Trient ausweist und dem der berühmte Freskenzyklus der Monatsbilder im Adlerturm des Castel del Buonconsiglio in Trient zugeschrieben wird. Daß ein dort bis zum Hofmaler avancierter Meister die Kunst der oberitalienischen, speziell der veronesischen höfischen Malerei weitgehend beherrschen mußte, versteht sich und erklärt die vorzügliche Qualität der Bilder. – Kirche und Kapelle sind stets geöffnet.


Hinter Riffian beginnt das eigentliche Passeiertal. Künstlerisch Bedeutsames gibt es hier nicht zu sehen, doch ist es ein teilweise noch unberührtes Tal mit schönen Bauernhöfen und alten Dörfern. Bemerkenswert sind die zwölf mittelalterlichen Schildhöfe, auf denen sich direkt dem Landesherrn unterstehende und zum Waffendienst verpflichtete Freisassen niederließen und ihre Gehöfte burg- oder ansitzartig ausbauten. Die beiden am besten erhaltenen sind Steinhaus auf einem Hügel über St. Martin und *Saltaus* (Abb. 79) direkt neben der Straße, mit Zinnengiebel und schöner Balkendecke.

Zwischen St. Martin und **St. Leonhard** liegt unter hohen Bäumen das alte Gasthaus zum *Sandwirt*. Dies ist das Geburtshaus von Andreas Hofer, des berühmten Anführers der Tiroler in ihrem Kampf gegen die französisch-bayrische Annexion Tirols (siehe S. 17). Er war selbst Wirt dieses Gasthauses gewesen und wie die meisten Wirte an den vielbefahrenen Talstraßen ein im ganzen Lande bekannter und geschätzter Mann. Die Gaststuben dieser Wirtshäuser müssen damals einzigartige Informationsbörsen gewesen sein, da nirgendwo sonst so viele Nachrichten von Reisenden oder Fuhrleuten aus allen Teilen des Landes zusammenflossen. So wußte Hofer die Volksstimmung bestens einzuschätzen, als nach vier Jahren bayrischer Herrschaft von Napoleons Gnaden im Jahre 1809 der Krieg zwischen

Österreich und Frankreich erneut ausbrach. In Absprache mit der österreichischen Heeres-
leitung begann der Volksaufstand mit dem Ziel, das 1805 zwangsweise zu Bayern geschlagene Tirol wieder unter die Fittiche des Hauses Habsburg zurückzuführen. Doch während
die Tiroler Bauern unter Hofers Führung ein Gefecht nach dem anderen gewannen und auch
in den drei berühmten Schlachten am Berg Isel bei Innsbruck siegreich blieben, focht
Habsburg gegen Napoleon mit weniger Fortüne: Im Frieden von Wien mußte Tirol
abermals an Bayern abgetreten werden. Andreas Hofer erkannte die Ungunst der Stunde
nicht, erließ noch einmal einen Aufruf zu den Waffen, der nur noch halb befolgt wurde und
unterlag, aller habsburgischen Unterstützung bar, den vereinigten französisch-bayrischen
Armeen. Er flüchtete hierher ins Passeiertal, in die Nähe seines Wirtshauses, und verbarg
sich mit seiner Familie auf der Pfandler-Alm am Prantacher Berg gegenüber dem Dorf St.
Martin. Dort ist er bekanntlich von einem miesen Subjekt verraten, von den Franzosen nach
Mantua geschafft und erschossen worden, während das übrige Europa den Kampf eines
tapferen kleinen Bergvölkchens gegen die militärische Supermacht Napoleons zynisch
verherrlichte: Auf einem Tiroler Schlachtfeld starb es sich auch nicht romantischer als
anderswo.

Hinter St. Leonhard mit den Ruinen der Jaufenburg beginnt die landschaftlich schöne Straße
über den Jaufenpaß nach Sterzing. Empfehlenswerter ist aber eine Fahrt ins Hinterpasseier
zum Timmelsjoch. Das Tal wird eng und einsam. Seitentäler erstrecken sich in die

*St. Leonhard im Passeier, Jaufenburg von Südwesten. Bleistiftzeichnung Johanna von Issers, 1820*

großartigen Bergkulissen der Ötztaler und Stubaier Alpen, schließlich wird das Hinterpasseier zu einem wilden Hochgebirgstal; die Straße führt durch eindrucksvolle Landschaft hinauf zum Timmelsjoch (2491 m).

Der letzte Ausflug zur Kunst der Meraner Umgebung führt ein Stück in Richtung Bozen, nach Lana und zur Tisenser Mittelgebirgsstufe mit ihren alten Dörfern, Burgen und Kirchen. Ersteres besitzt mit dem berühmten Schnatterpeck-Altar (Farbt. 34) einen der bedeutendsten Kunstschätze des Burggrafenamtes.

**Lana** liegt schon mitten in der charakteristischen Obstwiesen-Landschaft, die mit ihren endlosen Apfelbaumkulturen besonders im Frühling einen einzigartigen Anblick bietet, wenn das ganze breite Etschtal zwischen Bozen und Meran in einem Meer von Blüten versinkt. Der wegen der Baumblüte und anderer Vorzüge dieses Ortes hierher sich ergießende Touristenstrom hat jedoch entsprechende Folgen gehabt. Von der reizvollen Lage des Ortes ist daher nur an seiner Peripherie noch etwas zu bemerken, besonders Niederlana hat seinen Charakter mit den zwischen üppigen Obstkulturen liegenden Gehöften noch bewahrt. In diesem Ortsteil – er ist am weitesten in Richtung Nals ins Etschtal hinausgebaut – steht die *alte Pfarrkirche,* ein äußerlich schmuckloser Bau mit freistehendem Turm. Innen besitzt die 1492 fertiggestellte Kirche mit Werkstücken aus Sandstein, Netzgewölbe mit Schlußsteinen und einer das Langhaus umlaufenden Galerie mit Maßwerkbrüstung eine reiche architektonische Gliederung. Der riesige Flügelaltar ist mit einer Höhe von 14,10 m einer der größten erhaltenen seiner Art. Zu den Zeiten, da die Flügelaltarproduktion in voller Blüte stand, waren solche Größenordnungen allerdings nichts Ungewöhnliches; der nur noch in Fragmenten erhaltene Altar von Multscher in Sterzing, die ebenfalls zerstörten Altäre Judenburgs für die Pfarrkirche in Bozen oder der Salzburger Altar Michael Pachers müssen ähnliche Ausmaße gehabt haben. Weil die großen Altäre vorwiegend von reichen Stadtgemeinden bestellt wurden, die auch während des 17./ 18. Jahrhunderts genug Geld für goldstrotzende Barockisierungen hatten, gibt es nur noch wenige Exemplare dieser Größe zu sehen. Ein ähnliches Schicksal wäre um ein Haar auch dem Schnatterpeck-Altar widerfahren, als der Pfarrer Lipp Ende des 18. Jahrhunderts wegen angeblicher Baufälligkeit einen Abbruch des Altars in die Wege leitete, um ihn durch ein barockes Tafelbild zu ersetzen, doch scheiterte das Vorhaben am Widerstand der Lanaer Bauern.

Der geöffnete Altar beeindruckt durch seine ungeheure Fülle plastischer Details. In der geradezu wild wuchernden Ranken- und Maßwerkornamentik bevölkern nicht weniger als 33 Figuren allein den Schrein und das Gesprenge, hinzu kommen die Personengruppen der Flügelreliefs. Die besten Einzelstücke des Altars sind die zehn Statuetten in der Hohlkehle der äußeren Schreinumrahmung. Sie stellen je fünf kluge und törichte Jungfrauen dar, die leider durch einen prüden Restaurator, der ihnen 1826 die Dékolletés ihrer mittelalterlich-modischen Kleider übermalte, etwas entstellt wurden. Man beachte ferner die hübschen, Laute spielenden Engel rechts und links neben der Marienkrönung im oberen Teil des Schreins. Dieser Schrein ist wegen der Ausmaße des Altars in zwei Ebenen geteilt und zeigt in der unteren einen Gnadenstuhl (Abb. 85) zwischen zwei Heiligen. Die guten Gemälde der Flügelaußenseiten (links Christus am Ölberg, darunter Kreuztragung, rechts oben Jesus vor Pilatus, darunter Geißelung) lassen sich seit dem 1958 entdeckten Signum in Form von zwei gekreuzten Schäufelchen eindeutig dem Dürer-Schüler Hans Leonhard Schäuffelin zuordnen. Die Bilder zeigen trotz ihrer Qualität den Meister und späteren Mitarbeiter Hans Holbeins d. Ä. noch nicht auf der Höhe seines Schaffens: fast ein Stilbruch, wie Schäuffelin in die klare, renaissancehaft gegliederte Weite seines Bildaufbaus eng gedrängte gotische Personengruppen hineinstellt.

Bei einer stilkritischen Betrachtung des imponierenden Altars muß man ihm allerdings nachsagen, daß er ein ausgesprochen konservatives Werk ist, gemessen an den bahnbrechenden Leistungen des bereits zehn Jahre vorher verstorbenen Michael Pacher geradezu ein Rückfall. Von dem pacherischen Fortschritt, einen Flügelaltar als eine Raum und Perspektive beherrschende Gesamtkomposition auszuführen, ist beim Schnatterpeck-Altar nichts zu spüren, er folgt dem traditionellen Muster eines in Einzelskulpturen gegliederten Schreins, wenn auch ins Monumentale vergrößert.

Die Werkstatt, die diesen Altar anfertigte, unterstand dem schwäbischen Meister Hans Schnatterpeck, der seit 1478 in Meran nachgewiesen ist. Im Jahre 1503 wird mit ihm ein Vertrag über die Lieferung des fertigen Altars geschlossen (einer »wohlformierten Tafl mit gutem, reinen Dukatengold vergüldt, auch mit guter, beständiger Varb fein fleissiglich zu machen«), der für die Vollendung der Arbeit eine Zeitspanne von acht Jahren und eine Entlohnung von 1600 Gulden Rheinischer Währung vorsieht. Die Vertragsbedingungen, sowie die für damalige Zeiten enorme Summe zeigen, daß Hans Schnatterpeck ein geachteter und bekannter Meister war, von dessen Können man überzeugt gewesen sein muß, andernfalls hätte man über einen solchen Auftrag (und eine solche Summe) mit ihm nicht kontraktiert. Hier beginnen jedoch die Merkwürdigkeiten. Bisher hat man kein zweites erhaltenes Werk eindeutig dem Schnatterpeck zuordnen können, selbst am Altar in Lana, dessen Skulpturen in der Ausführung starke Qualitätsunterschiede aufweisen, ist nicht zu klären, welche Teile vom Meister persönlich und welche von den nicht selten begabteren Werkstattgesellen angefertigt wurden. 1509 verschwindet Schnatterpeck gar aus ungeklärten Gründen aus Meran, wo er immerhin 1499 Ratsherr gewesen war, er läßt sich dann noch hier und dort im Vinschgau nachweisen und stirbt 1540 als armer Pfründner im Meraner Spital. – Die Besichtigung des Altars ist möglich werktags von 10 bis 18 Uhr, jeweils am Beginn einer vollen Stunde (außer 13 Uhr).

Durch eine Schenkung des Stauferkaisers Friedrich II. an den Deutschen Ritterorden entstand 1215 der Margarethen-Hof am Rande von Lana mit einer großen romanischen Kapelle. Der Spaziergang zum schön gelegenen St. Margareth, dem Waalweg von Ober- in Richtung Niederlana am Hang entlang, ist für jeden zu empfehlen, die Besichtigung nur für spezielle Interessenten romanischer Malerei. Außen weist die Kirche Triforienfenster und drei große Apsiden auf, innen muß die in romanischer Zeit freskierte Ostwand mit der vollständigeren Ausmalung aller drei Apsiden einen höchst eindrucksvollen Anblick geboten haben. Doch die Restauratoren des 19. Jahrhunderts gingen dunkle Wege: Nach Beschädigung der Fresken durch barocke Umbauten sind sie 1896 in bester Absicht, aber schauerlich ›restauriert‹ worden, wobei durch ergänzende Übermalungen größtenteils völlig neue Bilder entstanden. Noch ist an Haltung und Gestik der Figuren zu erkennen, daß die Vorlage der Neugestaltung romanisch war, doch sind besonders Farben und Gesichter weitgehend verändert. Allein die 1966 gereinigte rechte Apside gibt noch ein wenig den Eindruck der ursprünglichen Malerei wieder. Es handelt sich hier um eine jener typisch romantisierenden Restaurationen: Sie zielten nicht darauf ab, den vorgefundenen Bestand original zu erhalten, sondern durch freie Hinzufügungen dem beschädigten Kunstwerk das Aussehen zu verleihen, welches es nach den Vorstellungen des ausgehenden 19. Jahrhunderts hätte haben müssen. Diese nur am Ideal der Vergangenheit orientierte Wiederherstellung mußte – vom Original her gesehen – scheitern: Ein romanischer Freskomaler, von den dargestellten Bildinhalten als richtiger Erklärung der Welt, in der er lebte, fest überzeugt, hatte mit den historisierenden Flausen eines romantischen Bürgers nichts gemein, weshalb sich dem Betrachter der Charakter des Unechten, dick Aufgetragenen dieser ›Wiederherstellung‹ sofort vermittelt. – Den Schlüssel zur Kapelle erhalten Sie nebenan im Margarethen-Hof.

In Oberlana, in der Nähe der Seilbahnstation zum (sehr empfehlenswerten) Vigiljoch zweigt der Waalweg in die entgegengesetzte Richtung (nach **Tscherms** und Marling) ab. Auf ihm kann man – immer in aussichtsreicher Höhe, entlang dem am Hang geführten alten Bewässerungsgraben (dem ›Waal‹) – in etwa halbstündigem Spaziergang das weithin sichtbare *Schloß Lebenberg* (Abb. 83) erreichen. Durch den Haupteingang ist der Eintritt nicht gestattet, doch führt ein Weg zum geöffneten hinteren Burgtor. Im Schloß befinden sich malerische mittelalterliche Innenhöfe, schöne Gärten, mehrere im Originalzustand erhaltene Zimmer und Säle mit kostbaren alten Möbeln, Waffen und Einrichtungsgegenständen aus der Zeit, als hier eine Zollstätte war. Man beachte die riesige gemalte Ahnentafel sowie den großen Kachelofen im Wiener Rokokostil, ein seltenes Stück. Das Schloß ist auch zu Fuß von Tscherms zu erreichen.

Zuletzt versäume man nicht einen Gang in die kurze, aber recht eindrucksvolle Gaulschlucht, die von der aus dem Ultental kommenden Falschauer gebildet wird und zum Teil auf schwankenden Brücken und hölzernen Stegen begehbar ist. Der Weg beginnt in Oberlana an der Brücke über die Falschauer und führt unterhalb des steilen Felsens, auf dem die *Burg Braunsberg* (Farbabb. 6, Privatbesitz) liegt, in die Schlucht.

Das Ultental, bei Lana durch eine Steilstufe vom Meraner Becken getrennt, zieht sich fast 40 km weit bis in die Spitzen der Ortlergruppe. Das anfänglich schluchtartige, bis zum Straßenbau 1907 schwer zugängliche Tal mit einer kleinen, aber spektakulär gelegenen düsteren Burgruine auf einem Felskegel in der Talmitte, wird landschaftlich um so reizvoller, je weiter man hineinfährt. Mit Wildbach, drei Stauseen, weiten Hochalmen und vor allem mit seinen schönen alten Bauernhöfen ist das Ultental ein dankbares Ausflugsziel. Am Talschluß beste Wandermöglichkeiten zu mehreren bewirtschafteten Hütten, zum Grünsee und in die Hochgebirgslandschaft der Zufritt-Spitze.

*St. Pankraz, Burg Eschenloch am Eingang des Ultentals von Südosten. Bleistiftzeichnung Johanna von Issers, 1824*

In Lana beginnt auch die Straße zum Gampenpaß, die nach einigen Kilometern auf die Tisenser Mittelgebirgsstufe führt, eine sehr reizvolle Landschaft zwischen dem Talgrund und den Wäldern und Felsen der dahinter aufsteigenden Berge. Dieses uralte Siedlungsgebiet, in dessen Bereich mehrere vorgeschichtliche Wallburgen lagen, bot bis ins späte Mittelalter bessere Lebensbedingungen als der damals noch versumpfte Boden des Etschtales. Etwa drei Kilometer, nachdem Sie Lana in Richtung Gampenpaß verlassen haben, zweigt scharf nach rechts eine Straße nach **Völlan** ab (sie endet auch dort). Im schön gelegenen Dorf mit großer Burgruine (leider nur von außen zu besichtigen) steht die Kuratialkirche *St. Severin* mit einem im 15. Jahrhundert ausgemalten Sakristeigewölbe. Die gelungenen Fresken zeigen als ungewöhnliches Detail im Hintergrund einer Anbetungsszene die Ansichten mehrerer Burgen, wovon eine die am Ortseingang liegende Mayenburg ist; das Bild zeigt den Bau, bevor er zur Ruine wurde. Die Burg wurde während des Bauernaufstandes 1525 durch einen Überraschungsangriff erobert und geplündert.

Die Gampenstraße führt weiter an der doppeltürmigen Leonburg vorbei durch einen langen Tunnel, wenige Meter danach ist rechts ein Parkplatz, von wo der Weg nach *St. Hippolyt* hinaufführt. Die kleine romanische Kirche mit Rundapsis, deren Inneres im 17. Jahrhundert umgestaltet wurde, steht in eindrucksvoller Lage auf der isolierten, felsigen Hügelkuppe einer vorgeschichtlichen Wallburg und bietet den schönsten Aussichtspunkt des ganzen Burggrafenamtes. Kurz danach zweigt nach links die Straße gegen Tisens ab, die über das schmale gewellte Hochplateau der Mittelgebirgsstufe führt. Hinter **Tisens** (spätgotische *Pfarrkirche* mit Netzgewölbe und zahlreichen Wappenschlußsteinen, im Chor neun Glasgemälde um 1520, auf dem Friedhof eine schöne Lichtsäule), führt die Straße weiter in das von Obstwiesen, Kastanienhainen und Fichtenwäldern umgebene Prissian, in dessen Gemarkung gleich fünf Burgen stehen (alle außer der Ruine Casatsch Hotels oder Privatbesitz).

In Prissian zweigt kurz hinter der alten überdachten Holzbrücke im verwinkelten Ortskern eine schmale, nur spärlich beschilderte Straße ab und führt in vielen Windungen über einen waldreichen Berghang zur letzten großen Sehenswürdigkeit der Meraner Umgebung, der einsam gelegenen, kleinen Kirche *St. Jakob* bei **Grissian** mit ihren romanischen Fresken. Naturverbundene Gemüter werden hier einen erlesenen Platz vorfinden; in einer Biegung der Straße kurz vor dem Schmiedhof sieht man die Kirche neben dem großen Widum auf einem bewaldeten Hügel, hinter dem der Berghang steil ansteigt. Sie können mit dem Wagen nicht hinfahren, am besten lassen Sie Ihr Auto am Schmiedhof stehen, wo es auf einer Wiese unter Bäumen Wein und Speck gibt, und gehen eine Viertelstunde den sanft ansteigenden Weg durch schöne Wald- und Wiesenlandschaft hinauf zum Kirchhügel.

Wenige Meter unterhalb der Kirche steht ein großer kapellenförmiger *Bildstock* mit ein wenig derben gotischen Fresken um 1440. Etwas früher entstanden und besser gemalt ist der ebenfalls gotische Bildstreifen an der Langhauswand über dem Portal (Christus mit den Aposteln und ein Stifterbild mit einem knieenden Ritter). Die romanischen Fresken am Triumphbogen und in der Apsis sind hervorragende Bilder der Zeit kurz nach 1200. Markanter als die Ausmalung der Apsis (Christus als Weltenrichter in der Mandorla zwischen Evangelistensymbolen sowie Maria und Johannes) sind die Bilder des Chorbogens: Links segnet die Hand Gottes das von Abel dargebrachte Opfer (Abb. 82), rechts droht die geballte Faust des Herrgotts dem sich abwendenden Kain. Darüber zeigt links das beherrschende Bild den Gang von Abraham und Isaak mit einem Eseltreiber zur Opferstätte (Abb. 81), das korrespondierende Bild auf der rechten oberen Triumphbogenwand ist durch den späteren Einbau des Turms zerstört. Diese genannte Szene bedient sich einer in der romanischen Malerei einmaligen Darstellungsweise: Anstatt als Hintergrund die traditionell vorgeschriebene stilisierte Landschaft in Form verschiedener Farbzonen zu benutzen, spielt die Szene vor einer Naturkulisse, die mit gezackten, schneebedeckten Bergstümpfen zweifellos eine Dolomitenlandschaft darstellt. Da der Maler jedoch an anderen Stellen die üblichen Landschaftsstilisierungen durchaus benutzt, muß ihm diese seit Jahrhunderten tradierte Darstellungsform zwar technisch geläufig, ihre Bedeutung aber unbekannt gewesen sein. So setzte er als den für sein Empfinden fehlenden Hintergrund eine wildbewegte Gebirgslandschaft ein, eine jener lokalen ›Bereicherungen‹ des byzantinischen Stils, wie sie sich nur in der romanischen Malerei Südtirols finden. Man beachte außerdem die originellen, die Bildszenen begrenzenden Mäander mit Zwischenfeldern, die in der Apsis Blütenmotive, an der Chorbogenwand Köpfe zeigen. Im unteren Teil der Apsis befindet sich eine lange

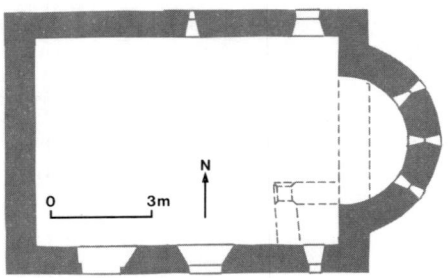

*Grissian, St. Jakob. Grundriß*

Majuskelinschrift, die sich auf die Weihe der Kirche im Jahre 1142 durch den Brixner Bischof Hartmann bezieht und die im gleichen Jahr oder wenig später angebracht worden ist. Hier in Grissian muß man besonders froh darüber sein, daß die Südtiroler Denkmalpflege in bezug auf ihren reichen Schatz an romanischer Freskomalerei nicht den radikalen Weg Kataloniens beschritten hat, wo die gesamten romanischen Wandbilder aus den Kirchen entfernt und in einem zentralen Museum in Barcelona zusammengetragen wurden, während die Kirchen verödet zurückblieben. Mit der Gebirgskulisse von Rosengarten und Mendel vor Augen die Kirche in Grissian zu betreten und dort den gleichen Eindruck von einem romanischen Maler vor fast 800 Jahren mit byzantinischen Stilmitteln an die Wand gebannt zu sehen, ist ein Kunsterlebnis, wie man es nur an seinem ursprünglichen Ort genießen kann. – Die Kirche ist in der Regel geöffnet, andernfalls wende man sich an das wenige Meter entfernte Widum.

Von Prissian gelangt man auf steil abfallender Straße nach **Nals,** dem zwischen Reben und Obstwiesen verstreuten alten Weindorf. Man versäume nicht einen Blick in die *Schwanburg* mit ihrem schönen Innenhof (Abb. 84).

# Der Vinschgau

Der Vinschgau, das breite Tal zwischen Burggrafenamt und Reschenpaß, entspricht wohl am wenigsten dem gängigen Bild von Südtirol, bisweilen nimmt seine Landschaft einen fast fremdartigen Charakter an: Die kahlen, verbrannten Hänge seiner Sonnenseite wirken für diesen Teil der Alpen ebenso ungewöhnlich wie die endlose, von geduckten Bäumen bestandene Grasebene der Malser Haide (Abb. 111) im oberen Teil des Tales. Es fehlt dem Haupttal die typische Gebirgsidylle mit Felsen und Bach in Wald und Wiese (die sich dafür in den zahlreichen Seitentälern um so reichhaltiger findet); der Vinschgau bezieht seine herbe, kontrastreiche Schönheit von der grandiosen Bergkulisse, die das ganze Tal umrahmt und die mit Ötztaler Alpen und Texelgruppe als nördlicher Begrenzung, besonders aber mit der Ortlergruppe im Süden und deren ewig schneebedeckter Gipfelreihe – Ortler, Zebrü, Königsspitze und Cevedale (Abb. 110) – eines der eindrucksvollsten Gebirgspanoramen Südtirols darstellt: Die vielfach gebrauchte Charakterisierung, der Vinschgau sei eine ›Landschaft der großen Linien‹, ist durchaus treffend. Dieses Formelement der ›großen Linien‹ unterscheidet auch den Talgrund von allen anderen Tälern Südtirols. Wo auch immer man im Vinschgau ein Stück bergauf steigt, stellt sich der Talboden als Abfolge riesiger, gegeneinander verschobener schiefer Ebenen dar; sie verleiht dem gesamten Tal seine unverwechselbare Gliederung. Dies sind die in den entsprechenden Fachwissenschaften berühmten Vinschgauer Murkegel, gewaltige Geröllmassen, die nach starken Regenfällen als Murbrüche aus kleinen, steilen Seitentälern ins breite Haupttal stürzen und sich dort fächerförmig als flache Halb- oder Dreiviertelkegel ausbreiten. Daß sie hauptsächlich hier im Vinschgau vorkommen, liegt an der klimatischen Besonderheit des Tales: Es gehört zu den niederschlagsärmsten Gebieten der Ostalpen, dessen Trockenperioden jedoch von plötzlichen heftigsten Regenfällen unterbrochen werden. Dabei kann es noch heute zu jenen katastrophalen Murbrüchen kommen, die in der Geschichte fast aller Vinschgauer Dörfer verzeichnet sind. Deshalb ist es kein Zufall, daß sich im Vinschgau die beiden größten Murkegel des gesamten Alpengebietes finden: Die Gadria-Mure hinter Allitz und die Malser Haide; sie stellt mit ihren gewaltigen Ausmaßen eine eigene Landschaft im Tal dar. Die sanften Hänge der Kegel, schon immer für Besiedlung und Behausung geeigneter als die sumpfigen Niederungen der Etsch, tragen heute die allseits geschätzten Edelobstkulturen des Vinschgaus – besonders Aprikosen-Liebhaber sollten sich eine Kostprobe der berühmten ›Vinschger Marillen‹ nicht entgehen lassen.

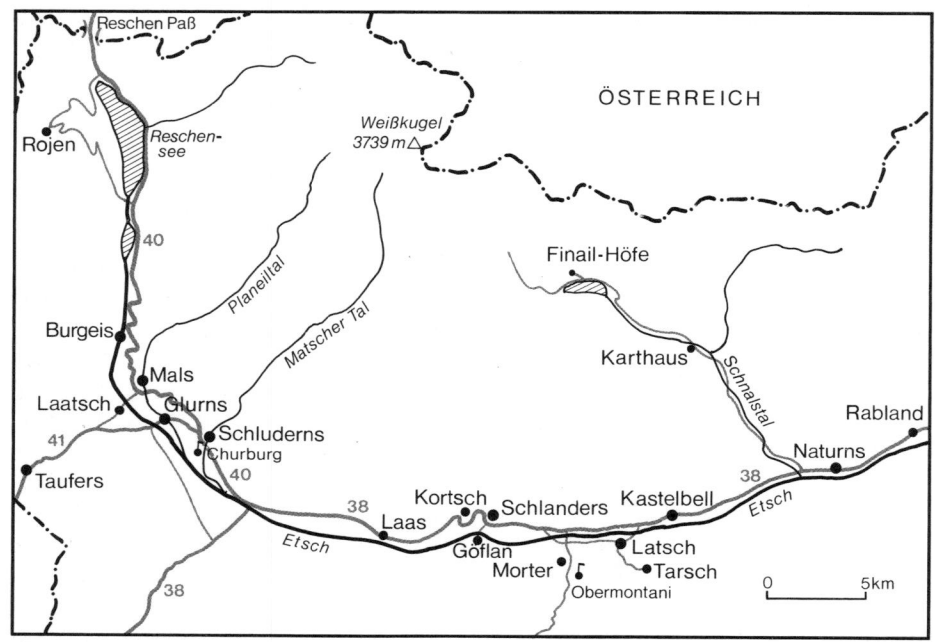

*Die Kunststätten des Vinschgaus*

Die Andersartigkeit des Vinschgaus ist auch begründet durch seine jahrhundertelange Zugehörigkeit zum rätoromanischen Kulturkreis. Der um die Mitte des 4. Jahrhunderts neu gegründeten römischen Provinz Raetia secunda mit ihrem Verwaltungszentrum Curia (Chur) wurde auch der gesamte Vinschgau zugeordnet. Diese rätoromanische Kultur blieb noch ungebrochen erhalten, als die Franken Churrätien besetzten, und erfuhr erst mit der Gründung des von schwäbischen Mönchen besetzten Klosters Marienberg bei Burgeis (um 1160) eine erste nähere Bekanntschaft mit dem deutschsprachigen Raum. Desungeachtet hielt sich das ›Romauntsch‹ bis ins 17. Jahrhundert als allgemeine Umgangssprache, dann jedoch wurde aus politischen Gründen die wesentlich in der Sprache weiterlebende rätische Kultur vernichtet. Die Gegenreformation wollte ihre Schäflein auch kulturell gegen den aus dem Engadin vordringenden und auf rätoromanisch gepredigten Calvinismus immunisieren und setzte dementsprechend eine ›Germanisierung‹ radikal durch. Als letzter Rest dieser Vergangenheit finden sich im Vinschgau noch die typische Bauweise der ›rätoromanischen Haufendörfer‹ (besonders gut erhalten ist diese Dorfform in Planeil und Monteplair) und natürlich noch zahlreiche Flur- und Ortsnamen: Tarsch, Tartsch, Laatsch, Flutsch, Matsch, Kartatsch, Rumlatsch, Muntaditsch etc. haben für unsere Ohren doch einen recht befremdlichen Klang.

Für den Kunstreisenden hat die Zugehörigkeit zu Churrätien noch eine weitere Spur hinterlassen: Chur ist bereits seit 451 als Bistum nachgewiesen, seit etwa 590 gehörte ihm auch der Vinschgau an. Diese frühe Zugehörigkeit zu einem kirchlich organisierten Gebiet hatte auch eine frühe Christianisierung zur Folge. Als zudem ganz in der Nähe das bedeutende Kloster Müstair (vermutlich von Karl dem Großen selbst) gegründet wurde, begann im Vinschgau eine Serie früher Kirchenbauten, die mit ihren Bemalungen das Tal zu einer Schatzkammer romanischer und vorromanischer Architektur und Freskokunst werden ließen. Dabei ist besonders die Ausschmückung der karolingischen St. Benedikts-Kirche in Mals kunstgeschichtlich von größter Bedeutung; die noch vorkarolingischen Fresken in St. Prokulus bei Naturns (Farbabb. 35) sind ein in Europa nahezu einmaliges Zeugnis dieser Kunstepoche. Angesichts des hohen Alters dieser Kirchen darf man sich nicht wundern, wenn sich ihre Patrozinien auf Heilige beziehen, die nur noch Kirchenhistorikern ein Begriff sind: Namen wie St. Sisinius, St. Ägydius, St. Karpophorus, St. Medardus und andere sind auch guten katholischen Christen kaum bekannt und verweisen stets auf ein hohes Alter der Kirche.

Es mag nach solcher Vorrede nicht ganz unpassend erscheinen, wenn die Präsentation der Kunst im Vinschgau mit einer jahrhundertealten Streitfrage beginnen muß. 1552 entdeckte man in Rabland, kurz hinter Töll, wo das Tal durch eine Steilstufe geographisch vom Meraner Becken getrennt wird, einen römischen Meilenstein, der eine Route vom Po zur Donau auswies. Damit war der Beweis erbracht, daß die Via Claudia Augusta durch den Vinschgau über den Reschen verlief. Irritierenderweise entdeckte man 1786 in Cesio Maggiore im Piave-Tal einen anderen Meilenstein derselben Straße des Claudius, der jedoch mit Altinum (in der Nähe von Feltre) einen weit vom Po entfernten Ausgangspunkt angab, aber das gleiche Ziel nannte wie der Rablander Stein. Seitdem ist die Trassenführung der Römerstraße Gegenstand heftiger Diskussionen. Der letzte Stand besagt, die Via Claudia Augusta müsse eher als eine Art Straßensystem angesehen werden, das die Alpen auf verschiedenen Routen überschritt, wovon eine durch den Vinschgau führte. Der römische Meilenstein aus Rabland (heute im Bozner Museum) wurde übrigens vor dem alten Gasthaus ›Hanswirt‹ (gegenüber der Kirche) gefunden, dessen Grundriß noch von einem antiken Gebäude herrührt und in seiner Stube ein seltsames, bisher nicht einzuordnendes Fresko der Eroberung einer Burg besitzt.

Kurz vor Rabland zweigt in Töll die Straße nach **Partschins** ab. Auch hier wurden mehrere römische Steine entdeckt (der bedeutendste, der ›Altar der Diana‹, befindet sich im Museum in Innsbruck), doch wird das Dorf hauptsächlich wegen seiner klimatisch und landschaftlich sehr angenehmen Lage und seines schönen alten Ortskerns mit gotischer Pfarrkirche und mehreren türmebewehrten Ansitzen geschätzt. Sehr zu empfehlen ist von hier eine kurze Wanderung ins nahe Zieltal mit seinen bekannten Wasserfällen. Weniger bekannt ist die Tatsache, daß in diesem Dorf einer der wichtigsten Apparate der Neuzeit erfunden wurde: 1866 konstruierte hier der Zimmermann Peter Mitterhofer die erste Schreibmaschine der Welt – aus Holz. Anschließend trug er das Gerät persönlich und zu Fuß nach Wien, um es dem Kaiser zu zeigen, und verkaufte es dann für 150 Gulden an das dortige Polytechnische Institut. Das hätte er vielleicht besser nicht getan, denn bereits 1873 ging beim amerikanischen Waffenkonzern Remington genau Mitterhofers Modell in Serienproduktion – allerdings als Metallausführung. Als Erfinder trat ein Mister Glidden aus Milwaukee auf, der angeblich zu Mitterhofers Zeit an eben diesem Wiener Polytechnikum studiert haben soll (was er freilich bestritt). Die Sache ist nie ganz geklärt worden, verdient hat jedenfalls Remington daran, während Mitterhofer völlig verarmt in Partschins starb. Ein zweites von ihm gefertigtes Holzmodell steht im Museum in Meran.

Kurz hinter Rabland – aber schon zu **Naturns** gehörend – liegt auf einem sanften Hang rechts der Staatsstraße etwa 200 m abseits die von Wiesen und Obstgärten umgebene altersgraue kleine Kirche St. *Prokulus* (Abb. 88). Die landschaftliche Lage der Kirche mit ihrer uralten, zerbröckelnden Umfriedungsmauer und ihrer bemalten Südwand vermittelte bis vor wenigen Jahren das unberührte Bild jahrhundertelangen Verwachsenseins eines Kunstwerks mit seiner Landschaft und galt als klassisches Beispiel der vielgerühmten ›Kunstlandschaft Südtirol‹ – bis die großangelegten Naturnser Pensionsneubauten immer näher an die kleine Kirche heranrückten und nunmehr den Gesamteindruck fast zerstört haben.

St. Prokulus enthält in seinem Inneren einen trotz seines schlechten Erhaltungszustandes hochbedeutenden Kunstschatz: Es handelt sich um die ältesten Wandmalereien im gesamten deutschsprachigen Raum, um ein von der karolingischen Formensprache noch unbeeinflußtes einzigartiges Zeugnis frühmittelalterlicher Malerei, dessen stilistische Einordnung seiner Singularität wegen bis heute umstritten ist. Die meisten Kunsthistoriker vermuten in den etwa um das Jahr 800 oder wenig früher entstandenen Fresken den Einfluß des irisch-keltischen Stils, der im Alpengebiet von St. Gallen und Salzburg ausging und hier durch die in merowingischer Zeit von vorwiegend irischen Mönchen getragene Mission Verbreitung fand. Die einzige überzeugende Parallele zu den Naturnser Fresken hat sich bisher denn auch in der irischen Buchmalerei entdecken lassen, besonders in dem um 770 in Salzburg enstandenen Cutbercht-Evangeliar. Hier wie in St. Prokulus sind jedoch bereits antike, also aus dem Süden kommende Formelemente in die nordische Maltradition eingeflossen, zu bemerken sind sie an der Verwendung dekorativer Mäanderbänder neben Flechtbandornamenten und einer leichten Veränderung des rein linearen Stils bei der Personendarstellung durch eine vage angedeutete Raumwirkung und Plastizität. Angesichts dieses schwer entwirrbaren Zusammenspiels zweier grundverschiedener Kunsttraditionen hat es seit der Wiederentdeckung der Fresken eine Flut von Veröffentlichungen und Hypothesen gegeben, in denen der prägende Einflußbereich im Norden, Osten oder Süden nachzuweisen versucht wurde – bisher ohne endgültiges Ergebnis. Auch sonst konnten über den Bau nur wenige Daten gesichert werden: Seine Erbauungszeit ist unbekannt, wahrscheinlich gegen 800 wurde der Innenraum zum ersten Mal mit Fresken ausgestattet, wahrscheinlich kam im 12. Jahrhundert der Turm hinzu. Als die Kirche 1365 zur Begräbnisstätte der Herren von Schloß Dornsberg (auf der gegenüberliegenden Talseite) avancierte, wurde sie umgebaut und im

Laufe der nächsten Jahrzehnte innen und außen mit gotischen Freskenzyklen bemalt. Schließlich verschwand der gesamte Bildschmuck des Innenraums unter weißer Tünche und wurde erst 1912 wiederentdeckt. 1923 wurde ein großer Teil der gotischen Fresken abgelöst (heute im Meraner Museum), da man inzwischen die Bedeutung der darunterliegenden Schicht erkannt hatte.

Betritt man die kleine Kirche, so fallen als erstes die noch leidlich erhaltenen Bilder der Südwand ins Auge. Hier findet sich zwischen zwei umlaufenden Mäanderbändern die berühmte Darstellung des wie auf einer Schaukel in einem Seil sitzenden Heiligen, der von drei Männern unter einem stilisierten Dach beobachtet wird (Farbabb. 35). An diesem Bild entzündete sich der nächste Streit: Wen stellt es dar und auf welches Ereignis nimmt es Bezug? Die Vertreter der lange vorherrschenden Version, es handle sich um den heiligen Paulus, wie er auf der Flucht an einem Seil die Stadtmauer von Damaskus heruntergelassen werde, haben den Einwand, daß Paulus laut Apostelgeschichte dazu einen Korb und nicht nur ein Seil benutzte, nicht entkräften können. Der naheliegende Gedanke, es handle sich um den Kirchenpatron selbst, half nicht auf Anhieb weiter, weil es dreißig Heilige dieses Namens gab. Welcher denn nun? Nach sorgfältiger Sichtung der Heiligenlegenden stärkte

*Naturns, St. Prokulus. Personengruppe*

Otto von Lutterotti in einer grundlegenden Schrift die Fraktion derer, die in dem im Seil sitzenden Heiligen den Prokulus aus Verona sahen, dortselbst Bischof im 4. Jahrhundert, wo er mit seiner Gemeinde vor Verfolgung aus der Stadt floh. Doch auch das ist zweifelhaft: Laut den existenten Quellen über den Veroneser Bischof kehrte der nämlich nach seiner Flucht in die Stadt zurück, um den Märtyrertod zu suchen. Der römische Prokonsul Anulinus hält ihn jedoch für einen Verrückten und läßt ihn aus der Stadt werfen – diese respektlose Behandlung hat dem Prokulus zwar das Leben gerettet, läßt aber eine riskante Flucht mit dem Seil über die Stadtmauer wenig plausibel erscheinen. Dennoch spricht einiges für den Veroneser Bischof: Die Darstellung einer stilisierten Rinderherde mit Hirtenhund und Schäfern an der Westwand weist auf ihn, da er auch als Beschützer des Viehs verehrt wurde. Desgleichen scheint die Tatsache, daß die Pfarrkirche von Naturns dem ebenfalls in Verona hochverehrten St. Zeno geweiht ist, eine Verbindung der alten Naturnser Heiligtümer zu dieser Stadt nahezulegen. (Die Pfarrkirche enthält im Untergeschoß des Turms Reste eines karolingischen Vorgängerbaus.)

Diese bekannte Szene des ›Schauklers‹ ist links und rechts flankiert von zwei Personengruppen. Von der rechten haben sich die sechs Köpfe erhalten, die alle dem Geschehen in der Wandmitte zugewandt sind; die linke besteht aus fünf dichtgedrängten Gestalten mit langen, faltenreichen Gewändern. Auffallend sind die Gesichter aller Personen: Sie sind, wie die gesamte Darstellung, in vorwiegend flächenhaft-zeichnerischer Manier stark stilisiert, zeigen aber mit ihren riesigen Augen, deren große Pupillen die Blickrichtung angeben, eine durch wenige Striche erreichte eindrückliche Expressivität; sie zeichnet besonders die Reste der rechten Personengruppe aus. Ebenso auffallend ist die Unfähigkeit des Malers, mit der Perspektive umzugehen. Die Hände des Heiligen greifen deutlich am Seil vorbei, ebenso wie die vordere Gestalt der linken Personengruppe ein Tuch in der Hand hält, die Hand aber vor dem Tuch schließt. Eine für die mittelalterliche Freskokunst ebenso einmalige Darstellung

*Naturns, St. Prokulus. Falsche Greifbewegung*

befindet sich an der Westwand: Durch den späteren Ausbruch der Tür stark beschädigt, sind hier die Reste einer buntgemalten Rinderherde zu sehen. Die Tiere bewegen sich anscheinend in einer Art Prozession auf die Nordwand zu, geführt von zwei Hirten, von denen einer einen Stab oder ein Vortragkreuz in der Hand hält. Die einzige bisher gefundene einleuchtende Deutung der merkwürdigen Szene ist die oben erwähnte, welche die Viehherde in Bezug zu St. Prokulus als Patron der Tiere setzt. Die Darstellungen der Nordwand entziehen sich einer ikonographischen Deutung, da die Fresken bis auf den oberen Mäander, fünf sitzende Heilige und einen Engel zerstört sind. Das auffälligste Merkmal der Ostwand ist das breite Flechtbandornament, das sich über dem Triumphbogen hinzieht und den an den drei anderen Wänden umlaufenden Mäander ablöst. Dieses dekorative Element eindeutig nordischer Herkunft, wie auch die Verwendung kühler Farben bei den beiden großen, mit je einem Flügel zum Altar weisenden Engeln, hat die Hypothese aufkommen lassen, die Ostwand sei von einem anderen Meister bemalt worden als die übrigen Wände, doch konnte auch hierüber noch keine Klarheit geschaffen werden. In die Laibung des Triumphbogens sind neun gleiche Halbfiguren in anbetender Haltung gemalt, die man allerdings kaum noch erkennen kann. Die zahlreichen, über alle Gemälde verstreuten Kerben rühren von Pickelhieben her, mit denen man kleine Vertiefungen in die Wand schlug, um der für die gotischen Fresken notwendigen neuen Verputzschicht besseren Halt zu geben.

Der interessierte Betrachter wird sich eine Weile mit der Fremdheit dieser vorkarolingischen Bilder vertraut machen müssen, da es nirgendwo ähnliche Monumentalmalerei zu sehen gibt. Bei genauerem Hinsehen ist wohl der Vermutung von Edmund Theil zuzustimmen, es habe sich um einen aus der nordeuropäischen Kunst stammenden Maler gehandelt, der mit den Fresken in St. Prokulus beweist, daß bereits eine Begegnung mit der antiken, also süd- und südosteuropäischen Kunst stattgefunden hat. Dem Maler sind unter sparsamem und präzisem Einsatz von Zeichnung und Farbe stark stilisierte, überzeugende und ausdrucksstarke Figuren und Gesichter geglückt, also dann, wenn er in der linear-abstrakten Manier irischer Buchmalerei gearbeitet hat. Dabei ist ihm auch die Aufnahme neuer dekorativer und raumbildender Formelemente gelungen. Der Kampf des Malers mit der Perspektive ging aber eindeutig zuungunsten des ersteren aus. Die vorbeigreifenden Hände, die von der Seite gesehenen Tiere der Westwand, deren linke Beine, obwohl sie perspektivisch kürzer als die rechten, im Vordergrund befindlichen sein müßten, vom Maler aber über diese hinaus verlängert wurden, zeigen, welches technische Können ihm noch völlig fehlte. Es wurde erst einige Jahrzehnte später, in der sich der Antike zuwendenden ›Karolingischen Renaissance‹, der Kunst des Nordens integriert.

In jeder Hinsicht zweitrangig sind die noch an Ort und Stelle verbliebenen gotischen Fresken. Sie befinden sich an der Rückwand und im Gewölbe der Apsis (um 1350), sowie an den erhöhten Langhausmauern über den vorkarolingischen Bildern, also über dem oberen begrenzenden Mäander- bzw. Flechtbandornament der Ost-, Süd- und Nordwand (›Höfischer Stil‹, um 1400). Eine Bereicherung der Kirche stellt nur der gotische Freskenzyklus an der südlichen Außenmauer unter dem weit ausladenden Dach dar – jedenfalls von weitem.

Da die Bilder vor etwa 60 Jahren durch einen Restaurierungsversuch stark entstellt wurden, blieb von ihnen hauptsächlich der Reiz eines vielfarbigen Akzents zwischen grünen Bäumen auf der grauen Kirchenmauer.

Zu Hauptreisezeiten, besonders von Juni bis Oktober und Ostern, ist die Kirche stets von 9 bis 12 und von 14 bis 18 Uhr geöffnet, sonst erhält man den Schlüssel im Pfarrhaus, etwas oberhalb des Platzes im Dorfzentrum.

Wenige Kilometer hinter Naturns (barockisierte gotische Pfarrkirche, Burg Hochnaturns heute Schloßhotel) öffnet sich rechts unterhalb der gerade noch sichtbaren Türme der Burg Juval eine ungeheure Schlucht. Sie ist der Eingang ins Schnalstal, über den der Reisemönch Beda Weber 1838 schrieb: »Durch die steilsten Felswände zu beiden Seiten eingeengt, klafft der Schlund mit dem sparsamen Bache in der Thalscheide, wie der Eingang in die unbekannten Regionen der Unterwelt ... Ein verdächtiger Steig führt an der rechten Seite, die sich bald durch Krümmung dem Auge entzieht, über thurmhohe, dem jähsten Absturze zugeneigte Granitwände ... Um Unglück der Waghalsigen zu verhüten, hat die Ortsbehörde denselben verboten.« Heute führt eine unverdächtige Straße in das Tal, aber der Eindruck ist noch derselbe. Über den linken Schluchtwänden hängt in schwindelerregener Lage Burg Juval; eine Holzbrücke direkt über den Felsabstürzen muß den unteren mit dem

*Burg Juval, Stahlstich von S. Lacey nach einer Zeichnung Johanna von Issers, 1821*

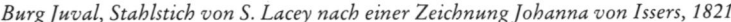

oberen Burghof sogar außen verbinden. Die Burg, im Spätmittelalter prachtvoll ausgestattet, ist heute eine unbewonte Halbruine und in Privatbesitz, daher meist verschlossen, doch lohnt die ungewöhnliche und aussichtsreiche Lage den Weg hinauf.

Das Schnalstal selbst ist außer seiner eindrucksvollen Landschaft und seinen berühmten schönen Bergbauernhöfen hauptsächlich wegen der Überreste des *Karthäuser-Klosters Allerengelberg* besuchenswert. Die Straße führt vorbei an dem von allen Fotographen sehr geschätzten Motiv des steilen Katharinabergs mit seiner gotischen Kirche (Abb. 124) und zweigt bald danach links nach **Karthaus** ab. Das 1326 gegründete Kloster wuchs sich zu einer ansehnlichen Anlage aus, hielt sich aber der strengen Ordensregel gemäß jahrhundertelang in völliger Isolation zur restlichen Talbevölkerung. Erst Anfang des 17. Jahrhunderts wurden die Mönche etwas weltzugewandter, doch hob dies ihr Ansehen keineswegs: Obwohl sie sich um den Bau von Bewässerungsanlagen große Verdienste erwarben, wurde ihnen übel angerechnet, daß ihre bis dahin rein platonische Beziehung zu den Dominikanerinnen des Klosters Steinach bei Meran einen etwas heikleren Charakter annahm, sie sich dort gar ›zur Unzeit‹ aufhielten, wie Staffler zu berichten weiß. Schließlich wurde das Kloster 1782 aufgehoben und die leerstehenden Gebäude nach und nach von Bauern in Besitz genommen und ausgebaut, bis die Karthause zuletzt den kuriosen Anblick eines genau dem Klostergrundriß folgenden Dorfes bot. Dieses Unikum ist 1924 vollständig abgebrannt, doch lassen sich in dem mittlerweile neu aufgebauten Dorf noch zahlreiche wiederverwendete Bauteile des alten Klosters entdecken. So finden sich im Gasthof ›Grüner‹, dem ehemaligen Prioratsgebäude, schöne Spitzbogenportale, hinter denen Durchgänge auf alten Steinplatten durch das Erdgeschoß führen und vor allem – ebenfalls hinter einem schmalen Portal – unter der Pension Santer ausgedehnte Reste des gewölbten Kreuzgangs; in den Mauern befinden sich die Türen zu den Zellen der Mönche, mit kleinen Fenstern zum Durchreichen der Speisen. (Durchgänge und Besichtigung überall gestattet.) Auch sonst sollten Sie sich aufmerksam umsehen, in den alten Mauerteilen der Häuser finden sich neben Portalen und Gängen noch eingemauerte verzierte Konsol- und Reliefsteine, desgleichen ist die Pfarrkirche zu einem großen Teil aus alten Baubeständen neu errichtet.

Wer sich noch weiter im Schnalstal umsehen möchte, dem sei auf schmaler Straße eine Fahrt in das bei Karthaus abzweigende Pfossental (Abb. 125) empfohlen. Das einsame Seitental ist bekannt für seinen Wildreichtum (sogar mehrere Adlerpaare nisten hier) und führt weit in die Berge der Texelgruppe hinein. Das letzte Gehöft, der jahrhundertealte Eishof, jetzt ein Berggasthaus, liegt 2069 m hoch unterhalb der schneebedeckten Texelspitze (3317 m).

Auch das Schnalstal selbst führt hinter dem Vernagt-Stausee in eindrucksvollste Hochgebirgslandschaft, die sich seit der Errichtung des Sommerski-Zentrums bei Kurzras zusehends belebt hat. Empfehlenswert ist eine Wanderung vom Tisenshof zum sagenumwobenen Finailhof (1953 m, der höchste Kornhof Tirols, Abb. 90) mit seiner heilkräftigen Quelle, dem ›Fieberbrunn‹. Herzog Friedrich mit der leeren Tasche soll sich 1416 auf der Flucht hier versteckt haben. Wer vor dem Stausee im Dorf Unsere Frau in Schnals Rast macht, werfe einen Blick in die beiden alten Gasthöfe ›Zum Hirschen‹ (1560) oder in das ›Goldene Kreuz‹ mit seiner Zirbelholzstube.

Der Weg durch den Vinschgau führt weiter an der sonnenverbrannten Nordseite des Tals entlang und passiert bei **Kastelbell** die gleichnamige Burg, berühmt wegen ihrer dramatischen Lage auf senkrecht abstürzenden Felsen direkt über der Straße (Abb. 92). Kurz danach zweigt links die Straße nach **Latsch** ab, wo sich mit dem großen spätgotischen Flügelaltar in der *Spitalkirche* das in Südtirol berühmteste Werk des Jörg Lederer befindet (Farbt. 33); zugleich ist er neben den beiden Klocker-Altären in Pinzon und im Franziskanerkloster in Bozen, dem Pacher-Altar in Gries und dem Schnatterpeck-Altar in Lana der bedeutendste der im Land noch erhaltenen Flügelaltäre. Die Spitalkirche liegt direkt neben der Hauptstraße und ist dem Vorbeifahrenden kenntlich durch das reichverzierte, der Straße zugewandte Südportal mit den hohen, gekreuzten Wimpergen, die ein Marmorrelief zweier Engel mit dem Schweißtuch Christi tragen (Abb. 97). Die Kirche betritt man durch eine kleine Tür in der Westwand, deren Schlüssel das jetzt in den Spitalgebäuden untergebrachte Altersheim abgibt, doch ist die Kirche zu Saisonzeiten wegen der zahlreichen Besucher fast immer geöffnet.

Der im Chor befindliche Altar ist ein ungemein prachtvolles und beeindruckendes Werk. Aufgestellt wurde er 1524, zur Zeit der spätesten Gotik in Tirol, und zeigt in Einzelheiten wie in der Gesamtkomposition deutliche Übergänge zur Renaissance. Die Figuren des dreiteiligen Schreins (in der Mitte ein Gnadenstuhl, flankiert von dem hl. Johannes dem Täufer und dem hl. Wolfgang) verwirklichen trotz der meisterhaften Einzelausführung über die Trennung der Schreinnischen hinweg ein sich in der Linienführung der Bewegungen und der Gewandfalten ergänzendes Gesamtkonzept: Die Richtung des fallenden Johannes-Gewandes wird durch die geneigte Körperhaltung der bärtigen Gottvaterfigur weitergeführt und erscheint auch in den Gewandfalten der rechten Seitenfigur und sogar noch in dem von dieser schräg gehaltenen Kirchenmodell. Genau diagonal zu dieser von links unten nach rechts oben strebenden Strukturlinie der drei Figuren liegt in den Armen Gottvaters der Körper des toten Christus. Diese Komposition verleiht dem Altar eine fast szenische Dramatik, wie sie nur vom unerreichten Meister der Tiroler Altarschnitzkunst, Michael Pacher, übertroffen wurde. Das prunkvolle Maßwerk – es begrenzt den Schrein nach oben – führt mit fünf Wimpergen über in das sehr zierliche Gespreng, das in der zweigeschossigen Mitte die Überhöhung des Schreins wiederholt. Hier sind unter fialengeschmückten Baldachinen Johannes und Maria mit Christus in der Mitte, darüber Christophorus, zu sehen. Sodann gilt die Aufmerksamkeit den zwei zwischen Schrein und Flügeln sichtbaren Schreinwächtern. Sie sind eine Seltenheit und zeigen den guten Erhaltungszustand des Altars an, da diese zur Ausrüstung eines Flügelaltars gehörigen Figuren in den meisten Fällen verschwunden sind. Der Lederer-Altar in Latsch zeigt damit auch das seltene Bild eines vollständigen gotischen Flügelaltars. Die beiden Schreinwächter sind wie üblich die Heiligen Florian und Georg. Der erstere, bekanntlich der Schutzpatron gegen Feuer und Brand, hält

95   KORTSCH   Die über Kortsch am Hang gelegene Kirche St. Ägidius

96  LATSCH  Pfarrkirche. Westportal, Heiligenfiguren

97  LATSCH  Spitalkirche. Südportal mit gekreuzten Wimpergen

98  LATSCH  Ansitz Mühlrain. Einer der wenigen einheitlichen Barockbauten im Vinschgau

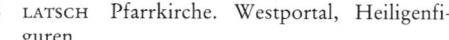

99  LATSCH  Spitalkirche. Lederer-Altar, Flügelrelief. Beschneidung

100  LATSCH  Spitalkirche. Lederer-Altar, Flügelrelief. Verkündigung

102/103 CHURBURG Fabelwesenfresko und Säule in Gestalt eines geharnischten Ritters im Loggienumgang

◁ 101 TARSCH bei Latsch Mit den Kirchen St. Michael und St. Karpophorus

104 CHURBURG Gesamtansicht

105 CHURBURG Rüstkammer
106 CHURBURG Burgkapelle,
    romanische Madonna

107 MALS St. Martin, romanischer Turm

108  MALS  Gesamtansicht, mit dem gotischen Turm der Pfarrkirche, dem Fröhlichsturm und den romanischen Türmen von St. Johann, St. Benedikt und St. Martin (von links)
109  Die FÜRSTENBURG bei Burgeis

110 ORTLERGRUPPE    Blick zur Königsspitze und zum Zebrú

111    Die MALSER HAIDE bei Burgeis

112   GLURNS   Stadtbild

113  GLURNS  Laubengang

114  LAATSCH  St. Leonard, Schrein des Flügelaltars

115  TARTSCH  St. Veit auf dem Tartscher Bühel, im Hintergrund die Sesvennagruppe

116 BURGEIS Im Hintergrund die Benediktinerabtei Marienberg

117 ROJEN St. Nikolaus

118 STILFSERJOCHSTRASSE

119  Im MARTELLTAL

120/121 BURGEIS Dorfplatz mit Brunnen und Figur am Portal der Pfarrkirche

122 BURGEIS Stift Marienberg, Madonna mit Kind (um 1420)

123 LAAS Pfarrkirche, Kämpfer mit Löwenkopf und Palmetten

124 Im SCHNALSTAL

125 Bauernhaus im PFOSSENTAL

126 LAAS Die (sicher vorromanische) Kirche St. Sisinius

127 LICHTENBERG Pfarrkirche zur Heiligen Dreifaltigkeit und Burgruine Lichtenberg

hier statt des sonst gebräuchlicher. Wasserkübels zum Löschen einen schön geformten Zinnkrug in der Hand, St. Georg steht in kunstvoll geschnitzter Ritterrüstung maximilianischer Zeit auf dem besiegten Drachen.

Die vier Reliefs der Flügelinnenseiten sind technisch nicht ganz so perfekt ausgeführt wie die Schreinfiguren – vermutlich betätigte sich hier ein begabter Werkstattgeselle – doch ist jedes Relief einzeln in der Gesamtkomposition von geschnitzter Figurengruppe, gemaltem Architektur- und Landschaftshintergrund wie ornamentiertem Goldhimmel überzeugend gelungen. Man achte besonders auf die Architektur hinter der Verkündigungsszene (linker Flügel, oberes Relief, Abb. 100) und auf die gemalte Säulenhalle der Beschneidungsszene (linker Flügel, unteres Relief, Abb. 99), die bereits in typischer Renaissance-Manier ausgeführt ist.

Ein besonderes Meisterwerk besitzt der Altar noch in den vier Tafelgemälden der Flügelaußenseiten. Nachdem die Bilder lange dem Sebastian Scheel zugeschrieben worden waren, haben sich wichtige Anhaltspunkte ergeben, daß es sich höchstwahrscheinlich um Werke des Schwaben Hans Leonhard Schäuffelin handelt, der auch die riesigen Flügel des Schnatterpeck-Altars in Lana bemalt hat. Die Flügel zeigen oben eine Ölbergszene, unten eine Verspottung Christi; der andere eine Geißelung und eine Dornenkrönung. Besonders am erstgenannten Flügel, aber auch an der Geißelung ist die Malweise der beginnenden Renaissance abzulesen: Die anatomisch korrekte Darstellung der Körper hat die Gotik ebenso verlassen wie der tiefe Landschaftshintergrund der Ölbergszene. Besonders dramatisch geht es bei der Verspottung zu: Eine schreiende, gestikulierende Menge hat sich vor dem gefesselten Jesus versammelt, und einer hat gleich als unmißverständliches Hinrichtungsinstrument ein Kreuz mitgebracht, auf das er auffordernd zeigt.

Jörg Lederer, zweifellos der Meister der Werkstatt, die den Altar in Latsch hergestellt hat, war ein Schwabe, und er belieferte ebenso wie Ivo Strigel große Teile Tirols mit Produkten seiner Werkstatt. Seine künstlerisch fruchtbare Zeit hatte er in Kaufbeuren, wo er seit 1507 urkundlich nachgewiesen war. Von ihm stammen die nur noch in Resten vorhandenen Altäre in Nauders und Partschins, ein weiterer vollständig erhaltener steht in Göflan bei Schlanders, nicht weit von Latsch entfernt. Jörg Lederers Altäre verkörpern einen der Höhepunkte spätgotischer Schnitzkunst süddeutscher Tradition, die durch Reformation und Bauernkriege ihr jähes Ende fand, jedoch noch kurz vorher – ebenso wie in Tirol – eine Reihe bedeutendster Werke hervorbrachte. Nicht uninteressant ist die Tatsache, daß bereits zwanzig Jahre vor dem Tod Lederers (1550) alle Nachrichten über seine künstlerische Tätigkeit versiegen – man vermutet, der Meister sei zum Protestantismus übergetreten und habe getreu dessen Maxime, keine Bilder anzubeten, sein Talent nicht weiter betätigt.

In der Spitalkirche finden sich noch einige mittelmäßige Fresken, datierend von der Wende des 16. zum 17. Jahrhundert (einzig bemerkenswert: die ›Stifterfamilie‹, Heinrich von Annenberg mit seinen zwei Gemahlinnen und neun Kindern an der Westwand), sowie zwei barocke Seitenaltäre.

Wie das Vorhandensein eines Spitals anzeigt, ist Latsch ein sehr alter Ort und war früh eine bedeutende Verkehrsstation. Aus dieser Zeit, lange vor der ersten urkundlichen

Erwähnung des Dorfes, stammt die kleine romanische Kirche St. Nikolaus (etwa um 1200), wenige Meter hinter dem Dorfplatz gelegen, kurz vor dem ›Roten Schloß‹, dem *Ansitz Mühlrain,* der seit einer kürzlich erfolgten Restaurierung seine prächtig-farbige Erscheinung wiedergewonnen hat (Abb. 98). Er ist ein im Vinschgau nicht häufig vorkommender einheitlicher Barockbau, mit kräftigen Stukkaturen und zwei vieleckigen Fassadenerkern reich gegliedert. Daneben steht die dazugehörige St. Anna-Kapelle im gleichen Stil, von flankierenden Säulenpaaren mit Marmorrelief verziert. Im alten Ortskern findet sich noch die malerische Gebäudegruppe der nach dem großen Brand von 1796 völlig verbauten Burg Latsch, an deren Gartenmauer das Denkmal für den hier von den Annenbergern geförderten und 1336 und 1338 urkundlich erwähnten Minnesänger Hans den Sager steht.

Das letzte sehenswerte Objekt des Ortes ist die große *Pfarrkirche* mit ihrem Westportal, einem typischen Werk der traditionsreichen Vinschgauer Steinmetzschule, die mit den berühmten romanischen Portalen in Schloß Tirol und der großen Apsis in Laas ihre frühesten und besten Werke geschaffen hat. Das Portal in Latsch zeigt im Gewände urtümliche Heiligenfiguren mit großen Köpfen unter Tabernakeln (Abb. 96), darüber einen hl. Michael mit der Seelenwaage. Das Innere der Kirche wurde 1860 neugotisch umgewandelt, es befinden sich in ihr vier Bilder des im mittleren Vinschgau vielbeschäftigten Malers Simon Ybertrachter. Leider hat sich dieser Ort, der fast tausend Jahre geschmackvollster Bautradition aufweist, vor einigen Jahren durch den Bau eines neuen Gemeindezentrums in Form eines Betonklotzes in unbeschreiblicher Weise verschandelt. Der einzige Trost beim Anblick solcher architektonischer Entgleisungen ist, daß man sie irgendwann wieder abreißen kann.

Latsch ist der geeignete Ausgangspunkt für den Besuch mehrerer Sehenswürdigkeiten der näheren Umgebung, von denen die Fresken der vollständig ausgemalten Burgkapelle von Montani zu den bedeutendsten gotischen Malereien des Landes gehören.

Zunächst jedoch sei ein Abstecher nach **Tarsch** (Abb. 101) empfohlen. Die äußerlich unscheinbare Kuratialkirche *St. Michael* birgt innen, neben der Rankenmalerei im Gewölbe, an der Nordwand wenige, aber sehr schöne Fresken aus romanischer Zeit (besonders den segnenden Christus mit dem Ölzweig) und an der nördlichen Langhauswand Malereien des 17. Jahrhunderts. Prunkstücke der Kirche sind ihre drei farbenprächtigen und figurenreichen Altäre, alle aus frühbarocker Zeit; der Schrein im Hochaltar ist der Rest eines gotischen Flügelaltars. Man beachte die hübschen weinumrankten Säulen mit geschnitzten Kapitellen an den Seitenaltären und die seltenen, schön bemalten hölzernen Altarmensen. Auf der Brüstung der Orgelempore stehen gut gearbeitete kleine Skulpturen der zwölf Apostel. (Der Schlüssel zur Kirche wird im Pfarrhaus direkt daneben verwahrt.)

Die frühe Bedeutung des heute verschlafenen kleinen Ortes zeigt das Vorhandensein zweier weiterer romanischer Kirchen mit uralten Patrozinien. *St. Karpophorus,* die Dorfstraße ein Stück weiter bergauf, wurde zwar zur Jahrhundertwende völlig umgebaut, doch hat sich die ausgewogene Architektur des symmetrisch gegliederten großen Turmes erhalten. Ein Besuch von *St. Medardus* schließlich ist ein Erlebnis, wie man es für den Vinschgau typischer kaum haben kann. Die kleine Kirche, Überrest eines romanischen Pilgerhospizes, liegt etwas außerhalb des Ortes am oberen Ende des breiten Murkegels, auf dem auch Tarsch selbst steht. Das 1218 von den Johannitern erbaute Hospiz lag an einer im Mittelalter vielbegangenen, jetzt seit Jahrhunderten unbenutzen Nord-Süd-Verbindung über die Alpen. Überdies wurde die Kirche an der Stelle eines prähistorischen Quellheiligtums errichtet, das als Heilmittel gegen Fieber geschätzte Wasser fließt noch heute; unter einer beweglichen Steinplatte der mittleren Altarstufe befindet sich der Quellenschacht. Das naheliegende Bauernhaus mit dem Johanniterwappen über dem Spitzbogenportal war das Haus des Komturs, der Rest des Hospizes liegt in Trümmern. Obwohl das Kircheninnere leer steht – der ehemals vorhandene Flügelaltar befindet sich jetzt in der Meraner Pfarrkirche – und nur noch Reste des romanischen Kreuzigungsfreskos (um 1250) über dem Seitenportal sichtbar sind, ist St. Medardus in der absoluten Stille seiner entlegenen Einsamkeit und mit dem weiten Blick in das von Murkegeln gegliederte Tal, der vorbei an dem mit Rundbogenfriesen verzierten Turm und der halb im Boden versunkenen Apsis führt, einer der letzten nahezu unberührten Orte, welche die Atmosphäre Vinschgauer Romanik in ihrer ursprünglichen Landschaft vermitteln.

Entgegen seiner früheren Funktion ist das Anwesen heute Privatbesitz, die Besichtigung ist daher von der Zustimmung des Eigentümers abhängig.

Dieser Reichtum romanischer Bauten auf engstem Raum zeigt sich wieder, wenn man von Latsch in das nahegelegene, am Eingang des Martelltals verstreute Dorf **Morter** fährt. Beinahe im Dorfzentrum, doch von Obstbäumen fast verdeckt, steht die *Vigiliuskirche*, 1180 nach dem Vorbild der Heilig-Kreuz-Kapelle in Müstair erbaut. Der Chor der turmlosen Kirche hat den ungewöhnlichen Grundriß dreier Apsiden, die sich kleeblattförmig aneinanderfügen. Innen hat sich neben stark zerstörten romanischen Gemälden unter der flachen Holzdecke ein Mäanderfries erhalten, in dessen Inschrift die Weihe der Kirche wohl irrtümlich mit 1080 angegeben wird. Den Schlüssel erhalten Sie im Bauernhaus Nr. 30 unterhalb der Kirche.

Nach dieser Fülle romanischer Bauten erwartet Sie nun in Sichtweite das bedeutendste Zeugnis gotischer Freskokunst im Vinschgau: die Burgkapelle St. Stephan bei den Ruinen von Montani (Abb. 89). Man gelangt dorthin entweder auf einem Fußweg von Morter aus (vorbei an der verfallenen Vorburg Untermontani) oder mit dem Wagen, indem man auf der Hauptstraße ins Martelltal fährt, vorbei an der auf hohem Felsen liegenden Kapelle und einige hundert Meter danach (genauer: 300 m hinter der Brücke über den Plimabach) links in die Straße zum verlassenen Marteller Marmorbruch (Hinweisschild) einbiegt. Diese Straße ist nicht asphaltiert, aber gut befahrbar und führt bis an die Burg heran. Die Kapelle liegt nicht innerhalb der Mauern, sondern links der Burg fast am Felsabsturz ins Tal. Von der Burg biegt die schmale Straße nach rechts, wo nach etwa 150 Metern ein Bauernhaus steht;

dort wird der Schlüssel verwahrt (Sie müssen im unteren Stockwerk fragen). Gleich bei diesem Bauernhaus ist eine dem Publikum zugängliche Falknerei einen Besuch wert; in dem Freigehege sind zahlreiche äußerst seltene Raubvögel zu besichtigen.

Die *Burg Montani* wurde 1228 von Albert II. von Tirol erbaut und diente der Festigung der gräflichen Macht gegen die Lehenshoheit der Bischöfe von Chur. Die Herren von Montani bauten die romanische Anlage zur maximilianischen Zeit völlig um, wobei der schöne Arkadenhof entstand. Bis zum Tode des letzten adeligen Besitzers, des Freiherrn von Mohr, hatte sich hier eine kostbare Bibliothek mit zahlreichen mittelalterlichen Handschriften angesammelt, der es nach dem Übergang der Burg in bäuerlichen Besitz ebenso erging wie dem Bauwerk selbst: Alle brauchbaren Materialien wurden herausgerissen, der Rest dem Verfall überlassen. 1837 fand Beda Weber zwischen zerfetzten Bücherresten die zweitälteste Handschrift des Nibelungenliedes (1323) auf Pergament sowie Schriften des Boccaccio und Petrarca und Evangelien aus dem 13. Jahrhundert. Er kaufte alles zum Schleuderpreis von 10 Gulden; heute gehört diese in Montani gefundene Nibelungenhandschrift zu den kostbarsten Stücken der Stiftung Preußischer Kulturbesitz in Berlin. Die Burg wurde innerhalb kurzer Zeit zur völligen Ruine, sie ist wegen der vor einigen Jahren begonnenen Restaurierungsarbeiten geschlossen, soll aber nach Abschluß der Arbeiten wieder geöffnet werden.

Zum Glück ist die abseits stehende *Burgkapelle St. Stephan* dieser Verwüstung entgangen, sie präsentiert ihren vollständig erhaltenen Freskenschmuck mit vergleichsweise geringfügigen Beschädigungen. Die Bilder gehören zum Teil (Nord- und Ostwand mit Chor) zu den nicht mehr häufig erhaltenen Werken lombardischer Wandermaler aus der ersten Hälfte des 15. Jahrhunderts, die Süd- und Westwand wurde 1487 von schwäbischen Malern mit sehr qualitätvollen Bildern ausgestattet. Es ist übrigens ein seltener Anblick, innerhalb eines kleinen Kirchenraumes gotische Kunst italienischer und deutscher Provenienz unmittelbar beieinander zu finden – ein Anblick, wie ihn nur Südtirol, das stets beiden Kunsttraditionen offenstand, bieten kann. Am wenigsten Beachtung verdient die Nordwand, hier hat ein lombardischer Meister vermutlich einen Gesellen in zwei Bildstreifen die Stephanslegende darstellen lassen, während er sich selbst der Triumphbogenwand gewidmet hat. Auf ihr befinden sich rechts oben drei Heilige, darunter eine Kreuzigung, in den Zwickeln über dem Bogen eine Verkündigung. Von größtem Interesse ist das Bild links oben. Es gehört zu einem kleinen Zyklus von drei Bildern, in denen (teilweise auf die Nordwand übergreifend) die Ursulalegende dargestellt ist. Das auffallende Bild zeigt ein Heerlager vor einer befestigten Stadt und gibt in allen Einzelheiten mittelalterliche Rüstung und Bewaffnung wieder. Der Ursulalegende folgend, muß dieses mit soviel Freude am profanen Detail gemalte Bild die Belagerung Kölns durch die Hunnen sein, der bärtige Mann mit dem Turban im Vordergrund stellt demnach Attila dar. Dieses für eine Südtiroler Kapelle schon etwas seltsame Bild ist der lombardischen Tradition der Maler zu verdanken, deren ungewöhnlichem Einfallsreichtum man zwei Schritte weiter bei den Gemälden im Chor wiederbegegnen kann; sie stammen wegen ihrer deutlich besseren Qualität wohl von einem anderen Meister. Der ganze Chor ist bemalt: im Gewölbe Christus und Maria mit den

Evangelisten und deren Symbolen, auf der östlichen und südlichen Schildbogenwand die zwölf Apostel unter Baldachinen. Die größte Aufmerksamkeit verdient das Bild des nördlichen Schildbogens: Es ist der Zug der Heiligen Drei Könige durch eine perspektivlos-flächige, dennoch phantastisch gestaltete Landschaft. Das endlose Gefolge der Könige zieht in prachtvoller Kleidung und Prunkrüstungen durch Berge und Schluchten, wobei sich der Maler einige Freiheiten in bezug auf die Größenverhältnisse herausnahm: Mitten im Gefolge reiten winzige Menschen auf großen Pferden mit. Man beachte auch unter dem südlichen Chorfenster das Bild eines offenen Schrankes mit liturgischem Gerät. Die Südwand besitzt außer den zwei nicht genau datierbaren Gemälden des heiligen Hubertus und des St. Alexius unter der Stiege einen sehr guten Freskenzyklus, in den zwei Fenster mit gemalten Maßwerkverzierungen geschickt eingefügt sind. Die Bilder zeigen sieben der neun Passions-szenen und zeichnen sich durch ausgewogene Komposition und effektvolle Landschafts- und Architekturhintergründe aus. Wendet sich der Betrachter wieder der Tür zu, durch die er gekommen ist, so erblickt er an der Westwand das monumentale Fresko des Jüngsten Gerichts. Unter posaunenblasenden Engeln springen die Gräber auf, und die Toten entsteigen ihnen in endlosem Zuge, säuberlich getrennt in Gute und Böse. Wie auch Edmund Theil hintersinnig bemerkt, befinden sich auffallend viele Männer der Kirche unter den Auferstehenden: »Rechterhand von Christus steigen die Erlösten aus ihren Gräbern, darunter Kleriker bis zum Papst hinauf. Zu seiner Linken werden die Verdammten dem Höllenrachen zugetrieben. Die Geistlichkeit ist hier nur bis zum Kardinal vertreten.«

Von Montani ist ein Ausflug in das Martelltal (Abb. 119) sehr zu empfehlen. Es handelt sich um ein klassisches Hochgebirgstal mit schönen alten Bergbauernhöfen, einem großarti-gen Talschlußpanorama mit dem Zufritt-Stausee und besten Wandermöglichkeiten bis zum Cevedale-Gletscher.

Zurück auf der Hauptstraße durch den Vinschgau passiert man hinter Latsch das vieltürmige Goldrain inmitten üppiger Obstkulturen und erreicht bald das große Dorf **Schlanders,** mit seiner gediegenen Kleinstadtatmosphäre das Zentrum des unteren und mittleren Vinsch-gaus. Wenngleich der Ort kein Kunstwerk von bedeutendem Rang enthält, gibt es doch viel zu sehen; besonders auf der gewundenen Hauptstraße zwischen der Spitalkirche und dem Plawenn-Platz mit ihren Geschäften, Cafés und Gasthäusern läßt sich ein angenehmer Nachmittag verbringen.

Das ganze Ortsbild wird beherrscht von der Pfarrkirche und ihrem Turm, der mit seinem steilen gotischen Spitzhelm fast 100 m emporragt, beides sehr effektvoll auf einer kleinen Anhöhe über dem Ortskern gelegen. Die Kirche wurde am Beginn des 16. Jahrhunderts neu erbaut, nachdem die in der Schlacht an der Calva (1499) siegreichen Schweizer Truppen durch den Vinschgau vorgerückt, in der Talenge von Kastelbell zurückgeschlagen worden waren und aus Rache ganz Schlanders in Schutt und Asche gelegt hatten. Wie so oft in Südtirol zeigt auch hier der Pfarrbezirk hinter seiner Umfriedungsmauer ein Bild eindrucksvoller Geschlossenheit: Auf dem alten Friedhof um die Kirche finden sich schöne Grab- und Wappensteine der adligen Familien Hendl, Schlandersberg, Montani und

*Annenberg und Goldrain, Stahlstich von S. Lacey nach einer Zeichnung von Johanna von Issers, 1822*

anderen, neben dem Chor steht die gotische Friedhofskapelle St. Michael mit dem originellen Lichthäuschen an der Nordwestecke. Die Kirche besitzt ein in bester Vinschgauer Steinmetzarbeit ausgeführtes Südportal aus dem Jahre 1533, das Innere ist barockisiert. Der uns schon hinreichend bekannte Wiener Barockmaler Joseph Adam Mölk hat 1759 die Gewölbe mit Fresken ausgestattet, die trotz der pompösen Szenen vor schwindelerregenden Scheinarchitekturen eine für ihn nicht immer typische geschmackvoll zurückhaltende Farbgebung aufweisen.

Wenige Meter westlich der Pfarrkirche liegt der alte Gebäudekomplex der Deutschordenskommende mit Wappentüren und Loggienhof, östlich breitet sich unterhalb des Pfarrbezirks der Plawenn-Platz aus, Mittelpunkt des Ortes und geprägt vom *Ansitz Freienturm* (jetzt Rathaus) mit seinem Wappenschmuck und einem Marienmedaillon von Gregor Schwenzengast. Hier mündet die betriebsame Hauptstraße, die in ihren Seitenstraßen reizvolle Ausblicke auf mehrere Ansitze freigibt, erwähnt sei der behäbige Bau des Ansitzes Schlanderegg, hinter dessen Fassade mit dekorativer Malerei des 18. Jahrhunderts seit vielen Jahren das allseits beliebte ›Café Stainer‹ residiert. Wenn man von der Hauptstraße dem Richtungsweiser zum Postamt folgt und vor demselben links abbiegt, erreicht man nach etwa 200 m die zwischen Obstgärten gelegene malerische Gebäudegruppe der *Schlanders-*

*burg.* Sie dient jetzt dem wenig heimeligen Zweck eines Gerichtsgebäudes, aber mit Turm, pilastergerahmtem Portal, Sonnenuhr und zweigeschossigem Loggienhof gehört sie zu den schönsten Renaissancebauten des Vinschgaus. Das interessanteste Stück Schlanderer Kunst ist die reizvolle kleine *Spitalkirche* (16. Jahrhundert) gegen Ende der Hauptstraße. Neben einigen erst kürzlich aufgedeckten gotischen Fresken hat auch hier J. A. Mölk die Malereien besorgt (Farbabb. 14), und zwar in der gleichen qualitätvollen Weise wie in der Pfarrkirche. Während z. B. seine Deckenfresken in Sterzing die Augen schmerzen lassen vor allzu aufwendigem Farben- und Formenreichtum, hat er hier mit dezenten Farben und sparsamer Bewegung in den Bildern den Charakter der kleinen Kirche eher noch betont, statt, wie nicht selten bei barocker Ausmalung einer gotischen Kirche, beides in Gegensatz zu bringen. Seiner Bestimmung – er war Theatermaler! – ist er aber auch hier treu geblieben: Die Szene der ›Aufnahme des hl. Nepomuk in den Himmel‹ spielt vor großer Kulisse, dem detailgetreu wiedergegebenen Konterfei des spätmittelalterlichen Schlanders, über das zwei Engel aus einem gewundenen Füllhorn Früchte und Blumen schütten.

Nach ein paar Straßenbiegungen oder einem empfehlenswerten Spaziergang sind Sie in **Kortsch,** das für seinen schönen alten Dorfkern berühmt ist. Benutzen Sie von Schlanders aus den Waalweg, so erreichen Sie Kortsch bei seinem weithin sichtbaren Wahrzeichen, der in den Felsen des Sonnenberges oberhalb des Ortes gelegenen alten Kirche *St. Ägidius* (Abb. 95), bis zu ihrer Profanierung eine Einsiedelei. Hier sind Sie unversehens in ein Vorgeschichtszentrum Südtirols geraten; die klimatisch günstige Lage muß früheren Generationen so behagt haben, daß gleich mehrere Urzeitstätten und Wallburgen beieinander entdeckt wurden, darunter auch der geheimnisvolle ›Schatzknott‹ mit Mauerresten direkt über St. Ägidius. Noch ein Stück weiter oben finden sich – auch auf prähistorischem Boden – die Ruinen der romanischen Georgskapelle mit spärlichen Freskenresten – ein längeres Herumklettern im Sonnenberg lohnt sich also nicht nur wegen seiner vielgerühmten Aussicht.

In der *Pfarrkirche St. Johann* der Täufer (älteste Teile 1483) ist der kleine Flügelaltar (Abb. 93) unbedingt sehenswert, eine vorzügliche Arbeit der Brixner Werkstatt des Ruprecht Potsch. Der Altar stand früher in St. Ägidius, weshalb dieser Heilige im Schrein neben Maria und Dorothea zu sehen ist. Ansonsten finden sich in der Kirche eine Pietà (um 1400) sowie einige barocke Ausstattungsstücke (Hoch- und Seitenaltar, Kanzel). (Die Kirche ist nur zu besichtigen, wenn der Mesner dort ist, was fast jeden Nachmittag der Fall ist.)

Noch ein weiterer Abstecher ist von Schlanders sehr zu empfehlen: in das nur einen Kilometer von der Umgehungsstraße entfernte **Göflan.** Der Ort zählt zu Unrecht unter die wenig bekannten Kunststätten des Vinschgaus, enthält doch die über dem Dorf gelegene *Kuratialkirche St. Martin* gleich drei Flügelaltäre, darunter einen von der Hand des Jörg Lederer, von dem beim Altar der Spitalkirche in Latsch schon ausgiebig die Rede war. Zwei Altäre befinden sich nicht mehr in ursprünglichem Zustand: Der Schrein des Altars, der in seinen Darstellungen auf den Kirchenpatron Bezug nimmt, ist jetzt in einen barocken Hochaltar eingefügt und zeigt unter einem Baldachin mit drei Wimpergen St. Martin auf seinem Pferd mit dem Bettler. Die Schreinflügel mit Reliefs und Gemälden aus dem Leben des Heiligen wurden dem rechten Seitenaltar angebaut, der damit immerhin sein gotisches Erscheinungsbild behielt. Dessen Schreinverzierungen und Figuren (Johannes der Täufer und zwei Heilige) sind eine ebenso gute Arbeit wie der Hauptaltar, man beachte auch die Geburt Christi in der Predella und im Aufsatz die Skulpturen aus dem 17. Jahrhundert. Beide Altäre stehen aber trotz qualitätvoller Ausführung ein wenig im Schatten des bis auf die ursprüngliche Predella vollständig erhaltenen großen linken Seitenaltars von Jörg Lederer. Der Schrein besteht aus drei Figurennischen, in der mittleren Maria mit dem Kind, rechts und links weibliche Heilige, alle Figuren mit reichem Faltenwurf der Gewänder. Die Rückwände der Nischen sind vergoldet und zeigen ein graviertes Brokatmuster; der Schrein schließt nach oben ab mit rankenverzierten, sich durchschneidenden Segmentbögen. Die Flügelinnenseiten tragen vorzügliche Reliefs mit gemaltem Hintergrund, auf den Tafelbildern der Außenseiten finden sich Passionsszenen und im hohen Gesprenge eine Kreuzigungsgruppe, die zu den Meisterwerken des Jörg Lederer gehört. Eine zweite Kreuzigungsgruppe aus der Zeit um 1400 befindet sich an der Südwand.

Den Kirchhügel von Göflan darf man aber nicht verlassen, ohne noch einen Blick in die auf schmaler Treppe erreichbare, unmittelbar hinter der Kirche aufragende *Kapelle St. Walpurgis* zu werfen. Es ist ein heller, kleiner Bau mit reicher Verwendung weißen Göflaner

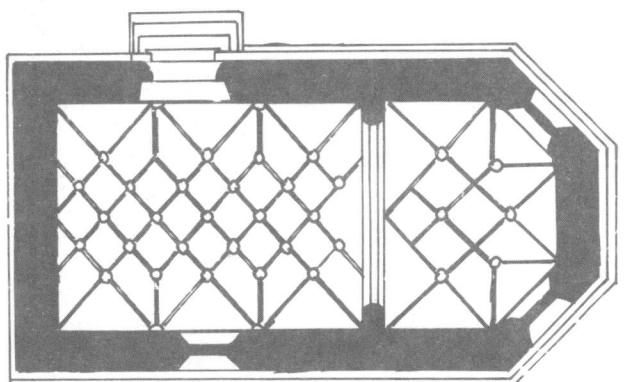

*Göflan.
Walpurgiskapelle,
Grundriß*

Marmors; sein verspieltes Netzgewölbe mit zierlichster dekorativer Malerei (Abb. 94) ist zweifellos das schönste Gewölbe im ganzen Tal.

Auch hier bekommt man wegen der beweglichen Kostbarkeiten in der Kirche den Schlüssel nicht ausgehändigt. Man wende sich zum Kirchturm (der noch ein romanisches Portal mit einer segnenden Hand darüber aufweist) und steige die kleine Treppe an der Friedhofsmauer hinunter, von dort geht es etwa 50 m eben über einen Wiesenweg zum alten Pfarrhaus. Dort läute man an der rechten Türe, jemand wird Sie mit dem Schlüssel zur Kirche begleiten.

Hinter Kortsch führt die Straße weiter nach **Laas.** Dort ist links neben der Straße mit der Ostwand der *Pfarrkirche* eines der bedeutendsten Stücke romanischer Architektur des Tales zu sehen. Die Apsis, die 1973 aus einem abgerissenen gotischen Chor mit aufgefundenen originalen Werkstücken rekonstruiert wurde, ist durch Halbsäulen sowie mit Adler- und Blattkapitellen verzierten Fenstern gegliedert, den großen Rundbogenfries an der Wand darüber zieren figurale Reliefs von Löwen und Heiligen. Am Ortsausgang liegt auf einer kleinen Anhöhe hinter einer Umfassungsmauer die uralte, sicher vorkarolingische Kirche *St. Sisinius* (Abb. 126). Der strenge, kleine Bau in karger Landschaft lohnt den kurzen Weg hinaus: Diese fremdartige ›archaische Urtümlichkeit‹ (Frei) des Ortes findet sich in Südtirol nur hier im Vinschgau.

*Laas Pfarrkirche, romanische Apsis. 1973 aus originalen Werkstücken rekonstruiert*

Durch Eyrs und vorbei an Tschengels an der gegenüberliegenden Talseite (Burgruine und schöner Ansitz) führt die Straße nach Spondinig. Hier führt eine Abzweigung nach Prad und weiter zum Stilfser Joch. Auch Prad besitzt in den Wiesen am Dorfrand eine romanische Kirche mit Rundapsis, innen befinden sich an der Nord- und Triumphbogenwand geringe Reste romanischer Fresken sowie in der Apsis Malereien um 1400 (Schlüssel auf dem Weg zur Kirche, St. Johann-Gasse 21 mit Fresko an der Hauswand).

Von Prad empfiehlt sich ein kurzer Abstecher nach **Lichtenberg,** wo auf steilem Hügel über dem Ort die ausgedehnten Ruinen der großen *Burg gleichen Namens* liegen (Abb. 127).

*Lichtenberg von Osten, Federzeichnung von Joh. Wieser, 1824*

Der Palast enthielt einen berühmten profanen Freskenzyklus, der nach dem Verfall der Anlage 1912 abgelöst und ins Ferdinandeum in Innsbruck gebracht wurde, Reste sind aber an Ort und Stelle noch sichtbar.

Der Weg zum Stilfser Joch führt von Prad aus durch das Trafoital nach Gomagoi, wo die Straße nach Sulden abzweigt; in Trafoi beginnt die eigentliche Stilfser-Joch-Straße (Abb. 118). Die Landschaft des Trafoi- und Suldentals direkt unterhalb des fast an die 4000 m – Grenze heranreichenden Ortlermassivs ist äußerst eindrucksvoll, im Winter ist hier eines der besten Skigebiete Südtirols. Die Paßstraße über das Stilfser Joch, als technische Meisterleistung bereits 1825 fertiggestellt, heute ausgebaut und asphaltiert, führt in 48 Spitzkehren bis auf 2757 m hinauf und ist mit dem Blick auf den zum Greifen nahen gletscherbedeckten Ortler eine der großartigsten Straßen des Alpenraumes. Auf der Paßhöhe befindet sich ein von zahlreichen Liften überzogenes Sommerski-Zentrum; anzuraten ist von hier aus eine Fahrt in den italienischen Teil Italiens durch die wildromantische Braulio-Schlucht nach Bormio und in das Gebiet des Stilfser-Joch-Nationalparks.

Wenn man nun – zurück im Hauptta. – hinter Spondinig auf der langen Geraden auf Schluderns zufährt, und am rechten Berghang der große weiße Komplex der Churburg langsam Gestalt annimmt, befindet man sich im kunstträchtigsten und landschaftlich typischsten Teil des Vinschgaus. Hier steht die romanische St. Veits-Kirche am markantesten Punkt des Tales, dem schon von einer vorgeschichtlichen Großsiedlung befestigten Tartscher Bühel über der Talebene (Abb. 115), in der das städtebauliche Unikum Glurns liegt, hier sind die Ortschaften beherrscht von jenen für den Vinschgau so typischen romanischen Kirchtürmen, hier beginnt mit den Ausläufern der Malser Haide als größtem Murkegel des gesamten Alpenraumes das Vinschgauer Oberland. Hier konzentriert sich auf engem Raum eine Fülle außergewöhnlicher Kunststätten: die prächtige Renaissanceburg Churburg mit ihrer weltberühmten Rüstkammer, die mit karolingischen Fresken geschmückte Kirche St. Benedikt in Mals, die kleine gotische Doppelkirche St. Leonhard in Laatsch mit ihrer nahezu unveränderten kostbaren gotischen Einrichtung, das düstere romanische Pilgerhospiz St. Johann in Taufers, das in seiner Art einmalige Städtchen Glurns, das Kloster Marienberg mit seinen romanischen Fresken in der Krypta und vieles mehr.

Doch ist dieser Teil des Tales auch von großem landschaftlichen Reiz: In Tartsch zweigt das wildromantische Matscher Tal ab, etwas weiter das unberührte Planeil-Tal, außerdem finden sich phantastische Lärchenwälder und endlose, einsame Wege an den Waalen entlang durch die Malser Haide, alles überragt vom riesenhaften eisglitzernden Ortler-Massiv. Wer nicht nur Kunst sehen, sondern auch den alten Vinschgau erleben will, dem sei ein mehrtägiger Aufenthalt empfohlen, denn hier ist auch das dörfliche Leben original geblieben. Liebhaber pittoresker Dorfszenen brauchen sich nur die Zeit zu nehmen, eine Weile am Dorfbrunnen zu sitzen: Dort werden sie unweigerlich auf ihre Kosten kommen, besonders abends gegen sieben.

In **Schluderns** angelangt, ist auch das Dorf einen Blick wert, bevor man zur Churburg hinaufsteigt. Wer durch den Kirchturm von St. Karpophorus in Tarsch oder die Apsis der Pfarrkirche in Laas schon Bekanntschaft mit der klassischen romanischen Architektur des Vinschgaus geschlossen hat, kann sie hier in Form des Kirchturms der mitten im Dorf gelegenen *Pfarrkirche St. Katharina* vertiefen: Dieser hohe, schlanke Turm ist ein Prachtstück seiner Art und steht den vollkommensten Exemplaren seiner Gattung, die sich ein wenig weiter in Mals finden, kaum nach. Er trägt den typischen gemauerten Viereckhelm und zeigt mit seinen drei Reihen mehrteiliger rundbogiger Schallfenster, seinen Gesimsen und Ziegelkantenfriesen die klare Linienführung einer romanischen Wandgliederung. Von der dazugehörigen Kirche hat sich nichts erhalten, sie mußte 1493 einem spätgotischen Neubau weichen, dem 1910 zwei weitere Joche und ein südliches Seitenschiff angebaut wurden. Im Innern besticht zunächst das reichgegliederte Rautennetzgewölbe des Langhauses, das auf runden Wanddiensten ruht; auch der spätbarocke Hochaltar, ein ausladender Tabernakelbau mit reichem Rocailledekor nebst Skulpturen von Balthasar Horer (1760) und zwei wenig später entstandene Seitenaltäre verdienen Interesse. Im Chor des südlichen

Seitenschiffes findet sich ein für Südtirol seltener kleiner Säulenaltar, stilistisch an der Wende von der Renaissance zum Barock anzusiedeln. Er zeigt ein älteres Tafelbild der Anbetung der Könige in einer Ruinenlandschaft, das in der ersten Hälfte des 16. Jahrhunderts entstanden ist. Weiter hervorzuheben sind noch zwei Totenschilde der die Churburg bewohnenden Grafen von Trapp: der des Jakob Trapp V. (1533) mit einer Minuskelinschrift und des Gotthard Graf Trapp aus dem Jahre 1940. Der Familie Trapp sind auch die drei eindrucksvollen Grabsteine im Kircheninnern gewidmet: aus weißem Marmor für Jakob Trapp V. (1533), aus rotem Marmor für Jakob Trapp VI. (1558) und der monumentale Epitaph (1573) für Jakob Trapp VII. Er steht auf Säulen über der Sakristeitür und ist eine typische Arbeit der Hochrenaissance, die mit Karyatiden und zahlreichen, auf Eigenschaften und Vorlieben des Verstorbenen Bezug nehmenden Symbolen, Figuren und Inschriften dessen letzte Ruhestätte mit allegorischem Leben erfüllt. Sie hält nun das Angedenken an jenen Grafen Trapp wach, dessen Kunstleidenschaft uns in dem von Kunstschätzen überfließenden ›Jakobszimmer‹ auf der Churburg wiederbegegnen wird. Das Kircheninnere wirkt trotz seiner bemerkenswerten Einzelstücke ein wenig überladen, wogegen sich der gesamte *Pfarrbezirk* mit Kirche, Friedhof, Umfassungsmauer wie dem strengen gotischen Bau der doppelgeschossigen Friedhofskapelle und seinem vorzüglichen, leider arg verblaßten Außenfresko der Ölbergszene zu einem baulichen Ensemble von eindrucksvoll schlichter Geschlossenheit gliedert.

Die **Churburg** oberhalb Schluderns (Abb. 104), ist neben Burg Taufers (Ahrntal), Prösels und allenfalls der Trostburg (Eisacktal) der sehenswerteste befestigte Adelssitz des Landes, dazu der einzige, der seit Jahrhunderten von der gleichen adeligen Familie bewohnt wird. Obwohl daher Teile der Burg nicht zugänglich sind, lohnt die ausgedehnte Befestigungsanlage und das, was man auf der Führung zu sehen bekommt, selbst eine weitere Anreise.

Als der Churer Bischof Heinrich IV. von Montfort 1253 eine seiner häufigen Auseinandersetzungen mit den berühmt-berüchtigten Vögten von Matsch für sich entscheiden konnte, erhielt er das Recht »... an einem gefelligen Orth ... von Cleven bis gegen Latsch ... Schlosz oder Vestung frey unverhinderlich zu bawen ...«, wie Oswald Graf Trapp in seinem Burgenbuch über den Vinschgau berichtet. Daß der Bischof von Chur diese Freiheit nutzte, »Schlosz oder Vestung« ausgerechnet am Ausgang des Matscher Tales zu errichten, in dem die Stammsitze seiner gerade besiegten Widersacher lagen, läßt kein Rätselraten darüber zu, was mit dem Bau der Burg beabsichtigt war. Doch er hatte die Matscher unterschätzt: Bereits 1297 war es ihnen mit der für sie charakteristischen Mischung aus Gewalttätigkeit und politischem Geschick gelungen, die Churburg zur Hälfte in ihren Besitz zu bringen und mit der anderen Hälfte belehnt zu werden. In der folgenden Zeit wird die Churburg zum Hauptsitz der Vögte, die 1499, nach der verheerenden Niederlage der habsburgischen Truppen in der Schlacht an der Calva beim nahegelegenen Laatsch, die Burg erfolgreich gegen die siegreichen Schweizer verteidigen konnten. Bald danach starb 1504 mit Gaudenz von Matsch dieses Geschlecht aus, nachdem es einige rühmliche und zahlreiche unrühmliche Rollen in der Tiroler Geschichte gespielt hatte; die verwandte Familie von

*Churburg, Zeichnung von Karl Rottmann, 1846*

Trapp übernahm das Erbe und besitzt die Churburg bis heute. Trotz Erbstreitigkeiten begannen die neuen Besitzer unverzüglich mit einer großzügigen Erweiterung der Burg. Nach Vergrößerung des Palas wurden neue Zwingeranlagen um die Kernburg gelegt, und ab 1537 begann dann der Umbau zu jener prachtvollen Renaissance-Residenz, als die sich Churburg noch heute präsentiert.

Architektonisches Prunkstück der Burg ist der dreigeschossige *Loggienhof* mit seinem an allen vier Seiten umlaufenden bemalten Arkadengang im ersten Stock, der sich mit reich ornamentierten Bögen zum Hof öffnet (Farbabb. 16; Abb. 102, 103). Die Bögen ruhen auf 16 Säulen aus weißem Göflaner Marmor, jede ist in teils archaisierender Nachahmung romanischer und gotischer Stilelemente anders gearbeitet, an der Innenseite der Kapitelle tragen sie Wappen der Trapp oder der Familien ihrer Gattinnen. An den Wänden finden sich über einem Gesims höchst originelle Darstellungen von Tieren, Früchten, Karaffen und Szenen aus Tierfabeln, darüber in 24 reichverzierten Rollwerkkartuschen mehr oder weniger sinnige lateinische Sprüche über das Leben im allgemeinen oder einige Sonderfälle

desselben; aufgeklärte Renaissancefürsten schätzten solche Spruchweisheiten. Einer anderen Vorliebe der Renaissance ist das Thema der Gewölbemalerei des Arkadenganges zu
danken: Es stellt in symbolischer Form die genealogische Abfolge der Vögte von Matsch und
Grafen von Trapp bis 1580 dar, dem wahrscheinlichen Entstehungsjahr der Gewölbefresken. Das gewählte Symbol ist ein nicht gerade origineller Stammbaum, der jedoch vom
Maler in sehr reizvoller Weise auf die Architektur eines im Geviert verlaufenden Arkadenge-
wölbes abgestimmt wurde. Der Betrachter bewegt sich unter dem mit Ranken, Blättern und
Früchten bemalten zierlichen Gratgewölbe wie unter einer Laube, durch die sich als
gewellter grauer Baumstamm die genealogische Linie der beiden Adelsgeschlechter mit ihren
bunten Wappen zieht; der Baum hat seine Wurzel unter dem bei der Südostecke an die Wand
gemalten Stammvater der Matscher. Auch die künstlerische Ausstattung des sogenannten
›Jakobszimmers‹ folgte einem durchdachten allegorischen Programm, doch ist es durch
spätere Veränderungen unvollständig geworden. Das Zimmer ist jetzt gefüllt mit Erinne-
rungsstücken vorwiegend an Jakob VII. Trapp (1529–1563). Innen befinden sich zwei
geschnitzte Prunkportale mit Pilastern, Reliefs, Figuren und Ornamenten, während die

*Churburg. Fabelwesen, Fresko im Loggiengang*

prachtvolle, auf geschnitzten Konsolen ruhende Kassettendecke mit symbolischen Relief-
schnitzereien verziert ist. Hervorragendes Einzelstück des Zimmers ist eine kleine Hausor-
gel (1559); ihr Holzgehäuse weist kunstvollste Intarsienarbeit und vergoldete Kupferplatten
über den Schallöffnungen auf. Weiter befinden sich im ›Jakobszimmer‹ eine geschnitzte
lebensgroße Holzfigur des Jakob VII., dessen auf seiner Reise nach Palästina getragenen
Pilgermantel aus dem Jahre 1560, sowie das aus einem Büffelhorn gearbeitete und mit
Silberbeschlägen verzierte Trinkhorn ›Greifenklau‹, in dem den Gästen der Burg der
Willkommenstrunk gereicht wurde.

Bevor der Besucher zuletzt in die Rüstkammer geführt wird, wird er noch in die alte *Burgkapelle* geführt; sie gehört dem romanischen Baubestand an. Hier befinden sich ein zweiflügeliges Passionsaltärchen – ein Diptychon im ›Höfischen Stil‹ um 1415 –, das auf Goldgrund gemalte Darstellungen aus dem Leben Christi und mehrere Adelswappen zeigt, sowie als eindrucksvollstes Stück eine romanische, um 1270 entstandene Holzplastik, eine thronende Madonna mit Kind (Abb. 106).

Höhepunkt ist natürlich die *Rüstkammer* (Abb. 105). Ihre Besonderheit liegt darin, daß sie keine Sammlung mittelalterlicher Waffen beinhaltet, die ein Interessierter hier zusammengetragen hätte, sondern größtenteils aus den originalen Rüstungen der Burgherren und deren bewaffneter Knechte besteht, welche an Ort und Stelle in Kampf und Turnier getragen und von Generation zu Generation verwahrt wurden. Nicht dieser enge Zusammenhang mit der Geschichte der Burg und die ausgezeichnet erhaltenen zahlreichen Rüstungen allein verleihen diesem Waffensaal seine Bedeutung; man findet hier auch hervorragende Einzelstücke. Da ist zunächst der ungemein furchterregende Trecento-Harnisch des Vogtes Ulrich IV. von Matsch mit originalem Lederfutter und noch als Kettenpanzer gearbeitetem Hals- und Schulterschutz, signiert vom Mailänder Plattner Petrajolo da Missaglia. Weiter läßt die Entwicklung der technisch schwierigen Plattner-Kunst, also der Herstellung von Plattenharnischen gegenüber den Kettenhemden des Hochmittelalters, sich verfolgen an dem der natürlichen Körperform wieder angepaßten Riesenharnisch des Ulrich IX. von Matsch, fast 2,30 m groß und über 45 kg schwer!

Da sich aus vielen verschiedenen Generationen Rüstungen oder Teile davon erhalten haben, zeigt die Churburger Rüstkammer in selten vollständiger Abfolge die Entwicklung der mittelalterlichen Rüstung; in gotischer Zeit hauptsächlich durch die Mailänder Missaglia-Werkstatt, in Spätgotik und Renaissance vorwiegend durch die berühmten Innsbrucker Hofplattner Hans und Jörg Seusenhofer gefertigt. Besondere Aufmerksamkeit verdienen die Harnische der maximilianischen Zeit, bei deren raffinierter Ausführung einzelne Teile ausgewechselt werden konnten, je nachdem, ob es im Ernstfall ums Überleben oder im Turnier um die Reputation ging.

Von Schluderns steigt die Straße an nach **Tartsch.** Dort gibt es eine gotische Kirche mit romanischem Kern und einigen Außenfresken, ein schönes Gasthaus und mehrere typische Vinschgauer Bauernhöfe. Man sieht bei der Anfahrt schon von weitem, wodurch sich ein Aufenthalt in diesem Ort empfiehlt, nämlich den Tartscher Bühel, in seiner exponierten Lage über dem Talgrund schon Ort einer vorgeschichtlichen Großsiedlung und seit fast 1000 Jahren gekrönt von seiner romanischen Kirche – einer der landschaftlich markantesten Plätze des Vinschgaus mit einer großartigen Aussicht auf das Ortlermassiv und tief in das zurückliegende Tal, das ummauerte Städtchen Glurns fast zu seinen Füßen. Vom Dorf geht man nur wenige Minuten durch Wiesen und Lärchenwald auf den Bühel, auf dem verstreut sich noch Schalensteine und spärliche Ringwallreste finden (die Ausgrabungsfunde befinden sich im Meraner Museum). Zum von allen Heimatschriftstellern gerühmten ›Wahrzeichen des Vinschgaus‹ wird der Tartscher Bühel aber erst durch die charakteristische Silhouette seiner romanischen Kirche *St. Veit* (Abb. 115), die bis vor wenigen Jahren einen kostbaren Flügelaltar aus der Werkstatt des Memminger Meisters Ivo Strigel enthielt. Er wurde jedoch 1959 ausgeraubt und der Rest sichergestellt, weshalb die Kirche leider nichts Sehenswertes mehr enthält.

Von Tartsch zweigt die Straße ins Matscher Tal ab, das zwar keine Kunstschätze enthält, dafür aber einer der letzten vom Tourismus nahezu unbeeinträchtigten Winkel Südtirols ist. Der Hauptort **Matsch**, eine enge verschachtelte Hangsiedlung, ist einer der Ausgangspunkte für die in diesem Tal besonders zu empfehlenden Wanderungen, sei es auf die Spitzige Lun (2320 m), zu dem im Talschluß gelegenen Berghof Thanai oder den Glieshöfen, oder – nur für geübte Wanderer – über das Bildstöckljoch (3029 m) ins Schnalstal: Freunde unberührter Natur werden im Matscher Tal überall auf ihre Kosten kommen.

Liebhaber düsterer Romantik dagegen werden sich einen Besuch der von Bächen umrauschten einsamen Waldhöhe nicht entgehen lassen, auf der die Ruinen der beiden *Burgen Ober-* und *Untermatsch* liegen, die Stammsitze der wegen ihrer Gewalttätigkeit berüchtigten Vögte von Matsch. Die Akteure machen der finster-verfallenen Kulisse alle Ehre: 1304 entführt Ulrich II. von Matsch den Abt des Klosters Marienberg und läßt ihn im einsamen Schlinigtal enthaupten, wenige Jahre später wird er vom eigenen Vetter erschlagen, weil er dessen Frau belästigte, 1348 werden beide Burgen von den Truppen des Landesfürsten belagert, da sich die Vögte seiner Lehnshoheit widersetzten, 1357 schließlich fallen die Burgen an zwei tödlich verfeindete Linien der Matscher, die sich von den nur 200 m auseinanderliegenden Befestigungen herab blutige Kämpfe liefern, bis der die obere Burg bewohnende Familienteil restlos ausgerottet ist ... Wer diesen Ort zu besuchen wünscht, der zweige kurz vor Matsch nach rechts auf den Weg in das Tal des Saldurbaches ab.

Aus welcher Richtung auch immer man sich **Mals** (Abb. 108) nähert, sein Panorama ist unverwechselbar geprägt durch die markante Silhouette von fünf Türmen. Sie überragen das ausgedehnte, einen sanften Hang hinaufgebaute Dorf und gehören zu drei romanischen und einer gotischen Kirche sowie zu einer Burgruine mitten im Ort. Für den, der von Tartsch anreist, bezeichnet der letzte der romanischen Türme, für den, der vom Reschen kommt, der erste die kunsthistorisch bedeutsamste Stätte des Vinschgaus: die Kirche *St. Benedikt* mit Fresken und Stuckverzierungen aus karolingischer Zeit, wahrscheinlich noch zu Lebzeiten Karls des Großen oder kurz danach in der ersten Hälfte des 9. Jahrhunderts entstanden. Um 800, womöglich noch früher erbaut, im 12. Jahrhundert mit einem Turm versehen, 1638 sehr zum Schaden der Fresken umgebaut, wurde die kleine Kirche um 1786 profaniert, als Abstellraum und Tischlerwerkstatt verwendet und die drei Apsiden an der Ostwand vermauert und vergessen. Nachdem durch eine Reihe von Zufällen der damalige Denkmalpfleger Josef Garber auf die hinter abbröckelndem Verputz teilweise wieder sichtbar gewordenen Fresken aufmerksam geworden war, erfolgte 1913/14 deren Wiederaufdeckung und Restaurierung. Als man im Zuge dieser Arbeiten zur Untersuchung der Ostwand schritt, standen die Restaurateure überrascht vor einer kunsthistorischen Sensation: Hinter der glatten Mauer öffneten sich drei eigenartig geformte Apsiden, in denen sich außer reichem Freskenschmuck auch die Reste von sechs Stucksäulen fanden, die früher die Nischen flankiert hatten und bei der Vermauerung der Ostwand abgeschlagen und als Füllmaterial verwendet worden waren. Schließlich entdeckte man in der linken Ecke der Ostwand ein noch an ursprünglicher Stelle befindliches 1,20 m hohes Säulenteil, eines der äußerst seltenen überkommenen Beispiele karolingischer Plastik. Es läßt in seiner Ausführung aus Schlingbandornamenten, einem Kapitell mit dreifachem Januskopf und dem Fragment eines darauf kauernden Tieres die ganze faszinierende Fremdartigkeit der Kunst der Völkerwanderungszeit aufscheinen, die nach der teilweisen Übernahme antiker Motive als ›Karolingische Renaissance‹ in die Kunstgeschichte eingegangen ist. Bestes Beispiel hierfür bietet die letzte Entdeckung in der kleinen Kirche: Eingemauert in den vor der Mittelapside errichteten Altar fanden sich zwei prachtvoll mit Bändern, Rosetten und Blattornamenten gearbeitete Marmorplatten; sie dienten einst als Chorschranken und befinden sich jetzt im Bozner Museum, wo Sie auch die übrigen hochinteressanten Reste der Stuckverzierung der Ostwand in Augenschein nehmen können. Leider ist der größte Teil der aufgefundenen Stuckornamente samt den Kisten, in denen sie den ersten Weltkrieg überdauern sollten, gestohlen worden und nie wieder aufgetaucht.

Auch wenn die Fresken in St. Benedikt aufgrund ihrer starken Zerstörung bei weitem nicht an den umfangreichsten Freskenzyklus (der insgesamt spärlich erhaltenen karolingischen Malerei) im wenige Kilometer entfernten Müstair in der Schweiz heranreichen, so bewahrt die kleine Kirche mit den beiden ›Stifterfiguren‹ zwischen den Apsiden zwei Bilder von so ausdrucksstarkem Realismus, wie sie sich aus der Kunst dieser Zeit kein zweites Mal erhalten haben. Besonders das linke Gemälde des weltlichen Stifters, eines Mannes in typischer Frankenkleidung, der mit entschlossenem Gesicht ein umwickeltes Schwert in den Händen hält, ist einer ausgiebigen Betrachtung wert. E. Theil bemerkt, daß dieses Bild »das einzige bisher bekannte Monumentalgemälde eines fränkischen Edlen sein dürfte«.

Gleiche Qualität beweist das Bild des geistlichen Stifters, der ein Modell der Kirche in den Händen hält. Bemerkenswert sind die viereckigen Nimben, die die Köpfe der beiden Stifter einrahmen: Sie sind ein Beweis dafür, daß beide Personen noch lebten, als der Maler sie hier vor fast 1200 Jahren auf frischem Verputz farbig verewigte. Neben den gut erhaltenen Fresken in den drei Apsiden (in der mittleren: Christus zwischen zwei Engeln, die Weltkugel und Zepter in den Händen halten; in der rechten: der hl. Stephan; in der linken: Papst Gregor der Große, zu erkennen an der Inschrift SCS GRE-GORI-US) sind auch an der Nordwand unter dem Mäanderfries noch Gemälde zu sehen, deren ikonographische Deutung allerdings umstritten ist. Es handelt sich entweder um Szenen aus dem Leben des Apostels Paulus (von links nach rechts: Folterung der Gläubigen durch Saulus, Steinigung des hl. Stephan, Bekehrung) oder um Szenen aus dem Leben des Königs David (David läßt die Philister schlagen, Steinigung des Priesters Achimelech, Tod Sauls). Halbwegs sicher ist nur, daß sich die Szenen mit den diskutierenden und dem schreibenden Kleriker nebst seinen drei Tauben auf den auch in der linken Apside abgebildeten Gregor beziehen.

Jedem Betrachter, der die nur wenige Jahrzehnte früher entstandenen Fresken in St. Prokulus bei Naturns gesehen hat, wird die absolute Verschiedenheit der Malerei in beiden

*St. Benedikt in Mals. Rekonstruktion der Altarwand*

Kirchen auffallen. Der zeichnerische Stil des Meisters von St. Prokulus, der Plastizität und Perspektive in flächenhafte Abstraktion auflöst, steht völlig unvermittelt neben den mit plastischen Formen, kräftigen Farben und perspektivischen Architekturhintergründen um Realismus bemühten Malereien in Mals. Der Grund für diese zeitlich so nah beieinanderliegende, aber dennoch grundverschiedene stilistische Ausrichtung beider Werke liegt darin, daß sich in den bewegten Ereignissen am Ende der Völkerwanderungszeit eine einheitliche Kunstrichtung – wie später die ganz Europa beherrschende Romanik – noch nicht gebildet hatte. Hier in Mals artikulierte sich die schrittweise Begegnung nördlich beeinflußter mit der spätantiken Kunst als deutliche Anlehnung an die spätantike Illusionsmalerei.

Abschließend sei zu St. Benedikt bemerkt, daß das Erscheinungsbild der Altarwand wegen der Hufeisenbögen der drei Apsiden und der flankierenden Stucksäulen in der bisher bekannten abendländischen Sakralarchitektur absolut einmalig und keine auch nur annähernd ähnlich strukturierte Ostwand einer Kirche bekannt ist. Das Rätsel wird sich wohl erst lösen, wenn die inzwischen unter der karolingischen Freskenschicht zutage getretenen noch älteren Malereien der Untersuchung zugänglich gemacht werden können. Sollten Sie die Kirche verschlossen vorfinden, so fragen Sie im Haus Nr. 101 (direkt gegenüber).

Nur wenige Meter unterhalb St. Benedikt finden Sie beim nächsten Turm die Kirche *St. Martin* (Abb. 107). Sie hat hinter der Umfassungsmauer ihres Kirchhofes mit Treppe und Rundbogenportal die urtümliche Atmosphäre eines romanischen dörflichen Pfarrbezirkes fast unverändert bewahrt.

Auf einem Gang durch Mals empfiehlt sich noch ein Blick auf den dritten der romanischen Türme, mit gekuppelten Schallfenstern, vertieften Feldern, Rundbogen- und Ziegelkantenfriesen der schönste der romanischen Kirchtürme des Vinschgaues, dessen Kirche *St. Johann* in den Franzosenkriegen 1799 niedergebrannt wurde. Des weiteren sind neben der Ruine des riesigen Fröhlichsturms die Pfarrkirche (Seitenaltarbild: Tod des hl. Joseph von Martin

Knoller, 1782), die Friedhofskapelle St. Michael (schöner spätgotischer Bau mit Verkündigungsfresko außen an der Nordwand) und der obere Marktplatz – sein Bild ist von der schön bemalten Fassade des Ansitzes Lichtenegg und einigen alten Gasthäusern geprägt – einen Besuch wert.

Wer nicht schon in Schluderns der Versuchung erlegen ist, gleich nach **Glurns** (Abb. 112) abzubiegen, sollte es spätestens in Mals tun. Obwohl das winzige Städtchen kein Kunstwerk von Bedeutung enthält, gehört es zu den größten Sehenswürdigkeiten Südtirols. Glurns wurde nach seiner völligen Einäscherung durch die siegreichen Schweizer in der Schlacht an der Calva (1499) nach Plänen des kaiserlichen Hofbaumeisters Jörg Kölderer als kleine Festungsstadt neu aufgebaut und hat sein Stadtbild seitdem fast unverändert erhalten. Was sich hinter den Mauern mit Stadtplatz, Fuggerhaus und Laubengasse recht bürgerlich gibt, entpuppt sich jedoch als reines Bauernstädtchen, weshalb schießschartenstarrende Tortürme mit Hühnern in den Durchfahrten und durch die Gassen trottende Kuhherden noch immer zum Gesicht der kleinen Stadt gehören. Seit der Sanierungsplan in Kraft ist, der Glurns wieder ein wenig städtisches Leben einhauchen soll, ist eine großangelegte Restaurierung der Stadt im Gange. Sie gibt nur freilich mit dem Verlust ihres bäuerlichen Charakters auch einen Teil ihrer liebenswürdigen Originalität auf – es wird sich finden, ob das alte Glurns dabei auf der Strecke bleibt oder nicht.

Man betritt die Stadt durch einen der drei Tortürme. Sie blicken jeden Ankömmling durch ihre Reihen von Schießscharten drohend an und zeigen mit zusätzlichen Gußerkern und Vorrichtungen für Fallgatter und Zugbrücken noch heute, wie sehr man den damals einzig möglichen Feind, die Schweizer, gefürchtet hatte. Rasch gelangen Sie zum geräumigen, schattigen Hauptplatz, gesäumt von behäbigen, teils schön bemalten Häusern mit Rundbogenportalen und Erkern, in denen sich – wie es sich für den Stadtplatz gehört – die Gasthäuser befinden. Größte Attraktion ist die dort mündende original erhaltene *Laubengasse* (Abb. 113), so niedrig, daß man sich den Kopf stößt. Das hat seinen Grund in den häufigen Überschwemmungen, denen die Stadt ausgesetzt war und die das Niveau des Bodens unter den Lauben immer mehr hoben. Auch die anderen Gassen sind einen Rundgang wert: Glurns ist ein ganzes Städtchen voll pittoresker Winkel mit ständig wechselnden Ausblicken auf ein vollkommenes mittelalterliches Stadtbild. Zuletzt lohnt sich ein Besuch der südlich auf einer kleinen Anhöhe gelegenen gotischen Pfarrkirche St. Pankratius mit großem Außenfresko des Jüngsten Gerichts (1496). Von dort hat man auch den besten Blick auf Türme und Mauern: immerhin die einzige vollständig erhaltene Stadtbefestigung Tirols.

Von Glurns aus ist ein Ausflug in das landschaftlich sehr reizvolle Münstertal zu empfehlen, wo nach wenigen Kilometern kurz vor der Schweizer Grenze das von zwei Burgen überragte Dorf **Taufers** in seinem uralten Pilgerhospiz mit Fresken der ausklingenden Romanik einen seltenen Kunstschatz enthält. Wenn Sie auf der Fahrt dorthin auf der Brücke den Rambach überqueren, befinden Sie sich in der Talenge der Calven, Schauplatz der schon mehrmals erwähnten furchtbaren Schlacht des Jahres 1499, in der der Versuch Habsburgs, nach dem Verlust der Macht über die Eidgenossen wenigstens das Tirol benachbarte Graubünden zu annektieren, endgültig zunichte gemacht wurde. Der von Maximilian I. protegierte, völlig unfähige schwäbische Feldhauptmann Ulrich von Habsberg erwartete mit über 12 000 Mann in einer verschanzten Stellung an der Calvenbrücke das Heer der Bündner. Diese hatten jedoch einen Teil ihrer Truppen mit einem geschickten Umgehungsmanöver über einsame Klettersteige in den Rücken der Habsburgischen Stellungen gebracht. Obwohl die Schweizer zahlenmäßig weit unterlegen waren, schlug ihr von zwei Seiten vorgetragener Angriff die Truppen des Habsbergers in die Flucht und ließ nur wenige entkommen. Dem einige Tage später unter der Führung des deutschen Königs Maximilian I. eintreffenden Entsatzheer bot sich ein Bild des Grauens: Die siegreichen Schweizer hatten in fürchterlicher Weise unter der Bevölkerung gehaust, mit Ausnahme weniger verteidigungsfähiger Burgen war der ganze Vinschgau bis hinunter nach Schlanders niedergebrannt; es war das schlimmste kriegerische Ereignis, das Südtirol während des Mittelalters zu erleiden hatte.

Nicht weit von diesem traurigen Ort und nachdem Sie einen jener lichterfüllten Lärchenwälder durchfahren haben, deren eigenartige Schönheit auch die rauhe Atmosphäre der Malser Haide mildert, kommt das Panorama von **Taufers** mit seinen zwei Burgen in Sicht. Gleich am Ortseingang erhebt sich auf der rechten Straßenseite der Gebäudekomplex des Pilgerhospizes *St. Johann,* kenntlich am niedrigen Turm mit gemauertem Pyramidendach und der mit behauenen Quadern verblendeten Westfassade der Kirche. Sie hat ein großes romanisches Portal mit verwitterten Säulen und Blattkapitellen im Portalgewände, etwas verunziert durch das weniger als mittelmäßige Marienfresko mit dem Wappen der Grafen Hendl aus dem 17. Jahrhundert im Tympanon. Das Hospiz steht auf dem Platz einer älteren Anlage, wahrscheinlich eines um 1130 durch Murbruch zerstörten karolingischen Filialklosters des schon erwähnten Stiftes St. Johann in Müstair in der nahen Schweiz. Gegen 1230 übernahm der Johanniterorden die Ruinen und erbaute bis etwa 1250 Kirche und Hospiz; abgesehen von wenigen in gotischer Zeit eingefügten Details stammt die Anlage im wesentlichen aus dieser romanischen Bauperiode.

Die erste auffallende Besonderheit der Kirche ist ihr in Südtirol einmaliger Grundriß: Er folgt der Symmetrie eines griechischen Kreuzes, das heißt eines Kreuzes mit vier gleich

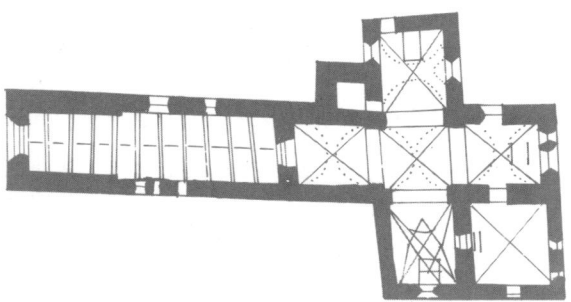

*Taufers. St. Johann, Grundriß*

*Taufers. St. Johann: Schreibender* ▷
*Kirchenvater, Ausschnitt aus den*
*Fresken des Presbyteriums*

langen Armen. Die äußerlich unregelmäßige Form der Kirche ergibt sich daraus, daß dem westlichen Arm dieses Kreuzes eine langgestreckte Halle vorgebaut ist. Sie besitzt ein wieder zugänglich gemachtes zweites Stockwerk, das einen Teil der Pilgerherberge darstellt. Von dort wurde den Reisenden durch eine große Bogenöffnung der Blick hinunter in den Altarraum und damit die Teilnahme an der Messe ermöglicht. Das Untergeschoß dieser Vorhalle ist es, das man durch das große Westportal als erstes betritt und in dem man seine Wahrnehmung auf die Dunkelheit zwischen den grauen Mauern einstellen muß. Durch ein zweites Rundbogenportal am Ende der Vorhalle betritt man dann die eigentliche Kirche, an deren Chorgewölbe und -wänden sich die zweite Besonderheit des Gotteshauses findet: die spätromanischen Fresken, ausgeführt zu einer Zeit, als die klassische Phase dieser Stilepoche ihren Höhepunkt überschritten hatte. Wer die rund sechzig Jahre früher entstandenen romanischen Fresken in Marienberg oder Hocheppan kennt, wird sofort bemerken, daß hier in Taufers die starre Formenwelt byzantinischer Malerei in ungewohnte Bewegung geraten ist. Dies zeigt sich schon an der figurenreichen Bemalung der Decke des Presbyteriums, deren Diagonalgurte Ritter mit Schwert und Märtyrerpalme, Äbte mit Krummstäben, Märtyrerjungfrauen mit Lilien und Fürsten mit Kreuz und Zepter schmücken, während in den Gewölbezwickeln unter Evangelistensymbolen abend- und morgenländische Kirchenväter am Schreibpult sitzen. Die ausdruckstarke Mimik und Gestik der Personen sowie die detailreiche Ausführung überschreiten den Rahmen der hieratischen Strenge hochromanischer Malerei. Noch deutlicher tritt dies an den Bildern der Nord- und Südwände und den Lünetten des Presbyteriums hervor, die sich über den zwei Arkadenreihen mit teilweise erhaltenen Aposteldarstellungen befinden: Hier geht der abstrakte Symbolismus byzantinischer Formgebung in bewegte szenische Dramatik über. Besonders das Gemälde der südlichen Lünette (Moses verkündet die Gesetze) besticht durch expressive Gesten und Gesichter der Beteiligten; insbesondere betrachte man die Personengruppe der rechten Bildhälfte, deren ausdrucksstarke Gesichtszüge in allen Details die Jahrhunderte überdauert haben. Rechts daneben läuft ein Mann mit Kreuzstab und Johannitertracht auf die Verkündigungsszene zu – eine kleine Eitelkeit der Auftraggeber, welche sich auf diese Weise im Gemälde in Szene setzten, um dezent auf ihre Urheberschaft hinzuweisen.

Nachdem Sie die Kirche durch das Westportal wieder verlassen haben, wenden Sie sich nach rechts zu der schmalen Holztreppe; sie führt in das Obergeschoß der Vorhalle. Dabei passieren Sie die an die Nordwand gemalte, fast sechs Meter hohe Christophorusfigur, ebenfalls in romanischer Zeit entstanden und damit eine der ältesten Darstellungen dieses Heiligen im Alpenraum. Im Obergeschoß, das durch einen großen Bogen den Blick in die darunterliegende dunkle Kirche erlaubt, finden sich Reste der romanischen Ausstattung in den Viereckfeldern der als Marmorinkrustation gemalten Sockelzone mit zahlreichen sehenswerten Details. Auffallender, wenngleich nur eine mittelmäßige Arbeit, sind die frühgotischen Fresken des Pilgerraums: Unter anderem finden sich in der Laibung des Bogens zum Altarraum eine Enthauptung Johannes des Täufers mit einem rätselhaft lächelnden Henkersknecht, rechts ein auf die Südwand übergreifendes Fresko der heiligen Ursula mit ihren Gefährtinnen in reich dekorierten Gewändern. Im hinteren Teil der

Nordwand ist der Bilderzyklus zerstört, doch hat sich aus ihm wie ein Denkmal für alle unbekannt gebliebenen Südtiroler Freskanten eine einzige Hand erhalten, die mit einem Pinsel aus dem Bild herausgreift und an einem Ornament malt. – Sollte die Kirche verschlossen sein, bekommen Sie den Schlüssel im Bauernhaus links am Vorplatz.

*Taufers. St. Johann: Freskofragment, Hand mit Pinsel*

Wenige Meter hinter St. Johann beginnt die langgezogene, von schönen alten Bauernhöfen und Gasthäusern gesäumte Dorfgasse von Taufers. Neben mehreren anderen ist besonders das Haus Nr. 65 mit Freitreppe und Außenfresko (16. Jahrhundert) sehenswert, ein ehemaliges Wirtshaus und fast 800 Jahre alt. Gegen Ende der Dorfstraße steht die kleine *St. Nikolaus-Kirche,* in der sich wenige, aber sehr reizvolle gotische Fresken aus der Erbauungszeit (um 1400) befinden. Die Pfarrkirche auf einer Anhöhe über dem Dorf wurde bereits 1186 erwähnt und zeigt sich heute nach mehrmaliger Umgestaltung in ganz erträglichem Barock.

Wer nun der Kirchen erst einmal etwas überdrüssig ist, der steige zu den zwei Burgruinen von Reichenberg und Rotund hinauf. Von dort kann man prachtvolle Ausblicke tief in das Münstertal hinüber in die Schweiz genießen, wo sich kurz hinter der Grenze der Ort Müstair befindet. Die strategische Bedeutung des Münstertales hat auch Taufers zum Schlachtfeld werden lassen: Im Verlauf des zweiten Koalitionskrieges gegen Frankreich (1799) erlitten die Österreicher hier durch ein ähnliches Umgehungsmanöver wie 300 Jahre zuvor an der Calva eine vernichtende Niederlage, wieder ergoß sich Mord und Brand in den Vinschgau, wenn auch nicht im Ausmaß von 1499. Im Gegenschlag wurde Taufers abermals hart umkämpft, zuletzt entspann sich ein mörderisches Gefecht um den durch die Franzosen besetzten Friedhof; danach konnten die Österreicher bis ins Engadin vordringen.

Bei der Rückkehr von Taufers sollten Sie an der Calvenbrücke nicht wieder nach Glurns abbiegen, sondern geradeaus nach **Laatsch** fahren. Der Ort besitzt ein selten so typisch erhaltenes Dorfbild und in der eigenartigen Doppelkirche *St. Leonhard,* mit Flügelaltar, Fresken und zahlreichen Architekturdetails das fast unveränderte Erscheinungsbild eines

*Taufers. Ansicht mit Pfarrkirche, Burg Reichenberg (links von der Pfarrkirche) und Rotund (oben). Stahlstich von A. Payne, nach einer Zeichnung Johanna von Issers*

gotisch geprägten, dörflichen Gotteshauses zeigend, eines der sehenswertesten Zeugnisse sakraler gotischer Kunst in Südtirol. Dabei ist St. Leonhard nur das letzte von den drei einst prachtvoll ausgestatteten Gotteshäusern des Dorfes, das wegen dieses Reichtums oft mit dem Prädikat ›Schatzkammer der Gotik‹ belegt wurde. Diese Bezeichnung war bis vor wenigen Jahren berechtigt, dann machte der organisierte Kunstraub mit Einbrüchen in zwei der Kirchen dem Glanz ein Ende. Die am südwestlichen Dorfende gelegene Kirche St. Leonhard ist von den anderen (außer den erwähnten gibt es noch eine moderne Pfarrkirche) leicht durch ihr ungewöhnliches Äußeres zu unterscheiden: Sie liegt eigentlich auf einem kleinen Felsen über dem Dorf, die gotische Erweiterung (1408) des romanischen Kerns (dessen Rundapsis deutlich hervortritt) wurde jedoch weit über den Felsen hinausgebaut und wird von drei Pfeilern unter der Ostwand getragen. Das auf diese Weise entstandene Untergeschoß der Kirche wurde mit einem Tonnengewölbe versehen und als Durchfahrt ausgebaut; noch heute führt die Straße von Laatsch in Richtung Taufers unter dem Gotteshaus hindurch.

Der Einklang der vielen gotischen Elemente aus Malerei, Plastik und Architektur verleiht dem unregelmäßigen Innenraum eine sehr eindrucksvolle Gesamtwirkung. Die bemerkenswertesten architektonischen Details der fast quadratischen vierjochigen Kirche sind der massive Mittelpfeiler, das sorgfältig gearbeitete Drei- und Vierpaßmaßwerk der hohen

Spitzbogenfenster, die verzierten Gewölbeschlußsteine und besonders die Runddienste des südöstlichen Gewölbes, deren Kapitelle als Gesichter und eines in Form einer sitzenden Figur ausgeführt sind.

Der den Innenraum beherrschende Flügelaltar ist eine ausgezeichnete Arbeit, sowohl die Ausführung der Schnitzarbeit an Figuren und dekorativen Elementen als auch die Tafelmalerei auf den Außenseiten der Flügel und der Schreinrückwand weisen auf eine vorzügliche Werkstatt, die aber sicher nicht in Südtirol zu suchen ist; der Altar ist mit größter Wahrscheinlichkeit ein schwäbisches Importstück. Im Schrein (Abb. 114) befinden sich Maria mit dem Kind zwischen der hl. Barbara mit dem Kelch und dem Kirchenpatron St. Leonhard; die Flügelinnenseiten zeigen Reliefs, das linke einen auffallend modisch gekleideten Christophorus. Ein Meisterwerk für sich ist die Predella: Unter geschnitztem Maßwerk sieht man drei ausgezeichnet gearbeitete Halbfiguren des hl. Sebastian, des hl. Florian in Ritterrüstung mit einem kleinen Wasserkübel in der Hand und in der Mitte Petrus mit einem Buch. Von den beiden kleinen Predellaflügeln ist wieder die Innenseite des linken bemerkenswert: Es ist ein Relief einer Verkündigungsszene, dessen perspektivische Raumwirkung durch zwei geschnitze Gewölbejoche mit Maßwerkfenstern erreicht wird (im Gegensatz zum rechten Flügel, wo bei der Darstellung der Geburt Christi Vorder- und Hintergrund durcheinandergeraten sind). Das originellste Stück des Altares befindet sich in den Wimpergen des Gesprenges; dort steht auf der rechten Seite eine kleine geschnitzte Burg mit Torturm, Palas und Erker, Zinnen und Schießscharten, vom Söller blicken ein Mann und eine Frau zur Skulptur des hl. Nikolaus in der Mitte, die übrigens älter ist als der Altar. Wie E. Theil meint, steht sie wahrscheinlich an der Stelle einer Figur des St. Leonhard, dem sich ebenso das Paar vom Burgsöller (König Clothwig und Gemahlin) wie die auf der linken Seite betende Frauengestalt zugewandt haben, denn der Legende nach half der hl. Leonhard der Königin Clothilde mit einem Gebet bei der Geburt ihres Kindes. Man beachte die geschnitzte Landschaft hinter der betenden Königin – der Laatscher Altar bietet eine Fülle ungewöhnlicher und meisterhaft ausgeführter Details. Interesse verdienen auf den Flügelaußenseiten die nicht minder qualitätvollen Gemälde des hl. Anton und des St. Martin, der sich einem Krüppel zuwendet, sowie die Heiligendarstellung auf der Rückseite des Schreins.

Erst 1972 wurden die gotischen Fresken im Gewölbe des Nordostjoches freigelegt, die etwa um 1410 entstanden sind. Es handelt sich um Evangelistensymbole und Medaillons mit Kirchenvätern, von einer an der Gewölbearchitektur entlanglaufenden Maßwerkbordüre umrahmt. Sowohl die subtile Dekoration wie die Tiergestalten, besonders aber die schönen Gesichter und die beherrschte Gestik der Halbfiguren auf den Medaillonbildern weisen auf einen Meister mit ausgereifter Technik, der aber unbekannt geblieben ist.

Auch die Schildbogenwand des danebenliegenden Südostjoches ist bemalt, es sind künstlerisch sehr mittelmäßige Szenen aus dem Leben des Kirchenpatrons, da es der Maler aber in die Gegenwart des Jahres 1609, dem Entstehungsjahr der Fresken, hineinverlegt, sind die naiven Bilder mit zahlreichen Darstellungen zeitgenössischer Bau- und Lebensweise ebenso amüsant zu betrachten, wie die beigefügten unbeholfenen Erklärungstexte. Ebenfalls im Südostjoch befindet sich ein Altar aus dem 17. Jahrhundert.

Im Untergeschoß neben der Straßendurchfahrt besitzt St. Leonhard noch eine tonnenge-wölbte Unterkirche mit einer Spitzbogentür; in der Laibung des Türvorbaus sieht man ein mäßiges Außenfresko. Auch die Unterkirche enthielt einen Altar aus dem 17. Jahrhundert, außerdem mehrere ältere Skulpturen, unter anderen eine Maria lactans aus dem 13. Jahrhundert; die wertvollen Stücke mußten alle in Sicherheit gebracht werden. Somit ist die Oberkirche von St. Leonhard die letzte unberührt gebliebene gotische Schatzkammer des Ortes, und man bekommt den Schlüssel zu ihrer Besichtigung nicht ausgehändigt. Wenn Sie nicht das Glück haben, daß die Kirche gerade anderen Besuchern gezeigt wird, denen Sie sich anschließen können, so fahren Sie bis ins Dorfzentrum vor der neuen Pfarrkirche. Dort liegt am unteren Ende des Platzes das Pfarrhaus (falls Sie es nicht finden: Jeder im Dorf wird Sie dorthin schicken, wenn Sie nach dem Schlüssel zu St. Leonhard fragen), von wo Sie aus jemand zur Kirche begleitet. Häufig fehlt jedoch den Schlüsselinhabern, einer vielbeschäf-tigten Bauernfamilie die Zeit, um ihrer Bitte sofort nachzukommen, dann empfiehlt sich eine Terminabsprache für den nächsten Tag: St. Leonhard lohnt ein Wiederkommen.

In Laatsch gibt es außer dem schon erwähnten schönen Dorfbild noch den erhaltenen romanischen Turm der um die Jahrhundertwende abgerissenen alten Pfarrkirche St. Lucius zu sehen; am Ortsausgang in Richtung Taufers befindet sich im Weiler **Flutsch** direkt neben der Straße die gotische Kirche *St. Cäsarius*. Diese Kirche besaß eine prachtvolle Ausstattung, unter anderem einen großartigen Flügelaltar in der Stilrichtung des Jörg Lederer. Als nach einer Serie von Einbrüchen 1969 sogar die beiden riesigen Schreinflügel mit Gemälden und Halbreliefs geraubt wurden, mußte alles von Wert deponiert und die Kirche geschlossen werden. Dasselbe Schicksal ereilte die gegenüberliegende Kapelle St. Kosmas und Damian. Geblieben ist die edle spätgotische Architektur von St. Cäsarius, ein wohlproportionierter Innenraum mit einem eleganten Netzgewölbe und zierlicher Rankenmalerei in den Gewöl-befeldern; doch ist es schwer, die Kirche zu besichtigen. Interessenten erkundigen sich im Pfarrhaus.

Von Laatsch müssen Sie nach Mals zurück, um von dort zur vorletzten Sehenswürdigkeit des Vinschgaues zu kommen: nach Burgeis mit dem darübergelegenen Kloster Marienberg (Abb. 116), dessen großer weißer Gebäudekomplex weithin sichtbar den mit dunklem Wald bestandenen Berghang beherrscht. Vorher sollten Sie einen Gang durch **Burgeis** auf keinen Fall versäumen, es gibt kein zweites Dorf im Vinschgau, das mit dem Erscheinungsbild unverändert intakter Dorfarchitektur dieses Ortes konkurrieren könnte. Da finden sich überall in den engen Gassen zwischen den verschachtelten Gehöften Freitreppen, Portale, Erker, gemalte Fensterumrahmungen und barocke Hausfresken; besonders ansprechend ist der schöne Dorfplatz mit alten Gasthäusern und einem großen Brunnen, den eine Säule mit der Holzskulptur des hl. Michael ziert (Abb. 120). Jeden Abend warten hier artig Kühe und Ziegen auf ihre Hirten, wenn diese auf dem Weg zum Stall noch schnell im Mohrenwirt ein Glas Wein trinken. Am oberen Ende des Dorfes, auf der anderen Etschseite, liegt an einem gepflasterten Weg die romanische Kirche *St. Nikolaus*. Das unter großen Bäumen neben einem Wasserwaal romantisch plazierte Gotteshaus enthält außer einer gotischen Balkendecke in der Rundapsis Reste romanischer Fresken und eine sehr frühe Weihinschrift (1199). (Schlüssel im letzten Haus, bevor der Weg links zur Kirche abzweigt.)

Auch die *Pfarrkirche St. Maria* ist romanischen Ursprungs, doch um 1480 gotisch umgebaut und 1497 im Innern mit Fresken bemalt. Sie ahmen in ungewöhnlicher Weise den Aufbau eines Flügelaltars nach, werden jedoch von zwei Seitenaltären teilweise verdeckt. Die interessantesten Teile der Kirche sind jedoch die zwei erhaltenen romanischen Portale in der Langhauswand, am kleineren Portal finden sich die bekannten kleinen Figuren mit Händen in der Form von Blättern (Abb. 121), deren Deutung bis heute nicht gelungen ist. Man beachte im Innern die prachtvolle, aus dem Kloster Marienberg stammende Barockorgel.

Die nahe *Fürstenburg* (Abb. 109), wurde 1280 von den Bischöfen von Chur erbaut. Sie hat eine ereignisreiche Geschichte zu verzeichnen; leider ist das Innere mit getäfelten Zimmern und Fassadenmalerien im Burghof nicht zu besichtigen, doch hat man von der zum Kloster hinaufführenden Straße einen guten Überblick über die Anlage.

Über Burgeis bietet die am Hang gelegene burgartige **Benediktinerabtei Marienberg** (Farbt. 21) mit ihren hohen weißen Mauern, Türen und Zinnen einen ausgesprochen imposanten Anblick. In einer Schleife der Straße ins Schlinigtal findet man einen kleinen Parkplatz, von dort führt ein ebener, kurzer Wiesenweg zur stets geöffneten Klosterpforte, durch die Sie den geräumigen Innenhof betreten. Da das Kloster noch von Benediktinern geführt wird, kann die Klausur – und damit Kreuzgang, Bibliothek und Fürstenzimmer – nicht besichtigt werden, jedoch entschädigt dafür die immer zugängliche *Kirche* mit ihrer berühmten Krypta. Um 1150 verlegten Ulrich IV. und Uta von Tarasp ihr Hauskloster aus dem Unterengadin hierher und besetzten es mit schwäbischen Mönchen aus Ottobeuren. Bereits 1156 wird die Krypta geweiht, darüber der Bau der Kirche in Form einer dreischiffigen Pfeilerbasilika begonnen und 1201 fertiggestellt. Aus dieser Zeit hat sich außer der Krypta das große romanische Säulenportal in der Vorhalle erhalten, dessen dreifache Abstufung von einem durchlaufenden Kämpfergesims über den Blattkapitellen streng gegliedert wird. Im Tympanon befindet sich die Gußsteinplastik einer Madonna, die ihrem Kind einen Apfel reicht (Abb. 122); sie ist mit ihrem ausdrucksvollen Gesicht und ihrer anmutigen Haltung eine der besten Vertreterinnen der ›Schönen Madonnen‹ der Hochgotik; ihre Herkunft ist unbekannt. Das Kircheninnere wurde nach 1642 sehr sparsam im Stil der Wessobrunner Schule barockisiert, wodurch der noch erhaltene romanische Raumeindruck in Kombination mit den hellen Stukkaturen dem Innenraum eine Atmosphäre kühler Feierlichkeit verleiht. Neben den zahlreichen Details der barocken Ausgestaltung sind besonders die zum Teil frühgotischen Brustbilder von sieben Äbten am Quergurt der nördlichen Seitenkapelle, eine Pietà (um 1450) und eine naiv-derbe Darstellung der Stifterfamilie, die ein großes Holzmodell des Klosters weiht (um 1650), bemerkenswert.

*Der Ortler von der Malser Haide ▷*
*her gesehen, Stich um 1840*

315

Richtig geheimnisvoll führt unter einer hölzernen Falltür eine schmale Stiege tief hinunter in das Dunkel der *Krypta*. Fallen Sie um Himmels willen nicht die Treppe hinunter, die Stufen sind ungleich hoch und ihre Deckplatten locker. Die romanische Ausmalung bedeckt den ganzen Raum und alle drei Apsiden, heute kann man davon leider nur etwa ein Drittel sehen, der Rest liegt hinter den Mauern einer im 17. Jahrhundert eingebauten Gruft für Klostermitglieder. Dieses verbleibende Drittel – 1887 durch Zufall wiederentdeckt – rechtfertigt jedoch die Feststellung, daß es sich bei diesen Fresken um hervorragende Zeugnisse der romanischen Malerei handelt, die zu den besten erhaltenen überhaupt gehören. Sie entstanden zur Zeit der Klostergründung um etwa 1160 und gehören damit neben den Fresken der Burgkapelle von Hocheppan zu den ältesten in Südtirol. Die sichtbaren Bilder zeigen eine Majestas domini, die Mandorla ist umgeben von vier Cherubim, denen man nicht zu Unrecht nachsagt, sie gehörten zu den schönsten Engelgestalten, die die romanische Malerei hervorgebracht hat (Farbabb. 36); weiter finden sich die Apostel Petrus und Paulus mit ihren Evangelistensymbolen Stier und Löwe, im Gewölbe Engel. Der durch Farbzonen stilisierte Hintergrund und die würdevolle Haltung der Personen in zeremoniellem Gestus und mit ausdrucksvollen Gesichtern vermitteln einen Begriff der klassischen romanischen Bildkunst.

Den Leser mag es abermals verwundern, warum auch hier in bezug auf die romanische Malerei ständig Superlative gebraucht werden. Es sei deshalb nochmals darauf verwiesen, daß es außer dem Poitou in Frankreich und Katalonien in Spanien keinen anderen Landstrich Europas mehr gibt, in dem sich die Freskokunst dieser Epoche so zahlreich und qualitätsvoll erhalten hat wie in Südtirol.

Auf dem kurzen Rückweg vom Kloster zum Parkplatz versäume man nicht, die im Tal ausgebreitete Malser Haide ausgiebig zu betrachten. Von oben zeigt sich diese seltsame Murkegel-Landschaft in einzigartiger Weise: eine riesenhafte, von Hunderten kleiner Felder und Wiesen gescheckte fächerförmige schiefe Ebene, die ihren höchsten Punkt am Ausgang der kleinen Schlucht des Plawenn-Baches an der gegenüberliegenden Talseite hat. Es ist erstaunlich, daß die errechneten 1550 Millionen Kubikmeter Geröll der 13 km² großen Malser Haide aus diesem winzigen Tal stammen. Diese vom uralten Bewässerungssystem der Waale durchzogene und von schönen Lärchenwäldern gesäumte ›Landschaft in der Landschaft‹ sei für Spaziergänge und kleine Entdeckungsfahrten ins einsame Planeiltal, ins abseits gelegene Plawenn mit dem zinnengekrönten Ansitz und ins ›Dörfl‹, dem alten rätoromanischen Dorf Monteplair, sehr empfohlen.

Der obere Vinschgau ist geprägt von den beiden großen Seen, dem Haidersee und dem ausgedehnten Reschenstausee, der bei seiner Stauung den größten Teil des hier oben landwirtschaftlich nutzbaren Bodens und mehrere Dörfer überflutete. Vom Dorf Graun, das vollständig in den Wassermassen versank, ragt noch der Kirchturm mitten aus dem See.

Hier im rauhen Vinschgauer Oberland findet sich die letzte bemerkenswerte Kunststätte des Tales: die kleine Kirche *St. Nikolaus* (Abb. 117) des winzigen Dorfs **Rojen** im entlegenen Tal gleichen Namens. Der Besuch dieser mit prächtigen Fresken geschmückten Kirche in der abgeschiedenen Einsamkeit des mit 1968 m Höhe knapp unterhalb der Siedlungsgrenze gelegenen Ortes ist für jeden Liebhaber von ›Kunst in der Landschaft‹ ein Eindruck, wie er ihn schwerlich ein zweites Mal finden wird. Zwei Straßen führen ins Rojental, die eine zweigt in St. Valentin auf der Haide, die andere in Reschen ab, beide sind schmal und nicht asphaltiert, doch gut befahrbar; nur gelegentliche Ausweichmanöver stellen gewisse Anforderungen an das Fahrvermögen. Falls Sie Rojen nicht auf einer empfehlenswerten Wanderung von Reschen aus erreichen wollen (etwa zwei Stunden zu Fuß), sei Ihnen die erste Straße (von St. Valentin aus) empfohlen, sie führt hoch am Berghang den ganzen Reschensee entlang und bietet die schönsten Ausblicke. Im Winter und Frühling müssen Sie sich erkundigen, ob die Straßen befahrbar sind.

Um 1400 ist der ganze Chor der Kirche, die etwa ein Jahrhundert früher entstand, mit Fresken im ausklingenden ›Höfischen Stil‹ bemalt worden. Die 1967 wieder vollständig aufgedeckten Bilder weisen eine enge Verwandtschaft zur Meraner Schule auf, besonders zum Meister der Georgskirche in Schenna (s. S. 253 f.) und zeigen Szenen aus dem Leben Christi, der Marter des hl. Sebastian und der Nikolauslegende. Auffallend ist, daß die Bemalung der Architektur des Chors besondere Akzente verleiht: Das schmucklose Gewölbe hat durch die Fresken prächtig gemalte Gurte erhalten, die auf farbigen perspektivisch gemalten Säulen mit Blattkapitellen ruhen. Geschickte illusionistische Effekte sind dem Meister an der Sockelzone gelungen; sie zieren gemalte Vorhänge mit reichem Faltenwurf. – Den Schlüssel zur Kirche erhalten Sie im einzigen Gasthaus des Dorfes.

# Praktische Reisehinweise

## Zur Geologie Südtirols

Die geologische Struktur Südtirols ist bestimmt von den Gebirgsketten der Zentralalpen im Norden und Westen, den Dolomiten im Süden und der dazwischen sich erstreckenden Bozner Porphyrplatte.

Die Urgesteinszone der Zentralalpen besteht hauptsächlich aus kristallinen Schiefern, Gneis, Granit und Quarzphyllit und bildet in Südtirol die Ötztaler, Stubaier und Zillertaler Alpen mit ihren südlichen Ausläufern.

Die Bozner Porphyrplatte umfaßt die südlichen Teile der Sarntaler Alpen mit Ritten und Salten und die Sockelzone des Mendelgebirges wie der westlichen Dolomiten (südlich des Grödner Tals). Sie ist vulkanischen Ursprungs: In der Permzeit, der letzten Stufe des Erdaltertums, wurde dieses Gebiet vor etwa 230 Millionen Jahren von mehreren gewaltigen Vulkanausbrüchen erschüttert. Aus den dabei hochgeschleuderten Gas- und Dampfmassen entstand ein Schmelztröpfchenniederschlag, der im Laufe der Zeit den rötlichen, sehr harten Porphyr bildete.

Den eigenartigsten und faszinierendsten Teil der Südtiroler Gebirge bilden die Dolomiten, das ›Reich der bleichen Berge‹. Die Sage, die sich dieser seltsamen Erscheinung bemächtigte erzählt von dem Prinzen eines Reiches in den südlichen Alpen, welcher die Tochter des Mondkönigs zur Frau genommen hatte. Der gefielen die Wiesen mit ihren bunten Blumen sehr, doch bedrückten sie die düsteren, schwarzen Felswände und sie erkrankte vor Sehnsucht nach den bleichen Mondbergen so schwer, daß sie in ihre Heimat zurückkehren mußte. Der unglückliche Prinz irrte in den Bergen umher, bis er eines Tages den König der Salwáns (= Zwerge) traf. Der versprach ihm, die Felsen mit dem Weiß der Mondlandschaft zu überziehen, wenn sein Volk in den Bergen und Wäldern wohnen dürfe. Prinz und König wurden sich einig und am Abend kamen die Salwáns, sie fingen mit ihren kleinen Händen das Mondlicht ein und verspannen es zu silbrig-glänzenden Knäueln, webten daraus ein dichtes Netz um die Felsen, bis auch der letzte dunkle Fleck verschwunden war. So kehrte die Mondprinzessin staunend in die schöne Landschaft zurück, die nun die prachtvollen Farben der Erde mit dem fahlen Lichte des Mondes vereinigte.

Nicht weniger faszinierend weiß die Wissenschaft die Entstehung dieser in der Tat auffallend ›bleichen‹ Berge zu erklären. In der Trias, der ersten Periode des Erdmittelalters (vor etwa 200 Millionen Jahren), entstand in mächtigen Schichten das Baumaterial der Dolomiten. Das Land nördlich des Urmittelmeeres Thetys wurde vom Wasser überflutet, durch gleichzeitige Senkung des Meeresbodens bildete sich eine trogförmige Vertiefung (alpine Geosynklinale), in der sich angeschwemmte Sand-, Geröll- und Tonmassen ablagerten. Das warme Wasser der Thetys begünstigte das Wachstum von Korallen; sie bauten in den seichten Gewässern Riffe und Atolle, während sich aus Skeletten und Schalen verschiedener Meerestiere über lange Zeiträume Schichten von weißen Kalken, bunter Kieselerde und grauem Mergel bildeten. An mehreren Stellen des Erdbodens brachen bei vulkanischen Eruptionen riesige Lava- und Aschenmassen aus der Erdkruste hervor. Diese Ablagerungen wie das Absinken der älteren Schichten in tiefere Bereiche ließen das Meer immer relativ flach bleiben und dauerten etwa 100 Millionen Jahre. Vor 70 Millionen Jahren, gegen Ende des Mesozoikums (Erdmittelalters), begann die ›Alpidische Orogenese‹ genannte Gebirgsfaltung, durch die auch die Dolomiten entstanden. Mit ungeheurer Kraft wurden die auf dem Boden der Thetys abgelagerten Schichten von Süden her zusammenge-schoben, sie wurden verbogen, aufgeworfen, überkippt, bis – schon in der Tertiärzeit – sich eine riesige, zerrissene Gebirgslandschaft aus den Fluten des Thetysmeeres erhoben hatte, bevor es sich in das heutige Mittelmeerbecken zurückzog. In den Eiszeiten der Quartärzeit setzten die Gletscher – über einen Zeitraum von 2,6 Millionen Jahren – die Gestaltung der Dolomitenlandschaft fort: Sie rundeten Berge ab, gruben Täler und transportierten riesige Geröllmassen in die Talsohlen. Nachdem sich das Eis zurückgezogen hatte, begannen sich erneut die vielfältigen Formen der Pflanzen- und Tierwelt zu entwickeln, die – zumindest was die Pflanzenwelt betrifft – auch heute noch typisch für diese Gebirgslandschaft sind.

Diesen Aufbau der Dolomiten kann man an verschiedenen Stellen gut einsehen, so an der Westwand der Seceda im Grödner Tal, wo auf den rötlichen Grödner Sandstein (entstanden aus Landablagerungen) eine graue Bellerophonschicht folgt, die älteste marine Ablagerungs-schicht, so benannt wegen des häufigen Vorkommens der fossilen Bellerophon-Schnecke. Darüber folgen die sedimentären gelblich-grauen Werfener Schichten und eine bleiche Sarl-Dolomit-Bank, bedeckt von schwarzem Augitporphyr vulkanischen Ursprungs. Der auffallend weiße Dolomit – das von dem französischen Geologen Déodat de Dolomieu 1789 bestimmte und nach ihm benannte Mineral – ist ein Kalzium-Magnesium-Karbonat, das heißt ein mit Magnesium angereichertes Kalkgestein, das weniger verwittert als normaler Kalk. Das Nebeneinander von Dolomitgestein und vulkanischem Material ist ein Grund für die Formenvielfalt dieses Gebirges.

Besonders eindrucksvoll sind die z. B. in der Palagruppe südlich des Rollepasses gut sichtbaren Schichtenverbiegungen, entstanden durch den enormen Druck, welcher die abgelagerten Schichten im Thetysmeer zusammenschob, faltete und schließlich aus dem Meer heraushob.

Berühmt sind die Dolomiten auch wegen des hier besonders intensiven Alpenglühens; kurz nach Sonnenuntergang – bei einer leichten Dunstschicht im Westen – überziehen sich die Felsen mit einem intensiven Rosa- bis Violettrot, wenn im Tal schon die Dämmerung beginnt. Auch diese Erscheinung hat Eingang in die lokale Sagenwelt gefunden. Das Alpenglühen am ›Rosengarten‹ bei Bozen hat nach der Legende folgenden Grund: Der Zwergenkönig Laurin wohnte auf einem Berg mit einem wunderschönen Rosengarten, der seine ganze Freude war. Eines Tages kamen, von der Pracht der Rosen angelockt, fremde Krieger und nahmen den König gefangen. Er konnte sich jedoch befreien und, in seine Heimat zurückgekehrt, verwünschte er die Rosen, die ihn verraten hatten: weder bei Tag noch bei Nacht sollten sie je wieder sichtbar sein. König Laurin hatte dabei jedoch die Dämmerung vergessen, die weder Tag noch Nacht ist, und so zeigt der Rosengarten kurz nach Sonnenuntergang seine ursprüngliche Farbenpracht.

Dem an der Geologie der Dolomiten Interessierten sei ein Besuch im Heimatmuseum St. Ulrich/Gröden empfohlen; dort kann er an Exemplaren der verschiedenen Gesteinsarten, schönen Mineralien und interessanten Fossilien die Zusammensetzung dieses Gebirges studieren.

## Mineraliensammeln

Südtirol und die angrenzenden Dolomitengebiete besitzen eine Reihe von vielfältigen – zum Teil seit Jahren berühmten und inzwischen ziemlich abgesuchten – Fundstellen.

Ein für Mineraliensammler interessantes Gebiet erstreckt sich vom nördlichen Passeiertal nach Osten bis zum hinteren Ahrntal. Im nördlichen Passeiertal finden sich Granat und die Begleitmaterialien Hornblende und Disthen. Eine interessante Fundstelle war das Bergwerk von Rabenstein im hinteren Sarntal, wo neben Fluoriten mit den Begleitmaterialien Bleiglanz, Baryt und Zinkblende unter anderem auch Pyrit, Kupferkies und Ankerit-Kristalle gefunden wurden; heute trifft man dort nur noch auf Haldenreste. Berühmt für seinen Mineralienreichtum ist das bei Sterzing abzweigende Pfitscher Tal. Hier kommen vor: Granat, Titanit, Klinochlor und vor allem Zirkon, das hier in schönen, feuerroten Kriställchen auftritt. Schöne Bergkristalle, Titanit, Rutil, Periklin birgt der sogenannte ›Gliedergang‹ im oberen Pfitscher Tal. Neben dem Pfunderer Tal (Periklin, Rutil, Pyrit) sind Streifzüge im Mühlwalder Tal und Ahrntal für Sammler sehr lohnend. Im kurz vor Sand in Taufers mündenden Mühlwalder Tal findet man in den Geröllhalden oberhalb des Neves-Stausees schöne Apatite und Epidotkristalle. Die großartige Landschaft des Ahrntales besitzt mannigfaltige Mineralvorkommen: vor allem Apatitkristalle und Titanite, die zu den bestausgebildeten der Welt gerechnet werden, außerdem Bergkristall, Rauchquarz, Amethyst, Perikline, Hämatitkristalle, die seltenen Anatas, Brookit, Monazit, Euklas und vieles mehr. Gute Fundstellen liegen hier sehr hoch in den Bergen zwischen dem Ahrntal und dem Zillertal. Die ehemals berühmten Fundstellen Windtal und Röttal sind inzwischen allerdings ziemlich ›leergesammelt‹.

Weitere Fundstellen sind die ehemaligen Bergbaue im Gebiet von Terlan und Nals (Zinkblende, Kupferkies, Bleiglanz), das obere Ultental (Peridotite) und das Martelltal im Vinschgau (Pegmatite).

In den Dolomiten sei das nicht mehr zu Südtirol gehörige Fassatal erwähnt, in dem zum Teil vulkanische Gesteine vorherrschend sind. Im berühmten Gebiet um die Monzoni-Berge finden sich Fassait, Traversellit, Vesuvian, Spinell, Brandisit, Grossular, außerdem Apophyllit, Augit und auch Schmucksteine wie Achat und Jaspis; vielgerühmt und sehr begehrt sind die schönen braunroten Heulandite aus dem Fassatal. Das Fassatal wird seit über 150 Jahren von Sammlern viel besucht, weshalb man inzwischen an vielen der ehemals klassischen Fundstellen kaum mehr fündig wird. Im angrenzenden Val di Fiemme (Fleimstal) findet man in der Umgebung von Predazzo schöne Granat- und Vesuviankristalle.

Verboten ist das Sammeln von Mineralien (und Fossilien) in den vier Naturschutzgebieten, den Naturparks Texelgruppe, Schlern, Puez-Geisler und Fanes-Sennes-Prags (siehe S. 533 f.), deshalb sollen die hier gelegenen Fundstellen unerwähnt bleiben.

# Flora und Fauna

Die vielfältige, reichgegliederte Landschaft Südtirols umfaßt, durch ihre Lage am Südhang der Alpen klimatisch begünstigt, die Lebensräume unterschiedlichster Pflanzen- und Tierarten. Klimaunterschiede, das große Höhengefälle (zwischen 225 und 3900 m), die verschiedenen Bodenbeschaffenheiten und Geländeformen tragen wesentlich dazu bei, daß der Naturfreund auf engem Raum eine äußerst verschiedenartige Flora antrifft, die von der alpinen Pflanzenwelt im Zentralbereich der Alpen (Stubaier, Ötztaler und Zillertaler Alpen, Texel-Gruppe, Ortler-Massiv), über die submediterrane um Bozen und Meran bis zur Steppenvegetation des Vinschgauer Sonnenberges reicht. In gleicher Weise, wenn auch mit Abstrichen bezüglich des Artenreichtums, läßt sich die Fauna charakterisieren.

In der *zentralalpinen Vegetationszone* sind Nadelwälder und Almen vorherrschend; an typischen Blumen seien hier erwähnt: Krokusse, stengelloser Enzian, Echter Speik (am ›Speikboden‹ im Ahrntal), Arnika, Blauer Eisenhut, vereinzelt Feuerlilien, im Kampfgürtel des Waldes Alpenrosen und in höheren Lagen Edelweiß und Edelraute.

Aufgrund der sehr verschiedenartigen Bodenzusammensetzung findet sich in den *Dolomiten* eine äußerst abwechslungsreiche Pflanzendecke, vor allem seltene Endemiten (auf ein enges Verbreitungsgebiet beschränkte Pflanzenarten) sind hier anzutreffen. Oberhalb der Fichten-, Föhren-, Lärchenwälder und der Zirbelkieferregion mit ihren jeweils charakteristischen Blumen − erwähnt seien hier die schönen Lärchenwiesen mit Küchenschelle, Osterglocke, den stengellosen Enzianarten, Schwefelanemone, Mehlprimel und Seidelbast − beginnt der eigentliche alpine Gürtel, in dem auf Grasmatten Geröllhalden und schließlich Fels folgen; jede dieser drei Zonen hat ihre eigene Vegetation. Fallen in der Zone der Grasmatten die rote Alpen-Grasnelke (hier ›Schlernhexe‹ genannt), die bärtige Glockenblume und die Weiße Nieswurz (oder Weißer Germer) auf, sind es in den Geröll- und

Schottergeländen das Alpenleinkraut, der weiße und gelbe Alpenmohn, sowie die seltene Einseles Akelei. Unmittelbar unter den aufsteigenden Felswänden wächst der Dolomiten-Endemit Hausmanns Mannsschild (Fassaner Berge, Cordevole-Tal) und die schöne, hier selten anzutreffende Felsenaurikel (oder Platenigl). Vertreter der Felsflora sind die Silberwurz, das Dolomiten-Fingerkraut, die Großköpfige Teufelskralle – als schönste und eleganteste der Dolomitenpflanzen gepriesen – und ein weiterer Endemit: die kleine Dolomiten-Glockenblume (Falzarego-Paß und Sella-Joch). Lohnende Ziele für den Blumenfreund sind das Gebiet rund um den Schlern, die Plätzwiese in den Pragser Dolomiten, die Sarl-Wiesen im Höhlensteintal und das Innerfeldtal in den Sextener Dolomiten (in den beiden letztgenannten wächst der seltene Frauenschuh, im Innerfeldtal auch der schöne Türkenbund).

Geringer ist der Artenreichtum der Tierwelt: die sich vermehrenden Siedlungen, vor allem jedoch der stark gestiegene Sommer- und Wintertourismus haben viele der ehemals hier heimischen Tierarten verschwinden lassen. Durch die Schaffung von Naturschutzgebieten – sie umfassen inzwischen einen großen Teil der Südtiroler Dolomiten – soll versucht werden, die Restbestände zu schützen und einen Teil der ursprünglichen Tierwelt wiedereinzubürgern. Im gesamten Dolomitengebiet vertreten sind Gemsen und Murmeltiere, Birk- und Auerwild leben in der Puez-Gruppe, in der Gegend der Fanes-Alm, im Grünwald- und im Innerfeldtal; Steinadler nisten ebenfalls in der Puezgruppe, im Grünwald- und im Innerfeldtal. Im Grünwaldtal kann man den seltenen Mauerläufer beobachten, Steinböcke im Gebiet der Fosses-Alm.

Besonders hingewiesen sei aber auf das wildreiche, einsame Pfossental im Naturpark Texelgruppe: Neben Murmeltieren, Gemsen und Steinwild kann man hier die in Südtirol inzwischen seltenen Steinadler beobachten, desgleichen Birkwild, Schneehühner und Kolkraben. Ebenso lohnend ist ein Streifzug durch den Nationalpark Stilfser Joch; hier leben außer den genannten Wildarten zahlreiche Rothirsche, Auerwild und der Uhu.

Unter dem Einfluß des *submediterranen Klimas* stehen die Umgebung von Bozen und Meran. Die Talsohlen und die Hänge sind hier bedeckt von Obstkulturen und Weinreben, während sich auf den nicht kultivierten Hanglagen der wärmeliebende Flaumeicher-Hopfenbuchen-Buschwald erstreckt. Eine attraktive Besonderheit der Gegend sind die um die Jahrhundertwende angelegten Promenadenwege in Meran und Bozen, wo aufgrund des außerordentlich milden Klimas in fernen Gegenden beheimatete Pflanzen gedeihen. Am Tappeiner-Weg in Meran kann sich der Spaziergänger das ganze Jahr über an exotischen Gewächsen erfreuen: Im Winter blühen dort Calycanthus und Winterjasmin, im Frühjahr Magnolien, Forsythien, Japanische Quitten und die betörenden Duft verbreitende, aus China stammende Glycine; im Sommer leuchten die roten Blüten des Granatapfelstrauchs und im Herbst die rotgelb gefärbten Blätter der aus Indien und Japan stammenden Lagerstroemie. Es gedeihen hier auch zahlreiche Vertreter der mediterranen Flora wie Lorbeer, Myrthe, Oleander und Erdbeerbaum, ebenso immergrüne Laubhölzer aus Asien und Nordamerika. Eine ähnlich luxurierende Vegetation prägt auch das Bild der Herzog-Heinrich- und der Oswald-Promenade in Bozen.

Zu den eigentümlichsten Landschaften Südtirols gehört der *Vinschgau*. Sein auffallendstes Merkmal – der starke Gegensatz zwischen der bewaldeten Schattenseite und den kahlen, steppenartigen Hängen der Sonnenseite ist Folge des taleigenen Klimas: Sehr geringe Niederschläge (im Durchschnitt 550 mm jährlich) und hohe Temperaturen machen es zur wärmsten Trockeninsel der Ostalpen.

Zwischen Naturns und dem Matscher Tal erstreckt sich der Vinschgauer Sonnenberg. Resultat jahrhundertelangen Raubbaus (Rodungen, Beweidung), der aufgrund der extremen Klimaverhältnisse eine sekundäre Bewaldung nicht aufkommen ließ und die Verbreitung von Steppenpflanzen begünstigte, stellt er heute einen für den Naturfreund äußerst interessanten Biotop dar (bei hochsommerlichen Wanderungen bedenke man vorher, daß es dort wirklich unerträglich heiß ist!). Während Kastanien, Nußbäume und Eichen nur vereinzelt in windgeschützten Mulden wachsen, sind Heckensträucher sehr verbreitet: Sanddorn, Kreuzdorn, Berberitze, Brombeere und Wacholder. Es gedeihen dort Gräser mit großen Wurzelsystemen und Seggen, außerdem Hauswurz, Tragant, Gamander, Heide- und Sonnenröschen sowie der Bunte Bergfenchel; auf Felsenhängen Wermut, Küchenschellen, Königskerzen, Habichts- und Fingerkraut; bei Schlanders findet man auch das Meerträublein, es hat hier seinen einzigen Standort in Südtirol. Eine außergewöhnlich vielfältige Vogelwelt bevölkert diese kahlen Hänge: Steinhühner, die seltenen Mauerläufer und Neuntöter, Sperbergrasmücke, Brachpieper, Schwarzkehlchen, Zippammer, Dorngrasmücke, Wendehals, Heidelerche, Specht und Wiedehopf (Upupa epops!). Außerdem kann man hier auch Wärme und Trockenheit liebende Schmetterlinge sowie Smaragdeidechsen beobachten.

Es gibt in Südtirol noch einige Reste früher verbreiteterer Biotope, die durch Flußregulierungen und Kultivierungen stark zurückgedrängt worden sind. Dazu gehören vor allem die Schwarzerlen-Auen am Ufer der Etsch bei Schluderns (im Vinschgau) und Burgstall (im Burggrafenamt), deren üppige Vegetation zahlreichen Wasser- und Sumpfvögeln Nistplätze und Zugvögeln einen Rastplatz bietet – ferner die Moore bei Oberrasen (›Rasener Möser‹), am Fennberg und bei Altrei (›Langes Moos‹).

An interessanten Besonderheiten seien noch erwähnt: Der Hügel von Castelfeder (s. S. 216 f.), wegen seiner ›klassischen‹ Landschaft das ›Arkadien Tirols‹ genannt (er kontrastiert mit seinen schönen Eichenbäumen zu den vom Sumpf geprägten Lebensräumen der an seinem Fuß gelegenen ›Langen-‹ und ›Wurm- und Schwarzsee‹), der Schilfgürtel des Kalterer Sees, Rastplatz für Sumpf- und Wasservögel, sowie die Eppaner Eislöcher (in der Nähe des Stroblhofes bei Eppan, s. S. 205). Aufgrund des besonderen lokalen Klimas gedeiht hier auf engem Raum eine alpine Flora (Alpenrosen, Moose, Flechten) in nur 590 m Höhe in direkter Nachbarschaft zu den Weinreben.

# Der Wein

Wann in Südtirol zum ersten Mal aus dem Saft der Trauben Wein vergoren wurde, ist unbekannt. Das älteste Zeugnis vom Rebenanbau stellt ein in Stufels (Brixen) gefundenes Tongefäß mit Traubenkernen dar (etwa 500 v. Chr.). Die Römer jedenfalls fanden den Weinbau schon vor. Suetonius berichtet, daß der ›rätische Wein‹ (Südtirol war ein Teil der Provinz Rätien) Kaiser Augustus besonders geschmeckt hat: »Et maxime est delectatus Raetico« (›Vita‹ des Kaisers Augustus). Plinius d. Ä. und Strabo bekunden ihr Erstaunen darüber, daß der rätische Wein in Holzfässern, und nicht wie bei den Römern in Schläuchen aus Ziegenfell, transportiert werde. Nach der Christianisierung und während des ganzen Mittelalters machte sich besonders die Geistlichkeit um den Wein in den Tälern von Etsch und Eisack verdient: zuerst die Missionare, später Klöster und Bistümer hauptsächlich aus Süddeutschland, aber auch Österreich und der Schweiz. Sie erwarben in Südtirol umfangreichen Grundbesitz – teils Weinberge, teils geeignetes Land, auf dem sie Rebkulturen anpflanzten (die diesbezüglichen geschichtlichen Abhandlungen nennen als Grund für dieses starke Interesse am Südtiroler Rebensaft den Bedarf an Meßwein ...). Lobend äußert sich auch Oswald von Wolkenstein: Anläßlich seines Aufenthaltes in Konstanz während des Konzils (1414–1418) beklagt er sich über den dortigen Wein (den ›Überlinger‹)

»Vasst süsser wein als slehen tranck,
der reuhet mir die kel so kranck,
das sich verierrt mein hels gesangk,
dick gen Traminn stet mein gedanck.«
(Überlinger Lied)

»Wein so süß wie Schlehensaft
rauht mir meine Kehle auf,
daß es den Gesang vergrätzt!
Sehnsucht hab ich nach Traminer.«
(Übers. Dieter Kühn)

Georg Rösch von Geroldshausen nennt in einem Gedicht von 1558 bereits folgende Südtiroler Weinlagen: Traminer, Eppaner, Leitacher, Girlaner, Missianer, Montaner, Planitzinger, Riederer, Grieser, Ackpfeifer und Schreckbichler.

Mit der Zunahme des Weinanbaus häufen sich auch die gesetzgeberischen Regelungen über Handel und Ausschank von Wein, über Weinpreise und -steuern, aber auch bestimmte Privilegien: So erhielten z. B. die Bozner 1371 das Recht, den Handel mit fremden Weinen in ihrer Stadt zu verbieten.

Nach der Säkularisation gingen die Weinberge der Klöster zum Großteil in bäuerlichen Besitz über. Das war gleichbedeutend mit einem Aufschwung des Weinhandels, da nun der Eigenbedarf erheblich geringer war. Bald bildeten sich Interessengemeinschaften von Weinproduzenten und -händlern, 1896 wurde die erste Bozner Weinkost eröffnet, die seither – mit Unterbrechungen während der Kriege – jedes Jahr stattfindet und einen umfassenden Überblick über die Südtiroler Weine bietet.

Nach Qualitätskriterien (gemäß dem italienischen Weingesetz) unterscheiden sich die Südtiroler Weine in Tafel- und DOC-Weine. Unter die erste Gruppe fallen Weine, die die Kriterien für Qualitätsweine nicht erfüllen, aber auch solche, die von den Erzeugern aus verschiedenen Gründen – weil z. B. der Aufwand sich für geringe Anbauflächen nicht lohnt oder der entsprechende Wein auch so einen guten Ruf genießt – der amtlichen Qualitätskontrolle nicht unterstellt werden.

Das Prädikat DOC (›Denominazione di origine controllata‹ = kontrollierte Ursprungsbezeichnung, vergleichbar dem deutschen ›Qualitätswein bestimmter Anbaugebiete‹) tragen Qualitätsweine, die bestimmten, genau begrenzten Wachstumsgebieten mit festgesetzten Erntehöchstmengen entstammen und kontrollierten Produktionsvorschriften (betreffend Mindestalkoholgehalt, Geschmacksmerkmale, zulässige Verfahren der Aufbesserung) unterliegen.

In Südtirol wachsen zum Großteil frische, spritzige Weine, die wegen ihres geringen Säure- und Tanningehalts schnell ausbauen; sie sind ein halbes bis dreiviertel Jahr nach der Traubenlese schon trinkfertig und schmecken jung getrunken am besten (innerhalb eines Jahres, mit Ausnahme der ›schwereren‹ Roten: Blauburgunder, Cabernet, Lagrein, Merlot). Die Vorstellung, je älter desto besser, ist also in bezug auf Südtiroler Weine verkehrt: Sie erreichen schnell ihre höchste Reifestufe und bauen dann ab, verlieren also ihre Qualität. Jahrgangsunterschiede sind wegen des ausgeglichenen Klimas hier nicht derart bedeutsam wie in nördlicheren Weinbaugebieten, auch Spätlesen gibt es kaum, da die Weißweine dank der günstigen klimatischen Voraussetzungen schnell reifen.

Alle Weine sind durchgegoren, daher ohne Restsüße (sie brauchen deshalb auch nur in geringem Maße geschwefelt zu werden). Dies ist der Grund für die sprichwörtliche Bekömmlichkeit der hier angebauten Weine – sie sind sogar für Diabetiker nicht verboten.

## Rotweine

*Großvernatsch* (auch Edelvernatsch): Die verbreitetste Rebsorte in Südtirol; sie ergibt einen spritzigen, frischen Wein, der für seine gute Bekömmlichkeit bekannt, für längere Lagerung im allgemeinen allerdings nicht geeignet ist.

*Lagrein* (auch Lagrein dunkel): Gehaltvoller samtiger Wein, der auf der Flasche ausbaut und gut fünf Jahre gelagert werden kann. Durch eine besondere Kelter-Methode entsteht aus dieser Rebe der

*Lagrein-Kretzer:* Er wird nicht auf der Trester vergoren, sondern vor der Gärung von den Bälgen getrennt. Es entsteht so ein hellroter, süffiger Wein, der wegen seines angenehm leichten Geschmacks sehr beliebt ist. Südtiroler sagen ihm allerdings heimtückische Eigenschaften nach: Er soll streitsüchtig und unbeherrscht machen. Schon Michael Gaismayr wetterte gegen ihn und der Arzt Hippolyt Guarinoni nennt ihn in seinem 1610 gedruckten Buch ›Über die Greuel der Verwüstung menschlichen Geschlechts‹ ein »hitzeerzeugendes Malefizgetränk«.

*Blauburgunder:* Diese Rebsorte wird hauptsächlich an den Hängen des linken Etschufers im Unterland angebaut. Aus ihr wird ein vollmundiger Wein mit viel Körper und sorteneigenem Bukett gewonnen. Er ist gut lagerfähig und schmeckt am besten vom dritten Jahr nach der Weinwerdung an. Es lohnt sich daher, in den Kellereien nach den älteren Jahrgängen zu fragen.

*Merlot:* Auch dieser vollmundige, weiche Wein gehört zu den schwereren Rotweinen, die sich für längere Lagerung eignen.

*Cabernet:* Trockener, kräftiger Wein mit charakteristischem ›Gras‹-Geschmack, der sich gut lagern läßt; da diese Sorte wegen des höheren Tannin-Gehalts gut ausbauen soll, empfiehlt sich auch hier, sich nach älteren Jahrgängen umzusehen.

*Rosenmuskateller* (Roter Muskateller). Süßer, würziger Wein mit zartem Rosenaroma (so etwas wie eine Spezialität für Touristen, auch als ›Damenwein‹ gepriesen, Weinliebhaber wenden sich allerdings mit Grausen).

## Weißweine

Südtirol ist ein Rotweinland, Weißweine sind hier sehr viel weniger verbreitet. Die Südtiroler halten sich an den Grundsatz: »Weißwein nur bis zum Mittagläuten« – danach sei er dem leiblichen Wohl nur abträglich, behaupten sie, er mache nervös.

Die wichtigsten Weißweinsorten sind der trockene, dezent-fruchtige Weißburgunder (Überetsch, Terlan), der sehr würzige Gewürztraminer mit seinem unverwechselbaren Sortenbukett (Unterland, Brixen) und der frische, harmonische Silvaner (Brixen und Klausen).

Gesetzlich geschützt sind auch folgende DOC-Lagenweine: die aus der Vernatschrebe gewonnenen Rotweine ›Kalterer See‹ und ›Kalterer See Auslese‹, ›St. Magdalener‹ (aus den Hängen um Bozen, mit dem Zusatz ›klassisch‹ aus dem Gebiet St. Magdalena, St. Justina, Leitach, St. Peter), ›Bozner Leiten‹ (Wein des Bozner Kessels) und ›Meraner Hügel‹, sowie die Weißweine ›Terlaner‹ und ›Eisacktaler‹.

Für diejenigen, die sich jetzt entschlossen haben, ihre Kunstreise mit einer Weinreise durch Südtirol zu verbinden, noch folgende Stichworte:

*G'spritzer* heißt in Südtirol ein mit Mineralwasser verdünntes Glas Wein. Auf Goethes verurteilende Worte: »Der ist nicht wert des Weines, der ihn mit Wasser trinkt« wird dabei nicht viel gegeben – der G'spritzte erfreut sich überall in Südtirol großer Beliebtheit.

*Törggelen* bedeutete früher eine Wanderung im Spätherbst zu Weinhöfen und Buschenschänken, wo zum ›Neuen‹, dem gerade ausgegorenen Wein Kastanien, Walnüsse, Bauernkäse, Speck oder Kaminwurzen (geräucherte Wurst) mit Brot gegessen wurden, bevor man sich etwas angeheitert wieder auf den Rückweg machte. Unter diesem Namen figurieren inzwischen häufig Sauftouren, zu denen ganze Reisegesellschaften mit Bussen angekarrt werden – mit allen unangenehmen Begleiterscheinungen.

*Die Bozner Weinkost* wird jedes Jahr im Frühjahr (März/April) in Bozen veranstaltet. Sie bietet einen umfassenden Überblick über die Südtiroler Weinproduktion des vorangegangenen Jahres und ist deshalb sehr informativ für alle, die den Südtiroler Wein kennenlernen wollen; aber auch Kenner entdecken dort bestimmt noch interessante Neuigkeiten.

*Das Weinmuseum im Schloß Ringberg* zwischen Kaltern und dem Kalterer See informiert mit seinen Sammlungen über Geschichte und Technik des Weinbaus in Südtirol (s. S. 208)

# Wissenswertes von A bis Z

*»Am besten ist in Tirol der Fussreisende daran, um Land und Leute kennen zu lernen. Kräftig und stark gebaut für alle Beschwerden des Weges, für jede Entbehrung im Gebirge, bei Tag und Nacht ein wanderfester Geselle, wagt er sich durch Berg und Thal, über Joch- und Gemsensteige. Seine Kleidung ist leicht und kurz geschnitten, damit sie ihn nicht beschwert, und die Füsse nicht verwickelt; nur um die Brust ist er warm gedeckt, damit sie in den schneidenden Winden der Hochalpenregion vor jeder Erkältung gesichert ist. Auf seinem Rücken trägt er einen bequemen Tornister an beiden Achseln befestiget. Darin befindet sich weniges Leibgewand zum Wechseln, eine lederne Trinkschale, Brotvorrath, etwas Zucker, Feuerzeug, ein gutes Messer, ein Perspektiv, eine gute Landkarte, einige Streukügelchen von Pulsatilla, Nux vomica und China. An der Seite trägt er eine Flasche mit Rhum oder gutem Branntwein, in der Hand einen verlässlichen Wanderstock, zur Kopfbedeckung eine kleine Haube, an den Füssen Schuhe oder leichte Halbstiefel. Wein mitzuschleppen liebt er nicht, er macht in höheren Regionen unaufgelegt zu gehen, schwere Füsse, schläfrig bis zum Erdrücken; dafür giesst er von Zeit zu Zeit einige Tropfen Rhum auf ein Stückchen Zucker, und lässt es langsam im Munde zergehen, das beste Stärkungsmittel auf Bergreisen. Speiseüberfluss ist unnothwendig, ja schädlich, die höchste Mässigkeit ist zum Weiterkommen am allernothwendigsten. Man hat Beispiele, dass schwache Bergsteiger durch öfteren Speisegenuss völlig erlegen sind. Am besten behagt dem Magen ein Stück kalter Braten, weniger Geräuchertes, Schinken, Zungen u. dgl., die sich sämmtlich mit der Kraft des Alpenwassers schlecht vertragen. Er trinkt nur im äussersten Nothfalle Schnee- oder Fernerwasser, es verderbt den Magen, erregt Schwindel, Uebelkeit, Erbrechen. Man wählt unter den Quellen wo möglich diejenigen, welche hell und klein aus festem Grunde sprudeln, die Sumpfwasser der höchsten Höhen sorgfältig vermeidend. Er setzt sich zum Ausruhen nie auf die Windschneide des Berges, sondern hinter windstille Felsen, oft büsst man Unvorsichtigkeit in diesem Stücke mit dem Verluste der Gesundheit und des Lebens.«*

»Reiseregeln« von Beda Weber in ›Das Land Tirol‹, 1838

Wer so nicht mehr durch Tirol reisen möchte, beachte folgende Hinweise:

## Anreise

### Mit dem Auto

Die klassischen Reisewege nach Südtirol führen über den Brenner (1375 m, Staatsstraße oder gebührenpflichtige Autobahn) ins Eisacktal und über den Reschenpaß (1510 m) in den Vinschgau. Reisende aus der Schweiz erreichen Südtirol durch das Engadin über den Münsterpaß, aus Osttirol gelangt man über den Grenzübergang bei Winnebach ins Pustertal. Wer schon die Anreise für eine Fahrt über ausichtsreiche Hochgebirgsstraßen nutzen möchte, kann durch das Ötztal über das Timmelsjoch (2500 m) ins Passeiertal fahren. Die Timmelsjochstraße (befahrbar von Juni/Juli bis September, auf österreichischer Seite gebührenpflichtig) ist für Caravans gesperrt, desgleichen die landschaftlich sehr schöne Strecke durch das Osttiroler Defereggental, die über den Staller Sattel ins Antholzer Tal führt. Innerhalb von Südtirol führen schöne Alternativrouten von Sterzing übers Penser Joch (2211 m, geöffnet Juni–Oktober, für Caravans gesperrt) nach Bozen und über den Jaufenpaß (2094 m, geöffnet Mai–Oktober, für Caravans gesperrt) nach Meran.

### Mit der Bahn

Die Hauptstrecke durch das Eisacktal ist an das europäische Schienennetz angeschlossen, Nebenlinien führen von Franzensfeste ins Pustertal und von Bozen nach Meran und bis Mals im Vinschgau. Alle anderen Orte sind mit Autobuslinien erreichbar. Autoreisezüge verkehren zwischen den wichtigsten deutschen Städten und Bozen; nähere Informationen erteilen die Verkaufsstellen der Bundesbahn.

## Baden

Badeseen: Kalterer See und Montiggler Seen im Unterland; Wolfsgruben-See am Ritten; Völser Weiher; Issinger Weiher im Pustertal.

Praktisch vor den Toren Südtirols liegt der Gardasee, wohin Sie lohnende Tagesfahrten oder Wochenendausflüge unternehmen können.

Viele Orte Südtirols haben – zum Teil geheizte – Freibäder oder Hallenbäder, ebenso wie viele Pensionen und Hotels.

## Benzin

Bei der Ausreise ist Dieselkraftstoff bis zu 30 Litern zollfrei. Das Mitführen von Reservetreibstoff sowie das Auffüllen von Kanistern an Tankstellen ist aus Sicherheitsgründen verboten. Auskünfte über Benzingutscheine erteilt der ADAC.

Welche Tankstellen am Wochenende geöffnet sind, erfährt man aus der Tageszeitung ›Dolomiten‹.

## Besichtigung

Vor verschlossenen Türen werden Sie sehr oft stehen, wenn Sie Südtiroler Kunststätten besuchen möchten. Wegen der häufigen Kunstdiebstähle, aber auch wegen der durch

Besucher verursachten Beschädigungen mußten die früher immer offenstehenden Kirchentüren verschlossen werden. Genaue Angaben darüber, wo Sie den Schlüssel bekommen können, finden Sie in diesem Reiseführer im Anschluß an die Beschreibung der einzelnen Kunstobjekte. Wenn Sie längere Wanderungen zu entlegenen Kirchen planen, sollten Sie sich jedoch vorher sicherheitshalber noch im Fremdenverkehrsamt erkundigen.

Berücksichtigen Sie auch, daß die Familien, die den Schlüssel verwahren und Sie zum Teil selbst zur Kirche begleiten, nicht unbedingt zur Mittagszeit gestört werden möchten, und bedenken Sie, daß sie diesen Dienst ehrenamtlich versehen, ein kleines Trinkgeld also durchaus angemessen ist.

Reguläre Öffnungszeiten sind im Text angegeben.

## Devisen, Wechselstellen

Die Ein- und Ausfuhr von italienischer Währung ist zur Zeit auf 200000 Lire (Noten bis 50000 Lire) beschränkt. Ausländische Währung kann unbegrenzt eingeführt werden. Wenn Sie höhere Geldbeträge wieder ausführen möchten, muß die gesamte Geldsumme schon bei der Einreise deklariert werden. Schecks, Reiseschecks, Eurocheques und Postsparbücher brauchen nicht deklariert zu werden und können ohne Beschränkung ein- und ausgeführt werden.

Lire eintauschen können Sie in Banken und vielen Fremdenverkehrsämtern. Meistens werden jedoch auch DM als Zahlungsmittel akzeptiert, in der Regel auch Eurocheques (in Lire ausstellen).

## Ferienakademien

Die ›Südtiroler Ferienakademie‹ veranstaltet Winterkurse (am Jahresende) in Meran und Sommerkurse (zwei 14tägige Kurse von Juni – Anfang August) in Eppan. Unterrichtet wird in Malen (Öl, Acryl und Gouache) und Zeichnen (Bleistift, Kohle, Kreide, Pastell, Tusche). In Spezialgruppen wird Portraitunterricht gegeben sowie Modellieren und Figurenschneiden aus Wachs gelehrt. Adresse: Südtiroler Ferienakademie, Antoniusweg 16, I-39057 Eppan.

Die ›Internationale Ferienakademie auf Schloß Bruneck‹ erteilt in ihren Kursen im Juni/Juli Unterricht in Malerei, Zeichnen und Volkskunst. Adresse: Internationale Ferienakademie, Oberragen 1, Postfach 99, I-39031 Bruneck.

## Höchstgeschwindigkeiten

|  |  | Land-straßen | Auto-bahnen |
|---|---|---|---|
| Pkw | bis 599 ccm | 80 km/h | 90 km/h |
| Pkw | von 600 bis 900 ccm | 90 km/h | 110 km/h |
| Pkw | von 901 bis 1300 ccm | 100 km/h | 130 km/h |
| Pkw | über 1300 ccm | 110 km/h | 140 km/h |
| Motorräder | bis 99 ccm | 80 km/h | verboten |
| Motorräder | von 100 bis 149 ccm | 90 km/h | verboten |
| Motorräder | ab 150 ccm | 100 km/h | 130 km/h |

## Die Südtiroler Küche

Die traditionelle Südtiroler Küche – auf die man sich auch in Restaurants zunehmend besinnt – ist einfach, aber schmackhaft. Unter den Vorspeisen dominieren die Suppen, vor allem gute Fleischsuppen mit verschiedenen Einlagen, den berühmten Speckknödeln und den Knödeln ohne Fleisch für die Fastenzeit: den Schwarzplentenen (aus Buchweizen) und den Preßknödeln (mit Grauem Käse oder Ziegenkäse), Milzschnitten, Griesnocken und Frittaten (dünngeschnittene Pfannkuchen), außerdem Gerstensuppe, Griessuppe oder die Bozner Saure Suppe (mit Rindskaldaunen).

Aus der bäuerlichen Alltagsküche stammen phantasievoll variierte Mehlgerichte, die in Restaurants häufig als Vorspeisen serviert werden: Schlutzkrapfen (kleine, mit zerlassener Butter und geriebenem Käse angerichtete Teigkrapfen) und die verschieden zubereiteten Nocken, Weizene Kasnocken (aus Knödelbrot und Graukäse), Topfennocken, Eiernocken usw. Spezialitäten unter den Fleischgerichten sind das Bauernschöpserne (Hammelschulter in St. Magdalena-Wein), der Tiroler Bauernschmaus, bestehend aus Sauerkraut, Speckknödeln, Schweinskarree, Selchkarree, Bratwürstel und Salzkartoffeln, ferner schmackhaft zubereitete Innereien wie das Kapuzinerfleisch (gebratene Nierenscheiben in einer Knoblauch-Basilikum-Soße); daneben sind na-

türlich auch Rind-, Schweine- und Kalb-
fleischgerichte vertreten, sowie Wild. Bereichert wird die Südtiroler Küche durch
eine Vielzahl von süßen Mehlspeisen, die als
Dessert, zum Kaffe zwischendurch oder als
Abendmahlzeit gegessen werden. Besondere Erwähnung verdienen hier die köstlichen
Strudel mit Füllungen je nach Jahreszeit:
Apfel-, Trauben-, Kirsch- oder Topfen (=
Quark) -Strudel und eine Vielfalt von Krap-
fen aus Roggen- und Weizenmehl.

Die österreichische Küche ist hier genau-
so vertreten wie die italienische; letztere
wird besonders in kleineren Dörfern oft in
lokalen Abwandlungen auf den Tisch gebracht. Essen gehen in Tirol ist also kein
großes Risiko, hier kann guten Gewissens
behauptet werden, daß die schlechten Restaurants die Ausnahme sind.

## Museen

Die Öffnungszeiten werden in jeder Saison
neu festgelegt; sie können sich daher gegenüber den folgenden Angaben geringfügig
ändern.

*Bozen:* Städtisches Museum, Museumstr./
Sparkassenstr.
(Vorgeschichte und römische Zeit, Malerei
und Skulpturen von der Vorromanik bis zur
Gotik, Tiroler Volkskunst)
Öffnungszeiten: werktags von 9–12 und
15–17 Uhr.
*Meran:* Städtisches Museum, Galileistr. 55
(Bedeutende prähistorische Abteilung,
Skulpturen- und Gemäldesammlungen,
Kunstgewerbe)
Öffnungszeiten: 10–12 und 15–18 Uhr;
Samstag nachmittag, an Sonn- und Feierta-
gen geschlossen.

*Brixen:* Diözesanmuseum (mit Krippen-
sammlung) in der Hofburg
Öffnungszeiten: Juni – September: werk-
tags 10–12, 14–18 Uhr; Oktober – Mai:
werktags 10–12, 14–17 Uhr; (Dezember,
Januar zusätzlich sonntags 14–17 Uhr) Fe-
bruar und November geschlossen.
Brixner Domschatz
*Sterzing:* Hans-Multscher-Museum, Stadt-
platz
Öffnungszeiten: werktags 8.30–11.30 Uhr,
15–17.30 Uhr.
*Klausen:* Loreto-Schatz (im Kapuziner-
Kloster in der ›Frag‹ am Südeingang von
Klausen; s. S. 72)
Öffnungszeiten: werktags 10–11, 16–18
Uhr (nur zu Saisonzeiten, man erkundige
sich vorher im Verkehrsbüro im Zentrum
von Klausen).
*Innichen:* Stiftsmuseum, Attostr. 2
Öffnungszeiten: Mi, Do 10–11 Uhr und
15–16 Uhr, Sa, So 10–11 Uhr
*Kaltern:* Weinmuseum im Ansitz Ringberg
Öffnungszeiten: April – Oktober wochen-
tags 14–17 Uhr.
*Dorf Tirol:* Landwirtschaftliches Museum
Brunnenburg
Öffnungszeiten: 16–18 Uhr, dienstags ge-
schlossen
*Dietenheim:* Südtiroler Landesmuseum für
Volkskunde, Mair am Hof
Öffnungszeiten: Ostern – 31. Oktober: Di–
Sa 9.30–17 Uhr, So 13–18 Uhr, Mo geschlos-
sen; 1. November – Ostern geschlossen.
*St. Ulrich/Gröden:* Heimatmuseum, Cësa di
Ladins.
*Gufidaun:* Dorfmuseum im Schnitzlerhaus.

## Naturschutzgebiete

Neben dem Nationalpark Stilfser Joch, von
dem sich nur ein Teil auf Südtiroler Gebiet

erstreckt, gibt es vier durch Landesgesetze geschützte Naturparks.

*Naturpark Schlern:* etwa 63 km² groß, umfaßt Gebiete der Gemeinden Völs, Kastelruth und Tiers rund um das Schlernmassiv.
*Naturpark Puez-Geisler:* schützt ein 94 km² großes Dolomitengebiet zwischen dem hinteren Grödner Tal, Corvara, Abteital und dem Villnöß-Tal.
*Naturpark Fanes-Sennes-Prags:* 270 km² zwischen Gadertal und Höhlensteintal.
*Naturpark Texelgruppe:* 330 km² zwischen Passeiertal und Schnalstal.

Durch die Schaffung dieser Parks (vier weitere sind geplant) sollen an Naturschönheiten reiche Gebiete mit ihrer Flora und Fauna vor der Zerstörung bewahrt werden. Es ist verboten, dort Blumen zu pflücken, Mineralien und Fossilien zu sammeln sowie nach archäologischen Funden zu graben.

## Reisezeit

Südtirol kann aufgrund seiner abwechslungsreichen Landschaft vom warmen, sonnenbegünstigten Meran bis zu dramatischen Hochgebirgstälern zu jeder Jahreszeit – je nach den Vorlieben des Reisenden – als Urlaubsziel gewählt werden.

Im Frühling sind die Obst- und Weinanbaugebiete im Burggrafenamt, im Unterland und Überetsch besonders reizvoll (Baumblüte), Ostern und Pfingsten sind hier Hochsaison und ziemlich ausgebucht.

Hauptreisezeit für ganz Südtirol sind die Monate Juli und August, weniger betriebsam ist die Zeit zwischen Mitte Mai und Ende Juni.

Am schönsten ist Südtirol im Herbst, doch sollte bei der Reiseplanung bedacht werden, daß in Weingegenden wieder touristischer Hochbetrieb herrscht.

## Sportmöglichkeiten

### Wintersport
Die Wintersaison in den gut erschlossenen Südtiroler Skigebieten beginnt unmittelbar vor Weihnachten und dauert je nach Höhenlage bis Ende März/April. Sommerskilauf ist möglich im Schnalstal und am Stilfser Joch. Viele Eislaufplätze und Naturrodelbahnen (Kunstrodelbahn in Olang) bereichern das Angebot an Wintersporteinrichtungen; in jüngster Zeit wurden in den wichtigsten Wintersportorten auch Langlaufloipen angelegt.

### Weitere Sportmöglichkeiten
Angeln: heißt in Südtirol ›Fischen‹. Sie benötigen dafür
1 die staatliche Fischereilizenz Typ D, die gegen Gebühr beim Landesamt für Jagd und Fischerei, Bozen, Horazstr. 4, erworben werden kann (oder bei neun weiteren dafür zuständigen Stellen, Informationen im Verkehrsamt Ihres Urlaubsortes);
2 eine Fischwasserkarte, die von den jeweiligen Bewirtschaftern der Fischwasser oder von den Fischereivereinen ausgegeben wird (genaue Informationen bei den lokalen Fremdenverkehrsämtern).

In vielen Orten gibt es Reitmöglichkeiten; die Südtiroler Flüsse eignen sich gut für den Kanusport, besonders reizvoll sind der untere Lauf der Rienz im Pustertal und die Passer im Passeiertal und Meran. Segeln kann man auf dem Kalterer See und auf dem Reschensee, Windsurfen ebenfalls auf dem Kalterer See (Schule und Verleih) und dem Reschensee sowie auf dem Vernagt-Stausee im Schnalstal. Zum Segelfliegen fährt man nach Bozen und Sterzing, zum Drachenfliegen hauptsächlich nach Brixen und ins Schnalstal.

## Straßen

Sind in Südtirol im allgemeinen sehr gut; bei Fahrten zu entlegenen Orten empfiehlt es sich allerdings, in bezug auf die Befahrbarkeit der Straßen eine Karte mit großem Maßstab, z. B. die Kompaß-Karten aus dem ›geografa‹-Verlag, zu Rate zu ziehen. Einige Straßen sind, besonders in den Hauptreisezeiten, sehr stark befahren, besonders die Straßen in der Umgebung von Bozen und von Bozen nach Meran. Als wahres Nadelöhr erweist sich bei starken Rückreisewellen die Strecke Bozen–Brenner (sowohl die Autobahn wie auch die Staatsstraße); es ist also ratsam, dies bei der Terminplanung für die Rückreise zu berücksichtigen.

Im Winter sind folgende Pässe für den Verkehr gesperrt:

Timmelsjoch Oktober–Juni/Anfang Juli; Jaufenpaß (Südrampe von Walten bis zur Paßhöhe) November – Mai; Penserjoch November–Mai/Anfang Juni; Stilfser Joch Oktober/November – Anfang Juni; Valparolapaß November – Juni.

Bei Lawinengefahr zeitweilig gesperrt werden können die Pässe: Sellajoch, Grödner Joch, Pordoijoch, Falzaregopaß.

Auskünfte über die Verkehrslage erteilt – neben den Verkehrsdurchsagen des deutschsprachigen Senders Bozen – die Verkehrsmeldezentrale des Landesfremdenverkehrsamtes Bozen, ∅ (0471) 21577 – 21578.

## Telephon/Post

Von öffentlichen Fernsprechapparaten kann man in Italien nur mit eigenen Telephonmünzen (gettoni) telephonieren. Eine weitere Besonderheit: Telephon- und Postdienste werden von zwei verschiedenen Gesellschaften betrieben, so daß man in Postämtern nicht immer telephonieren kann.

*Vorwahlnummern*
| | |
|---|---|
| aus Deutschland und der Schweiz | 0039; |
| aus Österreich | 040; |
| nach Deutschland | 0049; |
| in die Schweiz | 0041; |
| nach Österreich | 0043. |

Briefmarken sind in allen Tabakwaren-Geschäften erhältlich.

## Unterkunft

Als klassisches Reiseland verfügt Südtirol über sehr gute und vielfältige Unterkunftsmöglichkeiten, unter denen man je nach Urlaubsvorstellung oder finanziellen Möglichkeiten das Richtige finden kann. Neben Hotels (vier Kategorien) und Garnis kann man wählen zwischen Privatpensionen, Ferien auf dem Bauernhof, Ferienappartements und Camping. In bezug auf die Qualität der Unterkünfte erlebt man in Südtirol kaum eine Enttäuschung, während der Hauptreisezeiten (siehe dort) ist allerdings eine Buchung dringend geraten.

Die Campingplätze sind von äußerst unterschiedlicher Qualität. Um auf ihnen einen angenehmen Urlaub zu verbringen, empfiehlt sich neben vorheriger Buchung zu den Hauptreisezeiten eine möglichst ausführliche Information über Zustand und

Ausrüstung des jeweiligen Platzes. Viele Campingplätze sind ganzjährig geöffnet.

Ein Verzeichnis der Unterkünfte und Campingplätze kann angefordert werden bei den lokalen Verkehrsämtern oder beim Landesfremdenverkehrsamt Bozen.

## Veranstaltungskalender

*Ostern:* Umzug mit Haflinger Pferden und traditionelles Bauerngaloppreiten in Tracht am Untermaiser Rennplatz, Meran;
*April:* ›Bozner Weinkost‹ – Landesweinausstellung Südtirols in Bozen;
*Mai:* ›Gewürztraminerwochen – internationale Vergleichsverkostung der Weine Gewürztraminer‹ aus den verschiedenen Anbaugebieten der Welt;
*Juli:* ›Laubenfest‹ mit historischem Umzug und Aufführung ›Lügenlandtag zu Glurns A. D. 1794‹ in Glurns;
*September:* Kalterer Weinfestwochen;
›Bozner Messe‹ – internationale Musterschau;
Pferderennen um den ›Großen Preis von Meran‹ in Meran – um nur die bekanntesten zu nennen.

Die Termine der zahlreichen Veranstaltungen, insbesondere der vielen Trachten- und Musikfeste, von Theateraufführungen und Brauchtumsabenden, erfahren Sie im Fremdenverkehrsamt Ihres Urlaubsortes oder Sie entnehmen sie dem vom Landesfremdenverkehrsamt Bozen herausgegebenen Veranstaltungskalender.

## Wandern, Bergsteigen

Südtirol verfügt über ein ausgedehntes Netz gut markierter Wanderwege mit unterschiedlichsten Anforderungen an Leistungsfähigkeit und Ausdauer. Im Buchhandel sind für jedes Gebiet gute Wanderkarten und -führer erhältlich, die alle nötigen Informationen enthalten.

Für Kletterfans ist das ›Land im Gebirge‹ natürlich ein wahres Paradies. Sie können gute Kletterführer kaufen, die detaillierte Tourenbeschreibungen mit Zeitangaben und Schwierigkeitsgraden bieten; die dort enthaltenen Angaben über Ausrüstung, Vorsichtsmaßnahmen und insbesondere die Warnungen vor einer leichtsinnigen Überschätzung der eigenen Fähigkeiten und Belastungsgrenzen sind unbedingt zu beachten – das traurige Kapitel der vielen, oft tödlichen, Unfälle von bergunerfahrenen Urlaubern spricht in dieser Hinsicht eine deutliche Sprache. Informieren können Sie sich außerdem zum Teil bei den örtlichen Verkehrsämtern oder – auch telephonisch – beim Alpinen Informationsdienst des Landesfremdenverkehrsamtes in Bozen.

In den meisten Orten stehen auch gut ausgebildete, erfahrene Bergführer zu Ihrer Verfügung; Alpinschulen gibt es im Schlerngebiet, in St. Christina/Gröden und in Villnöß.

---

## Adressen, wichtige Telephon-Nummern

Landesfremdenverkehrsamt
I-39100 Bozen
Pfarrplatz 11/12
✆ (0471) 993808

Polizeinotruf und Unfallrettung
✆ 113
Pannendienst des ACI (Automobile Club d'Italia) ✆ 116

# Literaturhinweise

AMONN, Walther (Hrsg.), VOITHENBERG, Günther von (Fotos): Burgen, Schlösser und Ansitze in Südtirol, München 1978

BEITRÄGE zur Geschichte Tirols: Festgabe des Landes Tirol zum 11. Österreichischen Historikertag in Innsbruck 1971; hrsg. v. Land Tirol. Kulturabteilung im Amt der Tiroler Landesregierung, Innsbruck 1971

Der BRIXENER DOMSCHATZ, hrsg. v. Domkapitel Brixen, Brixen o. J.

CAMINITI, Marcello: Führer zur Besichtigung der Burgen Südtirols (deutsche Bearbeitung von Franz H. Riedl)

CHORHERRENSTIFT NEUSTIFT (Hrsg.): Chorherrenstift Neustift

DUMLER, Helmut: Rundwanderungen in Südtirol, Stuttgart 1979

DUSSLER, P. H. u. a.: Jörg Lederer. Ein Allgäuer Bildschnitzer der Spätgotik, Kempten/Allgäu 1963

EGG, Erich: Kunst in Tirol, 2 Bände (Baukunst und Plastik, Malerei und Kunsthandwerk), Innsbruck 1970

FORCHER, Michael: Tirol. Historische Streiflichter, Wien 1974

FRASS, Hermann: Wunderwelt der Dolomiten, Bozen 1969

FRASS, H., RIEDL, F.: Einkehr in Südtirol, München 1973

FRASS, Hermann, RIEDL, Franz: Historische Gaststätten in Tirol, Bozen 1978

FREI, Mathias: Kunstreise durch Südtirol, Bozen, München 1977

GRAMACCIOLI, Carlo Maria: Die Mineralien der Alpen, 2 Bände, Stuttgart 1978

GRUBER, Karl: Kunstlandschaft Südtirol, Bozen 1979

HOCHRAIN, Helmut: Die guten Weine Südtirols, Bozen 1977

HUTER, Franz: Historische Städtebilder aus Alt-Tirol, Innsbruck, Wien, München 1967

KEITSCH, Fritz (Hrsg.): SB-Farbkunstführer Südtirol Nr. 1, 2, 3, 4, 5, 11, 12, 13, 15, 17, 18

KÜHN, Dieter: Ich Wolkenstein. Eine Biographie, Frankfurt/M. 1977

LANGES, Gunther: Überetsch und Bozner Unterland (= Südtiroler Landeskunde in Einzelbänden, Band 3), Bozen 1968

LANGES, Gunther: Burggrafenamt und Meran (= Südtiroler Landeskunde in Einzelbänden, Band 4), Bozen 1969

LECHTHALER, Alois: Geschichte Tirols, Innsbruck, Wien, München 1970

LUNZ, Reimo: Frühmittelalterliche Stuckornamente von St. Peter bei Meran; Archäologisch-Historische Forschungen in Tirol, Beiheft 1, 1978

Die Sammlungen des MERANER MUSEUMS (hrsg. v. der Direktion des Museums), Meran 1965

MÜCK, H. D., MÜLLER, U. (Hrsg.): Gesammelte Vorträge der 600-Jahrfeier Oswald von Wolkenstein, Seis am Schlern 1977 (= Göppinger Arbeiten zur Germanistik Nr. 206)

MÜLLER, Theodor: Gotische Skulptur in Tirol, Bozen, Innsbruck, Wien 1976

MYSS, Walter, POSCH, Benedikt: Die vorgotischen Fresken Tirols, Wien 1966

ORTNER, Peter: Südtirol und die Dolomiten in Farbe. Ein Reiseführer für Naturfreunde, Stuttgart 1979

RAMPOLD, Josef: Vinschgau (= Südtiroler Landeskunde in Einzelb., Band 1), Bozen 1971

ders.: Pustertal (= Südtiroler Landeskunde in Einzelbänden, Band 2), Bozen 1977 ders.: Bozen und Umgebung (= Südtiroler Landeskunde in Einzelbänden, Band 7), Bozen 1970

RASMO, Nicolò: Michael Pacher. Eine Monographie, München 1969

ders.: Runkelstein, ›Kultur des Etschlandes‹ IV, Bozen 1978

ders.: Die Stiftskirche zu Innichen, Trient 1972

RECLAMS Kunstführer Italien, Band II, 2: Südtirol, Trentino, Venezia, Giulia, Friaul, Veneto, Stuttgart 1972

SCHEFFLER, Gisela: Hans Klocker, Beobachtungen zum Schnitzaltar der Pacherzeit in Südtirol. Schlern-Schriften 248 (hrsg. v. R. Klebelsberg), Innsbruck 1967

SCHNELL, Dr. Hugo (Hrsg.): Schnell Kunstführer Nr. 692, 779, 814, 823, 824, 843, München und Zürich

SÜDTIROL, Merian, Heft 9/XXVI, Hamburg 1973

SCHWOB, Anton: Oswald von Wolkenstein, Bozen 1977

THEIL, Edmund: Kleine Laurin-Kunstführer Nr. 1–32

TRAPP, Oswald: Tiroler Burgenbuch, Band 1: Vinschgau, Bozen 1972; Band 2: Burggrafenamt, Bozen 1973; Band 3: Wipptal, Bozen 1974; Band 4: Eisacktal, Bozen 1977

WEBER, Beda: Das Land Tirol. Ein Handbuch für Reisende. Zweiter Band: Südtirol, Innsbruck 1838

WEINGARTNER, Dr. Josef: Bozner Burgen, Bozen 1959

ders.: Tiroler Burgen, Innsbruck 1971

WOLFF, Karl Felix: Dolomitensagen (Gesamtausgabe), Innsbruck 1974

# Bildnachweis

## Farbabbildungen

Eder, Gräfeling   18, 29, 35, 47
Löbl, Bad Tölz   33, 36, 45
Lindel, Heidenheim   21
Kinkelin, Worms (T. Schneiders)   24–26, 28
Pippke, Bremen   15, 27, 30, 32, 37–41, 43, 44,
48–51, Umschlagvorderseite
Steinmüller, Bremen   19, 46
Tappeiner, Meran   1–14, 16, 17, 20, 22, 28, 31,
34, 42, Umschlaginnenklappe, Umschlagrück-
seite

## SW-Abbildungen

Francke, Hamburg   19, 88, 101, 112, 119, 124
Lindel, Heidenheim   1–8, 11, 13, 15–18, 20–22,
25–27, 33–39, 41–49, 51–55, 59–62, 64, 66, 67,
72–87, 89–91, 93, 97–100, 102–110, 113–115,
117, 118, 122, 123, 125, 127
Pippke, Bremen   9, 30
Steinmüller, Bremen   10, 12, 14, 23, 24, 28, 29, 31,
32, 50, 70, 71, 92, 94, 96, 120, 121, 126
Tappeiner, Meran   40, 68, 69
Thiele, Warburg   56, 63, 65, 68, 69, 111, 116

## Textabbildungen

Abb. S. 18, 246 entnommen aus A. Forcher,
Tirol. Historische Streiflichter, Panorama Ver-
lag [2]1974
Abb. S. 39 entnommen aus Reclams Kunstführer
II, 2, [3]1981, S. 109
Abb. S. 142 entnommen aus dem Polyglott-
Reiseführer 751 Südtirol/Dolomiten
Abb. S. 107 entnommen aus dem Schnell-Kunst-
führer Nr. 814, München [3]1974
Abb. S. 26, 189 O. Kofler, Meran
Abb. S. 267, 297, 302, 309, 311 R. Lindel,
Heidenheim
Abb. S. 88 entnommen aus Oswald von Wolken-
stein, Liederhandschrift B, Universitätsbiblio-
thek Innsbruck, mit freundlicher Genehmi-
gung der Universitätsbibliothek Innsbruck
Abb. S. 80, 194, 245, 249, 256, 260, 298, 301 (Foto:
A. Demanega) mit freundlicher Genehmi-
gung des Tiroler Landesmuseums, Innsbruck
Abb. S. 79, 85 mit freundlicher Genehmigung der
Österreichischen Nationalbibliothek, Wien
Die Vorlagen zu allen übrigen Abbildungen stam-
men von den Verfassern

# Register

## Orts- und Sachregister

Ahrntal   110, 323
Algund   250; Abb. 73
Altenburg   8, **206 f.**; Abb. 57, 58
Altrei   326
Antholz   111, 330; Abb. 24
Astfeld   188
Auer   218
– St. Daniel am Kiechlberg   217
Albions   74
Aufhofen   105
Aufkirchen   130 f.

Barbian   81
– Bad Dreikirchen   **82 f.**; Abb. 21
– Saubach   **81 f.**; Abb. 17, 18
Bauernaufstand 1525   13, **29 f.**, 260
Boymont, Burgruine   11, 200
Bozen   **136 ff.**, 325, 336; Abb. 34–36
– Dominikanerkloster   13, 14, 144, **177 f.**;
   Farbabb. 37
– Franziskanerkloster   13, **178 f.**; vordere
   Umschlaginnenklappe, Abb. 38, 39
– Gries   180 ff.
– – Kloster Muri   180 f.; Abb. 37
– – Alte Pfarrkirche   12, 16, **181 f.**
– Pfarrkirche   13, 141, **143 f.**; Abb. 40–42
– Städtisches Museum   12, **180**, 265, 305,
   333
– Runkelstein, Burg   15, 139, **183 ff.**;
   Farbabb. 13, Abb. 33

– St. Magdalena auf Prazöll   182 f.
Bozner Porphyrplatte   139, 321
›Bozner Schule‹   **14**, 84, 87, 139, **177**, 188,
   192, 206, 209, 211, 242, 253
›Bozner Weinkost‹   327, 329, 336
Breien, St. Katharina   83 f.
Brenner   22, 330
Brixen   **33 ff.**; Farbt. 1, Abb. 7, 8
– Bischöfliche Hofburg   16, 17, 42;
   Farbabb. 51, Abb. 9
– Diözesanmuseum   12, 42 f.
– Dom   17, **35 f.**; Farbt. 9; Abb. 6
– Domschatz   41 f., 333; Abb. 3
– Kreuzgang   15, **38 ff.**; Farbabb. 47,
   Abb. 1, 2
– Krippenmuseum   42, 333
›Brixner Schule‹   16, **38 f.**, 42, 66
Bruneck   90, **102 ff.**
– Pfarrkirche   104
– Ursulinenkirche   15, 103 f.
Burgeis   314 ff.; Abb. 116
– Kloster Marienberg   10, 11, 210, 264,
   315, **318**; Farbt. 20, Farbabb. 34, Abb.
   123
Burgstall   326

Castelfeder   216 f., 326; Farbabb. 23
Chur   264
Churburg   s. Schluderns
Corvara   102

Deutschnofen   15, 192
– St. Helena   15, **190 ff.**; Farbabb. 43
Dietenheim   105, 333
Dolomiten   81, 89, 102, 131, 134 f., **321 ff.**,
 324; Farbt. 24, Farbabb. 28, Abb. 22
Donauschule   188
Durnholz   188

Ehrenburg   96
Eppan-St. Michael   204; Abb. 45, 48, 49
Eppan-St. Pauls   204; Abb. 43, 44, 46
Eppaner Eislöcher   205, 326

Feldthurns, Schloß Velthurns   16, 47 f.;
 Farbabb. 17
Franzensfeste   33

Gais   106
Gilfenklamm   31
Girlan   199
Glurns   **307**, 336; Abb. 112, 113
Göflan   16, **295 f.**; Abb. 94
Gossensaß   22 f.
Gratsch, St. Peter   8, 10, **248 f.**;
 Abb. 71, 72
Greifenstein, Burg   192 f.
Grissian, St. Jakob   11, 12, **261 f.**;
 Abb. 81, 82
Grödner Tal   78, 323, 333, 336
Gufidaun   68, 333

Hauenstein, Burgruine   87
Hocheppan, Burg   12, **200 ff.**; Farbabb. 12;
 Abb. 50, 51
Hofern   94 f.
›Höfischer Stil‹   14 f., **254 f.**, 303, 319

Innichen   9, **131 ff.**, 333; Abb. 29
– Stiftskirche   10, 11, 12, **131 ff.**;
 Abb. 31, 32
Issinger Weiher   95, 331

Jaufenpass   256, 330, 335
Jaufental   31
Juval, Burg   270

Kaltern   **205 f.**, 333, 336; Abb. 54, 55
– Pfarrkirche   205
– St. Anton   206
– St. Katharina i. Mitterdorf   206
– St. Nikolaus i. Oberdorf   206
Kalterer See   207, 326, 331; Farbabb. 42
Karthaus   **271**
Kastelbell   272; Abb. 92
Kastelruth   88 f.
Katharinaberg   271; Abb. 124
Klausen   **68 ff.**; Abb. 19
– Loretoschatz   72, 333
– Pfarrkirche   69
– St. Sebastian   72
Klerant   **65 f.**; Abb. 15, 16
›Kösterle‹ (Laag)   214
Korb, Schloß   199
Kortsch   295; Abb. 93, 95
Kreith   205; Abb. 53
›Krönungsstraße‹   9, 20, 189
Kuntersweg   83
Kurtatsch   212; Abb. 56

Laas   11, 297
Laatsch   **311 ff.**; Abb. 114
Lajen   75
Lana   16, **257 ff.**; Farbt. 34, Abb. 85
Latsch   272, **289 f.**; Abb. 96, 98
– Spitalkirche   16, 272, **289**; Farbt. 33,
 Abb. 99, 100
Lebenberg, Schloß   s. Tscherms
Leuchtenburg   207
Lichtenberg   297 f.; Abb. 127
Linearstil   14, 40, 41, 44, **45**, 134, 144, 177,
 179 f., 183

Mals   **304 ff.**; Abb. 107, 108
– St. Benedikt   9, 265, 304 f.

Mareit   31
– Schloß Wolfsthurn   31, 32
– St. Magdalena in Ridnaun   31; Abb. 14
Malser Haide   263, 318; Abb. 111
Margreid   212; Farbabb. 40
Margen   94; Abb. 23
Marienberg, Kloster   s. Burgeis
Martelltal   293; Abb. 119
Matscher Tal   304
Mauls   33
Mellaun   66
Meran   **219 ff.**, 336; Abb. 63–65
– Landesfürstliche Burg   224, 241; Farb-
   abb. 7, Abb. 62
– Maria-Trost-Kirche in Untermais   12,
   **241 ff.**
– Obermais   223 f.
– Pfarrkirche   221 f.
– – Barbarakapelle   222
– Spitalkirche   223; Abb. 60, 61
– Städtisches Museum   **241**, 266, 303, 333
– Tappeiner-Weg   223, 325
Michelsburg   100
Milland   65
›Mithras-Stein‹   s. Sterzing
Montiggler Seen   205, 331
Morter   291
– Burg Montani   **291 ff.**; Abb. 89
Mühlbach   92
Mühlbacher Klause   93
Mühlwalder Tal   323
Müstair (Schweiz)   265, 305, 308


Nals   262; Abb. 84
Nasen   111
Naturns   266 ff.
– St. Prokulus   7, 265, **266 ff.**;
   Farbabb. 33; Abb. 88
Naturparks
– Schlern   334

– Puez-Geisler   334
– Fanes-Sennes-Prags   325, 334
– Texelgruppe   325, 334
– Nationalpark Stilfser Joch   325, 334
Neumarkt   214 f.; Abb. 59
– Burgruine Caldiff   214
– Marienkirche in der Vill   214 f.
Neustift   **43 ff.**; Abb. 10
– Bibliothekssaal   46; Farbabb. 5
– Gemäldegalerie   46
– Kreuzgang   15, **44 f.**; Farbabb. 49
– Stiftskirche   17, **45 f.**; Farbabb. 4
– Viktorskapelle   45; Farbabb. 50

Oberfennberg   212, 326
Olang   111

›Pariser Abkommen‹   19
Partschins   265
Percha   110 f.
Pfalzen   35
Pfitschtal (Pfitscher Tal)   31, 323
Pflerschtal   22
Pfossental   271, 325
Pinzon, St. Stephan   **215 f.**; Farbt. 3
Plose   48, 66
Prad   297
Pragser Wildsee   130
Prissian   261
Prösels   84
– Burg Prösels   84
›Pustertaler Schule‹   15, **27**, 40, 42, 65, 91,
   181, 211

Rabland   265
Rasen   111, 326
Ratschingser Tal   31
Reifenstein, Burg   30; Abb. 12
Reintal   107; Farbt. 8
Ridnauntal   31; Abb. 14
Riffian   15, **254 f.**; Abb. 80

Ritten   82, 188 ff., 331; Farbt. 41
– Oberbozen   **189 f.**; Farbabb. 44
– St. Verena   82, 180; Farbabb. 31
Rodeneck   92 f.
– Burg Rodenegg   11, **92 f.**; Farbabb. 10
Rojen   318 f.; Abb. 117

Säben   9, 33, **72 ff.**; Umschlagrückseite,
   Abb. 20
– Heilig-Kreuz-Kirche   73 f.; Farbabb. 15
– Klosterkirche   73
Saltaus   255; Abb. 79
Salurn, Haderburg   212 f.
Salurner Klause   212
Sand in Taufers   107 ff.
– Pfarrkirche   107
– Burg Taufers   **107 ff.**; Farbabb. 11, 18
Sarnthein   14, 187 f.
Schenna   250 ff.; Abb. 74
– Schloß Schenna   221, **250 ff.**; Abb. 78
– St. Georg ob Schenna   15, **253 f.**; 319;
   Abb. 75–77
Schlanders   293 f.; Farbabb. 14
Schluderns   299 ff., 326
– Churburg   12, 17, **300 ff.**; Farbabb. 16,
   Abb. 102–106
Seis   87
Seiser Alm   89, 336; Farbt. 24
Sigmundskron   198 f.; Farbabb. 22
Sonnenberg (Vinschgau)   295, 326
Sonnenburg (b. St. Lorenzen)   10, **97 ff.**;
   Abb. 25–27
Sterzing   23 ff.; Farbabb. 19
– ›Mithras-Stein‹   24, 33; Abb. 11
– Multscher Museum   **34 f.**, 333;
   Farbabb. 12
– Pfarrkirche   **28**, 295
– Rathaus   23
– Spitalkirche   15, **27 f.**
St. Florian an der Etsch (Laag)   213 f.
St. Georgen   106

Stilfser Joch   298, 333 f., 335; Abb. 118
St. Johann (Ahrntal)   110
St. Katharina in Breien   14, **83 f.**;
   Farbabb. 48
St. Leonhard (Gadertal)   101 f.
St. Leonhard i. Passeier   255 f.
St. Lorenzen   99 f.
St. Martin im Moos   100
St. Sigmund   15, **95 f.**; Farbt. 2
St. Valentin b. Meran   8; Abb. 87
St. Vigil in Enneberg   101; Abb. 32
Südtiroler Burgenverein   78
›Südtirol-Paket‹   19

Taisten   112, 129
– Georgskirche   112, 129
– Pfarrkirche   129; Farbt. 46
Tarsch   290; Abb. 101
Tartsch   303
Tartscher Bühel   303 f.; Abb. 115
Taufers im Münstertal   307 ff.
– St. Johann   10, 11, **308 ff.**
Terlan   14, **194 f.**; Farbabb. 39
Tiers   89; Farbabb. 32
Timmelsjoch   257, 330, 335
Tirol
– Dorf Tirol   244; Farbabb. 26
– Schloß Tirol   11, **244 ff.**; Abb. 68–70
– Brunnenburg (Landwirtschaftsmu-
   seum)   250, 333
Tiroler Freiheitskriege (1809)   17, 93, 255 f.
Tisens   261
Toblach   130
Tramin   208 ff.
– Pfarrkirche   14, 208 f.
– St. Jakob in Kastellaz   11, **209 ff.**, 247;
   Farbabb. 45
– St. Valentin am Friedhof   14, 211 f.
Trens
– Wallfahrtskirche Maria Trens   32;
   Abb. 13

Trostburg   16, **76 ff.**; Farbabb. 29
Tscherms, Schloß Lebenberg   259;
 Abb. 83

Überetscher Stil   17, 198, 204
Ultental   259, Farbabb. 6
Unsere Frau in Schnals   271 f.
Unterfennberg   212
Unterrain   199
Uttenheim   106; Abb. 28

Vahrn   47
Via Claudia Augusta   265
Vierschach   134
Villanders   74
Villnöß   66 ff., 336
– St. Jakob am Joch   67
– St. Johann in Ranui   68; Umschlag-
 vorderseite

– St. Magdalena   67
– St. Peter   67
– St. Valentin in Pradell   67
Vintl   93
Vogelweider-Höfe   72, 75, 139
Völlan   260
Völs   85 f.
– Pfarrkirche   85 f.; Farbabb. 38
– St. Michael am Friedhof   86
Völser Weiher   87, 331

Weinmuseum (Ansitz Ringberg)   208, 329,
 333; Abb. 47
Weißenbach   110
Weißenstein   192
Weitental   93
Welsberg   112
Wengen   101

# Personenregister

Albuin (Bischof in Brixen)   33 f., 73
Anich, Peter   219

Bagnadore, Pietro Maria (Maler)   48
Benedetti, Cristoforo   52
Benedetti, Teodoro   17, 35, 45, 206
Bruno (Bischof von Brixen)   102
Burglechner, Mathias   241

Christoph von Bruneck (Maler)   41
Cusanus   s. Nikolaus Cusanus

Defregger, Franz (Maler)   105
Delai, Josef (Baumeister)   35, 143
Diemer, Philipp (Maler)   39, 67
Dolomieu, Deodat de (Geologe)   322
Drusus   8, 78
Dürer, Albrecht   68, 75, 212

Egger-Lienz, Albin (Maler)   105
Engelhard Dietrich v. Wolkenstein   76 f., 78, 80
Eppan, Grafen von   10, **201 f.**, 213, 244
Erasmus von Bruneck (Maler)   41
Erlin, Konrad (Maler)   144

Ferdinand I. (Landesfürst von Tirol)   29
Feur, Hans (Baumeister)   28, 214
Friedrich I. (Barbarossa, dt. Kaiser)   202, 213
Friedrich IV. von Österreich (Herzog, gen. ›mit der leeren Tasche‹)   13, 20, 87, 192 f.

Gaismayr, Michael   **29 f.**, 35
Gander, Ambrosius (Maler)   68, 92

Giotto (di Bondone)   14, 38, **144**, 177
Goethe, Johann Wolfgang von   20, 141
Günther, Matthäus (Maler)   17, 23, 45, 92, 101, 102

Hans von Bruneck (Maler)   15, **28**, 40, 44, 90, 103, 105, 106
Hans von Judenburg (Bildschnitzer)   15, 95, 96, 143, 192
Hartwig, (Bischof von Brixen)   20, 34
Heinrich der Löwe   202
Henrici, Karl (Maler)   95, 101, 102, 144
Hofer, Andreas   255
Huber, Josef   221
Hugo (Brixner Hofmaler)   91, 93
Hugo von Trimberg   75

Ibsen, Henrik   22

Jakob von Seckau (Maler)   15, 38 f., 40
Johann von Österreich (Erzherzog)   221, 251
Joseph II. (Kaiser von Österreich)   98

Karl IV. (dt. Kaiser)   246
Karl VI. (König)   138
Klocker, Hans (Bildschnitzer)   16, 39, 42, 65, 67, **178 f.**, 215 f.
Knoller, Martin (Maler)   17, 130, 180, 209, 222, 307
Kölderer, Jörg (Baumeister)   307
Konrad II. (dt. Kaiser)   9, 20, 34

Lederer, Jörg (Bildschnitzer)   16, 223, **272**, 289, 295 f.

Leonhard von Brixen (Maler, Bildschnit-
  zer) 16, 39, 40, 42, 46, 47, 65, 69, 112,
  133, 134, 178, 195
Leonhard von Völs d. Ä. (von Völs-Colon-
  na) 84, 85
Loesch, Ernst (Maler) 72
Lucchese, Albrecht (Baumeister) 42
Ludwig von Brandenburg 245

Mader, Josef (Maler) 104
Margarethe Maultasch s. Grafen von Tirol
Maximilian (dt. Kaiser) 13, 92, 183, 224,
  241
Matsch, Vögte von 300, 303, 304
Meister Leonhard s. Leonhard von Brixen
Meister von Uttenheim (Maler) 16, 43, 46
Meister Wenzeslaus (Maler) 15, 255
Michele, Horazio 48
Mitterhofer, Peter 265
Mölk, Joseph Adam (Maler) 17, 28, 32,
  96, 192, 294, 295
Molling, Dominikus (Bildhauer) 17, 35
Morgenstern, Christian 82
Multscher, Hans 15, **24**, 28

Napoleon I. 255
Nartzis von Bozen (Bildschnitzer) 86
Nikolaus Cusanus 13, 34 f., 73, 97 f.
Nikolaus von Botsch 144

Oswald von Wolkenstein 42, 45, 81, **87 f.**,
  95, 192 f., 212, 327

Pacher, Friedrich (Maler) 16, 44, 46, 92,
  100, 133, 178
Pacher, Michael (Maler, Bildschnitzer)
  **16**, 25, 46, 91, 98, 103, 104, 112, 133,
  **181 f.**, 216, 258
Parlati, Mattia (Baumeister) 48
Parth, Michael (Bildhauer) 102, 130, 134
Perger, Johann (Altarbauer) 130

Plochl, Anna 221, 251
Pontifeser, Gabriel 69, 72
Potsch, Ruprecht (Maler, Bildschnitzer)
  39, 40, 69, 102, 295
Pound, Ezra 250
Probst (Krippenschnitzerfamilie) 29, 42,
  86

Reichle, Hans 17, 41, 69
Reichlich, Marx (Maler) 16, 46, 111, 183
Riemenschneider, Bartlmä Dill (Maler)
  17, 206
Rudolf IV. von Habsburg (dt. Kaiser) 247

Sartori, Guiseppe 17, 46, 180
Schäuffelin, Hans Leonhard (Maler) 16,
  258, 289
Schauer, Valentin (Goldschmied) 42
Schiche, Martin (Baumeister) 143
Schnatterpeck, Hans (Bildschnitzer) 16,
  221, **258**
Schnitzler, Arthur 87
Schöpf, Josef (Maler) 35, 67, 110, 205
Schraffl, Rudolf (Baumeister) 130, 134
Schussenried, Hans Lutz von (Baumeister)
  13, 28, 143, 144
Sigmund (Herzog, gen. ›der Münzreiche‹)
  13, 30, 73, 93, 97 f., 198, 224
Simon von Taisten (Maler) 105, 110, 129
Singer, Franz (Stukkateur) 17, 101, 102,
  129, 130
Steub, Ludwig 72
Stieger, Jörg 100
Stöberl, Mattheis 29, 31
Stocinger, Hans (Maler) 177, 186, 192,
  195
Stolz, Ignaz (Maler) 87

Tiberius 8, 78
Tirol, Grafen von 10, 90, 183, 201, 244
– Albert III. 10, 244

– Meinhard I.   244
– Meinhard II.   10, 138, 244
– Heinrich   12, 244
– Margarethe Maultasch   12, 138, **244 ff.**
– Meinhard III.   246
Trapp, Jakob VII. Graf von   300, 302
Troger, Paul (Maler)   17, 38, 112

Ulrich von Starkenberg   250
Unterberger, Michelangelo (Maler)   17,
   46, 206

Verena von Stuben   97

Walther von der Vogelweide   68, 72, 139
Weber, Beda   31, 270, 292, 330
Winkler, Valentin (Baumeister)   107

Ybertrachter, Simon (Maler)   290

Zeiller, Franz Anton (Maler)   17, 65, 92,
   106, 129, 130
Zingerle, Ignaz Vinzenz von   68
Zoller, Josph Anton (Maler)   17, 93

*Von Walter Pippke und Ida Pallhuber erschien in unserem Verlag:*

## Die Eifel

Entdeckungsreisen durch Landschaft, Geschichte, Kultur und Kunst – Von Aachen bis zur Mosel
368 Seiten mit 47 farbigen und 105 einfarbigen Abbildungen, 103 Karten und Zeichnungen, 16 Seiten praktischen Reisehinweisen, Register

*Bitte beachten Sie auch folgende DuMont Kunst-Reiseführer:*

## Tirol

Nordtirol und Osttirol. Kunstlandschaft und Urlaubsland an Inn und Isel
Von Bernd Fischer. 340 Seiten mit 60 farbigen und 106 einfarbigen Abbildungen, 62 Plänen und Zeichnungen, 11 Seiten praktischen Reisehinweisen, Literaturangaben und Register

## Salzburg, Salzkammergut, Oberösterreich

Kunst und Kultur auf einer Reise vom Dachstein bis zum Böhmerwald
Von Werner Dettelbacher. 320 Seiten mit 38 farbigen und 152 einfarbigen Abbildungen, 9 Karten und Stadtplänen, 49 Zeichnungen, 23 Seiten praktischen Reisehinweisen, Register
»Was man an diesem Kunst-Reiseführer besonders zu schätzen weiß, ist der flüssige Stil, der durchaus engagiert von kleinen und großen Kostbarkeiten erzählt, aber dem Leser nie die obligaten Werturteile und vorformulierten Eindrücke mitliefert. Wer das handliche, flexibel gebundene Buch als Cicerone mit sich führt, wird verläßlich mit reicher Ernte heimkehren.« *Salzburger Nachrichten*

## Kärnten und Steiermark

Vom Großglockner zum steirischen Weinland. Geschichte, Kultur und Landschaft ›Innerösterreichs‹
Von Heinz Held. 448 Seiten mit 40 farbigen und 148 einfarbigen Abbildungen, 75 Zeichnungen und Plänen, 12 Seiten praktischen Reisehinweisen, Literaturverzeichnis, Register

## Wien und Umgebung

Kunst, Kultur und Geschichte der Donaumetropole
Von Felix Czeike und Walther Brauneis. 380 Seiten mit 35 farbigen und 168 einfarbigen Abbildungen, 39 Zeichnungen und Plänen, 24 Seiten praktischen Reisehinweisen, Literaturverzeichnis, Personen- und Ortsregister

## Oberbayern

Kunst, Geschichte, Landschaft zwischen Donau und Alpen, Lech und Salzach
Von Gerhard Eckert. 400 Seiten mit 53 farbigen und 219 einfarbigen Abbildungen, 80 Plänen und Zeichnungen, 24 Seiten praktischen Reisehinweisen, Literaturangaben, Register

## München

Von der welfischen Gründung Heinrichs des Löwen bis zur Gegenwart: Kunst, Kultur, Geschichte
Von Klaus Gallas. 440 Seiten mit 55 farbigen und 149 einfarbigen Abbildungen, 100 Plänen und Zeichnungen, 16 Seiten praktischen Reisehinweisen, Literaturangaben, Register

# DuMont Kunst-Reiseführer

**Ägypten und Sinai – Geschichte, Kunst und Kultur im Niltal**
Vom Reich der Pharaonen bis zur Gegenwart. Von Hans Strelocke

**Algerien – Kunst, Kultur und Landschaft**
Von den Stätten der Römer zu den Tuareg der zentralen Sahara.
Von Hans Strelocke

**Belgien – Spiegelbild Europas**
Eine Einladung nach Brüssel, Gent, Brügge, Antwerpen, Lüttich
und zu anderen Kunststätten. Von Ernst Günther Grimme

**Bulgarien**
Kunstdenkmäler aus vier Jahrtausenden von den Thrakern bis zur
Gegenwart. Von Gerhard Eckert

**Dänemark**
Land zwischen den Meeren. Kunst – Kultur – Geschichte. Von
Reinhold Dey

**Deutsche Demokratische Republik**
Geschichte und Kunst von der Romanik bis zur Gegenwart.
Brandenburg, Mecklenburg, Sachsen-Anhalt, Sachsen, Thürin-
gen. Von Gerd Baier, Elmar Faber und Eckhard Hollmann

**Bundesrepublik Deutschland**

**Das Bergische Land**
Kultur, Geschichte, Landschaft zwischen Ruhr und Sieg. Von
Bernd Fischer

**Bodensee und Oberschwaben**
Zwischen Donau und Alpen: Wege und Wunder im ›Himmelreich
des Barock‹. Von Karlheinz Ebert

**Die Eifel**
Entdeckungsfahrten durch Landschaft, Geschichte, Kultur und
Kunst – Von Aachen bis zur Mosel. Von Walter Pippke und Ida
Pallhuber

**Franken – Kunst, Geschichte und Landschaft**
Entdeckungsfahrten in einem schönen Land – Würzburg, Rothen-
burg, Bamberg, Nürnberg und die Kunststätten der Umgebung.
Von Werner Dettelbacher

**Hessen**
Vom Edersee zur Bergstraße. Die Vielfalt von Kunst und Landschaft zwischen Kassel und Darmstadt. Von Friedhelm Häring
und Hans-Joachim Klein

**Köln**
Stadt am Rhein zwischen Tradition und Fortschritt. Von Willehad
Paul Eckert

**Kölns romanische Kirchen**
Architektur, Ausstattung, Geschichte. Von Werner Schäfke
(Oktober '84)

**Die Mosel**
Von der Mündung bei Koblenz bis zur Quelle in den Vogesen
Landschaft, Kultur, Geschichte. Von Heinz Held (Oktober '84)

**München**
Von der welfischen Gründung Heinrichs des Löwen bis zur
Gegenwart: Kunst, Kultur, Geschichte. Von Klaus Gallas

**Münster und das Münsterland**
Geschichte und Kultur. Ein Reisebegleiter in das Herz Westfalens.
Von Bernd Fischer

**Der Niederrhein**
Das Land und seine Städte, Burgen und Kirchen. Von Willehad
Paul Eckert

**Oberbayern**
Kultur, Geschichte, Landschaft zwischen Donau und Alpen, Lech
und Salzach. Von Gerhard Eckert

**Oberpfalz, Bayerischer Wald, Niederbayern**
Regensburg und das nordöstliche Bayern. Kunst, Kultur und
Landschaft. Von Werner Dettelbacher

**Ostfriesland mit Jever- und Wangerland**
Über Moor, Geest und Marsch zum Wattenmeer und zu den
Inseln Borkum, Juist, Norderney, Baltrum, Langeoog, Spieker-
oog und Wangerooge. Von Rainer Krawitz

**Die Pfalz**
Die Weinstraße – Der Pfälzer Wald – Wasgau und Westrich.
Wanderungen im ›Garten Deutschlands‹. Von Peter Mayer

**Der Rhein von Mainz bis Köln**
Eine Reise durch das Rheintal – Geschichte, Kunst und Landschaft. Von Werner Schäfke

**Das Ruhrgebiet**
Kultur und Geschichte im »Revier« zwischen Ruhr und Lippe.
Von Thomas Parent (September '84)

**Schleswig-Holstein**
Zwischen Nordsee und Ostsee: Kultur – Geschichte – Landschaft.
Von Johannes Hugo Koch

**Der Schwarzwald und das Oberrheinland**
Wege zur Kunst zwischen Karlsruhe und Waldshut:
Ortenau, Breisgau, Kaiserstuhl und Markgräflerland. Von Karl-
heinz Ebert

**Sylt, Amrum, Föhr, Helgoland, Pellworm, Nordstrand und
Halligen**
Natur und Kultur auf Helgoland und den Nordfriesischen Inseln.
Entdeckungsreisen durch eine Landschaft zwischen Meer und
Festlandküste. Von Albert am Zehnhoff (DuMont Landschafts-
führer)

**Der Westerwald**
Vom Siebengebirge zum Hessischen Hinterland. Kultur und
Landschaft zwischen Rhein, Lahn und Sieg. Von Hermann Joseph
Roth

**Östliches Westfalen**
Vom Hellweg zur Weser. Kunst und Kultur zwischen Soest und
Paderborn, Minden und Warburg. Von G. Ulrich Großmann

**Zwischen Neckar und Donau**
Kunst, Kultur und Landschaft von Heidelberg bis Heilbronn, im
Hohenloher Land, Ries, Altmühltal und an der oberen Donau.
Von Werner Dettelbacher

**Frankreich**

**Auvergne und Zentralmassiv**
Entdeckungsreisen von Clermont-Ferrand über die Vulkane und
Schluchten des Zentralmassivs zum Cevennen-Nationalpark. Von
Ulrich Rosenbaum

**Die Bretagne**
Im Land der Dolmen, Menhire und Calvaires. Von Almut und
Frank Rother

**Burgund**
Kunst, Geschichte, Landschaft. Burgen, Klöster und Kathedralen
im Herzen Frankreichs: Das Land um Dijon, Auxerre, Nevers,
Autun und Tournus. Von Klaus Bußmann

**Côte d'Azur**
Frankreichs Mittelmeer-Küste von Marseille bis Menton. Von
Rolf Legler

**Das Elsaß**
Wegzeichen europäischer Kultur und Geschichte zwischen Oberrhein und Vogesen. Von Karlheinz Ebert

**Frankreich für Pferdefreunde**
Kulturgeschichte des Pferdes von der Höhlenmalerei bis zur Gegenwart. Camargue, Pyrenäen-Vorland, Périgord, Burgund, Loiretal, Bretagne, Normandie, Lothringen. Von Gerhard Kapitzke (DuMont Landschaftsführer)

**Frankreichs gotische Kathedralen**
Eine Reise zu den Höhepunkten mittelalterlicher Architektur in Frankreich. Von Werner Schäfke

**Korsika**
Natur und Kultur auf der ›Insel der Schönheit‹. Menhirstatuen, pisanische Kirchen und genuesische Zitadellen. Von Almut und Frank Rother

**Languedoc – Roussillon**
Von der Rhône zu den Pyrenäen. Von Rolf Legler

**Das Tal der Loire**
Schlösser, Kirchen und Städte im ›Garten Frankreichs‹. Von Wilfried Hansmann

**Die Normandie**
Vom Seine-Tal zum Mont St. Michel. Von Werner Schäfke

**Paris und die Ile de France**
Die Metropole und das Herzland Frankreichs. Von der antiken Lutetia bis zur Millionenstadt. Von Klaus Bußmann

**Périgord und Atlantikküste**
Kunst und Natur im Lande der Dordogne und an der Côte d'Argent von Bordeaux bis Biarritz. Von Thorsten Droste

**Das Poitou**
Westfrankreich zwischen Poitiers, La Rochelle und Angôuleme – die Atlantikküste von der Loiremündung bis zur Gironde. Von Thorsten Droste

**Savoyen**
Vom Genfer See zum Montblanc – Natur und Kunst in den französischen Alpen. Von Ruth und Jean-Yves Mariotte

**Südwest-Frankreich**
Vom Zentralmassiv zu den Pyrenäen – Kunst, Kultur und Geschichte. Von Rolf Legler

---

**Griechenland**

**Athen**
Geschichte, Kunst und Leben der ältesten europäischen Großstadt von der Antike bis zur Gegenwart. Von Evi Melas

**Die griechischen Inseln**
Ein Reisebegleiter zu den Inseln des Lichts. Kultur und Geschichte. Hrsg. von Evi Melas

**Kreta – Kunst aus fünf Jahrtausenden**
Minoische Paläste – Byzantinische Kirchen – Venezianische Kastelle. Von Klaus Gallas

**Rhodos**
Eine der sonnenreichsten Inseln im Mittelmeer – ihre Geschichte, Kultur und Landschaft. Von Klaus Gallas

**Alte Kirchen und Klöster Griechenlands**
Ein Begleiter zu den byzantinischen Stätten. Hrsg. von Evi Melas

**Tempel und Stätten der Götter Griechenlands**
Ein Reisebegleiter zu den antiken Kulturzentren der Griechen. Hrsg. von Evi Melas

---

**Großbritannien**

**Englische Kathedralen**
Eine Reise zu den Höhepunkten englischer Architektur von 1066 bis heute. Von Werner Schäfke

**Die Kanalinseln und die Insel Wight**
Kunst, Geschichte und Landschaft. Die britischen Inseln zwischen Normandie und Süd-England. Von Bernd Rink

**Schottland**
Geschichte und Literatur. Architektur und Landschaft. Von Peter Sager

**Süd-England**
Von Kent bis Cornwall. Architektur und Landschaft, Literatur und Geschichte. Von Peter Sager

---

**Guatemala**
Honduras – Belize. Die versunkene Welt der Maya. Von Hans Helfritz

**Das Heilige Land**
Historische und religiöse Stätten von Judentum, Christentum und Islam in dem zehntausend Jahre alten Kulturland zwischen Mittelmeer, Rotem Meer und Jordan. Von Erhard Gorys

**Holland**
Kunst, Kultur und Landschaft. Ein Reisebegleiter durch Städte und Provinzen der Niederlande. Von Jutka Rona

**Indien**
**Indien**
Von den Klöstern im Himalaya zu den Tempelstätten Südindiens. Von Niels Gutschow und Jan Pieper
**Ladakh und Zanskar**
Lamaistische Klosterkultur im Land zwischen Indien und Tibet. Von Anneliese und Peter Keilhauer

**Indonesien**
**Indonesien**
Ein Reisebegleiter nach Java, Sumatra, Bali und Sulawesi (Celebes). Von Hans Helfritz
**Bali**
Tempel, Mythen und Volkskunst auf der tropischen Insel zwischen Indischem und Pazifischem Ozean. Von Günter Spitzing

**Iran**
Kulturstätten Persiens zwischen Wüsten, Steppen und Bergen. Von Klaus Gallas

**Irland – Kunst, Kultur und Landschaft**
Entdeckungsfahrten zu den Kunststätten der ›Grünen Insel‹. Von Wolfgang Ziegler

---

**Italien**
**Apulien – Kathedralen und Kastelle**
Ein Reisebegleiter durch das normannisch-staufische Apulien. Von Carl Arnold Willemsen
**Elba**
Ferieninsel im Tyrrhenischen Meer. Macchienwildnis, Kulturstätten, Dörfer, Mineralienfundorte. Von Almut und Frank Rother (DuMont Landschaftsführer)
**Das etruskische Italien**
Entdeckungsfahrten zu den Kunststätten und Nekropolen der Etrusker. Von Robert Hess und Elfriede Paschinger
**Florenz**
Ein europäisches Zentrum der Kunst. Geschichte, Denkmäler, Sammlungen. Von Klaus Zimmermanns
**Ober-Italien**
Kunst, Kultur und Landschaft zwischen den Oberitalienischen Seen und der Adria. Von Fritz Baumgart
**Von Pavia nach Rom**
Ein Reisebegleiter entlang der mittelalterlichen Kaiserstraße Italiens. Von Werner Goez
**Rom**
Kunst und Kultur der ›Ewigen Stadt‹ in mehr als 1000 Bildern. Von Leonard von Matt und Franco Barelli
**Das antike Rom**
Die Stadt der sieben Hügel: Plätze, Monumente und Kunstwerke. Geschichte und Leben im alten Rom. Von Herbert Alexander Stützer

**Sardinien**
Geschichte, Kultur und Landschaft – Entdeckungsreisen auf einer der schönsten Inseln im Mittelmeer. Von Rainer Pauli
**Sizilien**
Insel zwischen Morgenland und Abendland. Sikaner/Sikuler, Karthager/Phönizier, Griechen, Römer, Araber, Normannen und Staufer. Von Klaus Gallas
**Südtirol**
Begegnungen nördlicher und südlicher Kulturtradition in der Landschaft zwischen Brenner und Salurner Klause. Von Ida Pallhuber und Walter Pippke
**Toscana**
Das Hügelland und die historischen Stadtzentren. Pisa · Lucca · Pistoia · Prato · Arezzo · Siena · San Gimignano · Volterra. Von Klaus Zimmermanns

**Japan – Tempel, Gärten und Paläste**
Einführung in Geschichte und Kultur und Begleiter zu den Kunststätten Japans. Von Thomas Immoos und Erwin Halpern

**Der Jemen**
Nord- und Südjemen. Antikes und islamisches Südarabien – Geschichte, Kultur und Kunst zwischen Rotem Meer und Arabischer Wüste. Von Peter Wald

**Jugoslawien**
Kunst, Geschichte und Landschaft zwischen Adria und Donau. Von Frank Rother

**Kenya**
Kunst, Kultur und Geschichte am Eingangstor zu Innerafrika. Von Helmtraut Sheikh-Dilthey

**Luxemburg**
Entdeckungsfahrten zu den Burgen, Schlössern, Kirchen und Städten des Großherzogtums. Von Udo Moll

**Malta und Gozo**
Die goldenen Felseninseln – Urzeittempel und Malteserburgen. Von Ingeborg Tetzlaff

**Marokko – Berberburgen und Königsstädte des Islam**
Ein Reisebegleiter zur Kunst Marokkos. Von Hans Helfritz

**Mexiko**
Ein Reisebegleiter zu den Götterburgen und Kolonialbauten Mexikos. Von Hans Helfritz
**Unbekanntes Mexiko**
Entdeckungsreisen zu verborgenen Tempelstädten aus vorkolumbischer Zeit. Von Werner Rockstroh (Oktober '84)

**Nepal – Königreich im Himalaya**
Geschichte, Kunst und Kultur im Kathmandu-Tal. Von Ulrich Wiesner

**Österreich**
**Kärnten und Steiermark**
Vom Großglockner zum steirischen Weinland. Geschichte, Kultur und Landschaft ›Innerösterreichs‹. Von Heinz Held
**Salzburg, Salzkammergut, Oberösterreich**
Kunst und Kultur auf einer Alpenreise vom Dachstein bis zum Böhmerwald. Von Werner Dettelbacher
**Tirol**
Nordtirol und Osttirol. Kunstlandschaft und Urlaubsland an Inn und Isel. Von Bernd Fischer
**Wien und Umgebung**
Kunst, Kultur und Geschichte der Donaumetropole. Von Felix Czeike und Walther Brauneis

**Pakistan**
Drei Hochkulturen am Indus. Harappa – Gandhara – Die Moguln. Von Tonny Rosiny

**Portugal**
Vom Algarve zum Minho. Von Hans Strelocke

**Rumänien**
Schwarzmeerküste – Donaudelta – Moldau – Walachei – Siebenbürgen: Kultur und Geschichte. Von Evi Melas

**Die Sahara**
Mensch und Natur in der größten Wüste der Erde. Von Gerhard Göttler

**Sahel   Senegal, Mauretanien, Mali, Niger**
Islamische und traditionelle schwarzafrikanische Kultur zwischen Atlantik und Tschadsee. Von Thomas Krings

**Die Schweiz**
Zwischen Basel und Bodensee · Französische Schweiz · Das Tessin Graubünden · Vierwaldstätter See · Berner Land · Die großen Städte. Von Gerhard Eckert

**Skandinavien – Dänemark, Norwegen, Schweden, Finnland**
Kultur, Geschichte, Landschaft. Von Reinhold Dey

**Sowjetunion**
**Kunst in Rußland**
Ein Reisebegleiter zu russischen Kunststätten. Von Ewald Behrens
**Sowjetischer Orient**
Kunst und Kultur, Geschichte und Gegenwart der Völker Mittelasiens. Von Klaus Pander

**Spanien**
**Die Kanarischen Inseln**
Inseln des ewigen Frühlings: Teneriffa, Gomera, Hierro, La Palma, Gran Canaria, Fuerteventura, Lanzarote. Von Almut und Frank Rother (DuMont Landschaftsführer)
**Katalonien und Andorra**
Von den Pyrenäen zum Ebro. Costa Brava – Barcelona – Tarragona – Die Königsklöster. Von Fritz René Allemann und Xenia v Bahder
**Mallorca – Menorca**
Ein Begleiter zu den kulturellen Stätten und landschaftlicher Schönheiten der großen Balearen-Inseln. Von Hans Strelocke
**Südspanien für Pferdefreunde**
Kulturgeschichte des Pferdes von den Höhlenmalereien bis zur Gegenwart. Geschichte der Stierfechterkunst. Von Gerhard Kapitzke
**Zentral-Spanien**
Kunst und Kultur in Madrid, El Escorial, Toledo und Aranjuez Avila, Segovia, Alcalá de Henares. Von Anton Dieterich

**Sudan**
Steinerne Gräber und lebendige Kulturen am Nil. Von Bernhard Streck

**Südamerika: präkolumbische Hochkulturen**
Kunst der Kolonialzeit. Ein Reisebegleiter zu den Kunststätten in Kolumbien, Ekuador, Peru und Bolivien. Von Hans Helfritz

**Syrien**
Hochkulturen zwischen Mittelmeer und Arabischer Wüste – 5000 Jahre Geschichte im Spannungsfeld von Orient und Okzident. Von Johannes Odenthal

**Thailand und Burma**
Tempelanlagen und Königsstädte zwischen Mekong und Indischem Ozean. Von Johanna Dittmar

**Städte und Stätten der Türkei**
Ein Begleiter zu den Kunstwerken Istanbuls und Kleinasiens. Von Kurt Wilhelm Blohm

**Tunesien**
Karthager, Römer, Araber – Kunst, Kultur und Geschichte am Rande der Wüste. Von Hans Strelocke

**USA – Der Südwesten**
Indianerkulturen und Naturwunder zwischen Colorado und Rio Grande. Von Werner Rockstroh

# »Richtig reisen«

**»Richtig reisen«: Algerische Sahara**
*Reise-Handbuch*. Von Ursula und Wolfgang Eckert

**»Richtig reisen«: Amsterdam**
Von Eddy und Henriette Posthuma de Boer

**»Richtig reisen«: Arabische Halbinsel**
Saudi-Arabien und Golfstaaten
*Reise-Handbuch*. Von Gerhard Heck und Manfred Wöbcke

**»Richtig reisen«: Australien**
*Reise-Handbuch*. Von Johannes Schultz-Tesmar

**»Richtig reisen«: Bahamas**
Von Manfred Ph. Obst. Fotos von Werner Lengemann

**»Richtig reisen«: Bangkok**
Von Stefan Loose und Renate Ramb

**»Richtig reisen«: Von Bangkok nach Bali**
Thailand – Malaysia – Singapur – Indonesien
*Reise-Handbuch*. Von Manfred Auer

**»Richtig reisen«: Berlin**
Von Ursula von Kardorff und Helga Sittl

**»Richtig reisen«: Budapest**
Von Erika Bollweg

**»Richtig reisen«: Cuba**
*Reise-Handbuch*. Von Karl-Arnulf Rädecke (Sept. '84)

**»Richtig reisen«: Florida**
Von Manfred Ph. Obst. Fotos von Werner Lengemann

**»Richtig reisen«: Griechenland**
Delphi, Athen, Peloponnes und Inseln
Von Evi Melas

**»Richtig reisen«: Griechische Inseln**
*Reise-Handbuch*. Von Dana Facaros

**»Richtig reisen«: Großbritannien**
England, Wales, Schottland
Von Rolf Breitenstein

**»Richtig reisen«: Hawaii**
Von Kurt Jochen Ohlhoff

**»Richtig reisen«: Holland**
Von Helmut Hetzel

**»Richtig reisen«: Hongkong**
Mit Macau und Kanton. Von Uli Franz

**»Richtig reisen«: Ibiza/Formentera**
Von Ursula von Kardorff und Helga Sittl

**»Richtig reisen«: Irland**
Republik Irland und Nordirland
Von Wolfgang Kuballa

**»Richtig reisen«: Istanbul**
Von Klaus und Lissi Barisch

**»Richtig reisen«: Kairo**
Von Peter Wald

**»Richtig reisen«: Kalifornien**
Von Horst Schmidt-Brümmer und Gudrun Wasmuth

**»Richtig reisen«: Kanada und Alaska**
Von Ferdi Wenger

**»Richtig reisen«: Kopenhagen**
Von Karl-Richard Könnecke

**»Richtig reisen«: Kreta**
Von Horst Schwartz

**»Richtig reisen«: London**
Von Klaus Barisch und Peter Sahla

**»Richtig reisen«: Los Angeles**
Hollywood, Venice, Santa Monica
Von Priscilla und Matthew Breindel

**»Richtig reisen«: Malediven**
*Reise-Handbuch*. Von Norbert Schmidt

**»Richtig reisen«: Marokko**
*Reise-Handbuch*. Von Michael Köhler

**»Richtig reisen«: Mexiko und Zentralamerika**
Von Thomas Binder

**»Richtig reisen«: Moskau**
Von Wolfgang Kuballa

**»Richtig reisen«: München**
Von Hannelore Schütz-Doinet und Brigitte Zander

**»Richtig reisen«: Nepal**
Kathmandu: Tor zum Nepal-Trekking
Von Dieter Bedenig

**»Richtig reisen«: Neu-England**
Boston und die Staaten Connecticut, Massachusetts, Rhode Island,
Vermont, New Hampshire, Maine
Von Christine Metzger

**»Richtig reisen«: New Mexico**
Santa Fe – Rio Grande – Taos
Von Gudrun Wasmuth u. a.

**»Richtig reisen«: New Orleans**
und die Südstaaten Louisiana, Mississippi, Alabama, Tennessee,
Georgia
Von Hanne Zens, Horst Schmidt-Brümmer und Gudrun Wasmuth

**»Richtig reisen«: New York**
Von Gabriele von Arnim und Bruni Mayor

**»Richtig reisen«: Nord-Indien**
Von Henriette Rouillard

**»Richtig reisen«: Norwegen**
Von Reinhold Dey

**»Richtig reisen«: Paris**
Von Ursula von Kardorff und Helga Sittl

**»Richtig reisen«: Peking und Shanghai**
Von Uli Franz

**»Richtig reisen«: Rom**
Von Birgit Kraatz

**»Richtig reisen«: San Francisco**
Von Hartmut Gerdes

**»Richtig reisen«: Die Schweiz und ihre Städte**
Von Antje Ziehr

**»Richtig reisen«: Seychellen**
*Reise-Handbuch*. Von Wolfgang Därr (Sept. '84)

**»Richtig reisen«: Südamerika 1**
Kolumbien, Ekuador, Peru, Bolivien
Von Thomas Binder

**»Richtig reisen«: Südamerika 2**
Argentinien, Chile, Uruguay, Paraguay
Von Thomas Binder

**»Richtig reisen«: Südamerika 3**
Brasilien, Venezuela, die Guayanas
Von Thomas Binder

**»Richtig reisen«: Süd-Indien**
Von Henriette Rouillard

**»Richtig reisen«: Texas**
Von Horst Schmidt-Brümmer und Gudrun Wasmuth

**»Richtig reisen«: Tunesien**
*Reise-Handbuch*. Von Michael Köhler

**»Richtig reisen«: Venedig**
Von Eva Bakos

**»Richtig reisen«: Wallis**
Von Antje Ziehr

**»Richtig reisen«: Wien**
Wachau, Wienerwald, Burgenland
Von Wolfgang Kuballa und Arno Mayer